KB234037

살아있는 지리 교과서 **2**

살아있는 지리 Geography 교과서

2

인문지리
— 사람과 사람이 더불어 사는 세계

전국지리교사연합회

Humanist

《살아있는 지리 교과서》 편찬위원회

편찬위원

오기세(초대회장) 최병천(2대 회장) 위상복(3대 회장)

강성렬(전남 광양고) 고영득(대전 대성고) 김두욱(제주 위미중) 김숙(전남 사대부고) 김융곤(전북 사대부고 교감) 김종연(경기 이현고)

도정훈(부산 구덕고) 서민승(충북 청주대성고) 손종균(울산 신선여고 교감) 송형세(서울 교육청 장학사) 우연섭(경남 남해중)

이윤화(경북 연구원 교육연구사) 최규학(충남 장기중 교감) 최원길(인천 서인천고) 최홍규(강원 애니메이션고) 최희만(대구 오성고)

집필진

최병천(서울 중동중 교감) 김민수(서울 용문중) 김지현(부산 경남여고) 김진수(인천 인하사대부고) 엄정훈(서울 과학고) 오기세(전 서울 구로고)

위상복(대구 경일여고) 유성종(전남 순천고) 이우평(인천 신송고)

검토위원

강대균(서원대 지리교육과) 강병수(부산교육청 장학사) 김재웅(충남 공주여고) 김진훈(서울 건대부중) 윤석희(서울 이대부중 교감)

윤정현(서울 경복고) 이강준(서울 홍대부고) 이경택(서울 명덕고) 이세창(경기 송림중) 조일현(서울 중동중)

조지욱(경기 부천정명고) 조철민(인천 재능중) 주경중(전남 고흥영주고) 최종필(경기 퇴계원고)

발행인 김학원

편집주간 황서현

크리에이티브 디렉션 AGI Society 김영철

책임 편집 심재련 이영란 최윤영

본문 디자인 이인영 김태혁 최은정

표지 디자인 김태형

일러스트 김윤경 김창희 양순옥 이경국 조규상

지도 김경진

우리 삶과 밀접한 지리 교육을 꿈꾸며

1

수업 내내 판서를 하고 지도를 그리고 목청을 높여 지리를 가르쳐 왔지만, 정작 지리가 어떤 가치를 지닌 과목인지, 어떤 가치를 지녀야 할 과목인지 잘 알 수 없었다. 또한 지리 교육이 미래를 살아갈 우리 학생들에게 어떤 의미로 다가갈지 감이 잡히지 않았다.

지리 교육의 목표가 '세계와 국토 공간에 대한 이해'임에도 지리 시간이 되면 세계와 국토는 몇 개의 지도와 그래프 뒤로 숨어 버리기 일쑤이고, 학생들은 지리에 대해 점점 흥미를 잃었다. 교육학자 이반 일리치가 "학교가 학생을 바보로 만든다."라고 설파한 것처럼, 지리 수업은 학생들을 지리맹(地理盲)으로 만들어 가고 있다.

게다가 교육 평가가 교육 내용을 철저하게 구속하는 우리나라에서 수능시험의 위력은 막강하다. 최근 '수능 지리'는 한심하기 짝이 없다. 특정 도시들의 연 강수량이나 기온의 연교차 등을 파악할 수 있어야 하고, 우리나라 1차 에너지 중 원자력과 천연가스의 소비 비중을 비교할 수 있어야 수험생은 '지리 1등급'을 받을 수 있다. 전국의 지리 교사와 지리학자들은 과연 '수능 지리'에서 어떤 등급을 받을지 궁금하다.

현재 우리 지리 교육의 비극은 '틈', '간격', '거리', '헐거움'에서 나온다. 우리의 삶과 지리 교과서 간에 틈이 있으며, 교과서와 수업 간에 틈이 있으며, 수업과 평가 간에도 틈이 있다. 결국 우리의 삶과 수능시험 사이에는 말로 표현할 수 없을 만큼의 '멀고도 먼 거리'가 존재하며, 그 사이에는 지리 교육을 집어삼키고도 남을 심연이 있다.

2

우리는 기존의 지리 교육을 대체할 수 있는 대안 지리 교육이 필요하다고 생각하였다. 대안 지리 교육은 삶과 밀접한 지리 교육을 말한다. 도심, 부도심, 중간 지역, 주변 지역은 학생의 삶과 아무 연관이 없는 공허한 개념에 지나지 않는다. 도시에서 사람들이 어떻게 부대끼며 살아가는지, 더 나은 삶을 위해 도시 공간을 어떻게 가꾸어야 하는지를 아는 것이 중요하다.

대안 지리 교육을 구성하려면 현실을 제대로 볼 수 있는 관점의 변화가 필요하다. 그러려면 먼저 우리 지리학과 지리 교육을 감싸고 있는 두터운 커튼을 걷어 올려야 한다. 현행 지리 교육은 '통계자료를 지도나 그래프로 만들고, 이를 분석하고, 다시 분석한 내용을 받아들이기'의 메커니즘으로 진행된다고 해도 지나친 말이 아니다. 우리는 수도권에 대학, 기업, 금융기관 등이 집중되어 있는 사실을 이미 알고 있다. 그럼에도 애써 통계자료를 찾고, 그것을 그래프로 만들고 분석한 후, 수도권에 기능이 집중되어 있다는 사실을 재차 확인하며 만족해한다. 그 과정에서 '수도권에 주요 기능이 집중된 이유는 무엇인가?', '지역 간 기능 집중의 차이는 무엇을 뜻하는가?', '지역 간의 불균형을 해소하려면 어떤 노력을 기울여야 하는가?'와 같은 중요한 물음들은 소멸되고 만다.

지리 교육을 삶과 무관하게 만드는 '두터운 커튼'의 정체는 무엇일까? 그것은 바로 '공간과 시간', '공간과 사회', '공간과 경제', '공간과 정치'의 분리이다. 지리 수업 시간에 도시, 인구, 문화, 기후와 지형 등을 학생들에게 가르치지만, 정작 총체성으로서의 공간에 대해서는 가르치지 못하였다. 따라서 대안 지리 교육은 분리라는 장막을 거둔 '총체성으로서의 공간을 보는 능력'을 가르치고 배우는 교육이 되어야 한다.

우리는 '살아 있는 지리 교육'과 '살아 있는 지리 교과서'가 어떤 모습이어야 하는가에 대해 많은 생각들을 서로 교환하였다. 또한 기존의 교과서 체제를 유지할 것인가, 아니면 획기적인 틀을 만들어 볼 것인가를 놓고 고민하면서 많은 공을 들였다. 틀을 만든 후에도 고민은 계속되었고, 난상 토론과 불면의 밤도 끊이지 않았다. 그 끝없는 노력의 결과물을 이제야 내놓게 되었다.

3

이 책을 만들면서 지리 분야의 척박함에 가슴 답답할 때가 적지 않았다. 참고 자료를 찾기 위해 지리 관련 책은 물론 이웃한 학문의 책도 살펴보았지만, 그 속에서 살아 있는 지리 지식을 찾아내는 것은 쉽지 않았다. 우리는 생생한 지리 정보를 찾기 위해 잡지를 뒤적이고, TV 다큐멘터리와 인터넷의 유튜브 동영상에도 두루 관심을 두었다.

우리는 감히 이 책이 우리 지리 교육과 지리 교과서의 전환점이 되리라 생각한다. 대안적인 지리 교육을 생각하여 만든 최초의 대안 지리 교과서이기 때문이다. 첫 작업이기에 부끄럽고 미흡하지만《살아있는 지리 교과서》는 당분간 우리에게 자부심이자 자랑거리가 될 것이다.

첫 단추는 우리가 끼웠다. 하지만 앞으로 많은 선후배, 동료 교사들이《살아있는 지리 교과서》의 한계를 지적하고, 그것을 극복하기 위한 시도를 하리라고 생각한다. 이 책을 넘어서는 더 멋진 콘텐츠, 더 멋진 지향(指向)의 대안 지리 교과서들이 봇물처럼 쏟아져 나와 우리 지리 교육의 토양을 살찌우기를 소망한다.

이 책은 전국지리교사연합회 주관으로 만들어졌다. 필자와 검토자는 전국을 망라하였으며, 편집회의도 전국 각지에서 열렸다. 우리는 서로 생활하는 곳도, 말씨나 식성도 달랐지만 지리를 사랑한다는 뚜렷한 공통점이 있었다. '지리 사랑'의 힘으로 3년에 걸친 기획, 집필, 검토의 지난한 시간을 이겨 낼 수 있었다.

지리를 사랑하는 전국의 지리 선생님들께 감사의 마음을 전한다. 지리 교육의 위상이 날로 위협받고 있는 교육 현실 속에서 꿋꿋하게 지리 교육에 헌신하는 선생님들이야말로 진정한 지리의 수호자라고 생각한다. 부디 이 책이 일선 교육 현장을 지키는 선생님들에게 유용하게 쓰이기를 간절히 소망한다. 끝으로 적지 않은 기간 동안 우리와 지리 행로를 함께한 휴머니스트 편집부, 그리고 우리의 가족들에게도 고마운 마음을 전한다.

2011년 8월
필자 일동

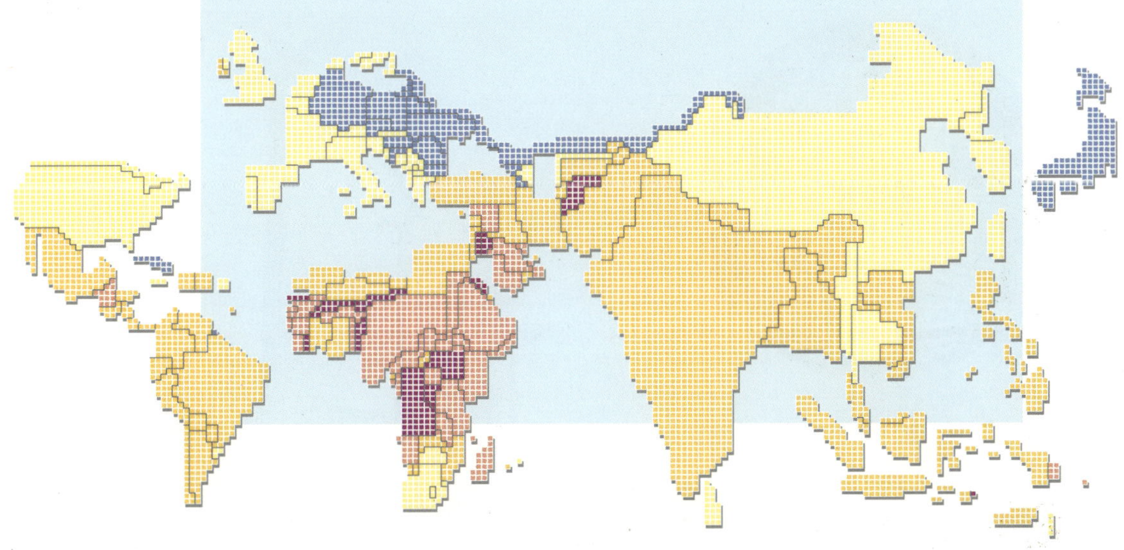

Ⅰ 지리, 인간을 보다

PUMP
GREAT MARLBOROUGH STREET
PORTLAND STREET
WARDOUR MEWS
ST ANNS COURT
WORK HOUSE
PORTLAND MEWS
BENTINCK STREET
RICHMOND
BREWERY YARD
PUMP
MARSHALL ST.
EDWARD STREET
DUCK LANE
TYLER COURT
WEST STREET
MARSHALL STREET
DUFOURS PLACE
STREET
BROAD STREET
BREWERY
HOPKINS STREET
HAM SQUARE
LOWNDES CT.
CARNABY
SOUTH ROW
CAMBRIDGE ST.
NEW STREET
COCK CT.
PUMP
PULTENEY CT.
CROSS ST.
MARLBOROUGH ROW
HUSBAND ST.
PETER STREET
CROSS STREET
STREET
SILVER STREET
GREAT PULTENEY STREET
WILLIAM AND MARY YARD
LITTLE WINDMILL STREET
LITTLE PULTENEY STREET
CHAPEL PLACE
NAYLORS YARD
UP JAMES ST.
BRIDLE STREET
UP JOHN ST.

존 스노의 콜레라 지도

지리, 유레카!

사람들이 지리나 지리학을 두고 수군거린다. 때론 지리 교사에게 "지리가 학문이냐?",
"지리학은 단지 사실의 나열 아니냐?", "학교에서 지리를 배울 필요가 뭐가 있느냐?",
"사람이 아닌 동물들도 제집은 잘 찾아가는 것 아니냐?"라고 모진 소리를 한다. 간혹
지리를 공부하는 사람들끼리도 서로 묻곤 한다. "지리 또는 지리학이라는 것은 과연 무
엇일까?" 그 질문에 지리학자나 지리 교사들은 머뭇거리기 일쑤이다. 답을 하는 사람
들은 기껏해야 "geo는 땅을 뜻하고, graphy는 서술하다, 묘사하다 등을 뜻하므로 지
리는 공간과 관련된, 혹은 땅과 관련된 것을 연구하는 거죠!"라고 답한다. 어떤 이들은
"지리학이 무엇하는 학문인지 한마디로 말할 수 없소!"라고 말한다.

이런 상황에서 떠오르는 지도가 있다. 바로 존 스노가 그린 '콜레라 지도'이다. 이 지
도는 지리적인 사고가 얼마나 매력적이고 강력한지를 보여 준다. 의사였던 존 스노가
살던 영국의 런던에서는 1854년에 콜레라가 창궐하였다. 당시 콜레라의 원인과 전염
경로를 알지 못했기에 많은 사람들이 속수무책으로 죽어 갔다. 존 스노는 사람들과의
면담을 통해 어디에 사는 누가 죽었는지를 알아내고 이를 지도에 표시해 나갔다. 통계
지도로 말하면 점지도를 만들어 간 것이다. 지도를 완성한 후 살펴보니 브로드 거리에
서 사망자가 많았다. 존 스노는 브로드 거리에 있는 공동 펌프가 의심스러웠다. 공무원
들의 협조를 얻어 펌프를 폐쇄하니 놀랍게도 콜레라 환자가 더는 발생하지 않았다. 존
스노는 지도 한 장을 그려 콜레라 발병의 원인을 밝혀냈던 것이다.

생각해 보면 모든 것이 지리적이다. 내가 아는 사람들이 사는 곳을
백지도에 표시해 보자. 분명 일정한 분포 특성이 나타날 것이다. 점
들이 모여 있는 곳은 당신의 집이거나 직장이거나 학교이거나 혹은
과거 당신과 인연을 맺었던 일정한 공간일 것이다. 사람은 태어나서
죽을 때까지 공간을 벗어나는 일이 없다. 사람이 살아 있다는 것은
지구의 일부, 즉 공간을 점유하고 있다는 뜻이기 때문이다.

"지리란 무엇인가?"라는 질문으로 돌아가 보자. 머뭇거리지 말고
이제 지리학의 정체성에 대해 몇 마디 발화發話를 시도해 보자. 지리
는 다양성이며, 자연과 인간이며, 인간과 인간의 관계이다. 그래서
지리는 결국 사람이다.

존 스노(John Snow, 1813~1858)

은데빌레족의 집

지리는 향(香)이다

동남아시아를 여행해 본 사람들은 독특한 동남아시아의 냄새를 기억한다. 그 냄새를 말로 표현하기는 어려우며, 그 냄새가 어디서 비롯되는지도 알기 어렵다. 하지만 보통 타이나 인도네시아, 필리핀에 도착해 공항에 들어가는 순간, 독특한 냄새를 통해 '아, 내가 동남아시아에 왔구나!'라고 생각하게 된다.

두리안이라는 과일이 있다. 열대 과일의 왕이라고 불리는 두리안은 커다랗고 통통한 도깨비 방망이를 닮았는데, 그 맛이 한마디로 끝내준다고 한다. 하지만 두리안을 먹기 위해서는 역한 냄새를 견뎌야 한다. 지옥 같은 향에 천국 같은 맛을 지닌 두리안은 다른 지역 사람들에게는 낯설지만 동남아시아 사람들에게는 특별한 음식이다.

동남아시아에 가서 현지인에게 "저는 두리안을 좋아해요."라고 말하면, 외국인에 대한 그들의 작은 의심과 낯섦과 두려움의 감정들은 눈 녹듯이 사라지게 된다. 두리안을 먹는 것이란 곧 동남아시아 현지인과 풍토를 받아들인다는 의미이기 때문이다. 외국인이 시뻘건 김치를 한 입 먹고 "맵지만 맛있어요!" 라고 말할 때, 당신의 표정은 어떠하겠는가?

세계에서 유명한 프랜차이즈 커피점에서는 한때 "Geography is a flavor."라는 광고 문구를 사용하였다. 이 광고 문구에는 '커피는 향이다.'라는 의미가 담겨 있다. 커피에 조예가 깊은 사람들은 커피콩의 생산지가 어디인지, 어디에서 어떤 방식으로 얼마나 볶은 것인지를 금세 알아낼 수 있다고 한다. 커피의 단맛, 신맛, 쓴맛, 그리고 표현할 수 없는 그 풍부한 맛에는 지역과 지역성이 담겨 있다는 의미로 해석할 수 있다.

어디 향취뿐이랴! 지리는 색이기도 하다. 기후와 풍토는 각기 다른 색의 경관을 만들어 낸다. 강렬한 햇빛과 생명력 넘치는 자연을 흔히 접하는 아프리카에서는 자연에서 얻은 원색을 선호한다. 예를 들면, 남아프리카공화국에 사는 은데빌레족의 마을을 방문하면 의복, 직물, 집 등 곳곳에서 화려한 원색을 볼 수 있다. 눈에 보이는 모든 것이 몬드리안의 그림보다 화려하고 아름다우며 조화롭다. 원색을 사용한 옷으로 유명한 다국적기업에 영향을 준 것이 이 은데빌레족의 색이라고 한다.

경관은 물론 향과 색, 그리고 소리까지도 지역성을 드러내는 요소가 된다. 우리의 향과 색과 소리는 각각 무엇일까?

은데빌레 인형

두리안

안데스 산지를 날아가는 콘도르

지리는 관계이다

〈라〉라는 소설은 "바람이 불면 고양이가 죽는다."라는 이탈리아 속담으로 시작한다. 왜 바람이 불면 고양이가 죽을까? 이탈리아 고양이는 바람에 죽어 버릴 정도로 약골일 까? 아니면 다른 비밀이 있는 것일까?

속담에 담긴 이야기는 이렇다. 이탈리아에서는 봄과 여름철에 '시로코'라는 바람이 분다. 시로코는 아프리카의 사하라 사막에서 불어오는 뜨거운 바람인데, 이 바람에는 모래 먼지가 섞여 있다. 시로코에 노출된 사람들 중 모래 먼지가 눈에 들어가 눈병을 앓다가 시력을 잃게 되는 경우가 있다. 맹인은 안마사가 되고 안마사는 자신의 존재를 알리기 위해 작은 북을 하나씩 들고 다닌다. 그 북은 고양이 가죽으로 만든다. 고양이 가죽을 치면 사이렌처럼 널리 퍼지는 '라' 음으로 둥둥 소리가 나기 때문이다.

또 다른 이야기 하나. 이번에는 페루의 안데스 산지에 있는 작은 인디오 마을로 가 보 자. 인디오들은 날개를 편 길이가 거의 3m에 이르고 몸무게도 약 12kg인 새, '콘도르' 사냥에 나선다. 인디오들은 콘도르를 하늘의 신으로 여기는데, 이들의 축제에서는 콘 도르와 소의 결투가 벌어진다.

사람들은 콘도르를 살아 있는 소 위에 묶는다. 소의 등가죽에 구멍을 뚫어 밧줄로 묶 기 때문에 소는 극도로 흥분한다. 붉은색 깃발을 보고서 소는 더욱 날뛰고 이에 콘도르 는 날카로운 부리로 소를 쪼아 댄다. 소는 날뛰면서 힘을 소진하고 소의 등에는 피가 흥건하게 흐른다. 소가 지쳐 더는 움직이지 못하면 사람들은 콘도르가 이겼음을 선언 한다. 콘도르와 소의 싸움이 끝난 후 사람들은 콘도르를 데리고 절벽으로 향한다. 콘도 르는 지친 몸을 잠시 추스른 다음 힘차게 날갯짓을 하여 다시 창공으로 날아오른다. 소 는 에스파냐를 상징하고 콘도르는 인디오를 상징한다. 수천 년에 걸친 억눌림에 대한 소박한 분풀이는 이렇게 끝이 나고, 인디오는 다시 자존 심을 회복한다.

'바람과 고양이'는 자연과 인간의 관계를, '콘노드르와 소'는 인간과 인간의 관계를 보여 준다. 이처럼 지리란 관계를 자세히 들여다보는 눈이다. 지리적 시각이 아니 라면 바람과 고양이, 콘도르와 소 사이에 얽힌 내밀한 관계를 알아차리기 쉽지 않을 것이다.

인디오를 상징하는 콘도르

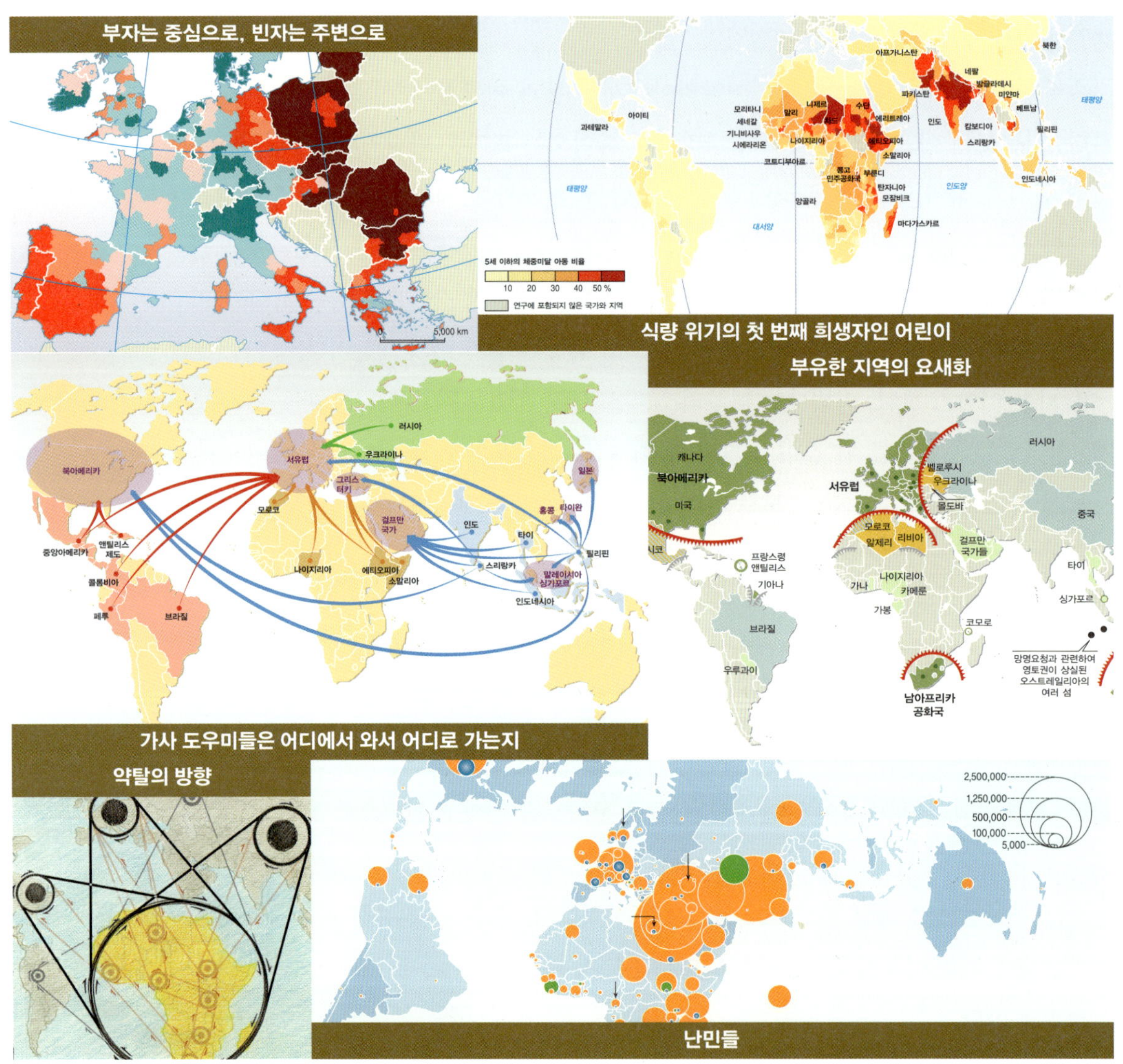

세계의 불평등을 고발하는 지도(르몽드 디플로마티크)

지리는 사람이다

1992년 유엔 개발 계획에서 세계 부의 분포를 그림으로 보여 주었다. 세계 부의 분포를 나타내는 그림은 '받침이 없는 포도주 잔'과 같으며, 당시 세계 상위 20%의 인구가 세계 전체 부의 82.7%를 차지하고 있다. 그렇다면 최근에는 부의 불균등이 다소 해소되었을까? 유엔 대학의 연구 결과에 따르면 세계 상위 10%의 인구가 세계 전체 부의 85%를 차지하고 있으며, 세계 3대 갑부의 재산을 합하면 세계의 가난한 나라 40~50개국의 GDP를 합한 것과 비슷하다. 교통과 통신의 발달, 다국적기업의 확대로 세계화가 진행되고 있음에도 오히려 세계의 빈부 격차는 더욱 심화되고 있다. 어느 학자는 세계가 평평해지고 있다고 주장하지만, 실제로 세계는 전례 없이 울퉁불퉁해지고 있다.

피터 멘젤과 페이스 달뤼시오는 세계인이 일주일 동안 먹는 음식물을 비교하여 《헝그리 플래닛》이라는 책을 썼다. 그 책에 실린 사진을 보면 수단의 난민 가족의 음식은 배급받은 밀과 옥수수, 생수 한 통, 염소고기와 생선 조각, 과일과 채소 몇 개가 전부인 반면, 미국 중산층 가족의 음식은 온갖 육류와 스낵, 음료수, 패스트푸드 등으로 산을 이룬다. 그 결과 미국 사람들이 30% 이상이 비만에 시달리는 반면, 소말리아에서는 어린이 3명 중 1명이 영양실조 상태이다.

사람들은 빈부 격차는 역사 속에서 한 번도 해소된 적이 없으며, 심지어 사유재산제도를 부정하는 쿠바, 북한에도 빈부 격차가 있다고 말한다. 특히, 자본주의 체제가 공고해지고 세계화를 통해 무한 경쟁으로 치닫고 있는 오늘날 빈부 격차를 줄인다는 것은 실질적으로 불가능하다. 이러한 상황에서 지리는 무엇을 해야 하는가?

먼저, 지리는 세계의 불평등을 고발해야 한다. 사람들은 세계가 불평등하다는 사실을 관념적으로만 알 뿐 실질적으로 알지 못한다. 다양한 관점에서 세계의 경제적·사회적 불평등과 문화적 향유의 불평등을 적나라하게 알려야 한다. 다음으로, 사람들이 불평등의 원인에 대해 관심을 깆도록 유도해야 한다. 세계가 얼마나, 어떻게 병들었는지를 알아야만 세상을 치유할 수 있기 때문이다. 세상은 부유한 소수의 사람만으로도, 소외된 다수의 사람만으로도 돌아가지 않는다. 모두가 모자이크를 이뤄 공간 속에서 조화로운 삶을 추구할 때 지리는 곧 사람이 될 수 있을 것이다.

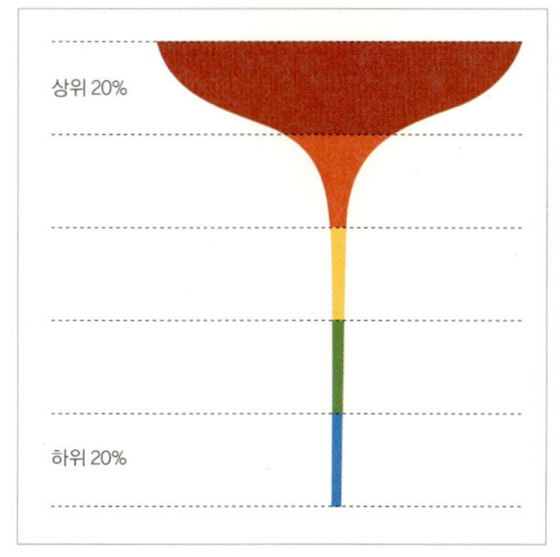

세계 부의 분포

터키의 이스탄불

Ⅱ 문화의 모자이크, 세계를 만나다

사우디아라비아, 이라크, 알제리, 리비아의 축구 국가대표팀 유니폼은 모두 초록색이다. 북부 아프리카와 아라비아 반도의 국가들이 초록색을 좋아하는 이유는 무엇일까?

그것은 이슬람교에서 초록색을 신성시하기 때문이다. 리비아 국기는 온통 초록색이다. 사우디아라비아 국기에는 칼 그림과 함께 아랍어로 "알라 외에는 신이 없고, 무함마드는 알라의 사도이다." 라는 문구가 적혀 있다.

나이지리아 축구 국가대표팀의 유니폼도 초록색이고, 나이지리아 국기는 초록색–흰색–초록색의 삼 색 띠로 이루어져 있는데, 나이지리아 사람들 마음속의 초록색은 '풍부한 농산물'이다. 여러분에게 초록색은 어떤 의미인가?

세상의 색깔이 다채롭듯, 문화도 다채롭다. 다채로운 문화의 빗장을 열어 세계 여행을 떠나 볼까?

문화는 멈추지 않는다

자연은 인류의 삶을 풍요롭게도 하지만 자연재해로 인한 고난과 역경을 주기도 한다. 자연을 극복하는 과정에서 인류는 '문화'라는 위대한 유산을 탄생시켰다. 문화는 인류의 공간 속에 지층처럼 차곡차곡 쌓여 있으며, 인류가 존재하는 한 끊임없이 살아 움직일 것이다.

│ 자연에서 문화가 만들어지다 │ 인도네시아 전통 가옥의 지붕 경사가 심한 이유는 돌풍, 천둥, 번개를 동반한 스콜 같은 열대지방의 폭우를 견뎌야 하기 때문이다. 만약 건조기후 지역의 가옥처럼 지붕이 평평하다면 순식간에 가옥이 무너지고 말 것이다. 동남아시아 타이의 경우 전봇대가 원통형인 우리와 달리 직육면체이다. 열대기후에 많이 서식하는 뱀이 열기를 피해 전봇대를 타고 올라가는 것을 막기 위해서이다. 이처럼 일상적인 문화경관에서도 지리적 특성은 그대로 드러난다.

언어에도 자연이 반영된다. 북극의 이누이트 사회에서는 '눈雪'을 표현하는 단어가 수십 가지에 이른다. 시간과 장소, 크기와 빛깔에 따라 눈을 나타내는 다양한 어휘가 발달하였다.

타이의 각진 전봇대 직육면체의 전봇대는 파충류로 인한 감전 사고를 예방할 뿐만 아니라 원통형에 비해 주물 제작이 쉽고, 제작비가 저렴하다는 장점이 있다. 또한 타이는 잦은 비로 지반이 약해서 직육면체의 전봇대가 원통형보다 지탱하는 데 더 유리하다.

인도네시아의 전통 가옥 수마트라의 황소 뿔을 닮은 이 전통 가옥은 못을 전혀 사용하지 않고 짓는다. 나무가 풍부한 자연조건 덕분에 모두 목재로 만들며, 특히 야자나무는 수십 년이 지나도 썩지 않는다. 지붕은 주변에서 쉽게 구할 수 있는 야자 잎이나 나무로 엮어 만든다.

이와 같이 문화는 우리 주변에서부터 언어, 종교, 관습 등의 정신문화에 이르기까지 두루 환경의 영향을 받는다. 따라서 문화 현상을 제대로 알기 위해서는 환경을 지리적으로 바라보는 눈을 가져야 한다.

| **문화가 자연을 변화시키다** | 인류가 자연환경에 순응하고 때로 극복하는 과정에서 문화를 만들어 낸 반면, 문화가 자연을 변화시키기도 한다. 우리 조상들은 세상 어디를 가더라도 벼농사 문화를 버리지 않았다. 연해주에 이주한 고려인[■]은 구소련 당시 스탈린의 소수민족 이주 정책에 따라 카자흐스탄과 우즈베키스탄으로 강제 이주를 당했다. 그런데 한인들이 강제 이주된 그곳은 건조 지대이자 불모지로, 벼농사를 짓는 데 적합하지 않았다. 그들은 지하수를 파고 수로를 만들어 강물을 끌어다 대는 등 벼농사를 짓기 위한 온갖 노력을 기울였다. 환경이 다르기 때문에 기존의 벼농사와는 다른 방법을 강구해야 했지만 벼농사라는 기존의 문화를 지키고자 하는 문화적 관성이 나타난 결과라 할 수 있다.

마찬가지의 경우로 드넓은 초원이 발달한 북아메리카의 프레리 지역에는 유럽인이 이주해 곡물 농업과 가축 사육을 함께하는 혼합농업을 이식하였다. 그로 인해 오늘날 프레리 지역은 세계적인 농업지대로 바뀌었다.

고려인
독립국가연합 전체에 거주하는 한민족으로, 한인 또는 카레이스키라고도 부른다.

자연을 극복한 중앙아시아의 한인들
강제 이주된 고려인들은 불굴의 의지로 척박한 중앙아시아 불모지에서 땅을 일구고, 물을 끌어와 벼농사를 시작하였다. 3년이 채 지나지 않아 그들의 삶의 방식인 벼농사 문화를 회복하였고, 그 결과 건조기후 지역을 주요 벼농사 지대로 변화시켰다.

| 문화는 움직인다 | 문화는 한곳에만 머무르지 않는다. 사람과 사람이 만나고 지역과 지역이 교류하는 동안 문화는 지리적으로 서서히 넓게 퍼져 나간다. 문화는 각기 다른 시공간을 따라서 마치 생명을 가진 생명체처럼 이동하며 바뀌어 간다.

인도에서 시작된 불교의 석굴 문화는 중국을 거쳐 우리나라로 들어왔다. 우리나라의 석굴암은 인도의 아잔타 석굴, 엘로라 석굴과 중국의 둔황 석굴과는 다른 모습을 지닌다. 이처럼 문화는 전파 과정에서 그 지역의 특색에 따라 조금씩 변형되기 마련이다.

문화는 전파 과정에서 각종 유형·무형의 걸림돌과 부딪치게 된다. 실제로 남아프리카공화국에서는 과거 수십 년 동안 정치적 이유로 TV의 수입을 법으로 금지하여 TV 문화가 대중에게 보급되지 않았다. 또 철저히 사회주의 체제를 고수하는 북한은 자본주의의 상징이라 할 수 있는 세계적 규모의 패스트푸드 회사와 청량음료 제조 및 판매 회사를 정책적으로 수용하지 않고 있다.

한편, 문화가 전파될 때는 엄격한 규정과 배타적인 이념뿐만 아니라 높고

석굴 문화의 전파

인도와 중국의 사암은 화강암에 비해 덜 단단하기 때문에 석굴 제작이 수월하였다. 반면에 우리나라의 화강암은 매우 단단하여 직접 파고 들어가기가 쉽지 않았다. 그래서 생각해 낸 방안이 돌을 하나하나 쌓아 석굴을 만드는 것이었다. 화강암의 특성 때문에 오히려 석실 돔 구조라는 독창적인 공법과 새로운 공간 양식을 창안해 낼 수 있었다.

험준한 산맥이나 넓은 사막과 같은 지형지물도 큰 장애로 작용한다. 히말라야 산맥은 인도와 티베트 간의 교류를 방해하였고, 아프리카의 사하라 사막은 북부 아프리카와 중남부 아프리카에 전혀 다른 문화권을 형성하게 하였다. 그럼에도 불구하고 이러한 장애물만 사라진다면 문화는 언제든지 움직일 준비가 되어 있다.

| 문화가 전파되는 방식 | 문화가 전파되는 방식은 전염병의 확산과 유사한 점이 많다. 인플루엔자나 사스가 주변으로 퍼지듯 문화는 지리적으로 인접한 사람들 간의 접촉을 통해 확산된다. 이러한 유형을 '전염 팽창 전파'라고 하는데, 인류가 공포로 여기는 에이즈도 이 방식으로 퍼졌다. 하지만 문화가 반드시 기원지에서 인근 지역으로 퍼져 나가는 것은 아니다.

'계층 팽창 전파'는 지리적 접근성과 상관없이 일련의 순서나 위계질서, 계층성을 통해 문화가 확산되는 것이다. 상류층에서 하류층으로, 수도에서 지방으로, 고차 중심지에서 저차 중심지로 확산되는 과정이 여기에 해당한다. 특히, 희귀한 외래 문물이나 상류층의 고급 문화가 전래되는 경우에는 대개 계층 팽창 전파가 나타난다. 영국에 홍차가 수입되었을 때 선택적으로 런던의 귀족들이 먼저 수용한 뒤 점차 서민들에게로 보편화된 것이 한 예이다.

'재위치 전파'는 인간 집단이 거주지를 이동할 때 자신들이 가진 문화를 새로운 거주지에 이식하는 유형이다. 예를 들면, 에이즈AIDS, 후천 면역 결핍증는 원숭이의 피를 최음제로 이용하는 문화적 관습으로 사람에게 전염되면서 아프리카 대륙 전체로 퍼져 나갔다. 중남부 아프리카를 방문한 유럽인과 콩고에 파견 나온 아이티의 선원들이 에이즈에 감염되어 자국으로 돌아간 뒤부터 이 병은 여러 대

문화 전파의 유형

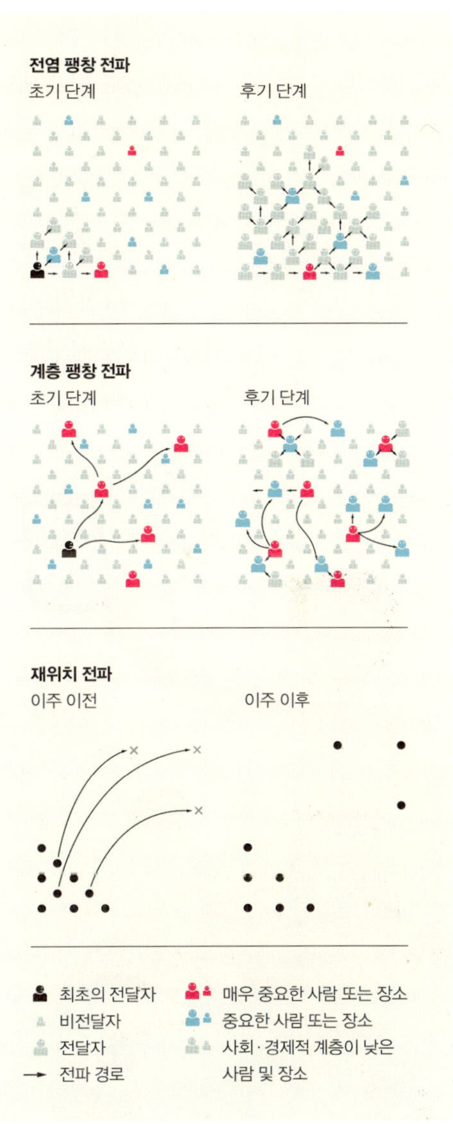

류으로 퍼지기 시작하였다. 특히, 미국의 일부 동성애자들이 아이티에 휴가 가서 에이즈에 감염되는 사건이 발생하였는데, 이때부터 에이즈는 동성애 때문에 감염된다는 편견이 생긴 듯하다. 한편, 유럽의 크리스트교 문화 역시 세계 각지에 파견된 선교사와 그곳 원주민의 접촉을 통해 문화의 재위치 전파가 이루어졌다.

│ 문화의 공간 혁명 │ 문화는 사람과 사람이 만나 전파되거나 사람이 이주하면서 다른 곳으로 전파된다. 그러나 이제는 인터넷을 통해 시공간이 순간적으로 압축되면서 뉴욕, 파리, 도쿄, 런던 등 세계 각지의 문화를 클릭 한 번으로 접할 수 있다. 또한 전 세계의 음악, 동영상, 그림 등의 온갖 정보를 자유자재로 보고 들을 수도 있다. 인류는 획기적인 통신 기술의 발달로 새로운 차원의 공간 혁명을 이루었다.

디지털 기술의 발달은 인류에게 신에 가까운 손과 발을 달아 주었다. 인터넷 통신망을 통해 화상 토론을 하고, 메일이나 파일을 주고받을 수 있다. 온라인상으로 데이트도 하고, 게임이나 쇼핑도 할 수 있다. 일상적 행위들이 물리적 거리를 초월하여 인터넷이라는 가상공간에서 자유롭게 이루어지고 있다. 기존의 문화가 지구촌의 일부 중심부에서 만들어져 세계 각지로 전파되었다면, 지금의 문화는 전 세계 곳곳에서 생산되어 소비되고 확산된다.

인터넷으로 연결되는 세상은 동시다발적으로 지구촌 구석구석까지 연결된다. 동영상 전문 사이트 '유튜브Youtube'는 말 그대로 당신you이 관tube이 되어 UCCUser Created Contents를 자유롭게 올리고, 자유롭게 퍼 나를 수 있는 가상공간이다. 지구촌 누리꾼들은 유튜브를 통해 자신을 알리고, 서로를 이해하는 국경 없는 새로운 세상을 빠르게 만들어 가고 있다. 이렇듯 앞으로도 문화는 국적, 인종, 민족 등에 구애받지 않고 웹의 공간에서 자유롭게 전파될 것이다.

| 문화의 퍼즐 조각을 맞추다 | 문화의 모자이크가 아름다운 것은 각기 다른 문화의 퍼즐 조각 하나하나가 모여 조화를 이루기 때문이다. 공간과 장소가 다르면 자연환경은 물론이고, 사람들의 생김새와 옷차림, 언어, 그리고 음식 맛과 건축 형태도 다르다. 이러한 지리적 정체성을 반영한 문화 현상은 일상적인 의식주와 종교, 열광적인 스포츠와 축제 등 무수히 많다. 이제 인류의 발자취와 메시지가 가득한 문화의 모자이크 세상 속으로 들어가 인류가 만든 최고의 걸작, '문화'를 만나 보자.

◉ 웹 3.0 시대의 지리 수업은 어떨까?

참여·공유·개방의 철학적 명분을 통해 새로운 가치를 창조하였던 웹 2.0 시대가 진화하여 보다 지능적이며 개인화된 웹 3.0 시대가 도래하고 있다. 웹 3.0 시대에는 세상의 중심에 내가 있다. 웹 3.0 시대가 본격적으로 열리면 지리 수업에 엄청난 변화가 찾아올 것이다. 가상의 3차원 세계 속에서 현장 답사가 가능하므로 시공간의 제약을 받지 않고 어떤 곳이든, 어떤 사람이든 마주할 수 있다. 어쩌면 광활한 사하라 사막에 서서 모래바람이 소용돌이치며 조각해 내는 버섯바위를 관찰할지도 모른다. 때로는 바이킹이 되어 날렵한 배를 타고 스칸디나비아 반도의 피오르를 항해하거나, 위험한 화산 폭발의 현장에 있을 수도 있다. 영화 〈박물관은 살아있다〉의 주인공처럼 공룡들과 뛰어놀고, 매머드를 타고 어슬렁거리는 모습은 상상만 해도 신나고 짜릿하다. 이처럼 웹 3.0 시대에는 공간만 축소되는 것이 아니라 시간의 압축도 가능해진다. 앞으로 인터넷과 웹의 발달에 따른 문화 공간의 변화는 상상을 뛰어넘을 것이다. 미래의 모습은 우리의 상상력이 얼마나 풍부하느냐에 달려 있다.

인종과 민족으로 나뉘어 다양한 문화를 꽃피우다

인류는 자연이 주는 고난을 극복하기 위해 두뇌를 가장 적극적으로 사용해 온 동물이었다. 자연 속에서 살아남기 위해 인류는 여러 인종과 민족으로 분화되기 시작하였는데, 서로 다른 지리적 환경에 놓이게 된 인류는 겉모습만 변화한 것이 아니라 각기 다른 장소에서 다양한 문화를 형성해 나갔다.

| 최초의 인류를 만나다 | 아프리카의 초록빛 사바나 초원을 한 여자가 구부정한 자세로 걷고 있었다. 그녀는 120cm 정도의 키에 몸무게는 30kg도 채 되지 않았다. 시간이 흘러 약 350만 년이 지난 어느 날 미국의 인류학자 도널드 요한슨 박사가 에티오피아 하다르 사막에서 그녀를 찾아냈다. 그녀는 어두운 땅속에 오랫동안 누워 있었다. 도널드 박사는 그녀에게 〈다이아몬드와 함께 있는 하늘의 루시Lucy in the sky with diamonds〉라는 노래에서 따 온 '루시'라는 이름을 붙여 주었다. 실제로 루시는 아프리카에서 발견된 가장 유명한 오스트랄로피테쿠스남쪽 원숭이의 화석이다. 루시처럼 아프리카에서 번성하였던 인류는 기후변화라는 큰 폭풍을 만나게 된다.

인류가 등장하였던 신생대 제4기는 이전과 달리 기온이 내려가던 시기였다. 빙하시대가 도래하자 따뜻하고 먹을 것이 많았던 아프리카의 축복도 끝이 나고, 추위와 배고픔의 공포가 엄습해 왔다. 인류는 얼어 죽지 않으려고 옷을 입기 시작하였고 추위를 피해 동굴에서 잠을 잤으며, 불을 능숙하게 다루고 식량을 구하기 위해 도구를 만들었다. 그러나 결국은 더 따뜻한 곳으로 이주해야만 하였다. 고대 세계의 인류 이동은 빙하시대라는 잔인한 자연환경과 맞서면서 이루어졌다. 그들은 엄마 품처럼 따뜻하고 풍요로웠던 인류의 고향, 아프리카를 떠나 전 세계로 퍼져 나갔다. 그들은 각각의 자연환경에 적응해 살면서 다양한 인종으로 분화하였다.

인류의 출현 시기
500만~180만 년 전
180만 년 전
150만 년 전
50만 년 전
10만 년 전
5만~5,000년 전
5,000년 전

인류의 발생과 이동
1976년 동아프리카 레톨라이에서 오스트랄로피테쿠스가 걷던 발자국 화석이 발견되었다. 이 원시인류는 화산재 위를 걸었는데, 발자국이 그대로 굳어서 화석으로 남은 것이다. 호모에렉투스는 아프리카에서 진화하여 유럽과 아시아로 이주하였다. 그들은 동굴에서 생활하고 추위를 피하기 위해 옷을 입기 시작하였으며, 불을 사용함으로써 빙하기를 극복하고 지구 전역으로 퍼져 나갔다. 네안데르탈인은 20만 년 동안 유라시아 대륙을 지배하였다.

| 자연을 닮은 인종을 만나다 | 초기의 인류는 생존하기 위해 대륙 곳곳으로 뿔뿔이 흩어져 각기 다른 환경에서 살았다. 추우면 추위를 견디도록, 더우면 더위를 견디도록 환경에 적응할 수 있는 능력을 발달시켰다. 세계 3대 인종인 니그로이드흑인종, 코카소이드백인종, 몽골로이드황인종는 원시인류가 거주지를 이동하는 가운데 새로운 자연환경에 적응하는 과정에서 분화되었다.

니그로이드는 아프리카 열대기후의 따가운 자외선을 차단하기 위해 멜라닌 색소가 증가하면서 피부색이 검어졌다. 그 밖에 둥근 얼굴, 넓고 평평한 코, 곱슬머리, 두툼한 입술, 팔다리가 길고 깡마른 체구 등은 더운 날씨를 견뎌 내는 데 좋은 조건으로 진화된 것이다.

코카소이드는 아프리카 대륙에서 유럽 대륙의 캅카스 산맥을 넘어 추운 북쪽으로 이동하는 과정에서 나타났다. 고위도로 이동하면서 일사량이 적은 지리적 특성에 적응하는 과정에서 멜라닌 색소가 줄어들고 피부색과 머리카락, 눈동자 색이 옅어지게 되었다.

혹독한 환경의 시베리아로 이동한 몽골로이드는 춥고 건조한 날씨를 견디기 위해 광대뼈가 돌출되고, 코는 낮아지고, 눈꺼풀의 지방층이 두터워지며, 눈은 옆으로 가늘어졌다. 작은 체구는 극심한 추위를 극복하기 위해 대기와 접촉하는 몸의 표면적을 최대한 줄인 결과이다.

피부 색깔로 표현한 세계 지도
요즘은 자연환경의 영향력보다 사회적 영향력이 크게 작용하고 있지만 유인원에서
인종이 분리되던 아주 오래전에는 자연환경의 영향력이 절대적이었다.

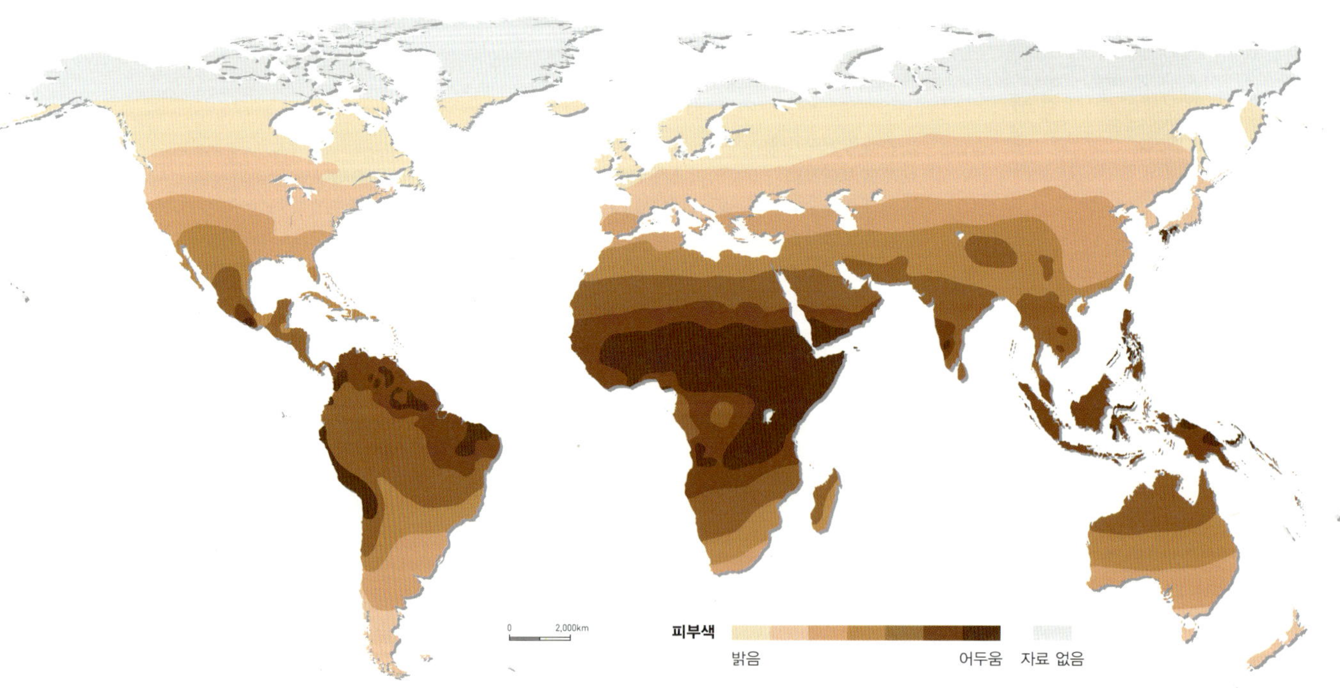

자료: 유엔 환경 계획, 2007

| 라틴아메리카에 인종이 녹아들다 | 인종은 자연에 대한 순응과 진화의 결과였다. 그러나 시간이 갈수록 인류가 이동하면서 인종 분포에 커다란 변화가 나타났다. 특히, 라틴아메리카는 유럽인과 아프리카인이 유입되면서 거대한 '인종의 용광로'로 변하였다.

라틴아메리카의 에스파냐계 백인과 인디오 사이에서 태어난 혼혈 인종을 '메스티소' 또는 '라티노'라고 부르며, 브라질에서는 '카보콜로'라고도 한다. 또한 노예로 들어온 아프리카의 흑인과 백인의 혼혈을 '물라토'라고 지칭하고, 인디오와 흑인의 혼혈을 '삼보'라고 하였다. 그렇다면 메스티소와 물라토의 혼혈이나 삼보와 물라토의 혼혈은 뭐라고 불러야 할까? 현재는 혼혈에 혼혈을 거듭하면서 더 이상 인종 구별이 무색해졌다. 오히려 라틴아메리카에서는 신체적 특징보다는 언어나 직업과 같은 문화적 특성에 따라 인종을 구분하는 것이 보편화되었다.

유색인종의 피가 한 방울만 섞여도 유색인종으로 보는 미국과 달리, 라틴아메리카에서는 인종 간의 구별이 엄격하지 않고 유동적이다. 이러한 현상의 배경을 살펴보면 이주 단위와 관련이 깊다. 앵글로아메리카에 정착한 유럽인은 주로 가족 단위로 이주한 탓에 혼혈의 기회가 적었을 뿐만 아니라 개신교의 보수적 성향도 영향을 미쳤다. 반면에 라틴아메리카에 이주한 유럽인 대부분은 이베리아 반도에서 온 군인이나 상인이었다. 그들은 일확천금을 꿈꾸며 홀로 이주한 경우가 많았기에 원주민과 결혼하는 일이 흔할 수밖에 없었다. 하지만 생물학적 인종의 구별이 모호해진 라틴아메리카에도 백인을 우대하는 문화는 여전히 남아 있다.

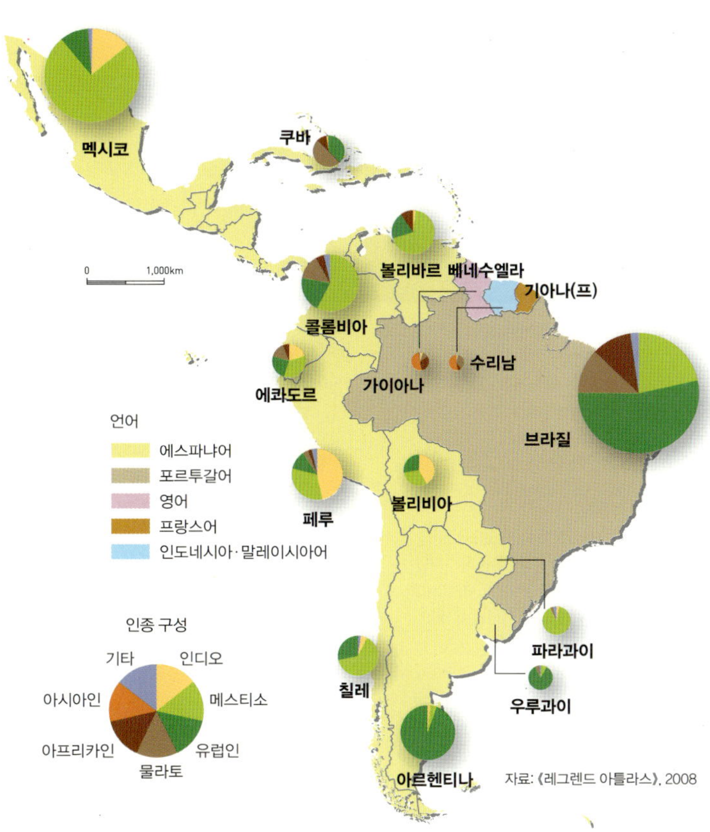

라틴아메리카의 인종 구성과 언어
남아메리카는 에스파냐와 포르투갈의 지배를 받게 되면서 혼혈인이 출현하였을 뿐만 아니라 유럽 문화가 전파되면서 의식주에서부터 언어와 종교에 이르기까지 라틴아메리카만의 새로운 문화가 발달하게 되었다.

태즈메이니아 섬의 원주민
오스트레일리아 남부에 위치한
태즈메이니아 섬의 원주민들은
영국 이주민에게 학살되어
투르가니니(오른쪽)라는 여성을
마지막으로 지구상에서 사라졌다.

홀로코스트
일반적으로 인간이나 동물을
대량으로 죽이는 행위를 총칭하지만
고유명사로 쓸 때는 제2차 세계대전
중 나치 독일에 의해 자행된 유대인
대학살을 의미한다.

│ 인종은 차별이 아닌 차이일 뿐이다 │ 인종은 자연환경에 적응하는 과정에서 나타난 골격, 피부, 모발 등의 생물학적 특성의 차이로 구분한다. 하지만 '인종'이라는 단어에서 느껴지는 차별적 뉘앙스는 부정할 수 없다. 바로 서구 사회가 식민지 제도를 정당화하기 위해 백인 우월주의를 확산시켰기 때문이다. 이러한 생각들은 히틀러의 유대인 홀로코스트▪를 비롯하여 수많은 집시, 아프리카 흑인, 아메리카의 인디오, 오스트레일리아의 애버리지니를 참혹한 죽음으로 내몰았다.

이미 오래전에 극단적인 인종 차별주의는 퇴색되었지만 최근에는 문화적 차이에서 오는 갈등이 부각되고 있다. 사람들의 이주와 교류가 활발해지면서 지구촌 곳곳에서 새로운 갈등의 조짐이 보이고 있다.

우리 사회에도 이미 많은 이주민들이 들어와 있고 다문화 가정과 혼혈 세대가 점점 늘고 있는 추세이다. 우리 사회가 건강하고 평화롭게 살아가기 위해서라도 인종적·문화적 편견은 반드시 극복되어야 한다. 피부색이 다른 것은 차이일 뿐, 우열을 판단하는 근거가 아님을 인식해야 한다.

이슬람포비아(이슬람 혐오증) 유럽 내 무슬림 인구가 급증하는 반면에 백인의 인구 출생률은 감소하고 있다. 유럽인들은 유럽이 유라비아로 바뀌고 있다며 유럽의 이슬람화를 우려한다. 프랑스에서는 전체 인구의 10%인 600만 명이 무슬림으로, 유럽 내 반이슬람, 반무슬림 정서가 확산되는 가운데 무슬림의 사회 통합이 심각한 사회문제로 대두되고 있다. 2011년 7월 노르웨이에서 발생한 다문화 반대주의자의 무차별 테러로 지구촌은 다시 한 번 충격에 빠졌다.

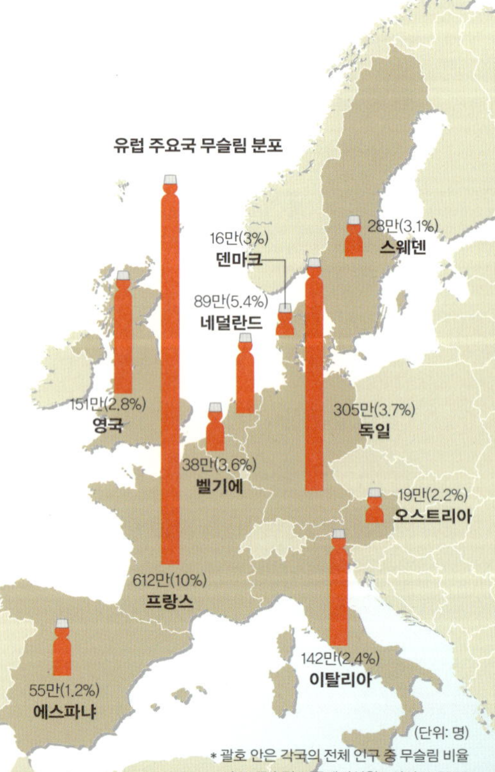

◉ 제2의 인디언 애버리지니

오스트레일리아의 거리를 걷다 보면 곱슬머리에 검은 피부의 원주민이 '디저리두'라는 악기를 연주하는 모습을 볼 수 있다. 이들은 약 5만~6만 년 전 빙하기에 해수면이 낮아지자 스리랑카, 말레이 반도를 거쳐 뗏목을 타고 이주하여 이곳에 정착한 원주민 '애버리지니'이다. 18세기 중엽 유럽인이 들어오면서 이들은 양 떼보다 못한 신세로 전락하였고, 대학살, 인종 탄압, 질병 유입 등으로 인구가 급격히 줄어들었다. 가장 끔찍한 일은 1915~1969년까지 모든 애버리지니 어린이를 부모와 격리해 수용소에 감금시킨 일이다. 그곳에서 원주민의 정체성을 부정하는 교육을 받고 자란 이들을 '잃어버린 세대(Lost Generation)'라고 부른다. 또한 1930년대 초반 보호구역을 설정한 뒤 애버리지니를 오지와 사막으로 내몰았다. 1998년 5월 26일 최초로 '사죄의 날(Sorry Day)'이 지정되어 그때의 아픔을 기억하며, 백인들이 100년 만에 애버리지니에게 사과를 하는 등 서로 화합하는 날로 지정되기도 했지만, 그들이 받은 상처와 고통에 대한 보상은 여전히 미미하다.

애버리지니는 현재 오스트레일리아의 최하층민에 속한다. 2006년 현재 애버리지니의 비율은 오스트레일리아 전체 인구의 2.3%로, 오스트레일리아에 이주한 중국계 이민자 수보다도 적다. 사회보장제도의 사각지대에 놓여 있어 애버리지니의 평균수명은 백인보다 20년이나 짧다.

지금도 애버리지니는 거리 곳곳을 배회하며 술과 마약에 취한 채 자신들의 처량한 신세를 춤과 노래로 달래고 있다. 그림, 춤, 노래를 사랑하고, 하늘, 바람, 나무, 대지도 형제라고 여겨 왔다. 그런 그들을 무시한 채 기술과 문명이란 이름으로 저질렀던 파괴 행위들은 언젠가 우리에게 부메랑처럼 돌아올지도 모른다.

애버리지니의 성지 울루루 울루루(에어즈록)는 산화된 장석질의 붉은 사암 덩어리가 지표상에 일부 노출되어 형성된 지형으로, 오스트레일리아의 랜드마크이자 세계 자연유산이다. 그러나 오스트레일리아 정부는 관광객의 등반을 위해 울루루에 등산용 쇠말뚝을 박아 놓았다. 그러나 이 땅의 주인이었던 애버리지니에게 이곳은 부족장을 제외하고는 감히 누구도 올라갈 수 없는 신성한 성지였다. 자신들의 성지가 관광객에 의해 짓밟히고 있는 모습을 바라볼 수밖에 없는 애버리지니의 슬픔이 얼마나 깊을까. 그 슬픔에 조금이라도 공감한다면 울루루를 밟고 오르는 것이 마냥 즐거운 일로만 여겨지지는 않을 것이다.

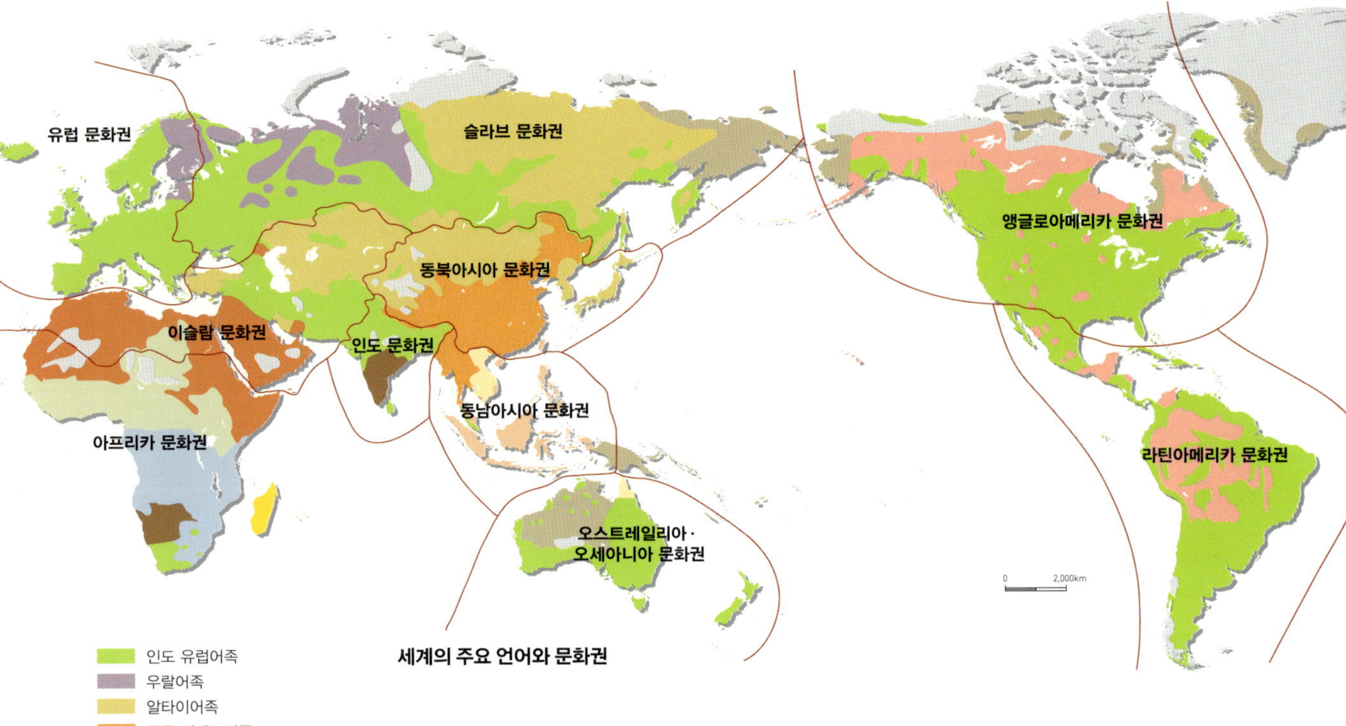

세계의 주요 언어와 문화권

| **민족, 언어와 종교의 정체성을 가지다** | 인종이 생물학적 구분이라면 민족은 문화적 특성으로 분류한다. 민족을 구분하는 기준으로서 인종보다 훨씬 이해하기 쉬운 기준은 '언어'이다. 언어는 문화의 소산이므로 언어를 자신들의 정체성이라고 여기는 민족이 많다. 민족 구성원 간의 의사소통을 가능하게 하고, 사람의 사고방식과 세계관을 가장 잘 드러내기 때문이다. 그래서 언어는 특정한 문화권을 나누는 기준이 되기도 한다. 하지만 언어 사용권과 민족의 분포 범위가 꼭 일치하는 것은 아니다. 같은 언어를 써도 같은 민족이 아닐 수 있다. 아랍어를 쓰는 서남아시아 국가들의 경우 민족이 다른 경우가 많다.

민족을 구분하는 기준으로 언어 외에 '종교'를 들기도 한다. 종교는 인종과 언어보다 배타적이어서 집단의 정체성을 확실히 구분한다. 지구촌 분쟁에서 종교가 자주 거론되는 이유도 이러한 배타성이 민족 간의 반목과 불신의 원인이 되기 때문이다.

민족
근대에 들어서면서 유럽의 왕권이 무너지고 국민국가가 성립되면서부터 민족이라는 말이 본격적으로 등장하였다. 왕의 백성이라는 테두리를 대신할 국가의 일원이라는 개념이 필요하였기 때문이다.

| **민족은 상상의 공동체다** | 민족이 다르다는 것은 무엇이 다르다는 뜻일까? 민족을 가장 일반적으로 구분하는 기준은 언어와 종교이지만, 실제로

칼로 자르듯 민족을 명확하게 구분하기는 어렵다.

일반적으로 민족은 지리적으로 인접한 지역에 함께 거주하면서 동일한 관습과 역사, 생활양식을 공유할 뿐만 아니라 타민족과 구별되는 특성을 지닌다. 무엇보다 중요한 것은 스스로가 그 민족의 구성원임을 인정해야 한다는 사실이다. 이처럼 민족의 개념은 상대적이고 모호한 기준이 있다.

민족은 실체가 없는 상상의 공동체에 가깝다. 그런데도 세계 곳곳에서는 서로 다른 민족이라는 이유로 반목과 갈등을 겪고 있다. 이를 보고 있노라면 세르반테스의 소설 《돈키호테》가 떠오른다. 주인공 돈키호테는 거인을 만나 용감하게 싸운다. 그러나 거인이라고 여겼던 대상은 실제로 풍차였다. 이처럼 민족 분쟁은 허상과 싸우는 일인지 모른다.

현재 세계화에 대한 반발로 배타적 민족주의와 자문화 중심주의가 고개를 들고 있다. 그러나 자존심을 내건 민족 분쟁은 민족 간의 차이에 따른 갈등이라기보다 영토와 자원을 더 갖고자 하는 탐욕에서 비롯된 것이 대부분이다.

수단의 첫 민주 선거 남부와 북부로 갈라져 내전을 겪고 있는 수단에서 2005년 체결한 평화협정에 따라 24년 만에 처음으로 대선과 총선, 지방 선거(2011년 1월)가 동시에 치러졌다. 그 결과 수단의 남부 지역은 남수단공화국이라는 국명으로 독립(2011년 7월)하여 193번째로 유엔에 가입한 나라가 되었다. 1956년에 독립한 이래 정치적 격변과 내전이 끊이지 않은 수단은 2003년 다르푸르 분쟁으로 30여만 명의 사망자와 400여만 명의 난민이 발생하였다. 내전의 원인은 1차적으로는 정권을 장악한 이슬람 세력과 크리스트교도인 원주민 사이의 종교 갈등이었고, 2차적으로는 천연자원을 둘러싼 이해관계의 대립 때문이었다.

**프리다 칼로의 〈우주와 대지(멕시코)와 나와 디에고와
세뇨르 홀로틀의 사랑의 포옹〉** 멕시코의 신화와
풍토·식생을 배경으로 그린 이 작품은 환상적 느낌을
자아내는 마술적 리얼리즘의 수작이다.

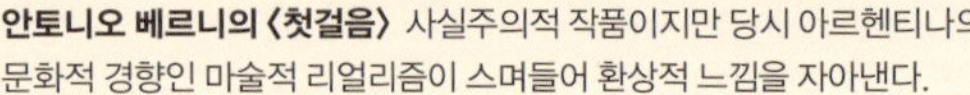

안토니오 베르니의 〈첫걸음〉 사실주의적 작품이지만 당시 아르헨티나의
문화적 경향인 마술적 리얼리즘이 스며들어 환상적 느낌을 자아낸다.

라틴아메리카의 마술적 리얼리즘

라틴아메리카의 문화 경향 중 가장 유명한 것은 '마술적 리얼리즘'이다. 마술적 리얼리즘 기법
이 이용된 소설이나 영화에서는 현실이 꿈처럼 묘사되거나 꿈과 환상이 현실에 자연스럽게 스
며든다. 환상과 꿈의 경계가 모호한 몽환적이고 이상야릇한 이야기 구조와 라틴아메리카 특유
의 정취가 어우러진 작품은 전 세계적으로 큰 호응을 얻었다.

　　노벨 문학상을 받은《백 년 동안의 고독》의 작가 가브리엘 가르시아 마르케스는 자신의 작가 소양이 어릴 적 할아버지와 할머니의 흥미진진한 이야기를 들으면서 시작되었다고 회상한다. 이 소설은 마술적 리얼리즘이 가장 매혹적이고 완벽하게 발현되었다는 평가를 받으며, 민담에서 볼 수 있는 자유로운 상상력, 라틴아메리카의 지역적 특색과 역사가 아름답게 결합하여 있는 것이 또한 특징이다. 이외에도 후안 룰포의《뻬드로 빠라모》, 이사벨 아옌데의《영혼의 집》, 마누엘 푸익의《거미 여인의 키스》, 라우라 에스키벨의《달콤 쌉싸름한 초콜릿》등이 라틴아메리카의 지역성이 뚜렷하게 드러나고 마술적 리얼리즘 기법이 훌륭하게 사용된 작품으로 꼽힌다.

　　마술적 리얼리즘 기법은 1960~1970년대 라틴아메리카 작가들의 붐 소설과 무관하지 않다. 붐 소설이 탄생한 20세기 중반 라틴아메리카는 심각한 사회변동을 겪었다. 즉 제2차 세계대전 후 라틴아메리카는 급속한 인구 증가, 부족한 사회 기반 시설, 농지 개혁의 실패, 이에 따른 산업화 실패 등으로 위기를 겪고 있었다. 그런 와중에 미국은 부패한 정치권력과 손을 잡고 제국주의적 침탈을 강화하였다. 에스파냐의 식민 시대는 끝났지만 새롭게 강자로 등장한 미국의 간법적 지배가 다시 시작된 것이다.

　　이처럼 미국이 강대국으로 성장하는 가운데 라틴아메리카만의 정체성이 화두로 떠올랐다. 이에 붐 소설 작가들은 라틴아메리카의 문화적 정체성을 찾기 시작하였다. 원주민과 흑인이 공존한 역사뿐만 아니라 자신들이 살고 있는 땅을 문학작품에 등장시켰다. 붐 소설 작가들은 라틴아메리카의 신화, 민담, 무의식, 상징과 더불어 자신들이 처한 현실을 직시하였다. 즉 라틴아메리카의 기후, 지역성, 지리를 결합하여 작품 속에 녹여 냈고, 이러한 과정에서 마술적 리얼리즘이 확립되었다. 라틴아메리카의 붐 소설과 마술적 리얼리즘은 자신만의 역사와 언어를 만들어 가며 정체성을 확립하고자 하는 처절한 몸부림이었던 것이다.

가브리엘 가르시아 마르케스와《백 년 동안의 고독》표지

이사벨 아옌데와《영혼의 집》표지

지리가 들려주는 종교 이야기

종교는 영혼의 산물이자 지리의 산물이며, 권력과 정치의 산물이다. 이런 이유로 종교는 문화권을 나누는 중요한 지표가 된다. 종교의 발상지와 전파, 공간적 분포를 살펴봄으로써 종교를 이해하는 데 한 발짝 다가갈 수 있다.

│ 문화의 결집체, 종교 │ 여러분이 해외여행을 떠난다면 어떤 유적지를 방문하게 될까? 영국에 가면 웨스트민스터 대성당을 볼 것이고, 터키에 가면 아야소피아나 블루모스크를 빼놓을 수 없을 것이다. 만약 인도를 여행한다면 적어도 하나 이상의 힌두 사원을 보게 될 것이다. 이 장소들의 공통점은 바로 그 나라를 대표하는 문화 유적지이자 종교 사원이라는 점이다.

종교는 인간의 가장 고차원적인 문화 현상으로, 인간의 정신적 유산과 더불어 한 장소의 정치·경제·문학·역사·예술·철학 등 인류의 문화적 특성을 반영한다. 종교는 보편성과 특수성을 동시에 지니고 있으며 지역에 따라 다양하게 나타나는 문화 현상의 일부이다. 종교를 인간 정신의 최상위 개념으로 이해하는 것은 종교가 인간 생활의 모든 것을 반영할 뿐만 아니라 문화의 총체적인 결집체이기 때문이다.

터키의 아야소피아
그리스정교와 이슬람교 두 종교가 공존하는 아야소피아 사원은 현재 박물관으로 사용 중이다. 이는 현존하는 비잔티움 건축의 대표작으로, 몇 손가락 안에 꼽히는 세계적인 건축물이다.

민족종교와 세계종교 │ 종교는 크게 민족종교와 세계종교로 구분하는데 종교의 영향력이 한 민족의 역사에 결정적인 역할을 하였을 경우 이를 '민족종교'라고 한다. 민족종교는 특정한 민족이나 국가에 국한되어 나타난다. 여호와를 믿는 유대교, 인도인의 생활에 큰 영향을 미치고 있는 힌두교 등은 대표적인 민족종교이다. 유대교는 신의 소명에 따라 유대인만이 구원받을 것이라는 선민사상을 강조하여 배타적이고, 힌두교는 엄격한 신분제인 카스트제를 지키고 있어 민족을 초월하여 전파되기 힘들었다. 하지만 유대교는 크리스트교와 이슬람교의 모태가 되었으며, 힌두교는 불교를 탄생시키는 기반이 되었다.

세계종교인 크리스트교, 이슬람교, 불교는 비록 민족종교를 바탕으로 발생하였지만 개방적인 자세로 전 인류 차원에서 보편적 진리를 강조하였다. 따라서 민족종교가 민족 고유의 정신을 표현한 것이라면, 세계종교는 세계성과 보편성을 추구하기 때문에 '보편 종교'라 할 수 있다.

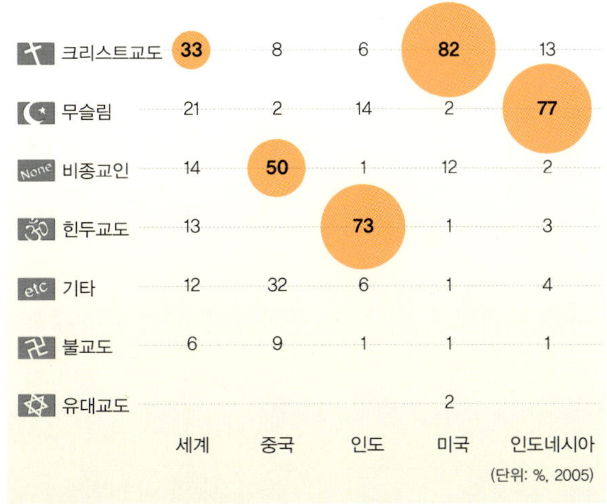

종교인의 현황 거의 모든 지역에서 종교인의 수가 비종교인(무신론자와 종교를 믿지 않는 사람)의 수보다 많다. 세계에서 가장 많이 신봉되고 있는 종교는 크리스트교이며, 다음으로 이슬람교, 힌두교, 불교순으로 신도 수가 많다.

	세계	중국	인도	미국	인도네시아
크리스트교도	33	8	6	82	13
무슬림	21	2	14	2	77
비종교인	14	50	1	12	2
힌두교도	13		73	1	3
기타	12	32	6	1	4
불교도	6	9	1	1	1
유대교도				2	

(단위: %, 2005)

세계의 종교 분포

세계 3대 종교인 크리스트교, 불교, 이슬람교는 유럽·미국, 아시아, 서남아시아에서 각각 확고한 우위를 지키고 있다. 그러나 변화의 흐름이 곳곳에서 감지되고 있다. 빠르게 성장하고 있는 이슬람교는 전통적으로 크리스트교가 강세인 유럽에서 교세를 확장하고 있고, 아시아에서는 크리스트교도가 날로 증가하고 있다. 또한 미국에서는 참선과 명상이 인기를 끌면서 불교도가 늘어나고 있다.

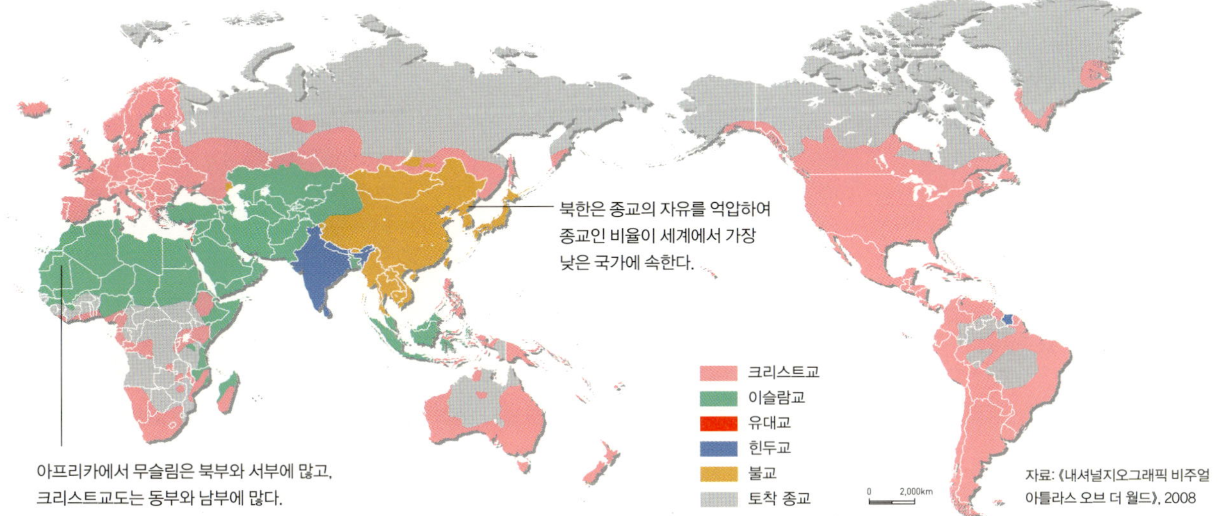

아프리카에서 무슬림은 북부와 서부에 많고, 크리스트교도는 동부와 남부에 많다.

자료: 《내셔널지오그래픽 비주얼 아틀라스 오브 더 월드》, 2008

| 메마른 땅에서 싹튼 유일신 사상 | 인류의 문명은 티그리스·유프라테스 강과 나일 강을 잇는 '비옥한 초승달 지대'에서 시작되었다. 유대교, 크리스트교, 이슬람교가 이 지역에서 발생한 것은 우연이 아니었다. 이 3대 종교에 영향을 미친 종교는 고대 페르시아에서 탄생한 조로아스터교였다. 조로아스터교는 유일신을 믿었던 최초의 종교로, 유대교, 크리스트교, 이슬람교의 유일신 사상을 확립하는 데 큰 역할을 하였다. 당시처럼 여러 신을 섬기는 세상에서 '아후라마즈다 Ahura Mazda: 지혜의 주님'를 유일신으로 주장한 것은 실로 놀라운 일이었다.

그렇다면 유독 지중해 세계에서만 다신교가 쇠퇴하고, 유일신 사상을 수용하게 된 이유는 무엇일까? 지중해 세계에서의 유일신 사상을 환경결정론적 관점에서 바라본다면 당시의 기후변동과 식생 파괴에서 그 원인을 찾을 수 있다. 날이 갈수록 기후가 건조해지면서 사막이 확대된 데다 문명의 발전 과정에서 숲이 끊임없이 파괴되어 갔다. 이러한 변화는 인간의 정신세계에 영향을 줄 수밖에 없었다.

황량한 사막 앞에 놓이게 된 인간들은 자연에 대한 두려움과 절대자에 대한 간절함이 컸을 것이다. 이렇듯 환경 재앙에 마주한 지중해 세계는 메시아를 통해 구원받을 수 있다고 주장하는 유일신 사상을 자연스럽게 수용하게 되었다.

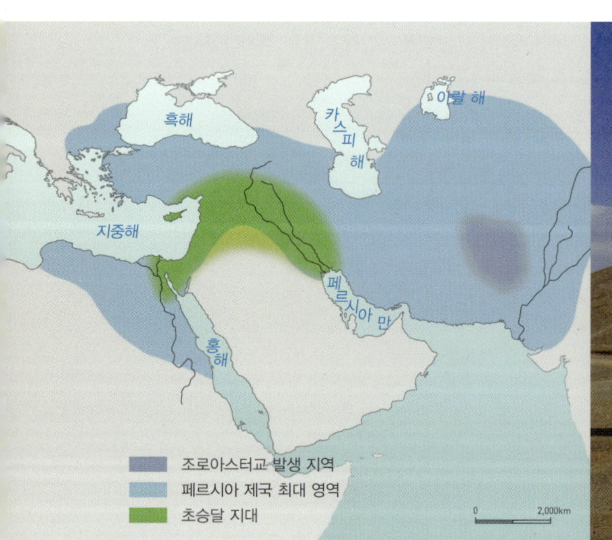

조로아스터교도의 조장(鳥葬)지 맨 위의 꼭대기 원통형에는 시신을 놓아 두어 새나 짐승에게 먹게 하였는데, 이러한 장례 문화는 이란이나 티베트에서 찾아볼 수 있다.

유일신 사상을 수용하게 된 환경결정론적 배경 사막과 오아시스가 대비되는 자연환경은 유일신 사상의 특징인 선과 악을 구분 짓는 이분법적 사고의 배경이 되었다. 일반적으로 습윤기후일수록 다채로운 자연의 변화만큼이나 신의 이미지가 다양하고, 농업이 발달한 까닭에 절대적 존재보다 인간의 능력을 더 중시하였다. 그러나 건조기후의 유목민들은 일 년 내내 단조로운 경관을 바라보며 풀을 찾아 이동하였기 때문에 척박한 환경에서도 양을 키울 수 있도록 풀을 자라게 하는 초월적인 존재를 인정하게 되었다.

아후라마즈다(Ahura Mazda)
조로아스터교의 주신(主神)이다. 지혜를 상징하며 우주를 창조한 신 가운데 최고의 신이다.

│ 비옥한 초승달 지대에 나타난 형제의 종교 │ 인류 최초의 문명이 발생한 메소포타미아 지역에서 출현한 유대교, 크리스트교, 이슬람교는 '비옥한 초승달 지대'라는 큰 공간 속에서 만들어진 서남아시아 내 문명 교류의 산물이다. 적어도 유럽의 십자군 전쟁이 있기 전까지 이들 종교는 아브라함의 자손들로서 같은 뿌리를 가진 종교였다. 이슬람교를 믿는 아랍인과 유대교를 믿는 유대인은 같은 성서의 백성이다. 모두가 팔레스타인을 중심으로 유일신을 믿고, 척박한 땅에서 유목과 목축을 생업으로 하며 고난을 함께해 온 형제들이었다. 그러나 로마 시대에 크리스트교가 공인되면서 예수를 죽였다는 이유로 유대인에 대한 박해가 끊임없이 이어지고, 유대인은 세계 전역에 뿔뿔이 흩어져 살게 되었다. 그들이 당한 멸시와 차별은 새로운 유대 국가를 건설하고자 하는 열망을 자극하였다. 그러나 유대 국가를 팔레스타인에 세우고자 했기 때문에 이미 그 땅에 살고 있던 팔레스타인 사람들과 충돌할 수밖에 없었다. 유럽의 크리스트교도들은 유대인에게 세계대전의 경제적 도움과 유대인 학살이라는 심리적 빚을 지고 있던 까닭에 적극적으로 유대인의 편을 들었다.

유대교는 '야훼'를 믿고, 크리스트교는 '하느님'을 믿고, 이슬람은 '알라'를 믿는 종교인데, 이들은 이름만 다를 뿐 하나의 유일신이다. 그러나 크리스트교는 이슬람의 유일신을 인정하지 않고, 유대교는 이슬람의 유일신뿐만 아니라 예수도 인정하지 않는다. 십자군 전쟁, 반유대인 정서, 팔레스타인 문제는 서로에게 씻을 수 없는 상처를 남겼다. 문명의 충돌이라고 불릴 만큼 서로가 뿌리 깊은 증오와 불신으로 대립하고 있지만 역설적이게도 이 세 종교는 세상에서 가장 비슷한 형제의 종교이다.

문명의 충돌 서로 다른 것들이 만나면 충돌이 일어나듯 문명도 마찬가지이다. 문명의 충돌 이면에는 종교가 존재한다. 그러나 모든 세계종교의 이념이 인류의 사랑과 평화라는 점을 생각한다면 서로가 서로를 받아들일 수 있는 포용력과 관대함이 필요할 것이다.

상좌부 불교
해탈을 위해 개인의 수행을 중시할 뿐 다른 사람을 구원할 의무는 없었다. 스리랑카, 미얀마, 타이 등에 퍼져 있으며, 우리나라에는 대승 불교보다 먼저 전래되었다. 대승 불교 입장에서는 이를 출가자 중심의 소극적인 전통 교단이라 비판하며 '소승 불교'라고 부르기도 하였다.

대승 불교
자유롭고 관용적이어서 토착 문화와 융합되어 조화를 이루었다. 대승 불교는 중국·한국·일본의 동아시아 지역에서는 유교의 조상 숭배 사상과 결합되었고, 몽골과 티베트에서는 주술이나 민간신앙과 융합하여 라마교가 탄생하였다.

| **불교와 아시아의 만남** | 불교는 브라만교에 대한 반발에서 싹텄다. 불교는 모든 인간이 평등하다는 교리로 카스트 제도와 브라만 계급에 도전장을 내밀었다. 불교는 마우리아 제국의 아소카왕의 절대적 지지를 받으면서 상인의 교역로를 따라 전파되었다. 인도는 지리적으로 해양 진출이 유리했기 때문에 상업적으로 활발하게 교류하며 불교가 전파되었다. 특히, 스리랑카는 무역의 전초기지를 담당하며 미얀마와 자와 등 동남아시아 지역으로 불교를 퍼뜨리는 거점이 되었다. 그리고 네팔과 중앙아시아로 퍼져 나간 불교는 마지막으로 동아시아와 만났다.

동남아시아는 인도 가까이에 자리하고 있어 불교의 원형에 가까운 테라바다파의 상좌부 불교가 전파되었다. 북동쪽으로 히말라야 산맥과 티베트 고원이라는 지형적 장벽이 버티고 있어서 남쪽의 탁 트인 인도양에 비해 교역이 활발하지 않았다. 교역 관계가 비정기적이고 불안정한 탓에 불교의 원형 그대로 전파되기는 힘들었다. 그래서 불교가 쉽게 전파되기 위해서는 토착 문화를 수용할 수 있는 문화적 유연성이 반드시 필요하였다. 이러한 험난한 길을 지나 북동쪽으로 전파된 불교는 마하야나파의 대승 불교였다.

그러나 아이러니하게도 불교는 발상지인 인도에서 점차 통치자와 귀족, 상류층만의 종교로 변질되면서 인도인들로부터 서서히 멀어져 갔다. 그리고 불교가 떠난 공백을 세계에서 가장 다채로운 빛깔을 지닌 힌두교가 채워 나갔다.

앙코르와트 캄보디아의 앙코르와트는 불교와 힌두교의 대립과 갈등이 융합되어 탄생한 대표적 세계 문화유산이다.

숲을 닮은 힌두교 | 힌두교는 인도의 토착 민간신앙과 융합하고 불교 등의 영향을 받은, 수많은 신을 섬기는 다신교이다. 이렇게 힌두교가 다양하고 복합적인 특성을 지니게 된 것은 울창한 숲의 풍요로운 공간에서 탄생하였기 때문이다. 나무가 우거진 숲이 있다는 것은 은둔지가 많다는 의미이다. 이러한 경관에 익숙해지면 이곳저곳 인간의 눈에 보이지 않는 세계까지 인정하게 된다. 그래서 보이지 않는 세계에 다양한 신이 살고 있다고 해도 전혀 낯설지 않다. 자연의 다양성이 신의 다양성으로 연결되는 것이다. 이처럼 수많은 식물이 자라고 다양한 동물이 살아가는 변화의 공간은 여러 신과 여러 진리를 믿게 하는 토양이 되었다.

| 지도로 보는 성지순례 | 시간이 지나면서 종교의 지리적 분포에도 많은 변화가 나타났다. 유대교를 믿는 유대인들은 디아스포라▪를 겪으면서 전 세계로 흩어지거나 학살을 당했으며, 공산주의 국가에서는 수백만 명의 사람들이 종교를 버려야 했다. 이제 또다시 종교의 지도가 바뀌고 있다. 크리스트교인의 비율이 아프리카와 아시아에서는 증가하고 있는 반면에 유럽에서는 감소하고 있다. 또한 세계적으로 사람들의 이주가 자유로워지면서 유럽에서는 이슬람교도가 증가하고 있다.

한편, 종교가 전 세계로 전파되면서 성지를 찾아 나서는 종교인도 늘고 있다. 성지가 종교 순례의 목적지가 되는 이유는 다양하다. 과거에 기적이 일어났거나 종교의 발상지, 종교의 창시자가 탄생 또는 기거한 곳이기 때문이다. 어떤 종교인들은 신이 거주한다고 믿는 장소나 종교 사원을 순례하기도 한다. 이 밖에 하천, 동굴, 샘물, 산봉우리와 같이 신성하다고 여기는 지형지물도 성지가 된다.

프랑스의 루르드 동굴에서 성모마리아가 나타난 이후 가톨릭교의 성지가 되었다. 인구가 2만 명도 채 되지 않는 작은 마을에 매년 500만 명의 순례자가 다녀간다.

사우디아라비아의 메카 세계 전역의 이슬람교도가 몰려들어 해마다 열리는 성지순례 행사인 하즈에 참가한다. 아라파트 산에서 하루를 지내고 카바 신전으로 향한다. 성지순례는 이슬람교도의 전통적인 의무이다.

특히, 이슬람교도의 5대 의무 중에는 성지순례 '하즈'가 있다. 메카의 성
지순례는 신과 가장 가까이 만나고, 순례하는 이들과 형제애, 자매애를 함
께 나누는 가장 큰 영적 경험으로 꼽힌다. 크리스트교도는 예수의 삶과 죽
음, 부활의 배경이 되는 성지를 순례하며, 불교도들도 석가모니와 관련된
성지를 찾아 나선다. 요즘은 비교적 쉽게 할 수 있는 일이지만 교통이 발달
하지 않았던 과거에 성지순례는 죽음을 각오한 고행의 길이었다. 깊은 신앙
심과 신에 대한 간절함이 그 길로 이끌었을 것이다.

부다가야의 마하보디 대탑 인도의
불교 성지 부다가야에는 석가모니가
성도(成道)한 나무로 유명한 보리수가
있고, 후대에 세워진 마하보디탑이 있다.
불교도의 성지순례지로 유명하다.

이스라엘의 예루살렘 예루살렘은 유대교의 성지이자
크리스트교와 이슬람교의 성지이기도 하다. 유대교 사원의
잔해인 '통곡의 벽'과 마호메트가 승천한 이슬람교의 성지인
'바위의 돔'이 바로 붙어 있다.

인도의 갠지스 강 힌두교도에게 가장
신성한 장소이다. 이곳에서 목욕으로
영혼을 정화하고, 시신을 화장하는 것을
가장 행복한 죽음이라 여긴다.

헤스페리데스 정원 프레데릭 레이튼의 작품으로, 그리스 신화에 나오는 황금 사과나무가 있는 축복받은 정원의 모습이다.

에덴 동산 제이콥 드 베커의 작품으로, '환희의 정원', '태고의 정원'이라는 뜻의 에덴동산을 표현한 것이다.

각기 다른 '천국'의 모습

세계에 존재하는 다양한 종교는 저마다 자기들만의 천국을 그리고 있다. 천국이란 내세의 공간이지만, 사람들이 살아생전에 살았던 공간의 기후, 지형, 식생 등의 지리적 조건에 따라 각기 다른 모습으로 나타난다. 유리한 지리적 조건은 그대로 옮기고 열악한 환경은 바꾸어 천국을 그리기 때문이다.

실제로 그리스는 바위와 산이 많은 지형과 뜨겁고 건조한 기후를 가지고 있다. 그래서 그리스 사람들이 꿈꾸던 천국은 '신성한 숲'으로 된 정원이었다. 사람의 손이 가지 않아도 언제나 풍요롭고 아늑하며, 태양의 열기에서 벗어날 그늘이 있는 곳, 그곳에는 황금 사과나무뿐만 아니라 포도나무, 키프로스, 월계수, 플라타너스가 우거지며 제비꽃 같은 야생초도 가득하다.

건조기후 지역에서 시작된 크리스트교의 천국도 정원의 모습으로 나타난다. '에덴'이라고 불

몽유도원도 조선 전기 안견이 안평대군의 꿈 이야기를 듣고 그린 그림으로, 동양의 낙원을 잘 보여 준다.

리는 천국은 물과 웃음이 가득한 향기롭고 비옥한 곳이다. 초창기의 '에덴'은 유대인들의 공간이며, 솔로몬이 〈아가서〉에서 읊은 대로 레바논의 기후 및 지형과 비슷하다. 온화한 기후에 산과 평지가 어우러지고, 계수나무와 석류나무, 삼나무가 있고, 들에는 사프란과 창포, 백합이 만발하며, 염소와 산양이 뛰노는 평화로운 곳이었다.

영국의 시인 존 밀턴이 지은 서사시 〈실낙원〉에서 묘사한 천국에는 울창한 산과 봉우리, 그 사이를 흐르는 여러 강이 있다. 영국의 자연에서 흔히 볼 수 있는 사과나무, 호랑가시나무, 제비꽃, 인동덩굴, 붓꽃, 은방울꽃, 데이지, 작약, 딸기꽃 등도 멋지게 자리하고 있다. 또 강에서 보트 타는 것을 좋아하는 영국인의 문화를 담아 그가 묘사한 천국에도 '강'이 빠짐없이 등장한다. 동양의 낙원은 물 위에는 향기로운 복숭아 꽃잎이 떠다니고, 산에는 복숭아꽃이 만발한 '도원경'으로 그려진다. 넓고 기름진 논밭, 뽕나무와 대나무 숲으로 둘러싸인 풍요로운 마을이 있다. '무릉도원', '도원결의' 등에서 알 수 있듯이 복숭아나무는 동양에서는 친숙한 자연물이다. 따라서 도원경도 동양의 지리적 환경과 비슷한 모습을 하고 있었던 것이다.

4 문명이 남기고 간 메시지

수많은 사람이 지나다니는 곳에는 길이 만들어진다. 그러나 그 길에서 나고 자라던 작은 풀과 나무는 사람들 발에 짓밟혀야만 했다. 희생 없는 문명의 이기는 단연코 없다. 지금은 과거의 문명들을 되짚어보며, 인간과 함께 풀과 나무도 자랄 수 있는 모두의 공존을 생각할 시점이다.

| 이스터 섬에는 아무도 없었다 | 1722년 부활절, 네덜란드의 탐험가 야코프 로헤벤 선장은 칠레를 떠난 후 보름 이상을 헤매다 남태평양의 외딴 화산섬 라파누이에 도착하였다. 그곳에는 눈으로 보고도 믿기지 않을 만큼 기괴한 광경이 펼쳐져 있었다. 나무 한 그루조차 없는 황량한 벌판에 수백 개의 거대한 석상들이 줄지어 서 있었던 것이다. 더 경악스러운 것은 동굴이나 오두막에서 살고 있는 원주민들은 하루가 멀다 하고 전투를 벌이며 서로를 향한 적개심에 불타 있었다. 심지어 계속된 전쟁으로 식량이 크게 부족하자

이스터 섬 이스터 섬의 모아이는 비극의 씨앗이었다. 모아이 하나를 만들기 위해 많은 나무를 베어 굴림대와 지렛대를 만들었으며, 작업에 동원된 사람들에게 식량을 제공하기 위해 넓은 농경지가 개간되었다. 모아이 석상의 크기는 7~8m에서 20m에 달한다.

인육을 먹기도 하였다. 하지만 이것은 이스터 섬* 비극의 전주곡에 지나지 않았다. 이스터 섬에 로헤벤 선장이 도착하였을 당시만 해도 원주민의 인구는 대략 5,000명가량 되었다. 그로부터 190년이 흐른 후 이스터 섬에는 고작 100명 남짓한 원주민이 남았다. 그동안 그들에게 어떤 일이 있었던 것일까?

| **문명, 숲을 파괴한 역사** | 이스터 섬은 자연을 희생양으로 삼았을 때 어떤 결과가 나타나는지 지구의 미래를 가장 극명하게 보여 주는 사례이다. 이스터 섬은 찬란했던 문명의 공간이었으며, 30만 년 이전부터 아열대의 원시림이 자라고 있는 아름다운 화산섬이었다. 첫 이주민이 도착하였을 때 그들의 눈앞에는 지상낙원이 펼쳐졌다. 에메랄드 빛의 바다에는 온갖 조개와 물고기가 넘쳐 났고, 모든 것이 완벽할 정도로 부족함이 없었다. 그러나 풍요로움을 끝까지 누리기에 그들은 오만하고 어리석었다.

과거 섬의 지배자는 강력한 힘을 과시하고 피지배자들을 결속시키기 위해 거대한 모아이 석상을 만들기 시작하였다. 숲은 끊임없이 파괴되어 갔고 시간이 갈수록 부족 간의 모아이 건립 경쟁은 멈출 줄 몰랐다.

그들은 경쟁 관계의 부족이 세운 거석을 쓰러뜨리거나 석상의 머리를 부

수는 방법으로 상대에 대한 증오심을 표현하였다.

피를 나눈 형제들과 전쟁을 벌이느라 어느 누구도 마지막 남은 한 그루의 나무가 쓰러졌다는 사실을 몰랐다. 그리고 그것이 그들에게 어떤 대재앙으로 돌아오는지 알아차리지 못했다. 섬은 고립된 공간이었고, 그들을 도와줄 사람은 아무도 없었다. 멸종된 동식물은 다시 살아나지 않았으며, 자연에 의존하였던 문명은 자멸의 길로 접어들 수밖에 없었다.

 | 농경과 목축으로 이룬 문명의 혜택은 실로 놀라운 것이었다. 그러나 인구밀도가 높아지면서 전염병이 만연하고, 물을 지배한 자의 폭력적인 전제정치가 시작되었다.

농경 생활 이전에 이루어졌던 수렵·채집 생활은 우리가 생각하는 것만큼 비참하거나 야만스럽지 않았다. 사나운 동물의 공격이 두렵기는 했어도 다양한 동식물을 먹으면서 양질의 단백질뿐만 아니라 각종 비타민, 미네랄, 식이섬유 등이 풍부한 건강식을 즐겼다. 오히려 인류가 곡물 농업에 집중함으로써 탄수화물의 섭취가 많아져 식생활의 불균형을 가져왔다. 그뿐만 아니라 단일 작물에 대한 의존도가 높아지면서 흉년에는 기근의 위험이 더 커졌다.

게다가 농경에 따른 정착 생활을 하면서 전염병이나 기생충의 위협에 더욱 노출되었다. 사람들이 한곳에 모여 살면서 접촉을 통해 병을 옮기기가 쉬워졌고, 상수와 하수의 구별이 뚜렷하지 않은 탓에 더러운 물을 통해 콜레라와 같은 수인성 전염병의 피해가 더 커졌다. 또한 가축을 기르게 되면서 동물로부터 많은 질병을 옮았다. 천연두와 결핵은 소에게, 홍역은 개에게, 독감은 돼지와 닭, 나병은 물소에게서 비롯되었듯이 인간은 1만 년간이나 개와는 65종, 소와는 55종, 양과는 46종, 돼지와는 42종이나 되는 질병을 공유하며 살아왔다.

한때 인류는 중대한 갈림길에 놓여 있었다. 인구 증가를 억제할 것인가, 아니면 식량을 증산할 것인가 하는 문제에서 인류는 후자를 택하였다. 그리하여 인류는 농업혁명이 가져다준 부정적 결과도 감내해야만 했다.

기원전 430년 아테네에서 발생한 **최악의 질병** 어떤 질병인지, 어디서 유입되었는지, 사람이 얼마나 죽었는지 밝혀지지 않은 역사상 최악의 의학 미스터리로 남아 있는 대재앙이다. 이 질병은 3년간 그리스 전체를 휩쓸었으며, 이후 찬란한 그리스 문명은 쇠락의 길을 걸었다. 그림은 니콜라 푸생의 〈아테네 역병〉으로, 1630년 작품이다.

 | 세계 고대 문명의 쇠퇴와 멸망은 단순히 인류의 잘못 때문에 나타난 것은 아니었다. 자연의 보이지 않는 힘이 개입되어 있었다. 문명의 발달과 쇠퇴의 원인을 일반적으로 농업의 발달, 왕권의 강화, 침략과 전쟁 등의 사회·문화적 요인에서 찾지만 급격한 기후변화 같은 자연적 요인도 무시할 수 없다.

기후변화는 인간이 조절할 수 있는 자연현상이 아니다. 기후변화의 배후에는 대기와 대양의 보이지 않는 힘이 작용하기 때문이다. 비가 약해지거나 아예 오지 않으면 가뭄과 흉년이 들었다. 이렇게 어려운 상황에도 불구하고 왕과 귀족들은 사치와 영토 정복에 몰두하였다. 반면에 피지배자들은 지배층과 군대, 도시 유지를 위해 노동에 시달렸다. 그들이 생산한 곡식, 연료, 사치품은 소수의 지배자 수중으로 들어갔다.

게다가 문명은 도시를 근간으로 발달하게 되는데, 특히 도시라는 공간은 단기적인 기후변화에 대응하기 매우 취약한 곳이다. 도시는 대규모의 취락이 모여 있던 탓에 엄청난 식량이 필요하였고, 기후변화를 피하기 위해 다

지구의 기온 그래프
과거 기온의 급격한 변화도 대부분 겨우 1~2℃에 지나지 않았다. 그러나 지구온난화로 인해 앞으로 100년 동안 지구의 기온 상승은 이보다 큰 변화량을 보일 것으로 예측되고 있다. 이런 맥락에서 보면 지금 인류가 얼마나 큰 위기에 봉착해 있는지를 가늠할 수 있다.

기후 최적기 고난의 빙하기가 끝나자 인류는 따뜻하고 습도가 높은 기후 환경에 놓였다. 농사짓기에 유리한 환경은 동식물의 낙원이 되어 풍요로운 황금의 시기를 맞이하게 된다. 이때의 모습 때문에 에덴동산과 같은 지상낙원의 신화가 등장하였을 것이다.

건조화 시기 비가 적게 내리고 건조한 기후가 지속되면서 대지는 황량한 사막으로 변하기 시작하였다. 이곳에 살던 사람들은 물을 얻기 위해 강으로 몰려들었고, 강 주변에 인구가 늘어나 관개농업이 이루어지면서 4대 문명이 발달하였다.

소빙하기 다시 기온이 떨어지자 세계 각지는 냉해 때문에 곡물 작황이 나빠졌다. 굶주림에 지친 사람들은 봉기하였고 각종 재난과 전쟁이 일어났다.

른 곳으로 이동하는 것도 거의 불가능하기 때문이다. 물론 비가 내리기만 하면 문명은 언제든지 번영할 수 있었다. 하지만 가뭄이 들면 풍요로운 시절은 언제 끝날지 모를 일이었다. 그렇다고 단순히 기후변화가 왕권을 약화시키고, 도시를 혼란에 빠뜨리고, 전적으로 문명을 멸망시켰다고 할 수는 없다. 그러나 당시 사회를 괴롭히고 있던 약점들, 즉 부패와 비리, 모순과 부조리에 기름을 부었던 것이 바로 '가뭄'이었다는 점은 분명한 사실이다.

| 과거 문명으로부터의 메시지 | 지금 우리는 비극적인 최후를 맞았던 이스터 섬처럼 '지구'라는 고립된 공간에서 자연을 마구 훼손하고 있는 중이다. 인류가 어리석은 경험을 반복할수록 치러야 할 비용은 커진다. 이제 우리는 과거로부터 들려오는 메시지에 귀를 기울여야 한다. 이스터 섬의 모아이는 오늘날 자본주의적 욕망과 많이 닮아 있다.

현대 문명은 끊임없이 생산하고 소비하며 파괴를 일삼는다. 게다가 세계 곳곳에서는 분쟁이 끊이지 않는다. 마치 전투를 일삼던 이스터 섬의 원주민과 다를 바가 없다. 고대 마야 문명, 인도 인더스 계곡의 하라파 문명 등도 인구 증가에 따른 환경 파괴로 결국 생태학적 파국을 맞았다. 숲을 파괴해 경작을 하고, 과도한 경작은 다시 사막화와 염류화의 원인이 되어 땅을 황폐화시켰다. 이는 또다시 숲을 파괴하는 악순환을 되풀이하였던 것이다.

문명의 쇠락을 돌아볼 때 왕실 정치의 타락과 야만족의 침입이 그 원인으로 자주 강조되지만, 긴 안목에서 본다면 기후변화와 삼림 파괴, 토양침식도 주요 원인으로 작용하였다. 문명을 이끌었던 농업혁명 이래 인류는 많은 것을 얻기도 하였지만 잃기도 하였다. 고도의 문명은 자멸의 씨앗과 함께 자란다는 것을 직시할 필요가 있다.

◉ 하나의 섬, 두 가지 풍경

아름다운 바다 빛깔을 띤 카리브 해에는 '히스파니올라'라는 특별한 섬이 있다. 이곳에는 '도미니카공화국'과 '아이티'가 있는데, 국경선을 경계로 대조적인 풍경이 펼쳐진다. 한쪽은 우거진 숲이고, 다른 한쪽은 민둥산처럼 황량하다. 이런 근본적인 차이는 자연환경에서 비롯되었다. 히스파니올라 섬의 도미니카공화국은 바람받이 사면으로 다우지이나 아이티는 바람의지 지역이라 비가 적다. 또 강은 대부분 도미니카공화국으로 흐르는 반면에 아이티는 산지가 많고 강과 평야는 적으며, 석회암층이 발달하여 토양이 척박하다. 그러나 두 나라의 차이는 단순히 자연환경 탓만은 아니었다. 프랑스의 식민지였던 아이티에 사탕수수 대농장에서 일할 흑인 노예가 유입되면서 인구 부양력이 감당할 선을 넘어섰다. 게다가 프랑스 선박들에 사용될 땔감을 마련하기 위해 무분별하게 벌목이 행해졌다. 반면에 도미니카공화국은 그들을 지배하던 에스파냐가 국력이 쇠퇴해 식민지에 거의 신경을 쓰지 못했던 것이 결과적으로 도미니카공화국의 환경 보존에 도움이 되었다.

현재 아이티는 중남미 국가 중에서 가장 가난하고 인구밀도가 높다. 약 870만 명의 전체 인구 중 80%가 하루 1달러 이하의 돈으로 살아가고 있다. 진흙과 버터를 섞어 만든 진흙 쿠키는 가난한 사람들의 주식이 되다시피 하였다. 아프리카에서 노예로 끌려와 온갖 고난을 딛고 세운 최초의 흑인 국가 아이티, 하지만 이 이름 뒤에는 세계에서 가장 가난한 나라라는 오명이 따라다닌다.

아이티인들이 일자리와 땔감을 구하기 위해 도미니카공화국 국경을 넘나들면서 아이티와 도미니카공화국의 운명은 무관하게 흘러갈 수 없게 되었다. 지역적인 문제는 그곳에서만 국한되는 것이 아니라 다른 곳으로도 파급되어 전 지구적 문제가 되기 마련이다. 그 사실을 히스파니올라 섬의 두 나라가 우리에게 보여 주고 있다.

진흙 쿠키

아이티의 지진 2010년 1월 아이티에서 리히터 규모 7.0의 강진이 발생하여 30만 명 이상의 사망자와 140억 달러의 피해액이 발생하였다. 이번 참사가 더욱 참혹한 데에는 지진이 인구 밀집 지대에서 발생한 것, 가난 때문에 허술하게 지어진 아이티의 건물도 한몫하였다.

자연을 품고 있는 의복 문화

인간은 체온을 유지하고 비바람을 피하기 위해 옷을 입기 시작하였다. 지구상에서 유일하게 옷을 입게 된 인류가 세계 각지로 퍼져 나가면서 의복 문화도 다양하게 변화하였다. 이제 의복 문화는 생태적·지리적 환경뿐만 아니라 그 지역의 정치·경제·관습·종교, 그리고 개인의 취향에도 영향을 받고 있다.

| 실과 바늘이 만든 최고의 발명품 | '옷'을 입는다는 것은 매우 창조적인 행위이다. 먹는 것과 집을 짓는 것은 다른 동물도 할 수 있지만, 옷을 입는 동물은 오직 인류뿐이다. 신생대 제4기에 지구의 기온이 급격히 내려가자 인류는 몸을 따뜻하게 할 무언가가 필요하였고, 마침내 그것을 찾아냈다. 바로 바늘과 실이 만든 최고의 발명품 '옷'이었다.

인류는 옷을 입게 되면서 인체가 환경에 적응할 수 있도록 조절할 수 있게 되었고, 그로 인해 인류의 거주지도 점차 넓어졌다. 구석기시대의 네안데르탈인은 가죽으로 옷과 신발을 만들었다. 이후 크로마뇽인은 인류 최초로 동물 뼈로 만든 바늘로 몸에 맞게 옷을 만들어 입었다. 이후 인류는 추운 북쪽까지 정복하였으며, 베링 해협을 건너 아메리카로 이주하기도 하였다. 만약 인류가 옷을 발명하지 못했다면 땅을 정복하기는커녕 지구상에서 멸종되었을지도 모른다.

옷은 열을 보존하는 것뿐만 아니라 땀과 피부의 호흡으로 발생하는 수분을 증발시키는 기능도 해야 한다. 그러므로 옷은 통풍이 얼마나 잘 되는가가 매우 중요하다. 바람이 잘 통해야 숨 쉬기가 수월하고, 땀의 증발이 잘 이루어져 신체를 쾌적하게 유지할 수 있기 때문이다. 결국 옷의 형태는 신체와 기후 환경 사이에서 어떻게 열과 습기를 조절하느

냐에 따라 달라진다.

　그러나 다양한 방법으로 환경을 조절할 수 있게 되면서 옷의 제작이나 관리가 쉬워지고, 자신을 돋보이게 하려고 실용적이지는 않지만 멋진 옷과 장신구를 착용하게 되었다.

　체온조절과 관련해서 보자면 스타킹이나 넥타이 등은 쓸모 없는 장식이다. 그런데 심지어 몸에 고통을 가하면서까지 옷에 장식성을 가미하기도 한다. 예를 들면, 한때 배와 허리를 고문하듯 졸라매는 코르셋은 갈비뼈가 휘어지고, 신체 장기의 형태가 변할 정도로 건강을 위협하는 의복이었다.

｜ 더운 곳의 의복, 추운 곳의 의복 ｜
사막의 햇빛은 피부에 화상을 입힐 정도로 뜨겁기 때문에 의복으로 차단해 주어야 한다. 그러나 기온이 똑같이 높다 하더라도 습도에 따라 의복 형태가 또 달라진다. 습도가 거의 없는 사막 지역에서는 의복으로 온몸을 가려야 하지만, 습도가 매우 높은 열대우림 지역에서는 옷을 최소한으로 입어야 한다.

　사막 지역에 사는 아라비아 사람들은 헐렁하게 늘어지는 천으로 몸을 완전히 감싸는 튜닉^{Tunic} 형태의 흰옷을 입는다. 이러한 의복 형태는 통풍이 잘되고, 큰 일교차로부터 몸을 보호해 준다. 얼굴에 적당한 그늘을 만들어 주는 두건 역시 매우 중요하다. 여성이 쓰는 차도르나 남성이 쓰는 케피야는 낮에는 뜨거운 햇빛을 막아 주고, 밤에는 몸에 둘러 체온을 유지하는 데 유용하게 쓰인다.

　의복으로 가장 조절하기 어려운 기후 조건은 춥고 습윤한 한대기후이다. 눈비에 옷이나 발이 젖으면 체온이 내려가기 쉽다. 이때 손발을 따뜻하게 하는 것이 중요한데, 손과 발, 머리 등의 말단 부위를 따뜻하게 하면 전신이 따뜻해지는 보온 효과가 있기 때문이다.

　북극권에 거주하는 이누이트의 전통 의상에서 한대기후의 의복을 엿

엘리자베스 1세 16세기 후반 영국에서는 목을 강조하며 놓은 깃을 세우는 듯한 '러프'와 가는 허리를 강조하는 '코르셋'과 스커트를 종 모양으로 퍼지게 해 주는 '파딩게일'이라는 보정물을 착용하였다.

튜닉
허리 밑까지 내려오는 넉넉하게 늘어지는 윗옷

기온에 따른 발열법의 변화 기온이 높아질수록 체온을 떨어뜨리기 위해 땀의 증발량이 많아지고, 대류와 복사 활동을 감소시켜 체온을 유지시킨다.

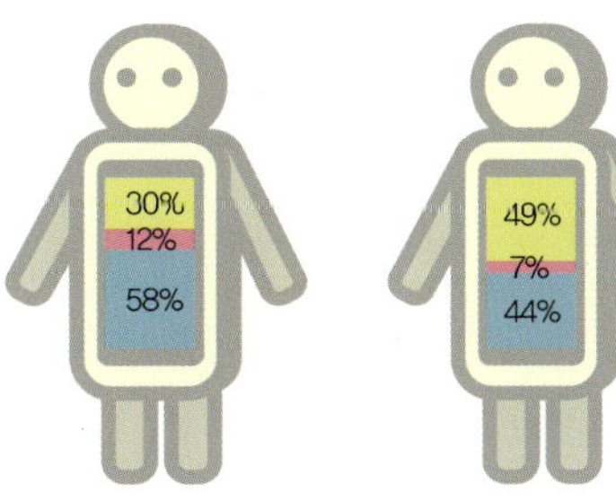
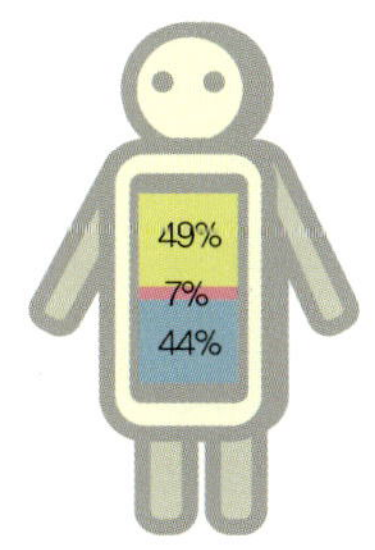
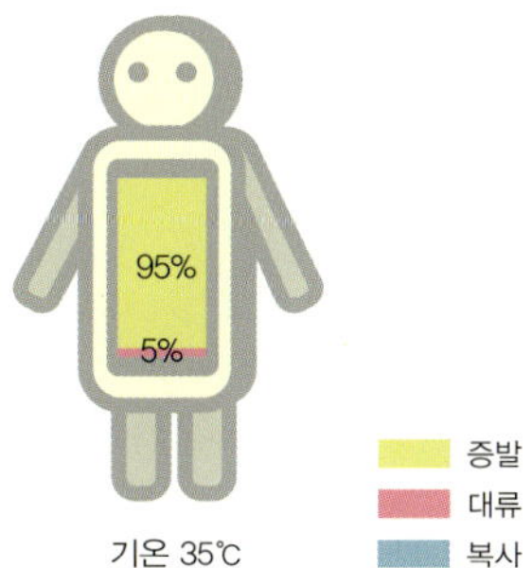

사막지대와 북극지방의 의복 의복은 체온을 유지시키고, 신체를 보호하기 위해 만들어졌다. 의복으로 혹한의 추위나 불볕더위를 피하는 방법은 유사하다. 사막지대의 뜨거운 모래바람과 북극지방의 매서운 눈보라를 막기 위해 온몸을 감싸는 방식을 채택한 것이다.

볼 수 있다. 이누이트의 의복은 동물 가죽과 두 겹의 털로 되어 있다. 겉에는 모자가 달린 길고 헐렁한 파카와 바지, 부츠, 장갑 등을 착용하고 머리 부분만 빼고 몸 전체를 감싼다. 우리가 겨울철에 입는 파카와 모자 달린 티셔츠는 이누이트의 전통 의상에서 발전된 것이다. 속에는 언더팬츠, 언더셔츠 등을 입고, 겉옷은 주로 물개나 순록, 바다표범 등의 가죽으로 만드는데, 털 쪽을 안으로 하여 입는다. 가죽을 꿰맬 때는 동물 뼈로 만든 바늘과 동물의 힘줄을 말려 만든 실을 이용하였다.

| 열대지방의 옷은 몸의 장식 | 열대지방에서는 옷을 걸치는 것 자체가 몸의 열과 땀을 발산하는 데 방해가 되므로 옷 대신에 몸에 장식하는 것을 선택하였다. 귀나 코, 입술에 갖가지 장식을 하고, 얼굴과 몸에 색을 칠하거나 문신을 새기기도 한다. 이러한 장식을 통해 부족의 정체성을 나타내기도 하고, 몸에 장식을 하면서 겪는 고통을 통해 성인으로 성장하고 있음을 증명할 뿐만 아니라 숭배하는 신이나 자연물에 경외감을 나타내기도 한다.

아프리카에 사는 마사이족은 귀에 커다란 구멍을 낸다. 열 살쯤 되면 귓불을 찢어 굵은 나무를 꽂아 구멍을 만들고, 쇠붙이를 매달아 귓불이 늘어나게 한 뒤 각종 구슬로 만든 장신구를 단다.

아프리카의 수르마족 여자들은 입술에 끼운 원반의 크기가 미의 기준이 된다. 먼저 아랫입술을 찢고 그 안에 작은 나뭇조각을 끼워 입술이 늘어나

면 원반을 넣는데, 차츰 큰 원반으로 바꿔 끼운다.

미얀마의 파다웅족은 목이 길수록 아름답다 하여 목에 놋쇠로 만든 고리를 걸어 목이 길어지게 한다. 하지만 이는 실제로 목이 길어지는 것이 아니라 어깨뼈가 내려앉는 것이므로 매우 고통스러울 뿐만 아니라 무거운 고리의 무게 때문에 제대로 걷기조차 힘들다.

뉴질랜드의 마오리족은 문신을 통해 소속된 부족, 신분과 계급, 공적 등을 나타낸다. 턱에 한 문신은 결혼을 하였다는 뜻이며, 지위가 높을수록 얼굴 전체에 복잡하고 정교한 문신을 새긴다.

오늘날에는 의복 문화가 세계화됨에 따라 이런 풍습이 많이 사라졌지만 아직도 일부에서는 문신을 즐겨 하거나, 전통적인 방식으로 아름다움을 추구한다.

열대지방의 의복 옷과 장식 등으로 신체를 꾸미는 행위는 기후의 영향을 크게 받는다. 더운 곳일수록 화려한 문양과 색깔의 옷을 입고, 추운 곳일수록 단순한 문양과 무채색에 가까운 색깔의 옷을 입는다. 피부에 문신을 새기고, 귓불과 입술을 뚫는 행위는 옷을 입는 것이 기후를 극복하는 데 도움이 되지 않기 때문에 다른 방식으로 신체를 꾸미는 방법인 것이다.

| 의복 문화가 이식된 라틴아메리카 | 의복은 신체를 보호하는 기능 외에도 역사적 배경과 문화적 특성을 반영하는 결과물이기도 하다. 지리적으로 인접한 곳에 모여 살던 사회 구성원들은 비슷한 옷을 입음으로써 소속감과 동질감을 느낄 수 있는데, 이는 전통 의상에서 두드러지게 나타나는 특징이나.

한편, 전통 의상은 비교적 변화 양상이 느린 편이지만, 문화 교류로 의복 문화가 급격하게 변화하기도 한다. 우리나라도 불과 한 세기 전만 하더라도 한복이 일상복이었다. 그러나 양복이 물밀듯 들어오고, 옷의 형태와 가짓수

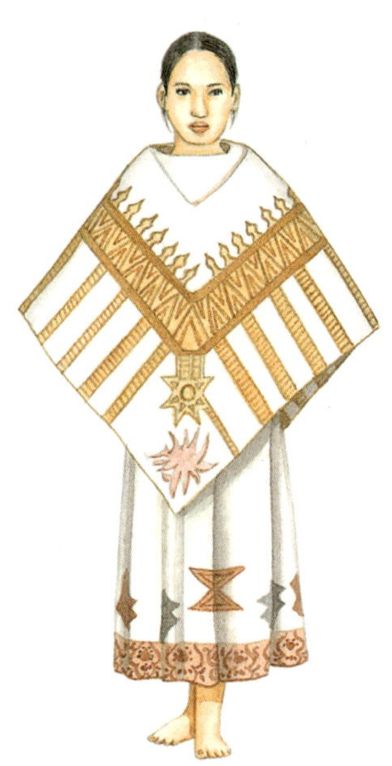

관두의(貫頭依) 원시 의복의 기본형으로 직사각형 천을 틀로 접고. 접은 가운데 부분을 잘라 머리가 통하도록 만든 옷

로인클로스(loincloth) 천을 치마처럼 두르거나 샅을 싸서(기저귀 차는 식) 허리에 감아 고정시키는 원시적인 옷

판초(poncho) 페루의 전통 의상과 에스파냐의 의상이 결합된 형태이다.

페루의 전통 의상 페루 산악 지대의 인디오는 손수 짠 모직으로 된 판초를 입는다. 모포 가운데에 구멍을 내어 머리가 나오도록 뒤집어쓰는 일종의 관두의이다.

가 다양해지면서 특별한 행사를 제외하고는 한복을 입는 경우가 드물게 되었다. 이 같은 사례는 라틴아메리카에서도 볼 수 있다.

중남미는 에스파냐의 식민지였던 16~19세기까지 이베리아 반도 문화의 영향을 많이 받았다. 이때부터 '라틴아메리카'라는 독특한 문화권이 형성됨에 따라 에스파냐의 의복 문화가 라틴아메리카에 흡수되었다. 그러나 라틴아메리카만의 지리적·문화적 특성에 맞게 변형되었다. 형태는 유럽의 의복을 따르되 문양과 재질은 전통을 따랐다.

고대의 아스테카 문명, 마야 문명, 잉카 문명의 원주민 여성은 전통적으로 튜닉과 관두의를 입었으나 에스파냐의 통치 이후 프릴 달린 블라우스와 스커트를 입었다. 에스파냐 안달루시아 지방의 영향을 받은 것이다.

에스파냐의 기본 의상이었던 숄은 라틴아메리카에서도 다양한 목적으로 사용되었다. 장식 목적 외에도 교회에서 머리에 쓰거나 고산지대의 악천후로부터 몸을 보호하기 위해 둘렀으며, 때로는 아기를 업는 데도 사용하였다.

한편, 남성의 전통 의복은 로인클로스 또는 그 위에 입는 망토였으나, 에스파냐의 점령 이후 셔츠와 바지로 구성된 유럽의 기본 형태로 바뀌었다. 에스파냐의 남성은 주로 단색의 의복을 입은 반면에, 라틴아메리카에서는 줄무늬나 바둑무늬 등 전통적인 기하학적 무늬 옷을 즐겨 입었다.

| 문화 산업으로 성장한 패션 | 과거 사람들은 손수 옷감을 짜고 바느질해 옷을 입었다. 그러나 산업혁명 이후 산업화와 분업화가 이루어지면서 의복은 거대한 산업으로 성장하기 시작하였다. 공장에서 기성복이 만들어지고, 다양한 옷을 입고자 하는 수요를 충족시키고자 다양한 소재와 디자인이 개발되었다.

패션 산업의 발달에서 '프레타 포르테pret a porter'를 빼놓을 수 없다. 프레타 포르테란 기성품이라는 뜻으로, 제2차 세계대전 이후 프랑스에서 사용되기 시작한 말이다. 당시 기성복은 질이 떨어지고, 밋밋한 기본형의 옷이 대부분이다 보니 고급스럽고 개성 있는 옷을 요구하는 사람들이 생겼다. 그런데 고급 맞춤복 오트 쿠튀르가 너무 비쌌기 때문에 가격은 그보다 저렴하지만 고급 기성복인, 프레타 포르테가 등장한 것이다. 프레타 포르테는 해마다 봄가을에 파리에서 열리는 기성복 패션쇼로 더 잘 알려져 있다. 현재 전 세계의 내로라하는 유명 디자이너들이 참여하고 있으며, 이들은 최상류층 고객들을 위해 계절에 앞서 미리 창작 의상을 발표한다.

실제로 패션은 사회계층을 구분하는 문화적 기능이 강하며, 상류층에서 하류층으로 전파되는 경향이 있다. 상류층의 패션이 하류층에 유행하면, 상류층은 또다시 새로운 패션을 찾기 마련이다. 프레타 포르테는 이런 문화적 속성을 활용하여 성공한 사례라 할 수 있다.

기성복 패션쇼 파리의 프레타 포르테에는 30여 개국의 1,000여 개 업체가 참여하고 있고, 파리 컬렉션에는 전 세계에서 모여든 8,000여 명의 디자이너와 바이어뿐만 아니라 수많은 기자와 관람객으로 성황을 이룬다. 이 밖에도 밀라노, 뉴욕, 도쿄 등지에서 패션쇼가 열리고 있다.

6 인류의 보금자리, 주거 문화

인류는 체온을 유지하고 비바람을 피하기 위해 안락한 보금자리를 만들었다. 유리한 기후 조건을 이용하고, 불리한 기후 조건을 극복하려 하였다. 주거 문화 또한 의복 문화와 마찬가지로 생태적·지리적 환경뿐만 아니라 그 지역의 정치·경제·관습·종교, 개인의 취향에도 영향을 받고 있다.

| 자연을 품고 있는 가옥 | 우리의 삶은 기후로부터 완전히 자유로울 수가 없다. 집은 기후로부터 안전하고 쾌적한 생활을 선사하였다. 전통 가옥은 기후에 적응하는 양식으로 발달하여 기후에 따라 그 구조와 모습이 달라졌다.

기후에 따른 주거 형태

열대기후 지역과 냉·한대기후 지역에서는 주로 고상식 가옥을 짓는다. 기온이 높은 열대기후 지역에서는 바닥의 열기와 습기, 해충 등의 피해를 막기 위해 집의 바닥을 띄워서 짓는 반면, 기온이 낮은 냉·한대기후 지역에서는 바닥의 냉기를 막고 눈이 쌓여서 출입문이 막히지 않도록 지면보다 높게 짓는다.

❶ 열대기후의 수상 가옥 연중 기온이 높고, 강수량이 많아 기온과 습도에 대비한 생활양식이 발달하였다. 지면보다 높은 곳에 집을 지어 물에 잠기는 것을 방지하였다. 창문이 크고 많으며, 사방이 탁 트여 있는 개방식 가옥 구조이다.

❷ 건조기후의 흙집 나무를 구하기가 쉽지 않아서 흙으로 집을 짓는다. 일교차가 크고 건조하기 때문에 집을 지을 때는 벽은 두껍게, 창은 작게 만든다. 또 그늘이 생기게 집들을 촘촘하게 붙여서 짓는다.

❸ 스텝기후의 게르(유르트) 유목민의 이동식 천막이다. 나무 막대를 세운 뒤 가죽이나 밝은 색의 수직물로 덮는 가옥으로 '파오'라고도 한다. 몽골과 중앙아시아의 초원 생활에 적합하다.

우리나라 사람들은 남향 집을 선호한다. 남향 집은 햇빛이 잘 들 뿐만 아니라 겨울에는 차가운 바람을 막아 주어 따뜻하고, 여름에는 바람이 잘 들어와 시원하다. 그러나 지구상의 모든 곳에서 그런 것은 아니다. 북반구와 달리 남반구에서는 북향 집이라야 일조량이 풍부하다.

가옥의 건축자재도 기후에 따라 다르다. 냉대기후의 타이가지대에서는 주로 침엽수림 목재를 이용하여 통나무집을 짓는다. 통나무는 내구성이 좋고, 습도 조절 능력이 뛰어나다. 열대기후 지역에서는 활엽수림의 넓은 잎이나 대나무를 이용하여 만든 개방적인 구조의 고상식 가옥이 나타난다. 특히, 말레이시아의 수상 가옥은 교통에 편리하고 어업에도 유리하며, 열대 지방에서 흔하게 볼 수 있는 곤충이나 파충류의 공격도 막아 준다. 북극권에서 생활하는 이누이트는 주변에서 흔히 구할 수 있는 얼음을 이용해 이글루를 만든다. 또한 사막 지역에서는 나무가 귀해 흙집을 짓는데, 흙집은 낮에는 열을 차단하고 밤에는 열을 품어 극심한 일교차를 극복하는 데 유리하다. 사람들의 생활양식도 가옥에 영향을 미친다. 몽골인들은 주로 유목 생활을 하기 때문에 조립이 쉽고 이동이 간편한 게르라는 이동식 천막에서 생활한다.

❹ **온대기후의 지중해식 가옥** 여름에는 무덥고 건조하기 때문에 벽은 높고 두껍게, 창은 작게 만들고, 주택과 주택의 간격을 좁게 해 그늘을 최대한 확보하였다. 또한 여름철 따가운 햇빛을 피하기 위해 하얀색이나 밝은 색으로 벽을 칠하였다.

❺ **온대기후의 초가집** 우리나라의 전통적인 주거 형태로 흙과 볏짚을 이용하여 지었다. 흙벽은 단열성이 좋아 여름에는 시원하고 겨울에는 따뜻하다.

❻ **냉대기후의 통나무집** 통나무집은 삼림이 풍부한 북유럽이나 북아메리카 지역에서 많이 볼 수 있다. 오래 사용할 수 있고 습기에 강하다.

│ 이웃 나라의 전통 가옥 │ 중국은 광활한 영토에 다양한 기후와 민족이 분포하고 있어 그에 따른 전통 가옥의 형태도 다양하게 나타난다. 세상의 모든 가옥 형태가 중국에 다 모여 있다고 해도 될 만큼 중국의 전통 가옥은 지역적 조건과 민족에 따라 각기 다르다.

중국의 전통 가옥은 기본적으로 북부 지방의 베이징을 중심으로 하는 한족의 사합원 형식을 따른다. 사합원은 음양오행설에 바탕을 둔 풍수의 영향을 받았다. 가옥의 구조를 살펴보면 동서남북은 방으로 둘러싸고, 중앙에는 네모난 정원을 두었다. 하지만 이것도 각 지역의 지리적 조건에 맞게 형태나 그 기능이 조금씩 다르다.

중국의 다양한 전통 가옥

지역적으로 화북 지방은 대륙성기후가 나타나고 화남 지방은 해양성기후가 나타나며, 서부 지방은 건조기후가 나타난다. 따라서 북쪽 지역은 차갑고 건조한 바람과 황사가 발생하고, 남쪽 지역은 비가 많이 내린다. 또한 내륙지역과 해안지역의 강수량이 연간 3,000mm의 차이가 있으며, 중국의 가장 남쪽인 하이난 지역의 1월 평균기온이 18℃ 가량인 반면 북쪽 국경 지역의 평균기온은 −30℃가량으로 지역 간 기온차가 크다. 한편, 서쪽에는 에베레스트 산과 같은 높은 지형이 있고, 동쪽으로 갈수록 지형이 낮다. 이러한 지역적 차이 때문에 중국의 가옥 형태가 다양하게 발달할 수 있었다.

화남의 토루

안후이성의 휘파민거

북부 지역의 사합원은 정원을 크게 만들어 최대한 햇빛을 많이 받게 하였고, 기온이 높은 남부 지역의 사합원은 정원을 작게 만들어 시원한 그늘을 확보하였다. 남부 지역은 건물 네 동이 모여 만든 사합원 가옥의 기본 형식을 따르면서도 강한 햇빛을 피하기 위해 벽을 높이 쌓고, 집 내부에는 최소한의 햇빛만 들어오게 한 안후이 성의 휘파민거 또는 푸젠 성의 집합 주택 토루처럼 특이한 형태로 발전하였다.

사합원 외에도 중국의 중서부에는 나무가 적고 황토가 많아 흙집이 발달하고, 습도가 높은 중국의 남서부 일대에는 나무 위에 집을 짓는 고상식 가옥이 나타난다. 고상식 가옥은 태족, 묘족, 합니족의 전통 가옥에서 찾아볼 수 있다.

이 밖에 태족의 수상 가옥, 하이난 고산족의 돌집, 황토 고원의 동굴 주택인 야오동도 그 지역의 자연환경에 따른 가옥 형태이다.

일본의 전통 가옥구조도 지역마다 다르다. 그러나 기본적으로 다습한 기후 때문에 난방보다는 통풍에 중점을 두는 것이 특징이다. 고온 다습한 날

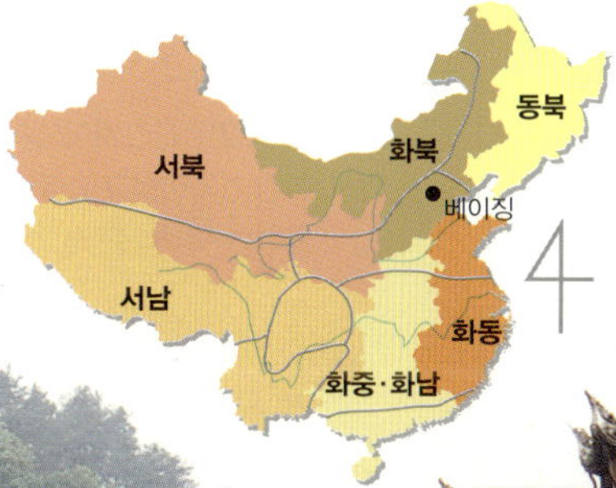

태족의 수상 가옥

갓쇼 가옥

눈이 많은 산간지대에서 볼 수 있는 갓쇼 가옥은 뾰족한 지붕이 두 손을 합장한 모양과 비슷하다 해서 합장 가옥이라고도 불린다. 경사가 급한 지붕은 겨울철의 폭설에 견딜 수 있고, 1층의 출입문이 눈 때문에 막히면 사다리를 놓고 2층으로 출입한다.

씨를 이겨 내기 위해 통풍이 잘되는 목재를 이용해 집을 지었다. 높은 습도 때문에 땀이 잘 마르지 않는 여름과 겨울의 혹독한 추위를 이기기 위해 목욕 문화가 발달하기도 하였다.

일본에는 세계 문화유산으로 등록되어 보존되고 있는 전통 마을이 있다. 바로 기후현 시라카와 오기마치 마을이다. 이곳에는 갓쇼 가옥이 발달하였는데, 폭설에 대비해 지붕의 경사가 매우 급한 것이 특징이다. 또한 나무를 어긋나게 짜 맞춰 기둥을 세운 뒤 갈대를 엮어 지붕을 얹었으며, 못은 전혀 사용하지 않는다. 가옥의 내부는 열 명이 생활할 정도로 넓으며, 방 중앙에는 취사와 난방용으로 불을 피우는 '이로리'라는 화로를 둔다.

전통 가옥은 자연환경에 대처한 지혜의 산물이다. 그러나 이것은 갈수록 희귀해져 오히려 특수 가옥으로 여길 정도이다. 세계 전역에서 근대화와 세계화라는 이름으로 전통 가옥이 현대식 가옥으로 대체되고 있기 때문이다.

| 이누이트는 이글루에 살지 않는다 | 지난 수천 년 동안 북극의 자연환경은 인류가 적응해 살아온 가장 극단적인 환경에 속한다. 하지만 에스키모로 더 잘 알려진 이누이트는 환경에 순응하며 슬기롭게 생존해 왔다. 나무가 자라지 않는 탓에 주변에 흔한 얼음으로 집을 만든다.

그러나 오늘날 이누이트는 이글루에 살지 않는다. 더 이상 툰드라지대에서 전통적인 이글루의 모습을 찾아볼 수 없다. 실제로 이글루를 만들 줄 아는 젊은 이누이트도 거의 없는 실정이다.

설원을 누비던 사냥꾼들은 더 이상 개 썰매를 끌지 않는다. 이제 개 썰매 대신 기동력이 뛰어난 설상차■를 타고 사냥을 나간다. 이 때문에 장거리 사냥을 나선 사냥꾼들이 임시 숙소로 이용하던 이글루를 지을 필요가 없어졌다. 단지 관광객을 위해 이글루를 짓고, 개 썰매를 끌고 있을 뿐이다. 그들은 수천 년 동안 사냥과 낚시를 주요 생계 수단으로 삼았지만 도시화된 곳에서 수렵과 어로는 주업이라기보다는 취미나 여가 활동에 가까워지고 있다.

설상차
설상차는 환경과 삶에 커다란 변화를 가져다주었다. 설상차 연료로 화석원료가 사용되고, 화석연료를 운반하기 위한 도로가 건설되는 과정에서 생태계가 파괴되었기 때문이다.

이글루 전통적인 이글루는 먼저 바닥을 적당한 깊이로 파낸 다음 눈덩이나 얼음 벽돌을 둥근 지붕 모양이 되게 쌓아 올려 만든다. 바다코끼리와 같은 바다짐승의 내장을 이용해 창문을 만들고, 이글루 중앙에 있는 바윗돌 사이에 고래기름을 땔 때 안을 따뜻하게 한다.

현대식 가옥의 대명사, 아파트 우리가 알고 있는 세계의 전통 가옥은 이제 더 이상 어떤 문화를 대표하는 일반적인 가옥이 아니다. 세계가 도시화되고 산업화됨에 따라 세계 어디를 가도 현대식 가옥이 유사하게 발달한다.

현대식 가옥 하면 가장 먼저 아파트를 떠올린다. 국토가 좁고 인구가 많은 우리나라에서는 용적률이 높은 아파트가 합리적이고 효율적인 주거 공간으로 인식되고 있다. 그러나 우리보다 인구밀도가 높은 네덜란드나 벨기에는 아파트를 선호하지 않는다. 이처럼 아파트에 대한 이미지와 가치는 국가와 지역마다 다르다.

아파트의 기원은 약 2,000여 년 전으로 거슬러 올라간다. 최초의 아파트는 로마 시대에 서민에게 임대하기 위해 만든 '인슐라'에서 시작되었다. 1층에는 상가가 있고 그 위로는 주거 공간으로 쓰인 5층의, 이른바 주상 복합 건물이었다. 로마의 부자들은 '도무스'라는 널찍한 단독주택에 살면서 인슐라를 지어 높은 임대료를 챙기면서 부실 공사와 부동산 투기를 해 사회문제가 되기도 하였다. 일반적으로 근대적 의미의 아파트는 18세기 영국의 산업혁명이 일어나면서 등장하였다. 인클로저 운동으로 농촌에서 밀려난 농민들은 도시로 몰려들고, 도시는 인구가 과밀해지면서 주택이 부족하였다. 그

대안으로 지하 주택이 등장하였는데, 이곳은 콜레라와 장티푸스와 같은 전염병의 온상지였을 정도로 환경이 열악하였다. 영국은 연중 일조량이 적고, 습도가 높은 서안해양성기후임을 감안하면 당시의 지하 공간이 어떠했으리라는 것은 충분히 짐작할 수 있다.

이러한 도시 빈민의 주택 문제를 해결하기 위하여 국가에서 건축 조례를 통해 환경이 좀 더 나은 집합주택을 보급하였다. 이것이 근대적 아파트의 시초였다. 도시 노동자를 위한 아파트에는 창문을 통해 햇빛이 들어오고 화장실과 상하수도 시설이 갖추어져 있었다. 이런 조건은 단순히 안락하고 쾌적한 주거 환경을 넘어서 생존의 조건이기도 하였다.

공산주의 국가였던 구소련에서도 도시로 몰려든 노동자들에게 무상으로 공동 아파트를 제공하였다. 주민들이 한곳에 모여 살게 되면서 국가의 효율적인 통제와 동원이 가능해졌다.

스탈린 정권 때에는 방 하나에 한 가족이 살도록 '코뮤날카'가 배정되었고, 흐루시초프 시대에는 가족 수에 따라 여러 개의 방과 세대별 화장실이 딸려 있는 '흐루시초프카'라는 공동주택을 제공하였다.

산업혁명기 도시 노동자를 위한 아파트 농촌에서 몰려온 빈민들이 아파트에 살게 되면서 웃지 못할 광경이 속출하였다. 돼지를 사서 재산을 불리던 습관이 있던 사람들이 공장에서 임금을 받으면 돼지를 구입하여 아파트에서 키우며 같이 생활하기도 하였다.

코뮤날카 구소련 스탈린 정권 때 주택

슈퍼마켓에서 '지리' 장보기

우리 식탁에 오르는 음식들은 각기 다른 이야기를 가지고 있다. 각종 식재료는 그에 적합한 기후와 토양뿐만 아니라 문화적 기원도 다르기 때문이다. 이제는 생존을 위해 먹는 것을 넘어서서 인류의 평화와 공존을 위해 올바른 먹을거리에 대해 진지하게 생각해야 할 때다.

│ 슈퍼마켓에서 본 세상 │ 밝은 조명, 적정한 실내 온도, 어디를 가나 친절한 점원까지, 이 모든 것이 갖춰진 슈퍼마켓은 '지리'와 별다른 관련이 없어 보인다. 그러나 슈퍼마켓은 다양한 먹을거리로 가득하고, 그것들은 각기 다른 사연을 담고 세계 각지에서 온 것이다. 그래서 이것들을 장바구니에 담을 때에는 엄청난 이동 거리를 함께 담는 셈이다. 덴마크산 삼겹살 8,102km, 오스트레일리아산 쇠고기 8,283km, 미국산 오렌지 9,549km, 칠레산 와인 20,362km, 중국산 굴비 907km ……. 이처럼 우리 식탁 위 먹을거리들이 대

부분 지구 반 바퀴를 돌아서 건너온 것들로 채워지고 있다. 2010년 현재 우리나라의 곡물 자급률은 약 27%이고, 쌀을 제외한 나머지 곡물의 자급률은 5%에 지나지 않을 만큼 대부분 수입에 의존하고 있다. 이제 전 세계에서 들어오는 먹을거리들로 우리는 세계 각국의 사람들 및 그들의 자연과 밀접한 관계를 가지면서 살아가고 있다.

| **인류 문화의 산물, 음식** | 음식을 먹는다는 것은 단순히 영양소를 섭취한다는 것 이상의 의미가 있다. 음식에 사용된 식재료들 속에는 생산지의 지형, 기후, 토양과 같은 생태학적 환경과 그곳의 고유한 관습, 생활양식, 경제활동 등의 문화적 특성이 반영되어 있기 때문이다.

1825년 프랑스 미식가 브리야 사바랭은 자신의 저서 《미식 예찬 physiologie du gout》에서 "당신이 어떤 것들을 먹는지 알려 주면 당신이 어떤 사람인지 알려 주겠다."라고 말했다. 이렇듯 입맛은 '살아 있는 문화'이며, 어떤 음식을 좋아하는가를 구분하는 지역적 경계가 사투리를 구분하는 경계와 일치할 정도로 음식은 생태적·역사적·문화적 지리 이야기를 가지고 있다.

그렇다면 이제 풍요로운 슈퍼마켓에 펼쳐진 지리 세상을 돌아다니며 쌀과 고기, 커피 등 갖가지 먹을거리를 장바구니에 담아 보자.

벼농사와 쌀 벼는 온난습윤기후에서 잘 자라는 식물로, 아시아 문화의 원동력이자 다른 문화권과 구분되는 중요한 요소이다. 쌀의 인구 부양력은 1ha당 연간 22명인 데 비해 옥수수는 19명, 밀은 14명에 불과하다. 쌀은 완전식품에 가깝기 때문에 과밀한 인구를 부양할 수 있는 작물이다.

국가별 쌀 생산량과 소비량 쌀은 곡물 중 옥수수, 밀 다음으로 많이 생산되는 작물이다. 전 세계 쌀 생산량의 약 90%는 아시아에 집중되어 있다. 세계 주요 쌀 소비국은 중국, 인도, 인도네시아이고, 쌀 수출국은 타이, 미국, 베트남으로 전체 수출량의 60%를 책임지고 있다.

| 슈퍼마켓에서 파는 주곡 작물, 쌀 | 샌드위치나 햄버거와 달리, 밥을 손에 들고 다니며 먹는 사람은 없을 것이다. 쌀은 주식 문화와 부식 문화를 발달시켰는데, 이 때문에 우리나라에서는 밥과 반찬, 국 또는 찌개를 차려 먹는 밥상 문화가 형성되었다. 그러나 서양에서는 주식과 부식의 개념이 명확하지 않다. 간편하게 빵 속에 고기와 야채를 끼워 한꺼번에 먹기도 한다.

벼농사는 일손이 많이 필요한 작업이기 때문에 혼자 모내기를 하고 물을 대고 수확을 하기는 거의 불가능하였다. 따라서 벼농사 지역은 자연스럽게 대가족 문화, 협동 문화, 공동체 의식이 발달하였다.

아열대 작물인 벼는 계절풍이 발달하고 강수량이 풍부한 아시아 지역에서 재배하기에 적합하였다. 쌀의 재배지는 북위 43°~남위 39°에 이르기까지 다양하다. 벼는 완전식품에 가까울 정도로 영양이 풍부하기 때문에 벼농사 지역은 인구 부양력이 커서 인구밀도가 매우 높게 나타난다. 세계 최대로 인구가 13억 4,000만 명인 중국, 세계 2위인 11억 6,000만 명의 인도, 세계 4위인 2억 4,000만 명의 인도네시아 모두 쌀을 주식으로 삼고 있다.

벼는 크게 자포니카종과 인디카종으로 나뉘는데, 자포니카종은 우리가 주로 먹는 단맛을 지닌 둥근 모양의 쌀로, 점성이 높아 잘 뭉쳐져 젓가락 문

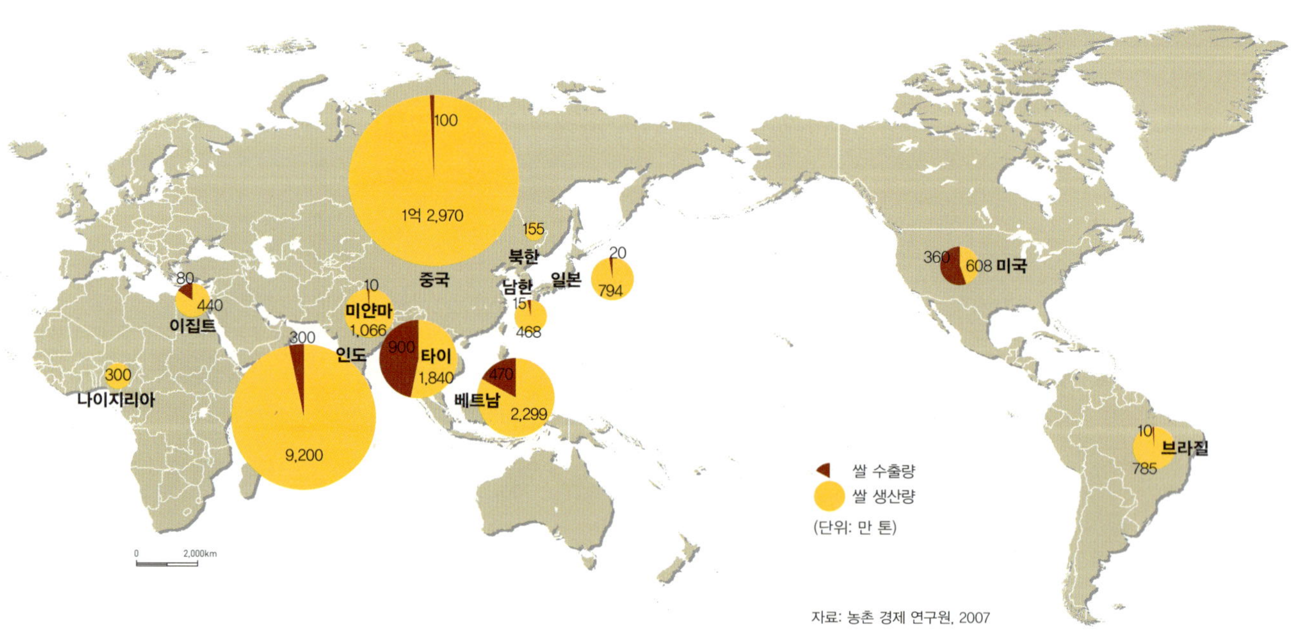

자료: 농촌 경제 연구원, 2007

화를 발달시켰다. 자포니카종을 선
호하는 한국, 중국 동북부, 일본 등
세 지역을 젓가락 문화권이라고 한
다. 반면에 전체 벼의 80% 이상을 차
지하고 있는 인디카종은 아프리카,
서남아시아, 인도, 동남아시아 등
에서 주로 먹는다. 흔히 '안남미'로
불리는 이 쌀은 점성이 약해 잘 뭉쳐
지지 않기 때문에 손을 사용해 먹
는 음식 문화를 발달시켰다. 자포

캘리포니아의 벼농사 지대 미국의 벼농사 지대는 여름에
비가 거의 오지 않는 지중해성기후로 관개시설을 이용한다.
마른 논에 비행기로 볍씨를 뿌리고 물을 가득 대었다가 빼고
제초제를 뿌려 풀이 나지 못하도록 한다.

미국산 쌀

니카종은 점성을 이용하여 떡을 만들어 먹고, 인디카종은 점성이 약해 전병
이나 국수를 만들어 먹는다.

 이제 우리 식탁을 수입된 쌀이 장악할 날도 멀지 않았다. 2007년부터 수
입된 미국산 쌀은 농민들이 경비행기로 볍씨를 뿌리고 농약을 살포하여 재
배하는 노동생산성이 매우 높은 작물이다. 캘리포니아는 여름의 일조량이
풍부한 지중해성기후 지대이므로 관개시설을 잘 갖추면 최적의 벼 생산지
가 될 수 있다. 게다가 미국은 정책적으로 수출용 벼 생산을 장려하여, 이러
한 정책의 일환으로 벼 재배 농가에 높은 보조금을 지급하고 있어 쌀값이 우
리의 1/4 수준이다.

| 슈퍼마켓에서 파는 육류 | 정육 코너에 가면 붉은빛 조명 아래 벌겋게 모
습을 드러낸 고기들이 부위별로 진열되어 있다. 고기만 남기고 떠난 가축의
얼굴을 마주한 적이 없기에 우리는 아무 감정의 동요 없이 바라볼 수 있다.

 자연 상태에서 닭의 수명은 15~20년, 돼지의 수명은 12년, 소의 수명은
18년이다. 그런데 육계용 닭은 45일 이내, 돼지는 200일 이내, 소는 30개월
이내에 도축된다. 게다가 단기간에 살찌워야 하므로 비좁은 공간에서 사료
를 먹여 속성으로 사육된다. 사육된 이들 가축의 도살 과정 또한 매우 잔인
하다.

공장형 사육 인간 광우병은 농·축산업에서조차 효율성을 강조하는 극단적 자본주의의 병폐로 나타난 현상이다. 최소의 비용으로 최대의 이익을 얻기 위한 현대의 공장형 가축 사육 방식이 사람과 동물의 공통 전염병이 나타난 근본 원인이라고 전문가들은 지적하고 있다.

인간 광우병은 농·축산업에서조차 효율성을 강조하는 극단적 자본주의의 병폐로 나타난 비극이다. '최소의 비용으로 최대의 이익을 내기 위한 현대의 공장형 가축 사육 방식이 사람과 동물의 공통 전염병이 나타난 근본 원인'이라며 전문가들은 입을 모아 지적한다.

우리는 고기를 먹기 위해 가축을 키우고, 가축은 지구상에서 생산되는 전체 곡식의 1/3을 먹어 치운다. 개발도상국의 경우 수출용 사료 작물 재배에 떠밀려 생계형 농민들이 농토에서 쫓겨나고 수많은 사람이 굶주리고 있다. 다시 말해, 지구 한쪽에서는 배고픔과 영양실조로 사람들이 죽어 가고, 다른 한쪽에서는 지나친 육류 섭취로 심장 발작, 고혈압, 당뇨병과 같은 성인병에 시달리고 있다는 사실이다.

소를 숭상하는 인도는 육식 문화가 발달하지 않았음에도 향신료가 가장 발달한 나라이다. 일찍부터 육식 문화가 발달한 유럽은 정향·육두구·후추와 같은 향신료를 구하기 위해 목숨을 걸고 대서양으로 진출하였다. 육식을 즐기면서 향신료 사용이 늘었는데, 그 이유는 향신료가 고기의 느끼함과 누린내를 없

주요 국가별 비만 인구 비율 추이
체질량 지수(BMI)가 30% 이상인 사람의 비율을 근거로 세계 각국의 비만 인구의 추이를 나타낸 것이다. 미국이 가장 비만율이 높고, 오스트레일리아, 영국, 뉴질랜드, 캐나다 등이 그 뒤를 잇는다. 우리도 비만 인구가 꾸준히 늘고 있음을 알 수 있다.

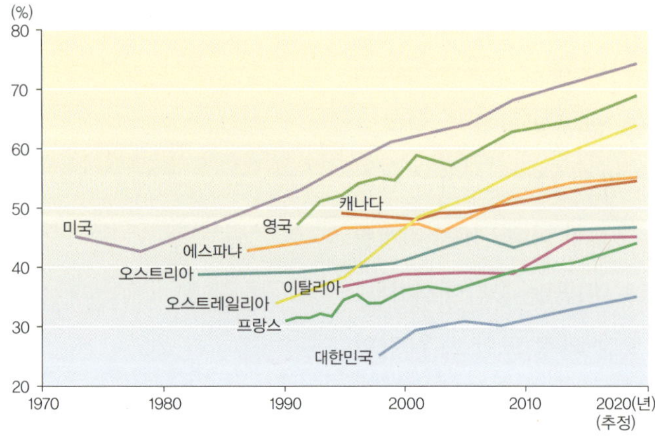

육두구를 판매하는 유럽 상인 육두구 나무는 말루쿠 제도뿐만 아니라 스리랑카와 말레이시아, 서인도 제도에서도 재배되었다. 12세기 영국에서는 육두구 1파운드가 양 세 마리의 가격과 맞먹었다.

인도의 각종 향신료 인도에서는 카레라는 말을 사용하지 않는다. 대신에 '마살라'라고 부르는데, 여러 가지 향신료를 혼합하여 만드는 마살라는 우리나라의 장맛이 다르듯이 지역마다, 집집마다 다르다.

애고 오랫동안 보관할 수 있는 방부제 역할을 하였기 때문이다. 향신료를 구하기 위해 인도를 찾아 떠난 모험은 신항로 개척과 신대륙 발견의 시대로 이끌었으며, 유럽이 강대국으로 성장할 수 있는 발판을 마련하였다.

｜ 슈퍼마켓에서 파는 기호 식품, 커피 ｜ 커피는 독특한 향과 맛으로 수많은 사람을 사로잡는다. 이 기호 식품은 한번 맛을 들이면 헤어 나올 수 없는 마력을 지닌 탓에, 전 세계에서 하루에 25억 잔이나 소비되고 석유 다음으로 물동량이 많다.

커피는 아프리카 북동부 에티오피아의 아비시니아 고원이 원산지이며, 남위 25°~북위 25° 사이, 연평균 강우량 1,500mm 이상인 열대 및 아열대 지역에서 자란다. 원산지는 아프리카였지만 커피를 오늘날의 형태로 발전시킨 것은 이슬람교도였다.

고급 커피의 대명사인 '모카'는 원래 아라비아 반도 남서쪽 해안을 끼고 있는 항구 도시 이름이었다. 모카는 이슬람교의 성지 메카로 가는 마지막 지점이었기 때문에 이곳을 거쳐 아랍 전역과 유럽 각지로 전파되었다. 이후 커피는 17세기 무렵 유럽으로 전해져 '근대 도시 문화'의 상징이 되었다.

커피가 전 세계로 전파될 수 있었던 또 다른 주역은 바로 설탕이었다. 설탕은 커피뿐 아니라 차 문화가 보편화되는 데 결정적인 역할을 하였다.

흔히 '커피' 하면 브라질을 떠올리지만 우리가 마시는 대부분의 인스턴트 커피는 베트남에서 재배된 것이다. 실제로 베트남 커피가 우리나라 전체 커피 수입 물량의 40%를 차지한다. 베트남은 브라질에 이어 세계 2위의 커피 수출국이며, 인스턴트 커피에 주로 쓰이는 로부스타 커피의 세계 최대 생산국이기도 하다.

커피 한 잔 값이 밥값보다 비싼 유명 커피점의 원두 대부분은 아프리카에서도 가장 빈곤한 에티오피아에서 생산된다. 세계 최대의 아라비카종 생산국인 에티오피아는 국민총생산에서 커피가 차지하는 비율이 절반을 넘는

커피 생산지

세계인의 기호 식품 커피는 50여 개국에서 생산된다. 북위 25°～남위 25°에 이르는 지역을 커피 존 또는 커피 벨트라고 한다. 특히 여기서 생산되는 커피의 30% 이상이 브라질에서 생산되고 있어 브라질의 커피 작황에 따라 국제 시세가 좌우될 정도이다. 커피 존에서 생산되는 커피는 크게 아라비카, 로부스타, 리베리카 등 세 종류인데, 이 중 70%는 아라비카, 27%는 로부스타, 3%는 리베리카이다.

다. 하지만 커피 농장에서 일하는 노동자의 하루 평균임금이 1달러도 안 되기 때문에 연평균 수입은 70달러를 넘지 못하는 경우가 많다.

커피 가격 중 커피 농장 노동자들에게 돌아가는 몫은 아무리 높게 잡더라도 소비자 가격의 1%도 되지 않는다. 이러한 불공정 거래의 문제는 브라질, 베트남, 멕시코, 인도네시아 등 모든 커피 생산국에 나타나는 현상이다. 이제라도 어린이 노동력을 사용하지 않으며, 농민들에게 적정한 가격을 지불하고 구입한 '공정 무역 커피'를 찾아 마실 필요가 있다.

공정 무역 커피 공정 무역은 지구의 편중된 부를 조금이나마 평등하게 나누려는 문제의식에서 출발한다. 자유 시장경제가 낳는 왜곡이 치유 불능처럼 커져 가고 있어 하루빨리 궤도를 수정해야 지구의 미래도 어둡지 않을 것이다.

갈수록 산업화된 먹을거리

최초의 먹을거리는 손에 넣을 수 있는 것들을 사냥하거나 채취한 것이었다. 그러나 곧 인류는 먹을거리를 교환하는 방법도 알게 되었고, 먹을거리를 훌륭한 음식으로 발전시키기도 하였다. 특히 산업혁명은 식품 생산에 커다란 변화를 가져왔다. 산업사회는 농경 사회와 달리 먹을거리의 생산지와 소비지가 분리되어 효율적인 대량생산 체제로 바뀌었다. 가축을 대량으로 기르기 시작하였고, 선박과 조업 기술의 발전으로 먼 바다에서도 고기잡이가 가능해졌다.

노동수단으로 활용된 가축이 기계로 대체되면서 가축의 가치는 단백질 공급원으로 바뀌었고, 동물 사육은 대형화되었다. 축산물과 수산물이 풍부해짐에 따라 인간의 주식은 곡물에 한정되지 않고 먹을 수 있는 모든 물질로 확대되었다. 또한 통조림 기술이나 방부제 등의 보존법이 발달하여 식료품을 오래 보관할 수 있었고, 철도와 트럭, 항공기 같은 교통수단과 냉동·냉장 기술이 발전함으로써 수천 km 떨어진 곳에도 신선한 상태의 먹을거리를 얻을 수 있게 되었다.

이제 인간의 먹을거리에는 공장에서 생산된 농산물과 바이오 사업체의 각종 제품들도 포함되었다. 예를 들면, 땅에서 수확한 사탕수수의 단맛은 공장에서 생산되는 녹말당이나 사카린으로 대체되었고, 축산을 통해서만 얻을 수 있었던 동물성 단백질은 효모의 증식으로 값싸게 얻을 수 있게 된 것이다. 또한 과실류나 채소류에서만 얻을 수 있었던 비타민과 향미 성분도 공장에서 합성되고 있다.

인스턴트 식품들 기술의 발달로 인간의 먹을거리는 자연의 토양·기후·지질에만 의존하지 않고 공장에서 인위적으로 만들어지고 있다. 또한 식품 조리가 간편해져 전자레인지에 돌리기만 하면 완성되는 식품들도 많다. 이제 먹을거리는 자연을 벗어나 공장에서 만들어지는 공산품이 되어 버렸다.

세계로 떠나는 여행

달콤함으로 세계인을 사로잡은 터키시 딜라이트

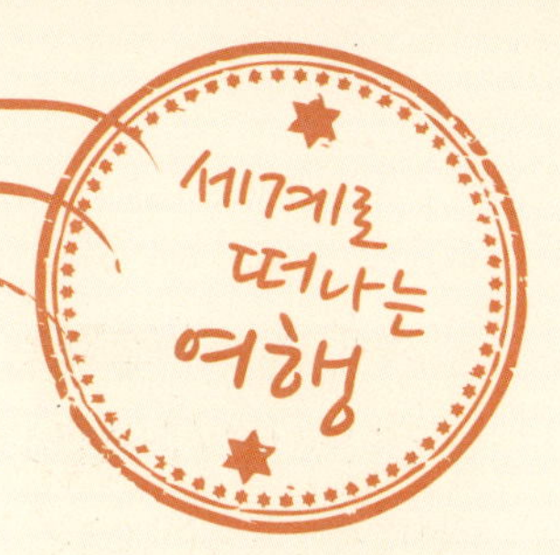

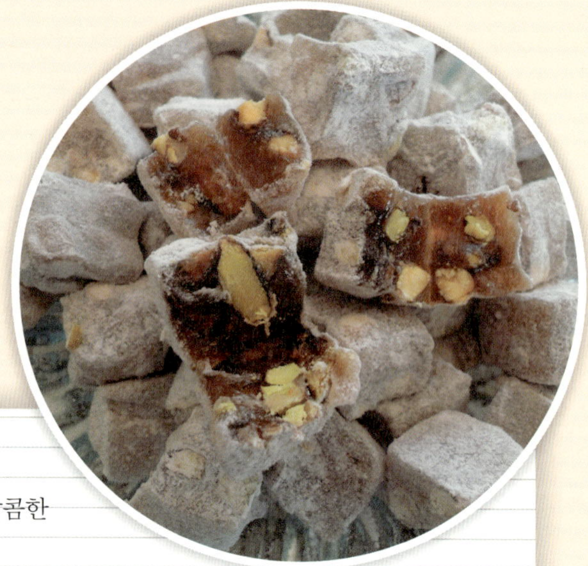

선생님께

선생님도 달콤한 맛을 좋아하시나요? 전 지금 달콤한 과자의 맛에 빠져 있답니다.

그래서 선생님께 달콤한 이야기를 들려 드릴까 합니다.

C. S. 루이스의 소설 《나니아 연대기》에는 네 남매 중 셋째 에드먼드가 겁도 없이 마녀에게 과자를 얻어먹는 장면이 나와요. 그 과자가 바로 전설적인 '터키시 딜라이트'예요. 에드먼드는 달콤한 터키시 딜라이트에 반해서 마녀에 대한 경계심을 풀게 되죠. 이뿐만이 아니에요. 애거사 크리스티의 소설 속 우아한 주인공이 호텔에서 터키시 딜라이트를 먹기도 하고, 동화 속 왕자님은 터키시 딜라이트의 맛에 반해 과자 만드는 방법을 찾으

터키식 젤리 로쿰

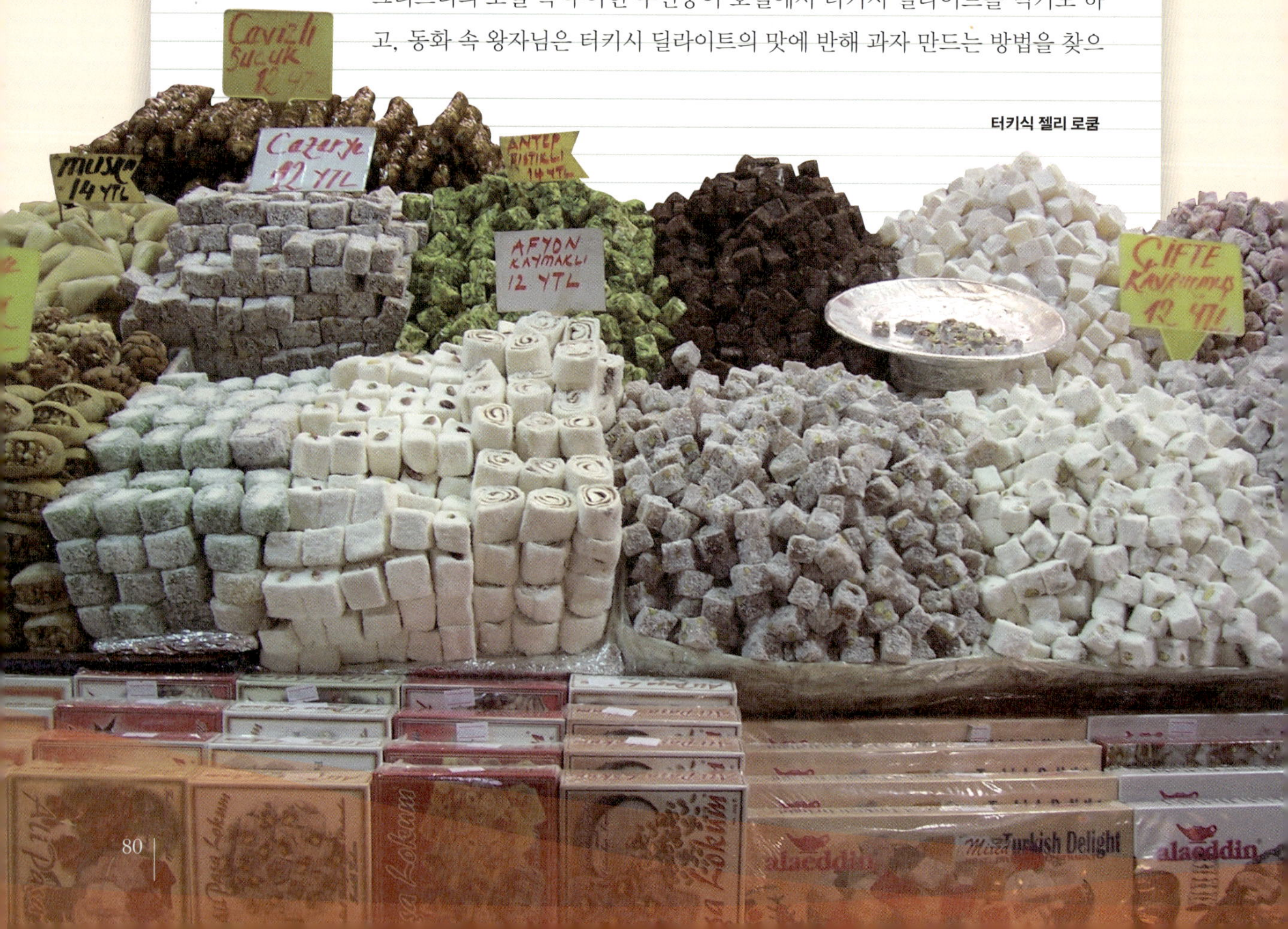

려고 다른 나라로 떠나기도 해요.

　원래 이 과자의 이름은 '로쿰(Locum)'이었대요. 설탕과 전분으로 만들어 장미수나 레몬즙으로 맛을 내거나, 피스타치오, 헤즐넛, 호두와 같은 견과류로 맛을 내기도 하죠. 이 과자는 사탕처럼 딱딱하지 않고 캐러멜처럼 부드럽고 쫄깃쫄깃해 많은 사람이 좋아한답니다.

　비록 '터키시'라는 이름을 가지고 있지만, 원래 서남아시아 지역에서 대중적인 과자였다는군요. 그러다가 15세기부터 터키에서 본격적으로 만들어졌고, 18세기 이스탄불에는 이 과자를 만드는 큰 회사가 생기기도 했어요. 그러다가 19세기 이스탄불을 여행한 영국인이 로쿰의 맛에 반해 자국에 소개하면서 유럽에까지 알려지게 되었죠. 그때도 지금처럼 세계 여러 곳을 여행하는 사람이 많았기에 이곳에서 저곳으로 옮겨 가면서 문화도 퍼져 나갔나 봅니다

　정리해 보자면, 중동에서 태어난 이 과자는 동서 문명의 교차로라고 불리는 이스탄불을 거쳐 유럽으로 전파된 거죠. 문명의 충돌로 비극적인 아픔을 겪었던 서구 세계와 이슬람 세계를 보면서 이런 생각을 해 봤어요. 사람들이 '터키의 즐거움'이란 이름처럼 이 과자를 먹으면서 달콤한 대화를 나눈다면 서로 간의 갈등이 줄어들지 않을까. 너무 큰 바람일까요?

　달콤한 터키시 딜라이트를 먹고 있자니 우리나라에서도 비슷한 설탕 과자가 있던 기억이 났어요. 요즘도 길거리에 가끔 보이는 뽑기 과자요. 그 달콤함 속에 어른들의 추억도 저의 기억도 녹아 있다고 생각하니 마음이 따뜻해졌어요. 편지를 쓰다 보니 한국의 음식이 갑자기 그리워지네요. 먹는 것을 보면 정체성을 안다고 했던가요? 저도 어쩔 수 없이 한국 땅에서 태어나고 자란 한국인인가 봅니다.

제자 우영 드림

**19세기 로쿰 가게의
모습을 그린 그림**

**200여 년의 전통을
자랑하는 로쿰 가게**

스포츠를 보면 지리가 보인다

스포츠는 공간에서 일어나는 지리적 행위이다. 스포츠는 자연환경의 소산이며, 주어진 사회·문화·역사적 맥락 안에서 이해되는 활동이기 때문이다. 세계적인 유명 스포츠 구단부터 작은 동네 조기 축구팀도 가지고 있는 연고지의 개념은 지리적 호기심을 자극하는 흥미로운 도구이기도 하다.

| 지리적 이미지를 그리는 스포츠 | 세상에 지리 이야기가 아닌 것은 없다. 인간이 땅을 밟고 살아가는 이상 우리 모두의 이야기는 지리가 될 수 있다. 우리가 열광하는 스포츠 역시 예외가 아니다. 스포츠는 특정한 공간을 차지하고, 특정한 장소에서 일어나는 인간의 사회·문화적 활동이기 때문이다.

스포츠가 세계화됨에 따라 직접 그곳에 가지 않더라도 TV 앞에서 환호와 탄식을 쏟아 내며 수많은 국가와 지역을 만날 수 있게 되었다. 경기가 개최되는 장소에 대한 관심과 더불어 경쟁 팀의 연고지를 인식하면서 그곳에 대

역대 동계올림픽 개최지 북아메리카와 북서부 유럽 국가들은 동계올림픽에 대한 관심이 매우 높지만, 위도가 낮은 열대기후와 사막기후의 국가들은 그다지 관심을 보이지 않는다. 스키, 아이스하키, 봅슬레이와 같은 겨울 스포츠를 즐기기엔 기후적 제약이 매우 크기 때문이다.

한 지리적인 지식을 얻을 수 있다. 특히, 국제 스포츠 대회의 경우에는 경기 시작 전부터 언론 매체가 상대 팀에 대해 집중 조명하기 마련이다. 이 과정에서 상대 팀에 관한 수많은 지리 정보를 얻게 된다.

만약, 2006년 독일 월드컵에서 우리와 겨룬 '토고'라는 나라가 조금이라도 궁금했다면 그 순간부터 낯선 곳에 대한 지리적 호기심이 발동된 것이다. 우연찮게 인터넷을 검색하고 스포츠 신문을 뒤적거리거나, 좀 더 적극적으로 지리부도나 웹 GIS Geographic Information System로 아프리카 지도에서 토고를 찾아보았다면 이미 스포츠 경기를 통해 지리 공부를 시작한 셈이다.

2006 월드컵 토고전을 TV를 통해 보면서 광활한 아프리카 대륙에 살고 있는, 곱슬머리에 검은 피부를 가진 아프리카인을 만났다. 또한 토고 선수들이 출전 수당 문제로 훈련을 거부하였다는 뉴스를 접하면서 아프리가의 경제난과 정치적 부패가 얼마나 심각한 수준인가를 가늠할 수 있었다.

실제로 국제적인 스포츠 대회는 문화 상품을 판매하는 것이므로 개최국이나 참여국 모두 자신의 이미지 제고를 위해 최선을 다한다. 특히, 개최지

토고

토고는 아프리카 서부 기니 만 연안에 위치한 남한 절반 크기의 면적에, 인구는 약 560만 명이다. 남부 해안 서쪽에 있는 무역 항구 도시 로메가 수도로 교통과 경제의 중심지이다. 공용어는 프랑스어이며, 1인당 국민소득은 380달러이다. 토고는 2006년 독일 월드컵에서 본선 진출을 확정 짓자 이날을 국경일로 선포하였다.

에서는 국가 발전 전략의 일환으로 장소 마케팅을 적극적으로 시도한다. 많은 국가나 도시는 스포츠 대회를 개발의 지렛대로 활용하고 있어 다양한 지역성을 유감없이 드러내고 있다.

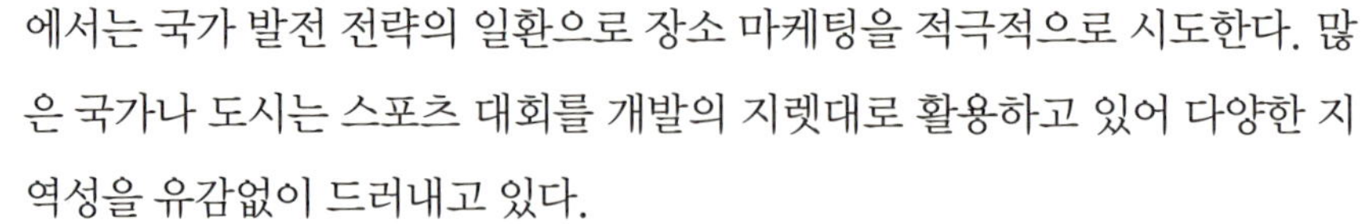

| 스포츠를 따라 이동하는 사람들 | 올림픽 경기는 세계의 지리적 현상을 연구할 수 있는 무대가 되기 때문에 예부터 '세계 묘사하기'로 표현되었다. 교통과 통신이 발달하지 않았던 과거에는 올림픽에 참가하기 위해 다른 문화권이나 기후 지대로 장거리 여행을 하게 되면서 그것을 지리적 연구의 실험실로 여겼기 때문이다.

그리스에서 최초로 올림픽이 개최되자 각지에서 선수들뿐만 아니라 농부, 상인, 귀족, 정치가 등 다양한 사람들이 모여들었다. 이때는 숙박 시설이 거의 없다시피 하여 많은 사람이 야외에서 잠을 자야 하는 열악한 환경이었다.

선수들의 이동은 오늘날 스포츠 이동의 시초였으며, 이후 관중들의 스포츠 관광으로 발전하게 되었다. 한국의 붉은악마, 일본의 울트라니폰, 영국의 훌리건과 같은 축구광들은 축구가 열리는 곳이면 어디든지 달려간다. 최근 이

스포츠의 세계화
교통과 통신의 발달은 스포츠의 확산을 가져와
선수, 감독, 응원단의 이동을 촉진시켰다.

러한 스포츠 관광 상품이 다양하게 개발
되어 사람들이 편하게 여행과 스포츠를 즐길
수 있다.

근대에 들어서면서 스포츠는 철도의 발달과 더불어
급격히 파급되었다. 미국에서 스포츠 행사의 상업적
발달을 위해 가장 먼저 투자한 부문이 운송 산업이었
다는 사실을 보더라도 교통의 발달이 스포츠 확산에
크게 공헌하였음을 알 수 있다.

교통과 통신이 발달함에 따라 우수한 선수가 활발하게 팀을 이동하는 것
은 세계적 추세이다. 우리나라 스포츠 팀에도 외국 선수가 활동하고 있고,
우리나라의 우수한 선수들도 해외 무대에서 맹활약 중이다. 이뿐 아니라 감
독이나 코치 등 스포츠 지도자들의 이동도 함께 나타나고 있다.

그러나 선수의 이동을 단순한 인구 이동이 아니라 문화 전파에 따른 식민
주의로 해석하는 목소리도 있다. 자국의 스포츠 환경이 배출 요인으로 작용
하여 선수가 해외로 활동 무대를 옮겼다면, 후에 자국을 위해 잠시 귀국하
여 좋은 성적을 보여 주더라도 우리만의 온전한 성공은 아니기 때문이다.

서구 열강은 식민지의 효율적인 지배를 위해 교육, 종교와 더불어 스포츠
를 적극 활용하였다. 스포츠의 전파는 서구 중심적인 사고를 이식하고, 서구
문명을 우위에 둠으로써 식민 지배를 정당화하는 데 효과적이기 때문이다.

 적도의 땅에서부터 혹한의 땅까지 전 세계 어느 곳에나 축구장이 있다. 유엔에 가입되어 있는 나라보다 월드컵 가입국 수가 더 많을 정도이다. 이미 축구는 세계를 제패하였고, 축구를 통해 펼쳐지는 지리 이야기는 무궁무진하다.

길거리에 나뒹구는 돌멩이를 보면 본능적으로 차게 되는 것처럼 세계의 거의 모든 문명은 공을 차는 경기를 가지고 있었다. 그러나 현재와 같은 축구 모습을 갖추게 된 것은 19세기 영국에서부터였다.

축구는 동일한 규칙이 정해져 있는 표준화된 스포츠이지만, 지역마다 다른 풍속·습관·기후·풍토·체격 등이 반영되면서 실로 다양한 모습의 축구가 생겨났다. 축구 방식뿐만 아니라 응원 형태도 나라마다 민족마다 천차만별이다. 응원단의 복장이나 깃발, 사용하는 응원 도구, 함성이나 노랫소리 등은 자신의 민족 정체성을 표현하고 문화를 과시하는 수단이 되고 있다.

영국은 잉글랜드·스코틀랜드·웨일즈·북아일랜드로 구성된 연방 국가로 월드컵에 각자 독립적으로 참여하고 있다. 해적의 후예답게 거칠고 남성다

축구 전파 지도 축구는 1845년 영국에서 표준화와 성문화가 된 후 영국의 상류 계층뿐만 아니라 노동자 계급으로까지 확산되었다. 이후 영국 선원과 상공업 경영인을 통해 유럽으로 빠르게 확산되었고, 대륙의 경계를 넘어 라틴아메리카의 항구 도시에 구단이 창설되었다.

워 축구장에서 전력 질주하며 공중전, 강한 태클 등 강인한 축구를 구사한다. 북서부 유럽인은 평균 신장과 체격이 크므로 강한 체력으로 힘과 스피드를 뽐내며 조직력 있는 축구를 구사한다. 그러나 남부 유럽의 이탈리아, 에스파냐, 포르투갈 등 라틴계 국가들은 선수들 간의 협동보다는 개인기를 발휘하는 축구 경기를 펼치기도 한다.

남미 스타일의 본고장인 라틴아메리카는 열대기후의 높은 기온과 습도, 고산지대의 낮은 기압과 부족한 산소의 열악한 지리적 환경 때문에 체력에 주력하는 축구보다는 기술 축구를 좋아한다. 그래서 자유분방하고 개개인의 전술이 뛰어난 아트 축구를 탄생시켰다. 그러나 아르헨티나 축구는 자국의 인종이 백인임을 고수하는 국가답게 유럽풍이 가미된 축구를 한다.

광대한 아프리카 대륙은 강인한 육체와 정교한 공 다루기, 화려한 패스가 이곳 축구의 특징인데, 선수들의 기량 차이가 심한 편이다. 아랍 국가들은 유럽과 지리적으로 가깝고 석유를 팔아 벌어들인 오일달러로 유럽이나 남미의 우수한 감독과 코치를 스카우트하면서 유럽 축구의 영향을 받고 있다.

하지만 세계 축구는 점점 실력 평준화가 이루어지고 있다. 더 이상 대륙별, 국가별의 축구 스타일을 고수하지 않는다. 이것은 이상적인 전술과 전략을 연구하고 수용함으로써 그 스타일이 비슷해지기 때문이다.

| 영국은 크리켓, 미국은 야구 | 크리켓은 영국의 귀족적 스포츠로, 지금도 영국·오스트레일리아·인도·뉴질랜드·남아프리카공화국·캐나다 등에서 인기 스포츠로 사랑받고 있다.

산업혁명이 확산되고 경제 수준이 향상되어 중산층도 크리켓을 즐기게 되면서 크리켓 관중은 점점 늘어났다. 그러나 크리켓은 보수적인 영국의 전통을 고수했기 때문에 전 세계로 확산되기는 힘들었다.

반면에 야구는 크리켓과 함께 영국에서 발전하였는데, 1880년대부터 미국에서 본

크리켓 11명으로 구성된 두 팀이 공격과 수비를 나누어 볼을 타격해 득점한다. 야구와 유사하게 공과 배트를 사용하며 투수와 타자가 있다. 그러나 스트라이크 아웃이 없으므로 타자는 치기 좋은 공이 올 때까지 얼마든지 기다릴 수 있기 때문에 타자가 10시간 또는 하루 이상 기다리는 경우도 발생한다.

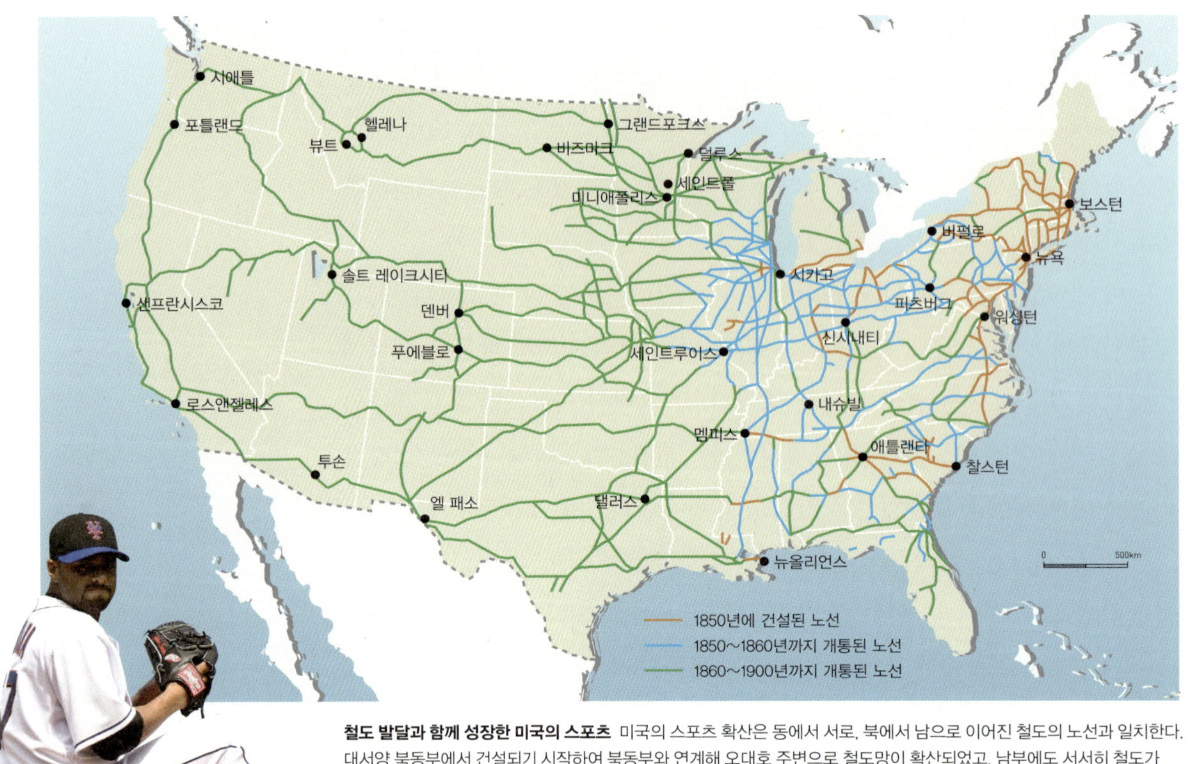

철도 발달과 함께 성장한 미국의 스포츠 미국의 스포츠 확산은 동에서 서로, 북에서 남으로 이어진 철도의 노선과 일치한다. 대서양 북동부에서 건설되기 시작하여 북동부와 연계해 오대호 주변으로 철도망이 확산되었고, 남부에도 서서히 철도가 부설되기 시작하였다. 철도의 비약적 발전은 남북전쟁 이후 활발한 서부 이주와 함께 시작되었다. 1869년 센트럴 퍼시픽 철도 건설이 완공되면서 대륙 횡단 시대가 열렸다.

격 상업화되면서 더욱 발전하게 되었다.

야구는 볼거리로서의 흥미와 매력이 커지면서 미국의 모든 계층과 지역으로 급속히 확산되었다. 특히 남북전쟁이 일어나자 동부 지역에서 남부 지역으로 확산되었다. 입장료 수입과 함께 철도 발달에 힘입어 순회 경기가 생겨났으며, 이는 야구가 내륙으로 확산되는 데 결정적 역할을 하였다. 그러나 야구는 축구에 비해 전 세계적으로 전파되지 못했다. 야구는 경기 방식이 단순한 축구보다 규칙이 복잡한 데다, 배트, 글러브와 같은 물품이 필요하기 때문이다. 게다가 미국적 상업 정신으로 무장한 현대 미국의 이념과 태도를 반영하고 있어, 축구공과 빈 터만 있으면 가능한 축구에 비해 널리 보급되지 못하였다.

◉ 미국 스포츠 팀의 닉네임, 로고, 마스코트

모든 스포츠 팀은 특정 지역을 연고로 두고 있어 스포츠 팀의 닉네임, 로고, 마스코트에는 그 지역만의 자연환경, 역사적 사건, 지리적 특성, 지역사회의 경제적 기반을 상징하는 이미지를 드러내는 경우가 많다.

자연환경을 반영한 로고

- MLB에 소속된 프로야구 팀인 콜로라도 로키스는 콜로라도 주에 위치한 거대한 습곡산지인 로키 산맥을 의미한다.
- NBA에 소속된 프로농구 팀인 피닉스 선스는 애리조나 주의 뜨겁고 건조한 태양을 상징한다.

도시나 지역의 역사적 사건을 반영한 로고

- 샌프란시스코 94ers팀은 1894년 캘리포니아 주에서 금광이 발견되자 사람들이 모여든 골드 러시를 기념한 것이다.
- 필라델피아 76ers 팀은 필라델피아에서 미국 독립 선언이 선포된 1776년을 뜻한다.

지리적 이미지를 반영한 로고

- 테네시 스모키스 팀은 1933년 테네시 강 유역을 개발하면서 다목적 댐 건설로 많은 인공 호수가 형성되면서 안개가 자주 발생했기 때문에 붙여졌다.
- 앨버커키 아이소토프스 팀은 샌디아 연구 단지, 샌디아 기시, 커틀랜드 공군기지, 방어핵 지원처 등을 기반으로 하여 핵, 항공, 태양 연구 산업이 발달하면서 붙여진 이름이다.

지역사회의 경제적 기반을 반영한 로고

- 밀워키 브로어즈는 위스콘신 주의 프로야구 팀으로, 밀워키가 양조업으로 유명해서 붙은 명칭이다.
- 툴사 드릴러 팀은 툴사 부근에 있는 레드포크와 글렌풀에서 각각 석유가 발견된 이후 석유의 탐사, 굴착, 생산, 정유 등 석유 관련 산업이 발달함에 따라 '드릴러'라고 이름 붙여졌다.

9 지구촌은 언제나 축제 중

축제는 단순한 놀이가 아닌 중요한 문화 현상의 하나로, 이를 통해 평소와 다른 시공간적 체험을 할 수 있다. 그러나 축제는 오히려 일상생활에서 바라보았을 때 그 의미를 잘 이해할 수 있다. 무엇보다 지역의 자연환경과 문화에서 기인하기 때문이다.

종교에서 시작된 축제 고대의 전통적인 축제는 성스러운 종교의식에서 출발하는 경우가 많았다. 페루의 '태양제'는 잉카제국 시대부터 내려온 태양신을 위한 제전이다. 한 해 동안 농작물을 자라게 해준 태양에 감사하며, 풍년을 기원하였던 행사이다. 종교는 인간의 정신세계를 지배하고 있어 강력한 사회 통합력을 가지고 있었다. 실제로 종교의식에서 대의를 위해서라면 인신 공양도 서슴지 않았다. 과거 잉카제국에서는 술과 곡식을 바치는 의식이 끝나면 살아 있는 사람의 심장을 꺼내어 곡식과 함께 태웠다.

원주민의 전통 의상 축제 시작 일주일 전부터 안데스 산맥 곳곳에 흩어져 살던 잉카 후예인 원주민들이 전통 의상을 입고 쿠스코 시내로 몰려와 축제 분위기에 젖는다. 그들의 복장을 통해 왕족, 귀족, 평민, 농민 등의 계급을 알 수 있다.

태양제 인티라이미(Inti Raymi), 즉 태양제는 잉카인의 태양숭배 사상을 담고 있다. 잉카인은 태양이 사라지면 인간 세상도 사라진다고 믿고, 태양신을 우주의 중심적 존재, 가장 성스럽고 절대적 존재로 숭배하였다. 이 축제는 매년 6월 24일 잉카제국의 수도 쿠스코 부근 삭사이후아만이라는 요새에서 9일간 성대하게 치러진다.

| 축제에 담긴 지역적 정체성 | 축제[■]는 자연과 사람이 어우러져 흥미로운 지리적 실체를 보여 준다. 예부터 야생 소가 흔했던 지중해 주변에서는 소와 관련된 축제가 발달하였다. 에스파냐의 소와 맞서 싸우는 투우, 길거리에 소를 풀어 놓고 이를 쫓는 산페르민 축제, 소머리에 리본을 매달고 이를 떼어 내는 프랑스 프로방스 투우 등처럼 축제를 즐기며 야생 소의 개체수를 자연스럽게 조절하였다. 결국 이 지역의 야생 소들은 지리적·문화적 정체성을 띠게 되었고, 문화적 축제의 자원이 되었다.

오랜 전통을 자랑하는 민속 축제는 지역 주민들의 삶이 배어 있는 축제로 독특한 지역적 정체성을 지니고 있다. 단순히 관광객 유치가 목적이라기보다 지역 주민 스스로가 즐기는 축제로서, 브라질의 삼바 카니발, 프랑스 남부의 수레 축제, 독일 뮌헨의 맥주 축제 등이 지역의 전통적인 문화를 담고 있는 축제로 손꼽힌다.

반면에 자연물이나 특산물, 풍습 등이 다양한 여흥거리와 결합된 지역에는 홍보성 축제가 발달하기도 한다. 이러한 축제는 지방 분권화가 발달한 국가에서 관광객을 유치함으로써 지역 경제를 활성화시킨다. 프랑스의 코냑 축제, 네덜란드의 튤립 축제의 경우 역사는 길지 않지만 적극적인 홍보로 세계적인 축제로 거듭나고 있다.

축제
축제를 의미하는 '페스티벌(festival)'은 성일(聖日)을 뜻하는 'festivalis'라는 라틴어에서 유래하였고, '카니발(carnival)'은 고기를 먹지 않는다는 의미의 '카르네 레바레(carne levare)'에서 나온 말이다.

맥주 축제 독일 뮌헨 시장의 맥주통 꼭지 박기로부터 축제의 시작을 알리는 옥토버페스트(Octoberfest)는 해마다 9월 셋째 주부터 16일간 열린다. 이 축제를 즐기기 위해 전 세계에서 약 700만 명의 관광객이 몰려들며, 1조 원에 육박하는 관광 수입이 발생한다. 이처럼 옥토버페스트가 성공할 수 있었던 것은 바이에른 지역의 전통문화를 결합하여 새로운 정통성과 정체성을 만들어 냈기 때문이다.

에스파냐의 산페르민 축제 수많은 사람이 흰옷을 입고, 허리에 빨간색 천을 두른 채 소를 앞질러 다닌다. 이 축제를 보기 위해 세계 곳곳에서 약 50만 명이 몰려든다.

| 자연에 감사하는 축제 | 스웨덴은 하지를 전후로 3일 동안 축제로 떠들썩하다. 고위도에 자리한 스웨덴은 일조량이 부족하기 때문에 1년 중 낮이 가장 길다는 하지를 특별히 여기고 여름 햇빛을 축하하는 하지 축제를 즐긴다. 이 축제는 스웨덴뿐만 아니라 핀란드, 덴마크 등 북부 유럽에서도 열린다.

마을 광장에 사람들이 모이면 쇠뿔로 만든 피리를 불어 하지 축제의 시작을 알린다. 축제의 절정은 꽃과 자작 나뭇잎으로 장식된 '마이스통'이라 불리는 15m의 나무 기둥을 세운 뒤 그 주위를 돌면서 춤을 추는 것이다. 이러한 의식은 바이킹 시대부터 내려온 풍습으로 풍년을 기원하는 의미를 담고 있다.

열대계절풍기후인 타이에서는 우기가 찾아올 즈음에 물 축제가 시작된다. 물총, 호스, 양동이 등 물을 담을 수 있는 온갖 도구를 동원하여 물을 뿌려 댄다. 온 나라가 물바다로 변하는 '송크란 축제'이다. 송크란은 태양년의 시작이라는 의미이다. 예부터 물은 더러워진 영혼을 깨끗이 씻어 주는 신성한 대상으로 여겨 왔다.

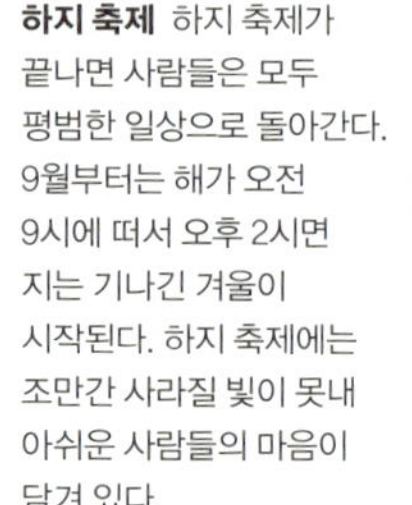

하지 축제 하지 축제가 끝나면 사람들은 모두 평범한 일상으로 돌아간다. 9월부터는 해가 오전 9시에 떠서 오후 2시면 지는 기나긴 겨울이 시작된다. 하지 축제에는 조만간 사라질 빛이 못내 아쉬운 사람들의 마음이 담겨 있다.

송크란 축제 타이에서 가장 화려하고 격렬한 축제는 4월에 치앙마이에서 열리는 송크란 축제이다. 큰 규모만큼 볼거리도 다양하여 많은 사람들이 치앙마이의 화려한 꽃차를 보기 위해 모여든다. 방콕에서는 특히 카오산 로드에서 벌어지는 송크란 행사가 유명한데 모든 배낭 여행객들과 현지인들이 한데 어우러져 광란의 물 전쟁을 치른다.

 카니발은 고대 로마와 그리스의 이교도들의 의식에서 시작된 것으로 19세기 이탈리아로부터 도입된 것이다.

리우 카니발이 시작되면 사람들이 거리로 몰려나와 삼바 리듬에 맞춰 춤추고 노래한다. 삼바는 북과 노랫소리와 춤으로 이루어진다. '봉고'라는 길쭉한 아프리카 북과 기름통으로 만든 '바투카다'라는 북을 치면서 그 리듬에 맞춰 신나게 춤을 춘다. 삼바는 원래 아프리카 흑인들의 리듬이었다.

브라질의 리우데자네이루는 아프리카 흑인들이 노예로 팔려 와 배를 타고 죽음의 시간을 보낸 뒤 도착한 장소였다. 그들이 정착한 도시 한쪽 외곽의 언덕은 이내 슬럼이 되었다. 이곳에 온 흑인들은 삼바 리듬에 맞춰 춤을 추며 고향을 떠나온 슬픔을 달랬다. 그것이 브라질 전체로 퍼져 세계적으로 유명한 브라질의 춤과 음악이 되었다.

리우데자네이루 시는 퍼레이드를 겸한 삼바 콘테스트를 고안하였고, 이를 카니발과 접목해 사람들을 열광의 도가니로 몰아넣었다. 한편, 모든 억압에서 벗어나 자유를 즐기는 것이 지나쳐 음주와 폭력으로 사고가 발생하며, 심지어는 목숨을 잃기도 한다. 이러한 일탈 현상은 구속과 규제를 벗어나는 상황에서 나타날 수 있는 광기라고 할 수 있다. 이런 의미에서 축제를 일상생활의 '단절'이라고 부르기도 한다.

리우 카니발 매년 사순절(부활 주일 전 40일)이 되기 전 4일 동안 밤낮을 가리지 않는 지구촌 최대의 축제가 열린다. 거리에서는 화려한 의상을 입은 무희들이 흥겨운 삼바 리듬에 맞춰 춤을 추고, 휘황찬란한 각종 퍼레이드가 펼쳐진다. 전 세계의 10만 명 이상이 이 축제를 보기 위해 브라질의 리우데자네이루에 모여든다.

| 특산물이 축제거리가 되다 | 에스파냐처럼 축제가 많은 나라도 드물다. 에스파냐 전역의 축제를 다 합치면 줄잡아 10만 개쯤 된다. 축제가 열리지 않는 날이 단 하루도 없을 정도이다.

특산물 축제이자 관광 문화 축제로 널리 알려진 '토마토 축제'는 발렌시아의 보뇰에서 매년 8월의 마지막 수요일에 열린다. 토마토 축제는 1944년 토마토 값이 폭락한 것에 분노한 농민들이 시의원들을 향해 토마토를 던진 사건에서 유래하였다. 그래서인지 여느 축제보다 서민적이고 향토색을 띠며, 주민들의 참여 또한 적극적이다.

프랑스 망통의 레몬 축제도 지중해의 특산물인 레몬과 오렌지를 소재로 하여 성공을 거둔 축제이다. 레몬 축제나 토마토 축제처럼 특산물을 지역의 상징물로 인식시키는 축제는 역사가 짧은 편이다. 그러나 현재의 성공을 거두게 된 데는 특산물 축제를 단순히 물품의 전시나 판매에 그치지 않고 테마가 있는 축제로 승화시켰기 때문이다. 이러한 축제는 사람들에게 매력적이고 흥미로운 경험을 선사하며, 지역 문화 정체성을 높이는 데 기여하고 있다.

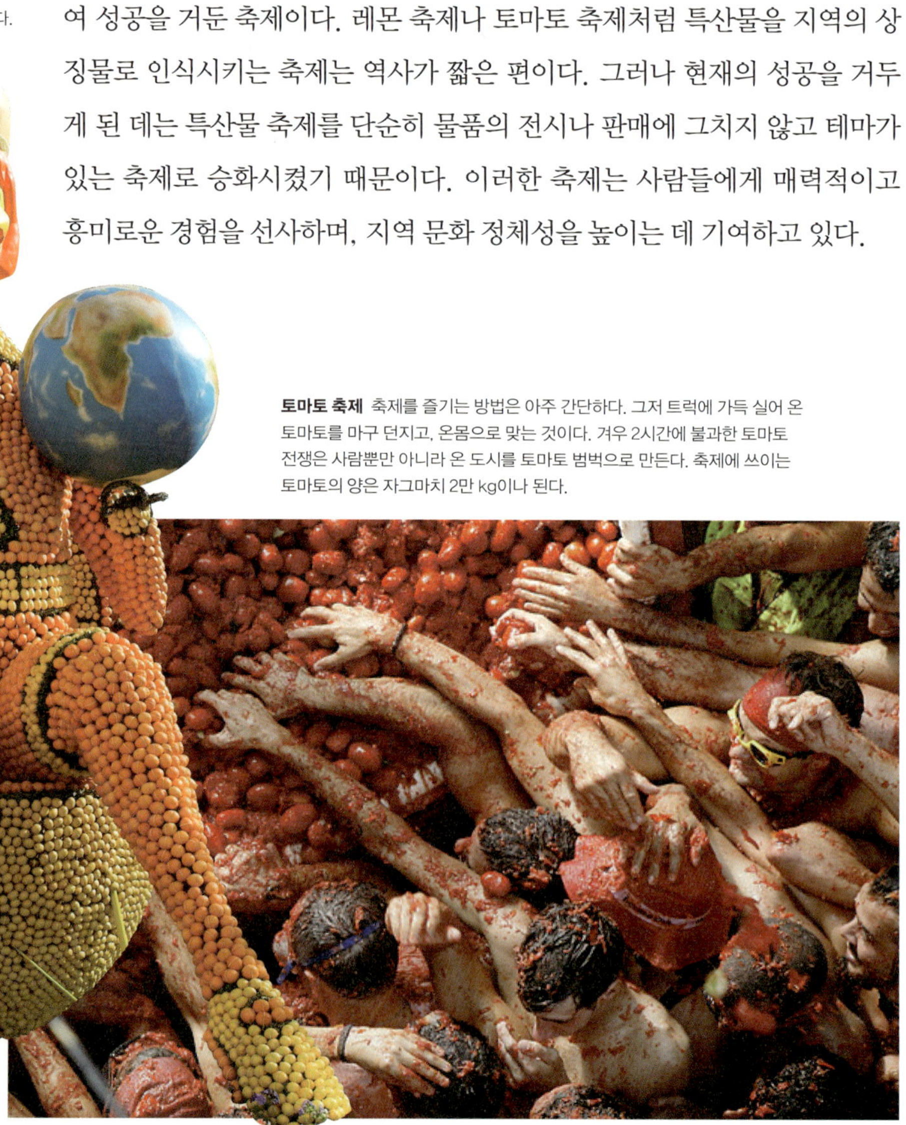

토마토 축제 축제를 즐기는 방법은 아주 간단하다. 그저 트럭에 가득 실어 온 토마토를 마구 던지고, 온몸으로 맞는 것이다. 겨우 2시간에 불과한 토마토 전쟁은 사람뿐만 아니라 온 도시를 토마토 범벅으로 만든다. 축제에 쓰이는 토마토의 양은 자그마치 2만 kg이나 된다.

│ 무에서 유를 창조하는 축제 │ 영국의 에든버러 축제는 제2차 세계대전의 상처가 채 가시지 않던 1947년 8월 24일 '예술을 통한 인류의 상호 협동과 이해'를 목적으로 기획되었다. 축제를 통한 지역개발의 대표적인 사례로 꼽힐 정도로 결과가 성공적이었다. 어린이 축제, 과학 축제, 범선 축제 등 1년 내내 축제가 끊이지 않으며, 8월에 절정을 이룬다. 연극·무용·오페라·전시회·오케스트라·퍼포먼스·거리 공연 등 다양한 장르의 공연과 전시가 개최된다.

이 축제에서 가장 많은 관심을 끄는 부분은 프린지공연, 즉 다양한 사이드 공연이다. 소규모 단체들의 자발적인 공연으로 시작되었으며, 공연에 대해서 어떠한 심사도 이루어지지 않는다. 밴드 공연, 코미디극, 보디페인팅 등 길거리 퍼포먼스가 아무런 제약과 구속을 받지 않기에 새로운 시도를 하는 다양한 작품들을 만날 수 있다.

축제는 자유와 예술을 사랑하는 사람들의 실험장이기도 하다. 이제 에든버러 축제는 모든 예술인들이 꿈꾸는 환상의 무대가 되었다. 이 축제가 돋보이는 이유는 대부분의 지역 축제가 그 지역의 전통을 기반으로 발전하는데, 이와 달리 에든버러 축제는 현대적인 전시와 예술 공연을 토대로 한다는 점 때문이다. 인위적으로 만들어진 축제가 어떻게 지역의 고유성과 정체성으로 수용되는가를 모범적으로 보여 주는 사례이다.

축제 속의 축제, 프린지 에든버러 페스티벌이 처음 개최되었을 때 초청받지 못한 무명의 작은 단체들이 공터에서 무허가로 시작한 것이 계기가 되어 지금은 에든버러 페스티벌의 중심이 되었다.

미국 뉴욕의 맨해튼

III 사람과 도시, 지구를 움직이다

다음과 같은 노랫말로 시작하는 노래가 있다.

베이징에는 900만 대의 자전거가 있어.
그건 부정할 수 없는 사실이지.
내가 죽을 때까지 당신을 사랑한다는 것이
부정할 수 없는 사실인 것처럼.

베이징에 900만 대의 자전거가 있는지는 알 수 없지만,
베이징에는 매우 많은 사람들이 살고
베이징 시가지는 점점 더 넓어지고 있다.
세계 인구는 70억 명을 향해 치닫고,
세계 인구의 절반은 도시에서 살아간다.
고령화와 저출산이 문제가 되고 있으며,
늘어나는 도시 슬럼으로 골치가 아프다.

세계의 인구와 도시가 어떻게 바뀌더라도
한 사람이 다른 한 사람을, 다른 한 사람이 그 사람을,
진정으로 사랑할 수 있는
세상을 꿈꾸어 본다.

점점 무거워지는 지구

1999년 10월 12일 0시 1분. 보스니아 헤르체고비나의 수도 사라예보에서 남자아이가 태어났다. 이 아이가 태어남으로써 세계 인구는 60억 명이 되었다. 세계 인구는 2010년 현재 69억 명을 넘어섰다. 지구촌의 인구 증가는 어디까지 이루어질 것이며, 지구촌의 인구과잉은 어떤 문제를 가져오게 될까?

| 인구 증가의 발자취 | 오스트랄로피테쿠스의 역사는 약 300만 년이지만, 현생인류의 직접적인 조상인 호모사피엔스사피엔스가 지구상에 나타난 것은 약 3만~4만 년 전이다. 인류는 산과 들에서 야생동물을 잡고 숲에서 나무 열매를 채집하여 먹고 살았는데, 약 1만 년 전 농경이 시작되었을 때 지구상의 인구는 약 530만 명 정도였다. 이것은 현재 서울 인구의 절반 정도에 해당한다. 그리고 예수가 탄생하던 서기 1년 세계의 인구는 약 2억 5,000만~3억 명이었는데, 이는 오늘날 미국의 인구와 엇비슷하다.

세계 인구는 시나브로 늘어 영국에서 산업혁명이 시작될 즈음에 약 8억 명이었으며, 19세기 초반 처음으로 10억 명을 넘어섰다. 폭발적인 인구 증가로 1960년에는 30억 명에 도달하였으며, 10여 년마다 인구가 10억 명씩 증가하여 2010년 말 현재 세계 인구는 69억 명을 초과하였다.

하지만 오늘날 세계의 연평균 인구 증가율이 점차 낮아지고 있음을 감안하면 세계 인구는 2025년 이후 80억 명을 훌쩍 넘어 증가하다가 2050년 92억 명을 정점으로 점차 줄어들 가능성이 높은 것으로 예상하고 있다.

| 개발도상국이 인구 증가를 주도하고 있다 | 세계 인구는 지난 반세기 동안 급격히 증가하였다. 세계 인구 성장에는 전출입이 개입되지 않으므로 세계

인구의 변화는 자연 증가에 의해 이루어진다. 인구의 자연 증가는 곧 출생자 수에서 사망자 수를 뺀 것에 해당한다.

20세기 중반까지 세계의 인구 증가를 가져온 것은 선진국이었다. 선진국은 높은 공업 생산력을 바탕으로 아이를 많이 낳은 반면, 의약학의 발달과 환경의 개선으로 사망자가 줄어들면서 총인구가 증가하였다. 하지만 20세기 후반 이후 세계 인구 성장을 주도하고 있는 것은 개발도상국이다. 특히 개발도상국 인구의 자연증가율, 즉 '출생률－사망률'은 1945~1960년대에 이례적으로 높아, 이 시기에 인구가 폭발적으로 증가하였다. 이러한 인구의 폭발적 증가는 개발도상국들 중에서도 저개발국에서 두드러진다. 대표적인 예가 인도이다.

뉴델리 남쪽으로 15km쯤에 있는 농촌 마을 데라가움. …… 멈출 줄 모르고 증가하는 인도의 인구문제를 양산하는 곳은 문맹률이 높은 농촌이다. 시골에서

세계의 인구 증가 추이
인구 증가는 농업 및 제조업 생산력 확대, 의학의 발달 및 보건 시설의 보급에 따른 것이다. 산업혁명을 전후하여 세계의 인구는 뜀박질하듯 증가하여 1927년에는 20억 명, 1960년에는 30억 명에 이르렀으며, 이후 10여 년마다 10억 명씩 인구가 꾸준히 증가하고 있다. 이러한 추세라면 2050년 세계 인구는 92억 명에 이를 것으로 전망된다.

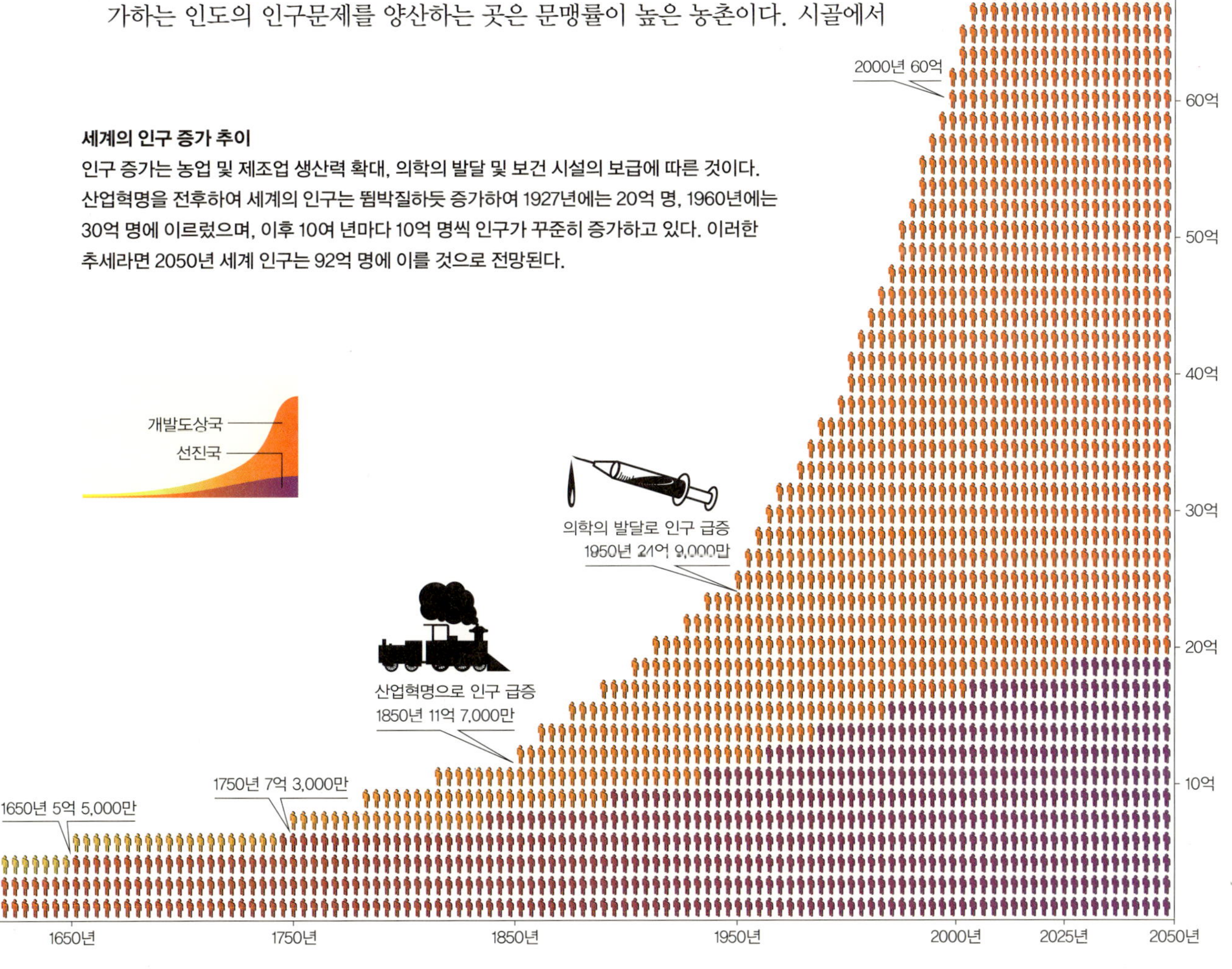

는 자식의 수가 곧 재산이다. 남아 선호 사상은 더 뿌리 깊다. 따라서 이곳에서 만난 50~60대들은 대체로 형제자매가 10명에 가깝다. 자녀수도 5명은 쉽게 넘고 7명 이상도 상당히 많다.

— 《세계의 화두》, 이대훈

자녀가 많은 인도의 가정

농촌 지역을 중심으로 인도는 자연증가율이 매우 높게 나타나기 때문에 이러한 추세가 지속되면 2025년에는 인구 최대국인 중국을 앞질러 인도가 세계에서 인구가 가장 많은 국가가 될 것이다. 이는 적어도 인도에서는 '인구 폭발'이 계속되고 있음을 의미한다.

실제로 인구 증가율이 높은 지역은 개발도상국이거나 세계의 최빈국들이다. 세계에서 합계 출산율, 즉 여성 한 명이 낳는 아이의 수가 가장 많은 나라는 니제르로 7.90명이다. 이 밖에 기니비사우 6.99명, 아프가니스탄 6.95명, 부룬디 6.77명, 라이베리아 6.70명 등으로 아프리카와 아시아 국가에서 출산율이 매우 높게 나타난다. 이는 아시아와 아프리카에서 인구가 꾸준히 늘고 있음을 의미한다.

반면 선진국의 경우 독일, 일본 등을 중심으로 인구가 감소하고 있으며, 인구가 늘고 있는 선진국이라고 하더라도 미국을 제외하면 인구 증가 정도는 미미한 편이다.

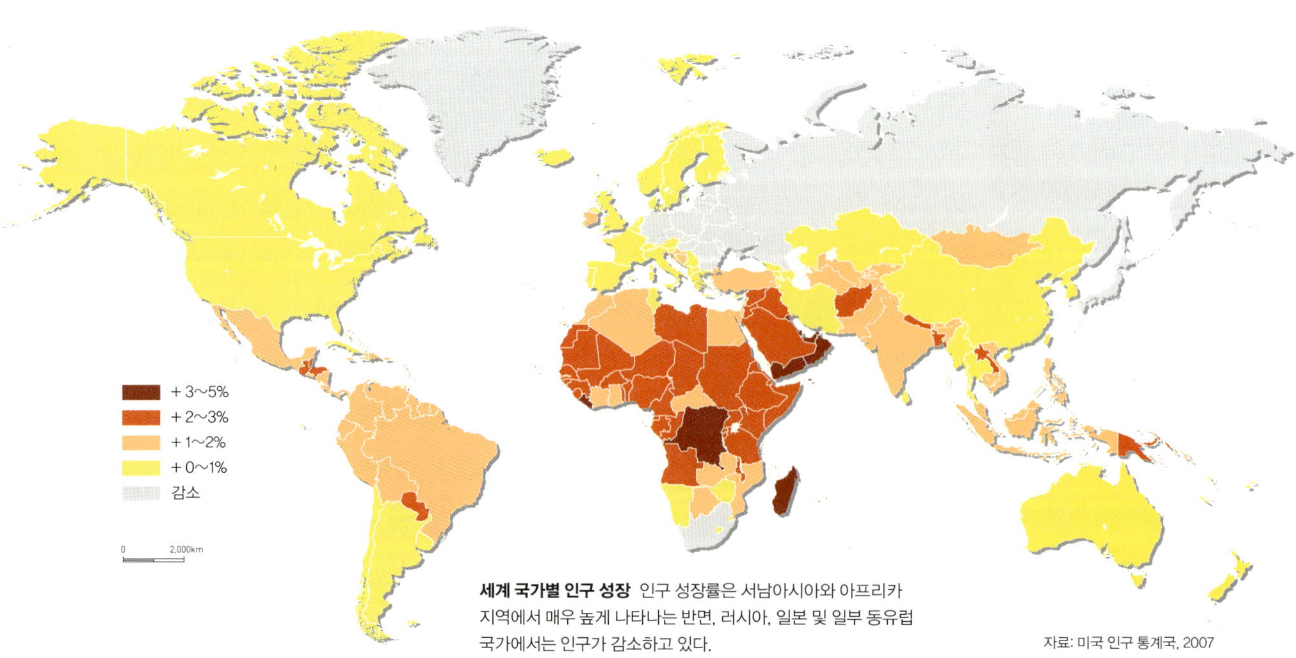

세계 국가별 인구 성장 인구 성장률은 서남아시아와 아프리카 지역에서 매우 높게 나타나는 반면, 러시아, 일본 및 일부 동유럽 국가에서는 인구가 감소하고 있다.

자료: 미국 인구 통계국, 2007

| 인류는 지속 가능한가 | [그림 A]를 보면 무엇이 떠오를까? 생텍쥐베리의 《어린 왕자》를 읽은 사람은 아마도 코끼리를 삼킨 보아 뱀을 떠올릴 것이다. '어린 왕자'는 사람들에게 척박한 현실에 숨어 있는 오아시스 같은 존재이다. 그렇다면 [그림 B]는 무엇일까? 작은 산을 삼킨 보아 뱀? 하지만 낭만적인 생각은 여기서 그쳐야 한다. [그림 B]는 우리 인류의 석유 시대를 나타낸 것이다.

석유는 20세기 이후 인류의 진보를 이끌어 온 가장 중요한 화석연료이다. 그런데 인류는 지구상에 있는 석유의 절반 정도를 이미 써 버렸다. 피크 오일*이론을 주장하는 리처드 하인버그Heinberg 는 "원유 생산은 이미 2005년 5월 정점을 지났을 가능성이 높다. 48개 주요 산유국 가운데 33개국의 생산량이 감소하고 있고, 신규 유전이 발견되는 빈도도 이미 1964년 이후 계속 줄어들고 있는 추세이다."라고 하였다. 그의 주장대로라면 이른바 피크 오일의 시기가 지나가고 있는 것이다. 앞으로의 석유 개발은 지금까지의 석유 개발 과정보다 훨씬 더 어려울 수밖에 없으며, 석유 가격은 확실한 신재생 에너지가 개발되지 않는 한 요동치며 올라갈 수밖에 없다. 그리하여 2060년대 중반이 되면, 인류의 석유 시대는 그 막을 내리게 된다. 석유의 위기는 농업 생산의 위기로도 연결되며, 피크 오일은 머지않아 피크 밀*을 가져와 세계는 더욱 혼란스러워질 가능성이 높다.

지구환경 변화도 인류의 미래를 옥죄기는 마찬가지다. 화석연료를 과다하게 사용해서 발생한 지구온난화 현상으로 해수면이 상승하여 농지가 잠식되고, 높은 산지의 빙하가 줄어들면서 하천수의 양이 감소하고 그에 따라 농업 용수의 확보가 어려워진다. 황허 강, 양쯔 강, 갠지스 강, 인더스 강 등의 수원이 되는 히말라야 산맥의 경우 빙하량의 감소가 뚜렷하다. 이러한 현상은 장차 중국과 인도, 나아가서는 세계의 식량 부족을 가져올 수밖에 없다.

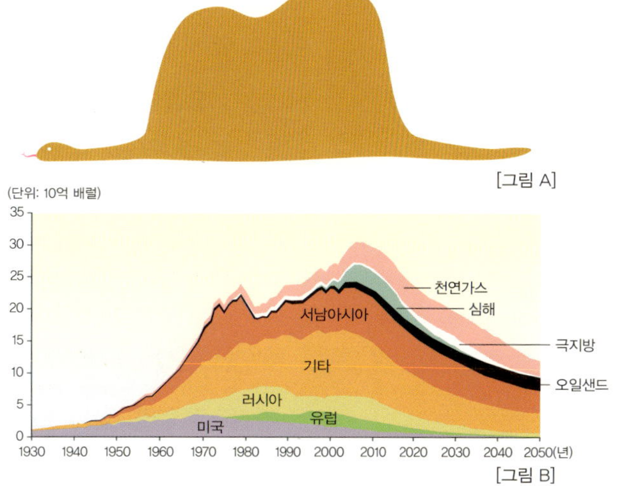

＊ 2010년 이후는 추정치
자료: 스웨덴 웁살라 대학, 2004

인류의 석유 시대 지구상에 존재하던 상당량의 석유를 이미 사용하여 피크 오일에 이르렀으며, 현재부터 석유 시대가 끝날 때까지는 불시의 정전, 자원 부족과 소요, 금융시장 붕괴, 범죄와 무질서, 국가 붕괴, 경제공황, 소요와 기근, 무정부화 등의 끔찍한 일들이 벌어질 수 있다.

피크 오일(peak oil)
미국 지질학자 킹 허버트(M. King Hubbert)가 도입한 개념이다. "가까운 시기에 원유 생산은 최고점에 도달한 뒤 급감하게 된다."라는 그의 주장에서 석유 생산량이 가장 많은 시점을 말한다.

피크 밀(peak wheat)
석유 고갈로 옥수수, 사탕수수, 밀 등 인간이 먹는 식량으로 바이오 연료를 개발하면 연료를 만들기 위해 밀의 생산량이 가장 많은 시기가 오는데, 그때 식량 위기가 닥칠 수 있다.

인류의 지속 가능성과 관련하여 인구문제는 식량 및 자원문제, 환경문제와 서로 얽혀 있다.

오늘날 지구 인구의 8억 명이 만성적인 기아 상태를 벗어나지 못하고 있으며, 용수 부족과 지구환경 악화 등으로 2030년에는 5억 톤 이상의 식량이 부족할 전망이다.

세계의 인구문제는 곧 인류의 문제이자 인류 생존의 문제와 직결되어 있다. 인류가 인구문제를 인류 공동의 과제로 접근하지 않는 한 기아, 실업, 환경오염, 범죄 등 인류의 당면 문제들은 점차 확대될 수밖에 없다.

내가 혹은 내가 낳은 아이가 지구에서 건강한 삶을 살기 위해서는 우리 모두의 생각과 행동을 변화시키는 패러다임의 전환이 필요하다.

이제 인류는 공존을 꿈꾸고 그런 삶을 실천해야 한다. 인류의 미래에서 독존은 없으며, 오직 공존만이 함께 살 길임을 자각해야 한다. 그러기 위해서는 자연과 자원을 보전하고 아껴야 하며, 가진 것을 나누어야 한다. 그것을 얼마나 잘 실천하느냐에 따라 인류의 내일은 달라질 것이다.

⊙ 인구피라미드 읽기

한 국가나 특정 지역의 인구 변화를 한눈에 파악할 수 있는 방법은 없을까? 인구 통계 자료를 바탕으로 인구피라미드를 그려 보면 된다. 인구피라미드를 살펴보면 한 국가나 지역의 인구 구조뿐 아니라 인구 특성 및 사회·경제적 특성도 파악할 수 있다.

인구피라미드는 인구의 성별·연령별 통계 자료를 바탕으로 작성한다. 막대그래프 중앙의 세로축에 5세 또는 10세 간격으로 연령을 나타내고, 좌우의 가로축에 남녀별 실제 인구수나 인구 비율을 나타내며, 밑변을 0세로 하고 고령층을 상부에 두는 것이 일반적이다.

인구피라미드의 밑변이 넓을수록 출생률이 높다. 일반적으로 출생률은 가난한 나라에서 높게 나타나므로 이러한 유형의 인구피라미드가 나타나는 나라는 사회, 경제, 정치적으로 낙후한 상태에 있을 가능성이 높다. 반면에 선진국은 출생률과 사망률이 모두 낮기 때문에 인구피라미드의 밑변의 폭과 윗부분의 폭 간 차이가 크게 나타나지 않는다.

한편, 인구피라미드를 통해 인구 성장을 예측할 수도 있는데, 인구 이동을 감안하지 않는다면 한 국가의 인구 성장은 출생과 사망에 의해 결정된다. 따라서 출생률과 사망률의 차이가 큰 피라미드형 인구피라미드가 나타나는 국가에서는 인구가 증가하게 되고, 출생률과 사망률의 차이가 작은 종형이나 방추형 인구피라미드가 나타나는 나라에서는 인구가 정체되거나 감소한다.

한 국가의 인구피라미드를 시기를 달리하여 살펴보면 해당 국가의 인구 변화를 알 수 있으며, 이를 토대로 사회·경제적 변화도 가능할 수 있다.

멕시코의 경우 출생률이 낮아지고 고령화 현상이 확대되면서 인구피라미드의 밑변은 줄어들고, 윗부분은 폭이 넓어졌다. 이를 통해 멕시코가 20여 년 동안 사회, 경제적으로 성장하였고, 여성들의 사회 진출이 확대됨에 따라 출생률이 영향을 받았음을 알 수 있다.

멕시코의 인구피라미드 변화

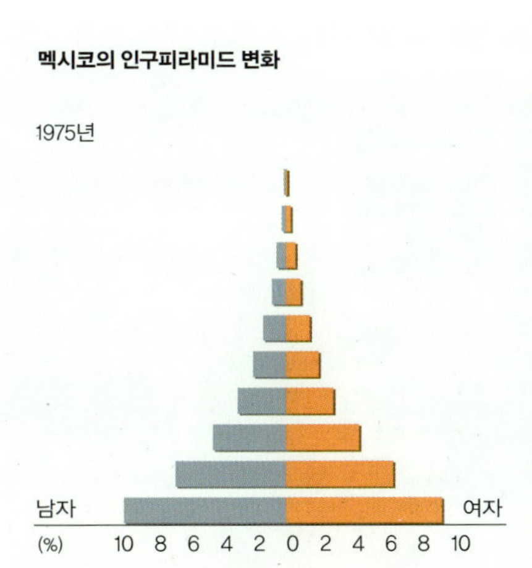

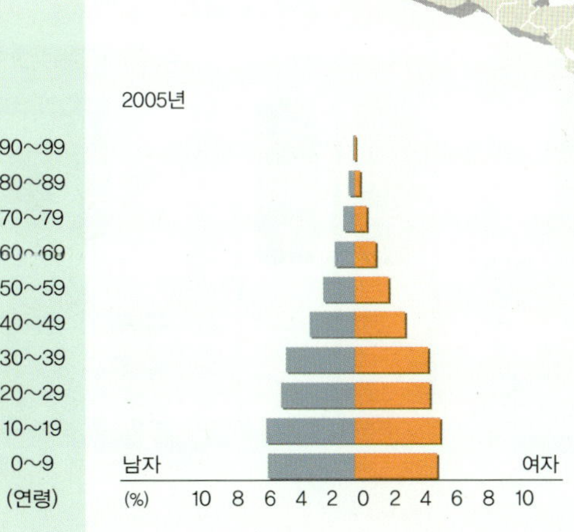

비어 있는 요람,
늙어 가는 지구촌

2005년 여름, 우크라이나의 수도 키예프에는 다음과 같은 간판 광고가 3개월 동안 거리를 뒤덮었다.
"우크라이나에는 축구 선수가 모자랍니다. 서로 사랑합시다!"
"우크라이나에는 우주 비행사가 모자랍니다. 서로 사랑합시다!"
"우크라이나에는 노벨상 수상자가 모자랍니다. 서로 사랑합시다!"

세계 각국의 출산 장려 공익광고
세계적으로 사회·경제적 환경 및 가치관의 변화에 따라 여성의 경제활동 참여 활발, 결혼 연령 증가, 소득 및 고용의 불안정, 양육 부담 등으로 출산을 기피하는 현상이 심화되었다. 이에 우리나라뿐 아니라 선진국들이 다양한 출산 장려 정책을 고민하고 있으며, 출산 장려 홍보 활동 또한 활발히 하고 있다.

| 인구 폭발이 걱정이다? | 인류는 인구 폭발의 시대에 살고 있다. 이 사실을 의심하는 사람은 없을 것이다. 북적거리는 도시에서는 어디를 가나 사람들에 치인다. 자동차 행렬은 꼬리에 꼬리를 물고, 대도시의 도심은 직장인들과 쇼핑하는 사람들로 넘쳐나고, 큰 경기가 있는 날이면 축구장이나 야구장은 사람들의 함성으로 가득하다.

오늘날 세계 인구는 매년 7,600만 명씩 늘어나고 있다. 지난 50년 동안 세계 인구가 2배로 증가했다는 것을 고려하면, 사람들 무게 때문에 지구의 지각이 무너져 내리지 않을까 걱정해야 할지도 모른다.

우리나라 출산 장려 공익광고   출산 장려를 주제로 한 프랑스 영화

하지만 우리가 당연하게 받아들이는 인구 폭발의 흐름 속에서 새로운 걱정이 고개를 들고 있다. 그것은 바로 인구 감소에 대한 걱정이다. 매년 7,600만 명씩 인구가 늘고 있는 지구에서 정말 인구가 감소할 것인가? 쉽게 믿기지 않지만 그에 대한 대답은 장기적으로 볼 때 '그렇다'이며, 그 근본적인 이유는 출생률의 감소에 있다.

출생아 수가 줄어드는 경향은 20세기 중반 유럽 지역에서 나타나기 시작하였다. 1960년 이후 유럽에서는 5세 이하의 아동 비율이 36%나 감소하였으며, 폴란드의 경우 그 수치가 무려 50%에 달한다. 시나브로 아이들이 사라지고 있다는 이야기이다. 이러한 경향은 동반구와 서반구, 부자 나라와 가난한 나라를 막론하고 도처로 확산되었다. 전 세계적으로 볼 때 0~4세 아동의 인구는 1990년에 비해 600만 명이나 감소하였다. 그 많던 아이들이 어디로 사라지고 있는 걸까?

| 일본인이 사라지고 있다 | 2007년 현재 일본의 합계 출산율은 1.29명이다. 이런 추세가 지속된다면 과연 일본의 인구는 어떻게 될까? 일본 사회보장 및 인구문제 연구소는 '총인구 장래 추계'에서 3300년이 되면 일본인이 지구에서 사라질 것으로 예측하였다. 물론 다른 나라로부터의 인구 유입이 없을 경우를 가정한 것이다.

인구 소멸에 대한 두려움은 비단 일본만의 이야기는 아니다. 유럽에서 러시아는 이미 인구가 감소하고 있으며, 독일과 이탈리아 등도 이민자들이 유입되고 있음에도 불구하고 총인구가 감소하고 있다.

세계에서 출산율이 가장 낮은 우리나라는 2018년 인구가 정점에 이른 다음 인구가 감소하게 될 것으로 예측되며, 한국인의 소멸은 일본인의 소멸보다도 훨씬 빠른 2800년이 될 전망이다.

일본의 유아사망률·합계 출산율의 변화 경제 선진국인 일본은 유아사망률이 극도로 낮으며, 저출산의 경향이 확대되면서 합계 출산율도 급격히 낮아지고 있다. 인구학적 관점에서 볼 때 1970년대 이후 일본은 이미 합계 출산율이 대체 출산율 밑으로 내려가 인구 감소가 이루어질 수밖에 없는 구조가 되었다.

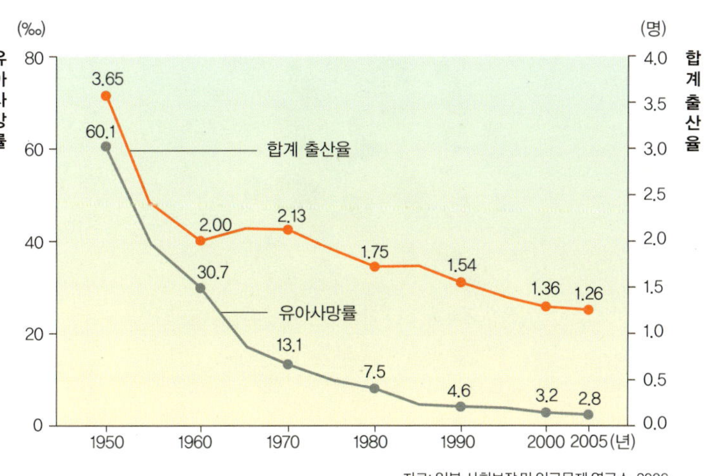

자료: 일본 사회보장 및 인구문제 연구소, 2006

| **텅 빈 요람** | 한 국가가 인구를 장기적으로 유지하기 위해서는 합계 출산율이 최소한 2.1명 이상이 되어야 한다. 왜 하필이면 2.1일까? 한 쌍의 부부는 아버지와 어머니를 대체하기 위해 2명의 아이를 낳아야 하고, 혹시나 발생할지 모르는 사고에 대비해 0.1명 정도를 더 낳아야 하기 때문이다. 합계 출산율 2.1명을 대체 출산율이라고 부른다. 유아사망률이 높은 개발도상국의 대체 출산율은 선진국보다 높다.

오늘날 세계 인구의 44%를 포함하고 있는 59개국의 출산율이 대체 출산율 이하에 머물고 있다. 합계 출산율이 매우 낮은 1.2명 이하를 기록하고 있는 국가는 우리나라를 비롯해 에스파냐, 이탈리아, 폴란드, 그리스 등이다. 이들 국가에서는 매 세대마다 인구가 절반으로 줄어들게 된다. 사람들은 흔히 개발도상국에서는 인구가 늘어나므로 인류가 지속되는 데는 큰 문제가 없을 거라고 생각한다. 하지만 상황은 그리 녹록지 않다. 개발도상국에 해당하며 아이를 비교적 많이 낳는 국가로 알려진 이란의 경우, 놀랍게도 이미 1999년에 합계 출산율이 대체 수준인 2.1명 이하로 떨어졌으며, 오늘날 여성 한 명이 낳는 아이 수는 1.6명에 머무르고 있다.

지도에서 출산율이 매우 높게 나타나는 아프리카 국가들의 사정은 어떨까? 아프리카는 분명 합계 출산율이 높다. 대부분의 국가가 2.1명 이상을 기록하고 있으며, 5명 이상인 국가도 적지 않다. 하지만 아프리카 국가들은 높은 출산율과 함께 유아사망률도 매우 높으며, 기근과 전염병으로 사망하는 사람도 적지 않다. 남아프리카공화국의 경우 합계 출산율은

범국민 출산 장려 운동 우리나라는 아이 낳기 범국민 출산 장려 운동을 펼치고 있다. 종교계는 낙태 방지 등 생명 존중 운동, 육아 지원 시설 확대, 시민사회계는 공부방 확대, 양성 문화 조성을, 경제계는 근로 시간 단축, 직장 보육 시설 확충을 도모하고 있다.

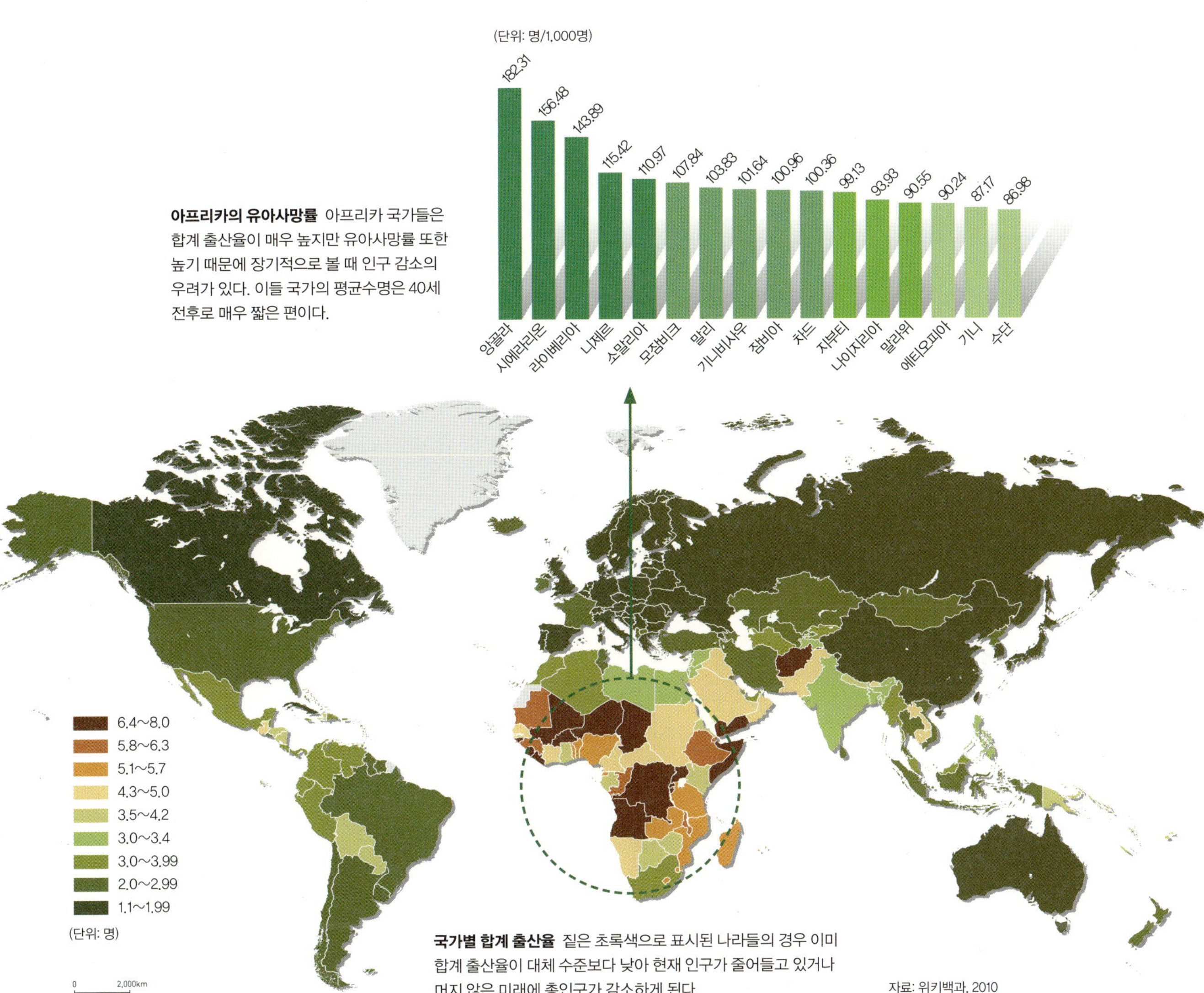

아프리카의 유아사망률 아프리카 국가들은 합계 출산율이 매우 높지만 유아사망률 또한 높기 때문에 장기적으로 볼 때 인구 감소의 우려가 있다. 이들 국가의 평균수명은 40세 전후로 매우 짧은 편이다.

국가별 합계 출산율 짙은 초록색으로 표시된 나라들의 경우 이미 합계 출산율이 대체 수준보다 낮아 현재 인구가 줄어들고 있거나 머지 않은 미래에 총인구가 감소하게 된다.

자료: 위키백과, 2010

2.24명이지만, 에이즈 등의 요인으로 사망률이 높기 때문에 장기적으로 인구가 늘어날 것이라고 보기 어렵다.

21세기에 들어 인구 감소 현상이 세계 곳곳에서 나타나고 있다. 이는 인류 역사상 일찍이 경험하지 못한 현상이다. 전 세계적으로 태어나는 아이의 수는 해가 갈수록 줄어들고 있다. 개발도상국에서 아이들이 꾸준히 태어나고 있음에도 2050년이 되면 오늘날보다 5세 이하 어린이의 수가 2억 명 정도 줄어들게 된다. 그리고 21세기 후반부가 되면 유아의 숫자보다 노인의 숫자가 더 많은 시대를 맞을 것이다. 더 늦기 전에 빈 요람을 채워야 한다.

노년 부양비 부담 증가 부양 연령층(15~64세) 인구에 대한 피부양 노인 연령층(65세 이상) 인구 비율을 노년 부양비라고 한다. 고령화 과정에서 노년 부양비는 빠르게 높아진다.

| 웃을 일인가, 울 일인가 | 출산율이 낮아지는 이유는 무엇일까? 산업화와 경제의 발달로 여성의 교육 수준이 높아지고 사회 진출이 늘어난 덕에 결혼과 출산이 늦어지고, 결혼을 원치 않는 사람들도 에전보다 늘었기 때문이다.

일부 경제학자는 출산율 저하가 일본을 비롯한 아시아 여러 나라에 엄청난 규모의 경기상승 효과를 가져다주었다는 주장을 펼치고 있다. 출생률이 낮아지자 부양의무라는 무거운 짐에서 벗어나게 되고, 그로 말미암아 잉여 재원을 투자와 소비로 돌릴 수 있게 되었다는 것이다. 동아시아 국가들의 경우 1965년부터 1990년까지 생산 가능 인구가 유년 인구와 노년 인구를 합한 부양 인구보다 4배나 증가하였다.

출산율 저하는 앞으로 인도, 파키스탄, 방글라데시를 비롯한 남아시아, 이란, 사우디아라비아를 비롯한 서아시아에서도 경제적인 측면에서 긍정적 요소로 작용할 가능성이 높다. 당장 10~20년 동안은 유년 인구의 비율이 낮아짐으로써 더 많은 돈을 사회간접 자본과 산업 발전에 투자할 수 있어 경제성장에 유리해 보인다. 하지만 이러한 경제적 '혜택'은 머지 않아 고령화라는 '문제'로 되돌아오게 된다. 자녀의 수가 줄어 부모의 삶이 여유로워질 수는 있지만, 시간이 가면서 늙어 가는 부모 세대를 부양할 생산 가능 인구가 그만큼 줄어들기 때문이다.

| 늙어 가는 세계 | 평균수명 증가와 출산율 감소로 세계 곳곳에서 고령 인구가 늘고 있다. 고령화도 저출산과 마찬가지로 선진국에서 먼저 문제가 되었다. 선진국에서 60세 이상 인구가 차지하는 비율은 1999년의 10%에서 2050년에는 22%로 2배 이상 늘어날 것으로 전망된다.

고령화는 인간의 수명 연장을 뜻한다. 기대 수명이 높아진 것은 의학 기술의 발달, 생활 보건의 개선, 농업을 비롯한 산업 생산력의 증대 때문이다. 하지만 고령화의 또 다른 측면은 저출산이다. 출산율이 낮아지면서 전체 인구 대비 노인 인구의 비중이 높아지고 있다.

오늘날 전체 인구 대비 65세 이상 인구 비중을 토대로 살펴본 고령화 상위 20개국 가운데 19개국은 유럽 국가이다. 세계에서 고령화가 가장 심각한 국

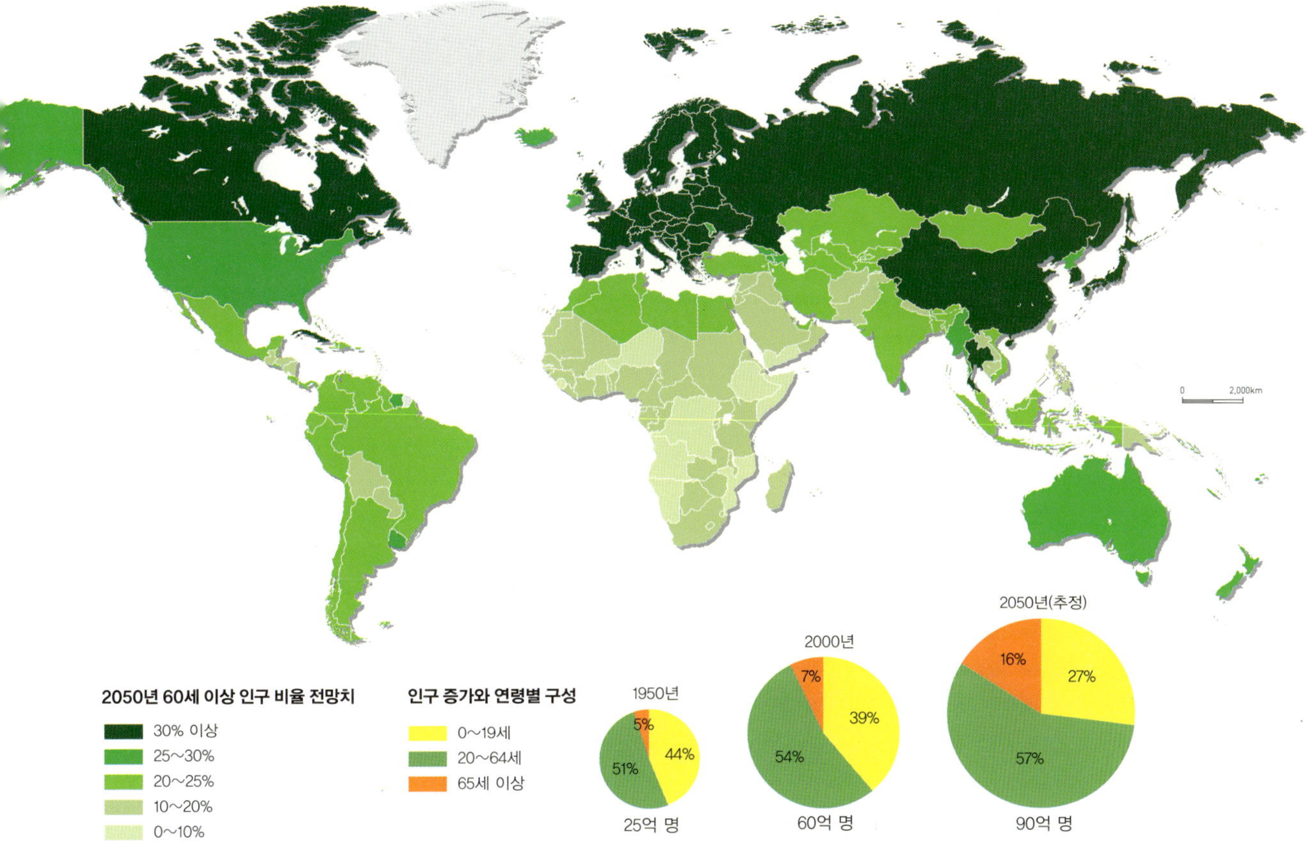

2050년 60세 이상 인구 비율 전망치
- 30% 이상
- 25~30%
- 20~25%
- 10~20%
- 0~10%

인구 증가와 연령별 구성
- 0~19세
- 20~64세
- 65세 이상

자료: 유엔 인구 분과 위원회, 2005

피할 수 없는 인구 고령화
선진국을 중심으로 고령 인구의 비중이 높아지면서 고령화·고령·초고령 사회로 진입하고 있다.
최근에는 개발도상국에서도 고령화가 빠르게 진행되고 있는데, 이는 저출산 현상과 맞물려 있다.

가는 65세 이상 인구가 전 인구의 19%를 차지하는 이탈리아이다. 이탈리아의 고령화 수치는 2030년이 되면 28%에 이르게 될 전망이다.

저출산이 전 세계적인 현상이 되고 있듯, 고령화 현상도 세계 여러 지역으로 확산되고 있다. 아시아와 라틴아메리카에서도 고령화가 빠르게 이루어지고 있는데, 인구 대국인 중국의 경우 2050년이 되면 고령 인구가 3억 5,000명에 이를 전망이다. 일찍이 고령화 사회로 접어든 일본은 2020년이 되면 4명 중 1명꼴로 고령 인구가 될 것이다.

사람이 오래 사는 것은 축복일 수 있지만, 국가나 사회적으로는 부담이 될 수 있다. 생산보다 소비가 많은 노인 인구의 증가로 저축과 투자가 줄어들

고령 인구의 재교육 고령화 사회 국가들은 평생교육 및 재취업 기회 제공, 연금제도 개선, 공공 의료비 확보, 장기 요양 제도 등 다양한 노인복지 정책을 실시하고 있다.

자료: 유엔·일본 국립 사회보장 인구문제 연구소, 《인구통계 자료집》, 2005

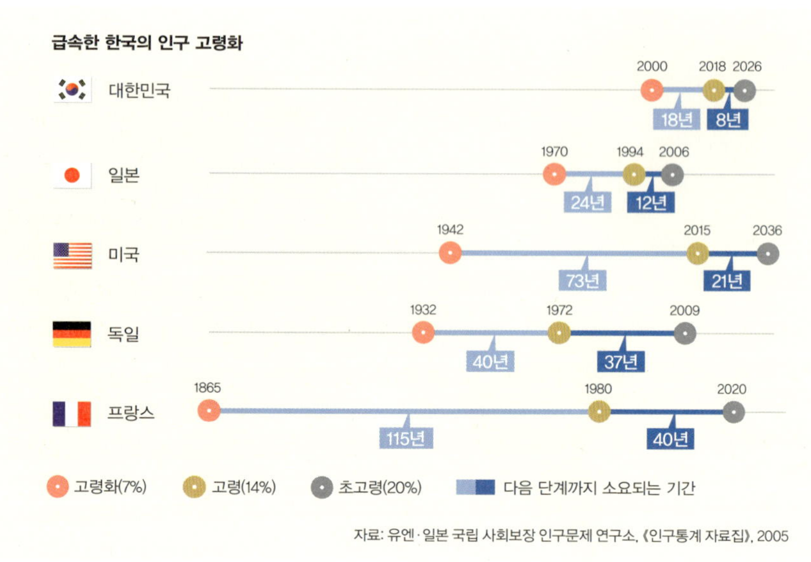

국가 간 고령화 속도 비교 전체 인구 중 65세 이상 인구가 차지하는 비율이 7% 이상일 때 고령화 사회, 14% 이상일 때 고령 사회, 20% 이상일 때 초고령 사회로 본다. 일본은 이미 2006년에 초고령 사회로 진입하였으며, 우리나라의 경우 고령화 속도가 세계에서 유례가 없을 정도로 빠르게 진행되고 있다. 프랑스는 고령화 사회에서 고령 사회로 가는 데 115년이 걸렸다. 세계에서 가장 먼저 초고령 사회로 접어든 일본도 고령 사회와 초고령 사회로 도달하는 데 각각 24년, 12년이 걸렸다. 유엔은 우리나라가 지금처럼 고령화가 진행된다면 2050년에는 노인 인구 비율이 37.3%로 세계 최고 수준에 이를 것이라고 예측하였다.

고, 노동력이 부족하게 되어 국가 경제가 활력을 잃게 된다. 또한 지급해야 할 연금이 늘어 국가재정에 부담을 주며, 노인 빈곤과 질병 및 소외 등 많은 문제를 발생시킨다.

이러한 문제를 해결하기 위해서는 노인복지 정책과 출산 장려 정책이 마련되어야 하고 사회적 여건을 개선하려는 노력을 기울여야 한다. 이처럼 저출산과 고령화는 인구 감소와 맞물려 노동·주택·소비 부문의 경제적 변화뿐만 아니라, 사회적·문화적인 큰 변화를 가져오기 때문에 이를 적극적으로 극복하지 못하면, 인류는 점차 늙어 그 수가 줄어들다 사라지게 될 것이다. 우리는 "낳지 않고 늙어 죽어 가는 종種은 멸종의 길을 걸을 수밖에 없다."라는 단순한 진리를 기억해야 할 것이다.

프랑스 연금 개혁 반대 시위 프랑스 정부가 복지 비용 부담을 덜기 위해 은퇴법 개정을 추진한다고 발표하자, 프랑스 국민들이 이에 반대하며 가두시위를 벌이고 있다.

⦿ 세계 여러 나라의 다양한 인구정책

인구문제가 본격화된 것은 산업혁명 이후이다. 산업혁명 과정에서 인구가 급증하였으며, 그에 따라 "식량은 산술급수적으로, 인구는 기하급수적으로 증가한다."라는 멜서스의 주장이 힘을 얻었던 것이다. 20세기 중반까지 인구문제의 초점은 과잉 인구였으며, 이에 대한 대책은 출산율 감소 정책이었다. 그런데 20세기 후반부터 유럽을 중심으로 저출산 문제가 거

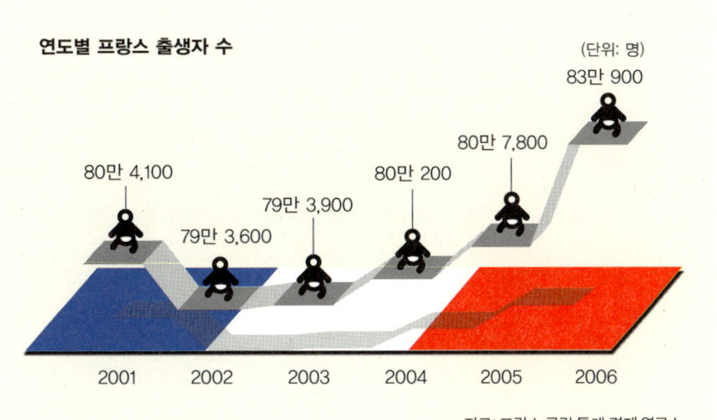

론되고, 그와 관련하여 고령화 문제가 나타났다. 그렇다면 이에 대한 각 국가나 지역의 인구 대책은 어떠할까?

유럽의 선진국과 일본은 다른 나라에 비해 먼저 저출산과 고령화 문제를 맞게 되었다. 출산율 저하 문제에 가장 적극적으로 대응한 나라는 프랑스로, 다양한 출산 장려 제도를 일원화하여 유아 환영 정책으로 통합하였다. 중산층 이하 서민들에게 임신·출산과 관련하여 기본 지원금을 지급하는 것은 물론 양육비 지급, 직업 활동 보전, 산후 휴가 보조금 지급 등을 실시하고 있으며, 심지어 입양 장려 정책도 펼치고 있다. 또한 여성이 첫 아이를 낳으면 출산 전후 16주, 두 번째 출산부터는 출산 전후 26주의 출산휴가가 주어진다. 또한 두 자녀 이상의 가정에 대해서는 소득세와 주거세를 줄여 주고 있다.

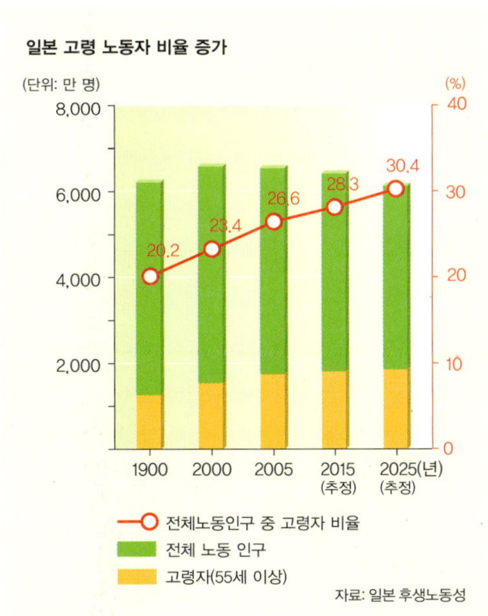

일본 정부는 노인복지 비용 증가와 노동력 부족 문제를 해결하기 위해 일하는 노인 인구를 늘리는 데에 적극 앞장서고 있다. 고령자를 고용한 회사나 고령자가 창업한 회사에는 장려금을 지급하여 정년을 연장하는 회사가 늘었다. 또한 고령자들에게 재취업을 위한 다양한 취업 교육의 기회를 제공하고, 고령자 취업 센터와 관련 사이트가 잘 운영될 수 있도록 도움을 주고 있다.

개발도상국들은 비교적 빠른 속도로 인구가 증가하고 있으며, 이와 함께 식량 및 일자리 부족 문제가 발생하고 있다. 이들은 인구 조절에 대한 정부의 능력이 부족하여 효과적인 인구정책을 수립·시행하지 못하기 때문에 유엔 등의 도움을 받아 출산율 저하, 에이즈 등의 질병 확산 방지, 어린이·여성·난민을 대상으로 하는 구호 활동 등을 전개하고 있다.

3 사람들은 어디에 사나?

호랑이와 사자가 싸우면 누가 이길까? 호랑이는 아시아의 삼림 지역에서 살고 사자는 아프리카 사바나 초원에서 산다. 따라서 두 동물은 야생 상태에서 서로 만날 수 없다. 인류는 이들 맹수보다 훨씬 넓은 지역에 거주하여 서로 다투며 살아가고 있지만 지구 어디에나 고루 사는 것은 아니다. 사람들이 많이 사는 곳은 어디이며, 그 이유는 무엇일까?

국가별 인구 규모
중국과 인도 두 나라의 인구를 합치면 세계 인구의 36.78%(2008년 기준)를 차지하며, 이들 두 나라에 미국, 인도네시아, 브라질, 파키스탄, 방글라데시의 인구를 합치면 세계 인구의 절반을 넘는다. 참고로 최소국인 바티칸 시티의 인구는 약 800명이다.

| 중국과 인도는 어딜 가나 만원이다? | 세계에서 가장 인구가 많은 나라는 어디일까? 중국! 그렇다면 두 번째는? 인도. 여기까지는 상식이다. 중국과 인도는 인구가 10억 명이 넘는다. 그리고 미국, 인도네시아, 브라질, 파키스탄, 방글라데시, 나이지리아, 러시아, 일본, 멕시코 등도 1억 명 이상의 인구 대국이다.

중국이나 인도는 어딜 가나 사람들로 북적거릴까? 그것은 지역에 따라 다르다. 상하이나 베이징에 가 본 사람들은 중국의 많은 인구를 직접 체험했겠지만, 중국 북서부의 타림 분지를 여행한 사람이라면 끝없이 펼쳐진 사막

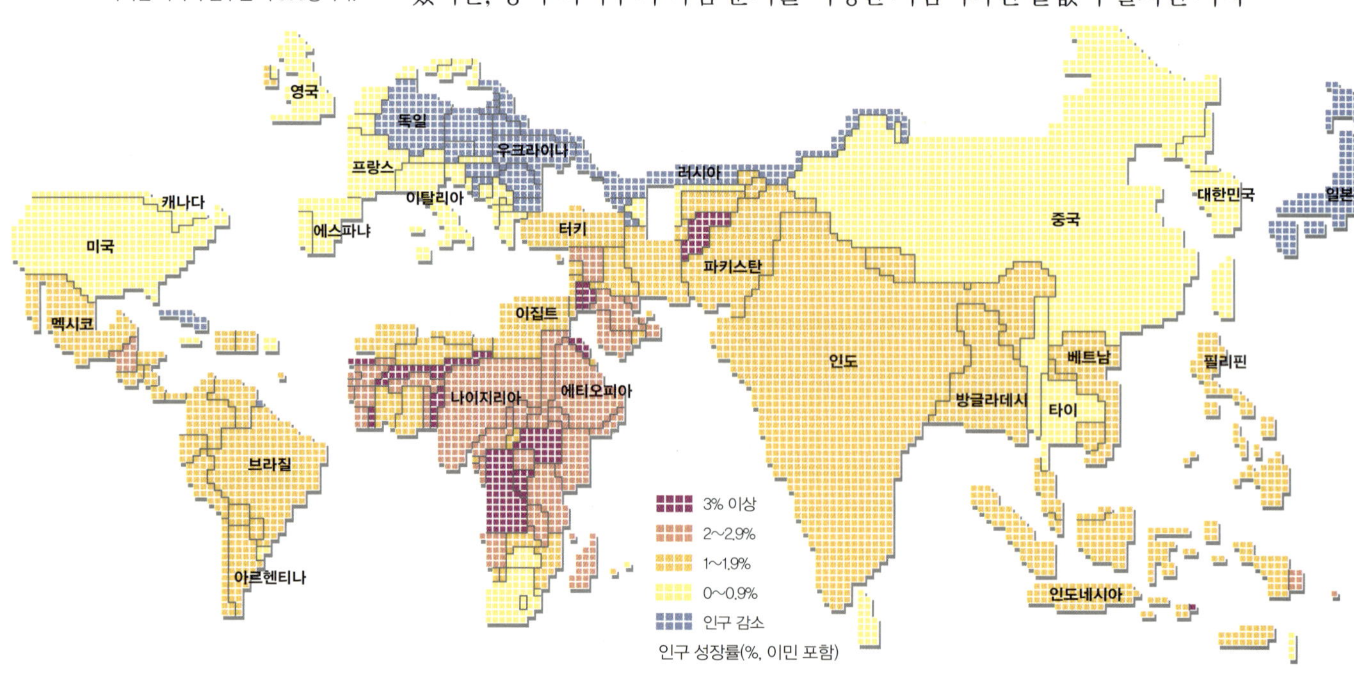

자료: 《내셔널지오그래픽 비주얼 아틀라스 오브 더 월드》, 2008/통계청

에서 황량함과 외로움에 눈물을 흘렸을 지도 모른다.

한편 사막의 나라로 알려진 이집트에는 의외로 많은 사람들이 산다. 이집트의 인구는 2011년 현재 8,300만 명으로 세계 16위의 인구 대국이다. 사람이 살기 어려운 환경인 이집트에 어떻게 그렇게 많은 사람이 살고 있을까? 그것은 바로 나일 강이 있기 때문이다. 외래하천▪인 나일 강의 물로 농사를 짓기 때문에 인구 부양력이 높아 사람이 많이 살 수 있다.

특정한 국가나 지역에 얼마나 많은 인구가 사는지를 알아보기 위해서는 인구 수보다 인구밀도를 보여 주는 지도를 살펴보는 것이 바람직하다. 인구밀도란 단위 면적당 거주하는 사람 수로, 전체 인구수는 중국, 인도, 미국순으로 높지만 인구밀도를 기준으로 하면 싱가포르, 몰타, 방글라데시, 바레인, 우리나라 등이 상위 국가에 해당한다. 한편, 특정 지역의 인구밀도를 좀 더 정확하게 파악하기 위해서는 국가별 인구밀도 자료보다도 지역별 인구밀도 자료를 살펴보아야 한다.

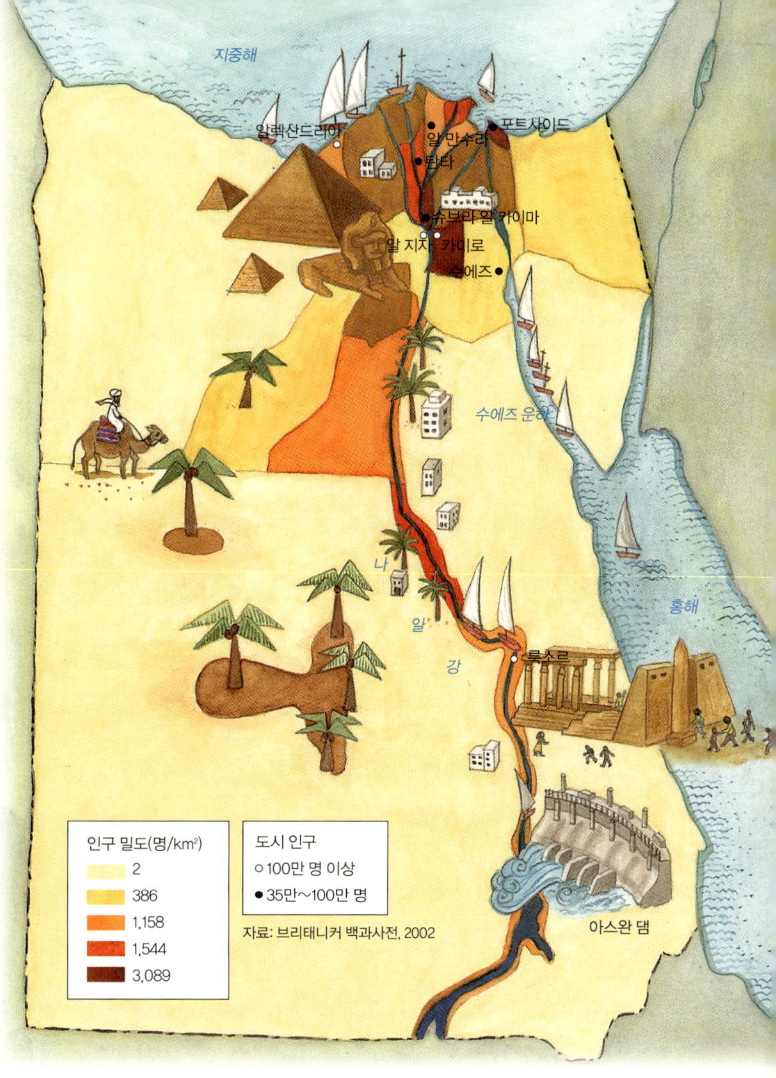

이집트의 지역별 인구밀도 차이 나일 강은 이집트인들에게 선물 그 자체이다. 나일 강이 흐르기 때문에 이집트에서는 많은 사람이 살 수 있다.

외래하천
습윤 지역에서 발원하여 강을 이룬 후 사막지대를 통과하는 하천

| **환경과 인구 분포** | 세계에서 사람들이 많이 거주하는 곳은 어디일까? 지형이 평탄한 곳, 기후가 온화하며 비가 적당히 내리는 곳, 비옥한 토양이 펼쳐진 곳, 광물 자원이 풍부한 곳, 바다로의 접근이 가능한 곳 등이다.

기후요소, 즉 지역의 기온·강수·바람 등은 인간이 정착할 곳을 선택하는 데 가장 큰 영향을 미친다. 세계에서 인구가 희박한 곳은 대부분 기후 환

경이 열악한 곳이다. 북아메리카의 북쪽 내륙은 겨울에는 극도로 춥기 때문에, 아프리카 북부에서 유라시아의 내륙에 이르는 사막지대는 몹시 건조하기 때문에 인구밀도가 낮다.

지형도 인간 거주에 커다란 영향을 미친다. 중·고위도에서는 산간 지역보다 평야 지역에 인구가 훨씬 많이 거주한다. 히말라야 산지나 로키 산지 등지에는 대체로 인적이 드물고, 대평원에는 사람이 많이 산다. 예외적으로 열대지방 사람들은 서늘한 산간 계곡과 분지를 선호한다. 아마존 강 유역의 밀림 지대는 인구가 희박한 반면, 안데스 산지 지역은 인구밀도가 높다. 그것은 아마존 강 유역보다 안데스 산지가 인간 거주에 더 유리한 기후가 나타나기 때문이다.

인류는 바다로부터 가까운 곳에 거주하려는 경향이 있다. 유라시아 대륙, 오스트레일리아, 남아메리카 등지를 보면 인구 조밀 지역이 해안을 따라 띠 모양으로 펼쳐진다. 오스트레일리아 사람들은 극단적으로 건조하고 더운 내륙 지방을 '죽은 심장'이라고 부르기도 하는데, 그만큼 사람이 살기 어려운 환경임을 알 수 있다.

산업혁명 이후 문명이 발달하면서 인구 분포에 제조업과 서비스업이 미치는 영향은 더욱 커졌다. 경제가 발달하고 교류가 확대되면서 바닷가 및 하천을 끼고 있는 지역의 인구가 내륙지역에 비해 늘어났으며, 산업 발달에

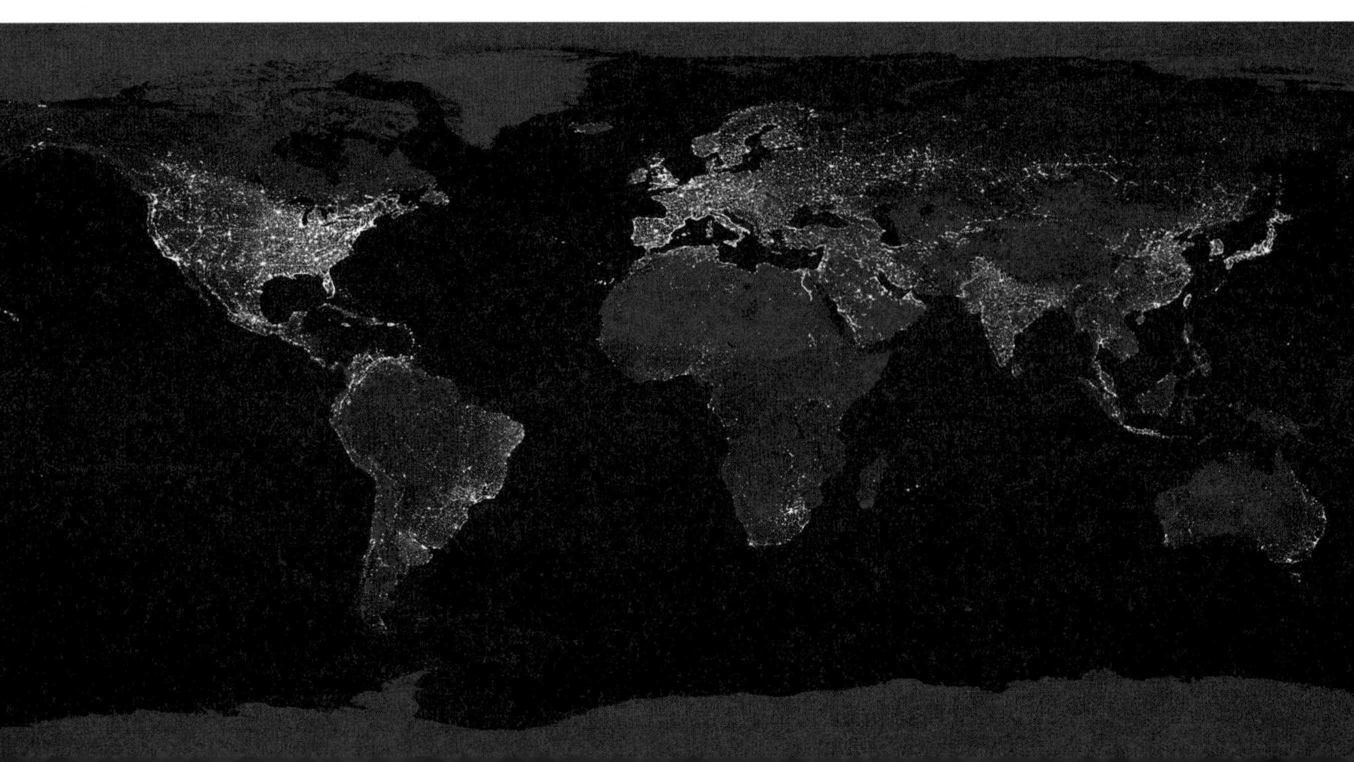

지구의 야경과 인구밀도
위성사진에 나타난 지구의 야경을 보면 사람이 많이 사는 곳은 불빛으로 빛나지만 사람이 살지 않는 곳은 어둠 그 자체이다. 사람이 많이 살더라도 가난한 지역은 상대적으로 불빛이 약하다. 불빛이 밝은 지역, 인구가 많은 지역은 어디일까? 동아시아, 유럽, 북동부 등지의 인구밀도가 높다.

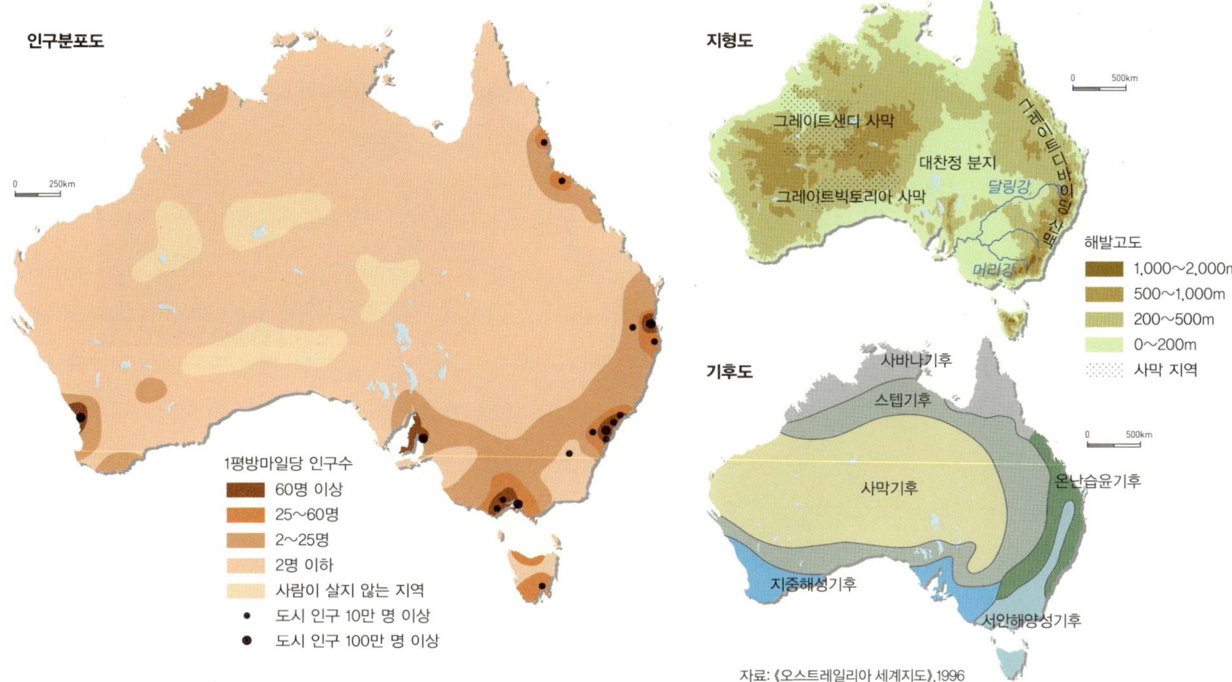

자료: 《오스트레일리아 세계지도》, 1996

오스트레일리아의 인구 분포 이해

기후도와 인구분포도를 살펴보면 대부분의 인구가 온대기후가 펼쳐지는 남동부에 분포하며, 남서부에도 일부 분포함을 알 수 있다. 오스트레일리아의 큰 도시인 시드니, 멜버른, 퍼스 등도 이러한 인구분포를 반영한다. 또한 지형도와 인구분포도를 살펴보면 그레이트디바이딩 산맥 동쪽에 인구가 집중적으로 거주하고 있음을 알 수 있다. 오스트레일리아의 초기 이민자는 유럽, 특히 영국에서 이주해 왔는데, 유럽과 가장 비슷한 기후가 펼쳐지는 곳이 바로 남동부 일대이다.

따른 인구 부양력의 확대는 인구 이동을 가져와 지역 간 인구 차이를 더욱 뚜렷하게 만들었다.

두렵지만 떠나지 않는다! 세계에서 인구밀도가 매우 높은 지역은 동아시아, 남아시아, 서유럽, 미국 북동부이다. 이들 지역은 인류 역사의 변천 과정에서 온갖 문명이 발달하였던 곳이며, 그 기운은 오늘날까지 이어지고 있다. 인도의 갠지스 강 줄기를 따라 펼쳐진 힌두스탄 평원은 인구 조밀 지역이다. 이 지역을 묘사하고 있는 신문 기사를 읽어 보자.

집중호우에 따른 홍수 등으로 인도 북부를 비롯해 네팔 남부, 방글라데시 북부 등 남아시아 지역의 피해가 눈덩이처럼 불어나고 있다. …… 인도 북부 비하르 주에서는 갠지스 강의 최대 지류 중 하나인 코시 강의 둑이 무너지면서 90여

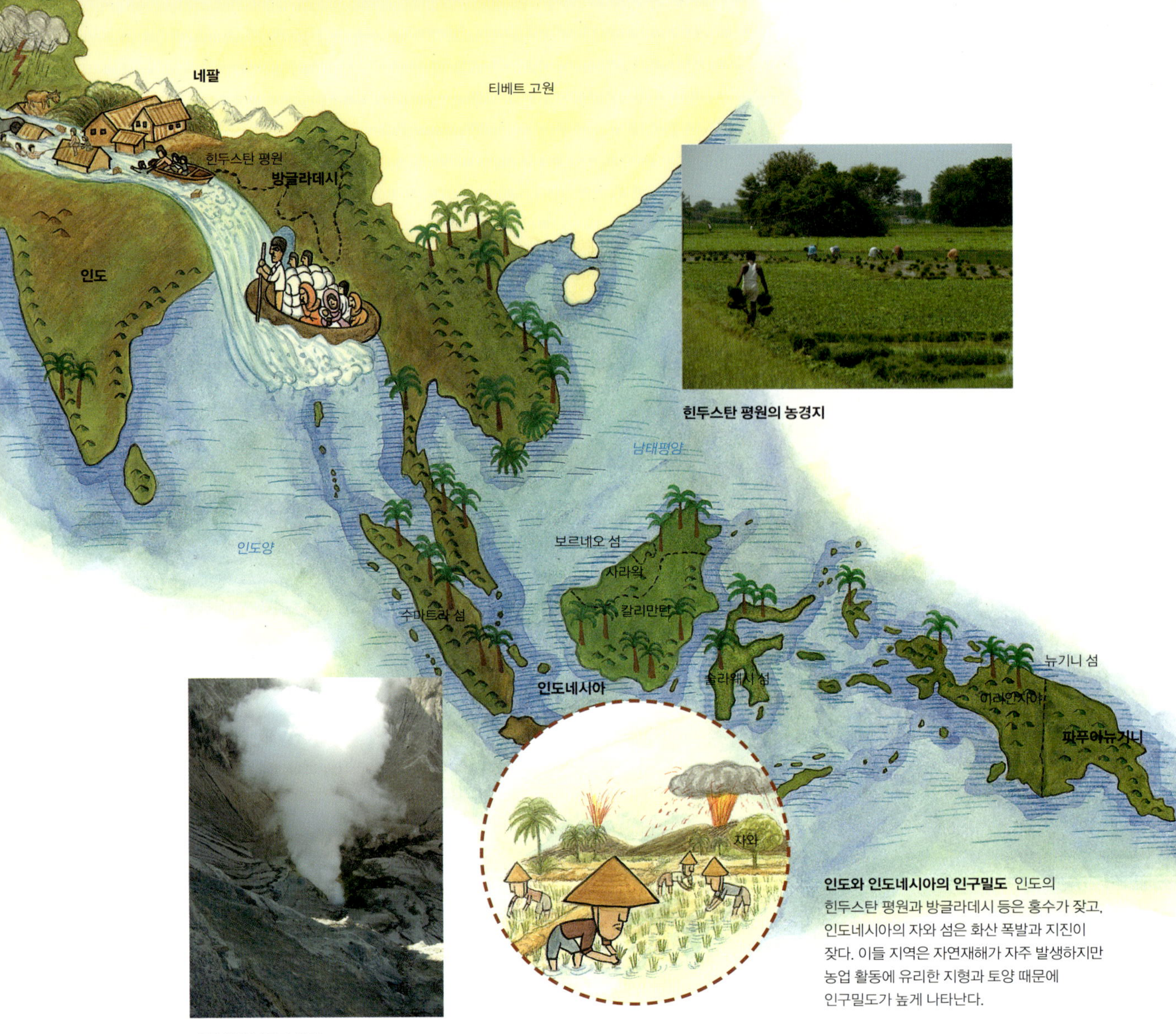

힌두스탄 평원의 농경지

자와 섬의 브로모 화산

인도와 인도네시아의 인구밀도 인도의 힌두스탄 평원과 방글라데시 등은 홍수가 잦고, 인도네시아의 자와 섬은 화산 폭발과 지진이 잦다. 이들 지역은 자연재해가 자주 발생하지만 농업 활동에 유리한 지형과 토양 때문에 인구밀도가 높게 나타난다.

명이 사망하고 이재민도 230여만 명이 발생하였다. 비하르 주정부에 따르면 아직도 50여만 명이 고립된 상황이라고 한다. 제방 붕괴로 중소도시 마데푸라는 이미 1.8m 높이까지 물이 들어차는 등 비하르 주 내 8개 지역의 수백 개 마을이 물에 잠긴 가운데 다른 도시로 피해가 확산되고 있다.

— ○○신문, 2008. 9

인도 북동부 지역은 여름철 계절풍이 불면 엄청난 폭우가 자주 내린다. 남서 및 남동쪽에서 불어오는 바람이 히말라야 산지에 부딪혀 비구름을 형성하기 때문이다. 큰비가 내리면 도시와 농경지는 물에 잠기고 사람들은 오도 가도 못하는 신세가 되기도 한다.

왜 인도 북부 지역에는 잔인한 홍수가 거듭됨에도 사람이 많이 사는 걸까? 그것은 홍수가 주는 잔인함보다 매혹적인 달콤함이 더 크기 때문이다. 인도의 힌두스탄 평원 지역은 계절풍이 불어 비가 많이 내리고, 갠지스 강이 만들어 낸 비옥한 평야가 펼쳐져 농업생산력이 매우 높다.

세계의 주요한 화산과 지진대가 펼쳐진 지역임에도 인구가 많이 집중된 곳 또한 적지 않다. 인도네시아의 자와 섬은 환태평양 조산대와 알프스-히말라야 조산대가 만나는 곳에 위치하여 지층이 매우 불안정하고 지진과 화산활동이 자주 일어나는 곳이다. 자와 섬은 인도네시아 전체 면적의 7%에 불과하지만 전 인구의 70%가 거주한다. 이는 화산재로 이루어진 토양이 벼농사에 유리한 조건을 제공하기 때문이다.

미국 서부의 캘리포니아 지역도 갖가지 재난으로 유명하다. 1906년에 일어난 샌프란시스코 대지진 때는 약 3,000명의 희생자가 발생하였고, 1989년에도 지진으로 63명이 사망하였다. 이곳은 태평양 지각판과 북아메리카 지각판이 만나 단층 작용이 활발하기 때문이다.

하지만 캘리포니아의 로스앤젤레스, 샌프란시스코 등은 미국 내에서도 주민들이 선호하는 도시이다. 캘리포니아는 지진이나 산불 등의 재해는 잦은 편이지만, 인간 생활에 유리한 기후 조건과 더불어 컴퓨터 관련 IT 등의 첨단산업과 영화, 오락, 관광 산업이 발달하여 인구 부양력이 대단히 높기 때문에 사람들이 많이 산다.

1994년 지진으로 파괴된 로스앤젤레스의 건물

로스앤젤레스의 영화 산업

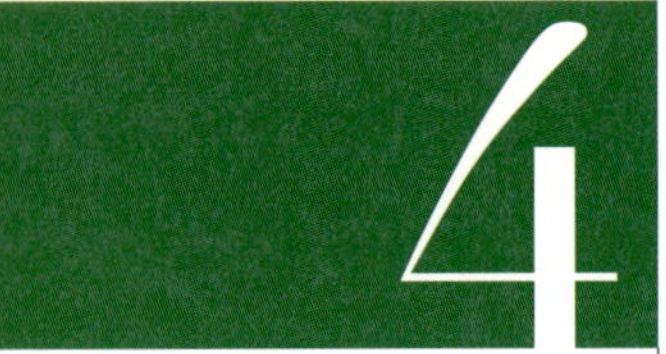

4 국경을 넘는 사람들

미국과 캐나다 간의 국경 표시는 단순한 팻말 정도이다. 한 발은 미국에 딛고, 다른 한 발은 캐나다에 딛고 있다 할지라도 아무도 뭐라고 하지 않는다. 하지만 미국과 멕시코를 가르는 국경은 높은 담과 철조망이 둘러쳐져 있으며, 미국 국경 수비대가 24시간 감시한다. 왜 미국의 북쪽 국경은 평화로운데, 미국의 남쪽 국경은 긴장감이 감돌까?

경제적 원인에 의한 이주 세계 노동인구의 이동 방향을 살펴보면 대체로 아시아, 아프리카, 라틴아메리카 등에 위치한 개발도상국은 인구 유출국인 반면, 유럽과 북아메리카, 오세아니아 등에 위치한 선진국은 인구 유입국임을 알 수 있다.

│ 노동자의 국제적 이동 │ 오늘날 세계 인구 중 약 2억 명이 이민 또는 취업을 위해 다른 나라로 이주하고 있다. 비공식적으로 이 인구는 무려 5억 명에 이를 것으로 추정된다. 국가 간에 노동인구가 이동하는 이유는 무엇일까? 그것은 근본적으로 세계경제가 불평등하기 때문이다. 세계화로 인해 다국적기업이 증가하고, 세계 무역 기구WTO 체제의 출범으로 국가 간 생산요소의 이동이 자유로워지면서 국가 간 노동자의 이동도 더욱 활발해졌다.

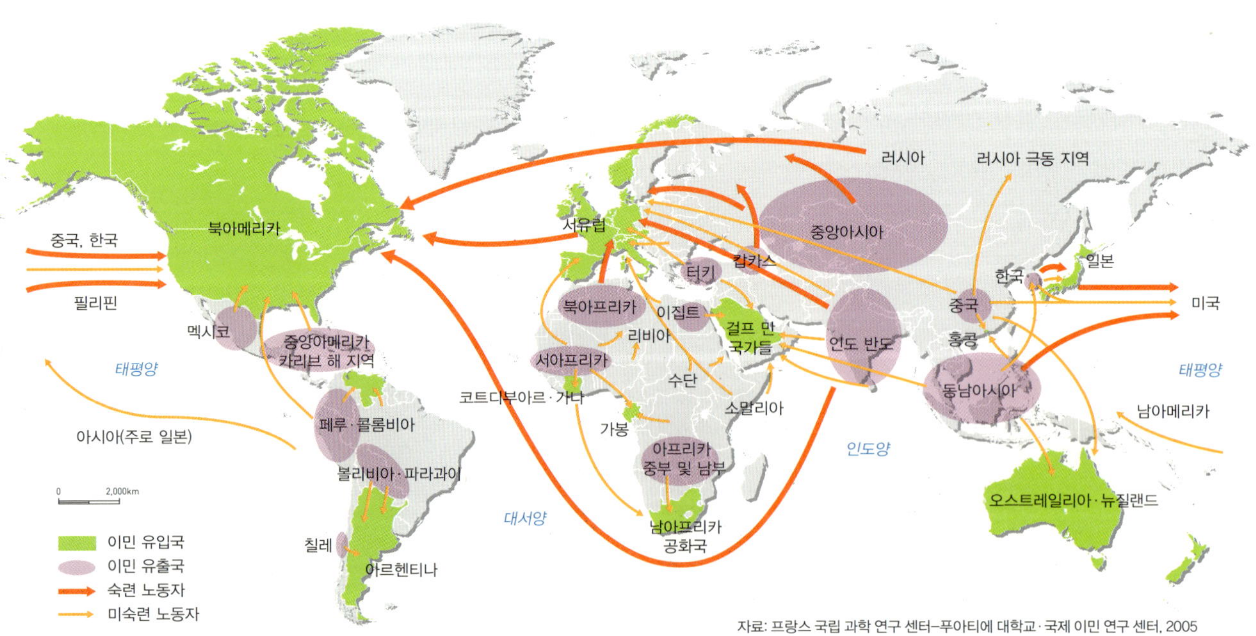

자료: 프랑스 국립 과학 연구 센터–푸아티에 대학교·국제 이민 연구 센터, 2005

노동자의 국제 이동은 대체로 가난한 나라에서 잘 사는 나라로 이루어진다. 자신이 태어나고 자란 나라에서는 일자리를 구하기 어려운데 외국에 취업하면 더 많은 돈을 벌 수 있기 때문이다. 국제 이동 노동자 중에는 박사 학위를 가진 고학력 노동자도 있지만, 단순 노동을 하는 사람이 대부분이다.

노동자들이 외국에서 힘겹게 벌어 본국으로 보내는 돈은 세계적으로 한 해 3,200억 달러에 달한다. 개별 국가의 예를 들면 모로코의 경우 관광 수익보다 이주 노동자가 송금해 오는 돈이 더 많으며, 차(茶)의 나라 스리랑카도 차를 수출해서 번 돈보다 송금을 통해 국내로 유입되는 돈이 더 많다.

하지만 최근 세계경제가 어려워지면서 외국인 노동자와 내국인 간의 갈등이 확대되고 있다. 일본의 한 자동차 회사의 경우 경제 여건이 좋을 때 브라질 사람들을 많이 고용하였으나, 경제난으로 인력을 감축하는 과정에서 해고되어 삶의 터전이었던 일본 땅을 떠나는 브라질 사람들이 늘어났다.

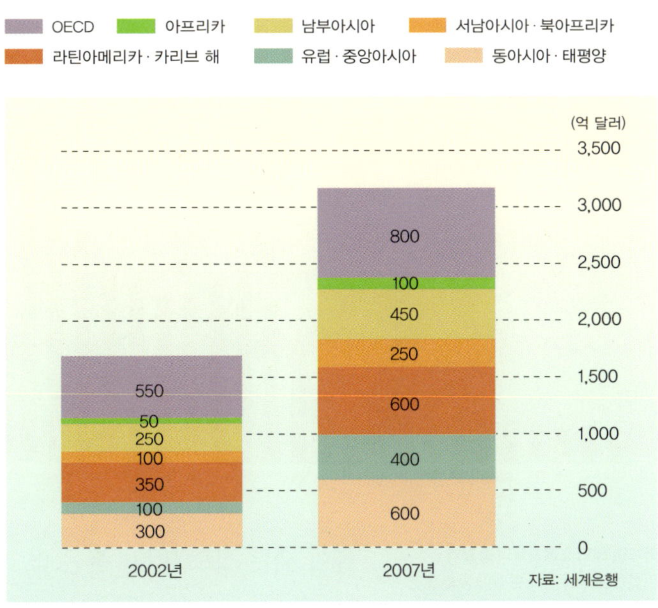

송금액 수령 지역 다른 나라에서 일하는 노동자들이 자국의 가족들에게 보내는 송금액의 규모는 약 3,200억 달러(2007년 기준)로 2002년에 비해 1,500억 달러 정도 증가하였다. 송금액 중 많은 부분이 남부아시아, 아프리카, 라틴아메리카 등의 개발도상국들로 유입되고 있으며, 개발도상국가들 중 송금액 수령이 많은 상위 국가는 인도, 중국, 멕시코 등이다.

| **필리핀의 노동력 수출** | 필리핀은 해외 노동력의 주요 송출국 가운데 하나이다. 필리핀은 독재 정권 시절 산업 기반이 와해되어 사람들이 국내에서 일자리를 구하기가 어려워졌다. 과거 미국 식민지배 영향으로 공용어인 영어를 구사할 줄 아는 사람들이 많기에 이들은 돈을 벌려고 바다 건너 이국땅으로 떠났던 것이다.

2007년 필리핀 중앙은행 통계에 따르면 해외에서 일하는 필리핀 사람은 약 1,000만 명 정도로, 필리핀 전체 인구의 10%가 넘는다. 이들이 필리핀으로 송금하는 금액은 약 145억 달러로 필리핀 국내총생산의 10%에 해당한다.

연말을 맞이하여 해외에서 일하던 사람들이 돌아오는 마닐라 공항에서는

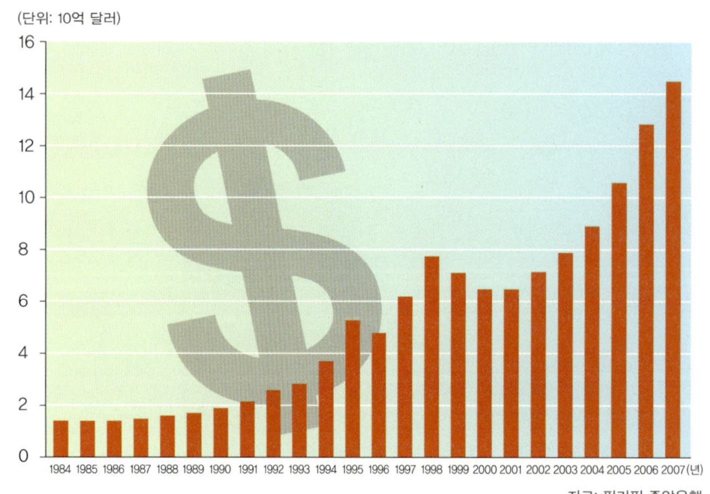

필리핀 해외 노동자들의 송금액
필리핀은 국내 경제 여건이 좋지 않은 반면, 영어를 구사하고 고등교육을 받은 사람이 많아 외국에서 일하는 노동자가 많다. 그에 따라 해외에서 들어오는 송금액도 갈수록 늘고 있다.

진풍경이 펼쳐진다. 해외 노동자들을 환영하는 대대적인 행사가 열리는데, 이 행사에 국가원수가 참가하기도 한다. 해외 이주 노동자들이 국민들로부터 환대받는 이유는 그들이 고국으로 가져오는 외화가 엄청나기 때문이다.

필리핀에는 빈민가에 거주하는 가난한 이들이 많다. 마닐라의 하천변과 철도변의 뒷골목에는 허름한 움막 형태의 집들이 즐비하며, 비가 내리면 물이 새는 집도 많다. 돈은 없고 아이들이 많은 이런 가정에서 가난을 벗어나는 유일한 길은 해외에서 일자리를 구하는 것이다.

세계적으로 볼 때 해외에서 일자리를 구하는 사람의 절반은 여성인데, 필리핀의 경우 그 비율이 더 높다. 필리피나라고 불리는 필리핀 여성은 홍콩, 싱가포르, 일본은 물론 멀리 이탈리아, 그리스 등지에서 가정부로 일하는 경우가 많다. 아이가 있는 여성이 자녀와 떨어져 외국에서 돈벌이를 해야 하는 심정이 오죽할까?

필리핀의 인력 송출은 세월을 거듭하여 계속되고 있으며 그들의 그늘진 현실은 여전히 개선되지 않고 있다. 사우디아라비아에서 20년 이상을 건설 노동자로 일한 사람의 자녀들이 두바이 상류층 가정의 운전사로, 제다에 있는 병원의 간호사로 다시 일하는 식이다. 예나 지금이나 해외 노동자들 뒤에는 필리핀에서 그들의 경제적 도움을 기다리는 가족이나 친척들이 많다.

아시아, 아프리카, 라틴아메리카의 개발도상국은 물론 동부 유럽과 중앙아시아의 신생 독립국도 수많은 인력을 해외로 내보내고 있다. 해외에서 벌어들인 돈이 본국으로 들어와 소비되면서 국가 간 부가 재분배되는 측면이 있다. 하지만 해외 노동자들이 잘사는 나라에서 얻은 일자리는 보수에 비해 노동강도가 셀 뿐 아니라, 위험한 일이 많다.

노동자의 국제적인 이동의 뿌리는 무엇일까? 바로 불평등이다. 세계는 크게 세 부류의 나라로 나눌 수 있다. 거대한 다국적기업들과 국제금융을 장악하고 있는 선진국, 생산 공장을 보유한 개발도상국, 그리고 이도 저도 보유하지 못한 후진국이 그것이다.

후진국의 경우 제조업과 서비스업의 고용력이 약하며, 농업이나 어업에도 과거와 달리 많은 노동력을 필요로 하지 않는다. 그래서 사람들은 도시로 내몰리고 있으며, 도시로 이주한 사람들은 도시의 빈민가에 거처를 둘 뿐 일자리를 잡지 못해 기회를 찾아 이역만리 타국으로 떠나는 것이다.

| 고국을 잃어버린 사람들, 난민 | 난민이란 무엇인가? 난민의 지위에 관한 국제 협약은 난민을 이렇게 규정하고 있다.

'인종, 종교, 국적 또는 특정 사회집단의 구성원 신분 또는 정치적 견해 등을 이유로 박해를 받을 우려가 있다는 충분한 근거 있는 공포로 인하여 자신의 국적국 밖에 있는 자로서, 국적국의 보호를 받을 수 없거나 또는 그러한 공포로 인하여 국적국의 보호를 받는 것을 원하지 아니하는 자'를 의미한다.

– 1951년 난민의 지위에 관한 국제 협약

전쟁, 천재지변, 사상적 원인으로 자신이 태어난 나라를 떠나 유엔 난민 기구의 보호를 받고 있는 사람만 해도 2,100만 명에 달하며, 고국을 떠나지는 못했지만 자기가 태어난 나라에서 유엔 난민 기구에 보호를 요청한 사람들도 많다. 전 세계 인구의 약 1%인 7,700만 명가량이 난민 상태에 놓여 있다.

난민은 안전하게 보호받을 권리가 있다. 난민에 대한 국제적 보호란 신체적 안전 이상의 의미를 포함한다. 난민에게는 모든 개인적 기본권을 비롯한 합법적인 외국인 체류자에게 주어지는 것과 똑같은 권리와 지원이 제공되어야 한다. 난민도 언론의 자유, 거주 이전의 자유 및

케냐의 카쿠마 난민촌 수단의 다비드 쿰 시엥(15세)이 그린 그림으로, 난민촌을 향해 집을 나선 사람들의 모습을 그렸다.

고통과 부당한 차별을 받지 않을 권리를 포함한 시민권을 부여받으며 일반인과 동등하게 사회·경제적인 권리 및 의료 혜택을 받을 권리가 있다.

하지만 난민의 삶은 궁핍을 넘어 참혹한 상태이다. 나라가 없는 것은 물론이고, 집도 가족도 없는 사람들이 적지 않다. 식량과 마실 물은 늘 모자라고, 적절한 교육과 의료 서비스를 제공받는 것은 꿈도 꾸지 못한다. 난민 수용소는 비바람을 겨우 피할 정도의 천막들로 이루어져 있으며, 그 속에서 난민들은 일주일에 한두 번씩 배급되는 최소한의 식량으로 근근이 살아가고 있다.

최근의 통계를 보면 전쟁을 통해 난민이 발생하고 있는 나라는 아프가니스탄, 수단, 소말리아, 콩고 등이며, 이들 국가에서 발생하는 난민은 파키스탄, 이란, 미국, 독일, 요르단 등으로 이주하였다.

미국과의 전쟁에서 전 국토가 초토화된 이라크에서는 약 220만 명의 난민이 발생하였으며, 이들은 이웃한 터키, 시리아, 요르단, 레바논, 이집트 등

세계 난민의 분포
난민은 국가 간 전쟁이나 내전이 발생하고 있는 곳에서 주로 발생한다. 아프리카와 서남아시아 일대, 발칸 반도 일대가 대표적이다.

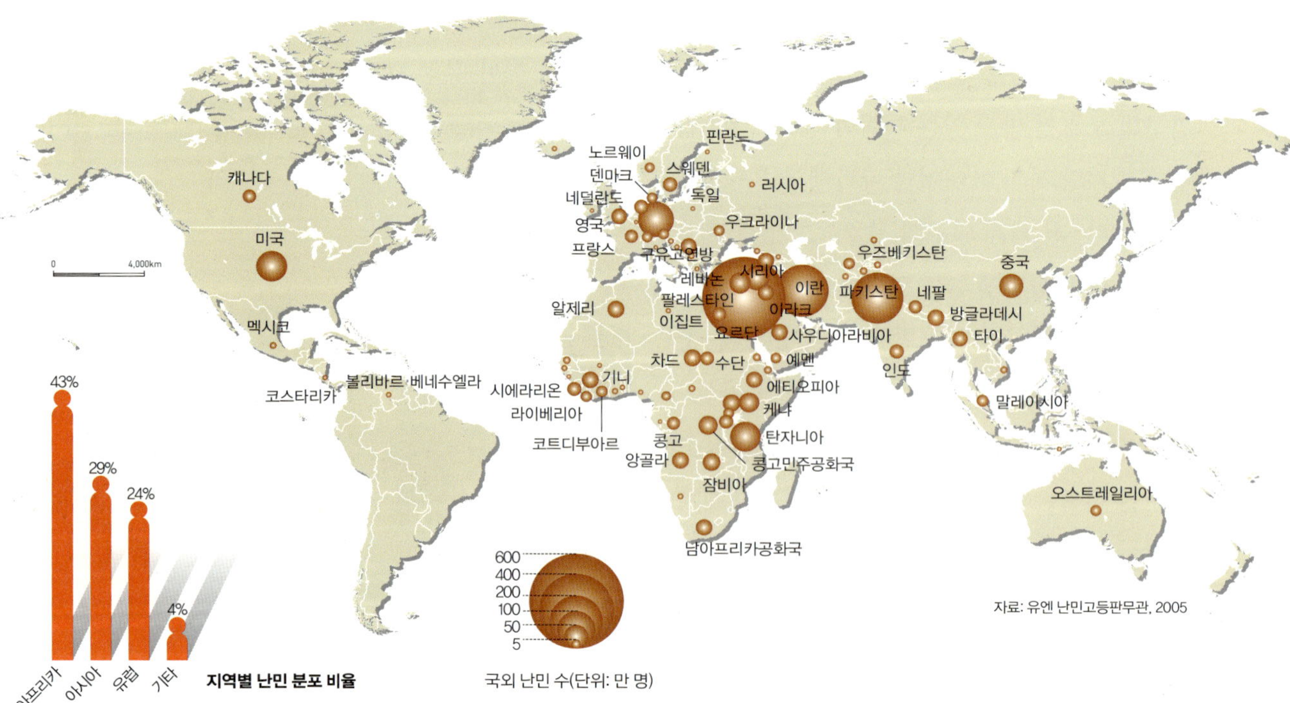

시리아의 이라크 난민들 이라크 난민 여성들이 2007년 12월 16일 시리아의 유엔 난민 고등 판무관 접수처에서 원조 기금을 받기 위해 기다리고 있다. 이라크 난민들에 대한 국제 지원이 줄어들면서 난민들의 불안감도 커지고 있다.

지로 흩어져 살아가고 있다. 전 국민의 10% 이상이 고국을 떠났으며, 그 비극적인 이주의 흐름은 이후로도 지속되고 있다.

| **히스패닉이 미국 지도를 바꾸다** | 미국에는 히스패닉 사람들이 많이 살고 있다. 히스패닉은 에스파냐어를 사용하는 중남미계 미국인을 말한다. 2007년 현재 미국 내 히스패닉 인구는 4,500만 명에 달하며, 미국 속령인 푸에르토리코 섬의 인구도 390만 명이나 된다. 이 숫자는 히스패닉 불법 이민자를 포함하고 있지 않다. 에스파냐의 인구가 4,000만 명이 조금 넘는 것을 감안하면, 미국 내 히스패닉 인구가 얼마나 많은지 짐작할 수 있다.

게다가 히스패닉 인구는 빠르게 증가하고 있다. 현재의 인구 증가세가 지속된다고 볼 때 2050년 히스패닉 인구는 1억 3,000만 명을 넘게 되며, 이는 전체 미국 인구의 30%가 히스패닉으로 채워지게 됨을 의미한다. 히스패닉계 인구의 증가는 미국 내 정치·경제·사회·문화 등에 다양한 영향을 미치고 있다. 캘리포니아와 텍사스 주의 경우 히스패닉 인구가 거의 절반에 이른다. 이 지역에서 정치적으로 성공하기 위해서는 히스패닉 사람들의 마음을 사로잡아야 하며, 그런 이유로 일부 정치인들은 정치 활동에 에스파냐어를 사용한다. 더불어 히스패닉 출신들의 정치 활동도 늘어 하원에만 해도 20명

히스패닉계 전용 대형 마트

미국 내 히스패닉 인구 비율 히스패닉계가 주로 거주하는 지역은 과거 멕시코 또는 에스파냐의 영토였던 미국 남서부 지역이 주를 이룬다. 이 땅은 에스파냐에서 독립한 멕시코가 한때 지니고 있던 땅으로 에스파냐가 멕시코 전쟁에 패하면서 미국에 빼앗긴 땅이다. 히스패닉 인구 중 2/3 정도가 멕시코계임을 고려할 때, 히스패닉 인구의 미국 남서부 지역 점령은 과거 유럽에서 있었던 레콘키스타(에스파냐의 이슬람 지역 점령)에 비유되기도 한다.

히스패닉 증가율

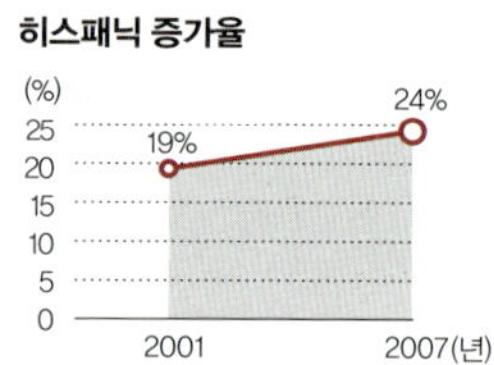

40~97.5%
12.5~40%
3~12.5%
1~3%

0   500km

자료: 미국 인구 및 주택 통계국, 2000

이 진출하였다. 2008년에 치렀던 미국 대선에서도 오바마에 대한 히스패닉계의 절대적인 지지가 없었다면 선거 판도가 달라졌을지도 모른다.

히스패닉 사람들의 경제력도 날로 성장하고 있다. 미국 평균 소득에 미치지는 못하지만 늘고 있는 인구와 관련하여 미국 내 최대 대형 마트 회사에서는 간판과 진열대 상품 안내 등을 에스파냐어로 표기하고 상품 진열과 기호 식료품도 이들의 입맛에 맞춘 매장을 열었다. 이제 미국 기업들은 히스패닉 사람들을 고려하지 않을 수 없다.

히스패닉 인구의 증가는 미국의 언어에도 커다란 영향을 미치고 있다. 히스패닉은 자신의 언어와 문화적 전통을 고수하려는 경향이 강하다. 히스패닉 인구의 80% 정도가 가정에서는 에스파냐어만 쓴다. 단순노동에 종사하는 사람들은 영어에 서툴다 보니 이들을 관리하는 사람들의 경우 에스파냐어를 사용할 수밖에 없다. 이런 이유로 캐나다가 프랑스어를 영어와 함께 공용어로 사용하듯 미국에서도 에스파냐어를 공용어로 사용하자는 움직임이 늘고 있다.

유럽에는 남한 인구보다 많은 5,000여만 명의 무슬림이 살고 있다. 프랑크푸르트의 한적한 동네에는 이슬람계 학교가 있고, 아파트 담벼락이나 버스 정류장에는 아랍어 낙서들로 가득하다. 독일의 시골 마을에도 케밥을 파는 무슬림이 있고, 오스트리아의 빈에도 재래시장의 상인들 대부분은 터키계 사람들이다.

유럽에 이슬람 인구가 이렇게 많아진 이유는 무엇일까? 그것은 제2차 세계대전 후 복구 과정에서 이주 노동자들이 대거 유입되었고, 이후 산업이 발달하면서 험하고 힘든 일을 할 사람이 필요해 이주 노동자들을 더 많이 받아들였기 때문이다.

2008년 말 현재 유럽 인구의 약 7%가 무슬림이며, 2050년이 되면 그 비중은 20%로 늘어날 전망이다. 이슬람 인구는 유럽의 고령화로 지금도 꾸준히 유입되고 있으며, 크리스트교를 믿는 유럽인에 비해 출산율도 높다. 유럽의 어느 도시에서도 마호메트, 아담, 아민, 함자와 같은 이슬람 이름을 쉽게 들을 수 있다. 이슬람 이름을 가진 아이들은 이슬람 음식을 먹고, 아랍어로 공부를 하며, 이슬람 율법에 따라 행동한다.

유럽 사람들은 유럽의 아랍화 경향을 '유라비아'라고 부른다. 유럽에서 크리스트교 문명은 점차 말라 뒤틀어지고, 이슬람 문명은 점차 살찌울 거라는 이야기이다. 이에 대해 유럽의 크리스트교도는 위기감을 느끼고 있다.

스위스와 오스트리아의 일부 지방정부는 이슬람 사원의 첨탑인 미나레트 건설 금지법을 통과시켰으며, 벨기에와 프랑스에서는 공공장소에서의 부르카 사용 금지법이 통과되었다.

유럽의 이슬람화를 걱정하는 사람들은 "이슬람의 첫 유럽 공격이 732년 피레네 산맥에서 벌어진 푸아티에 전투에서 멈췄고, 두 번째 큰 공격은 1683년 오스트리아의 빈 전투에서 멈췄지만, 지금 은밀하게 진행되고 있는 이슬람의 침입은 이제 우리가 막아야 한다."라며 목소리를 높이고 있다.

독일의 케밥 가게 독일 어딜 가나 케밥 가게를 볼 수 있다. 케밥은 얇게 썬 양고기나 쇠고기를 빵에 끼워 먹는 음식으로, 독일 국민은 1년에 평균 9개의 케밥을 먹는다고 한다.

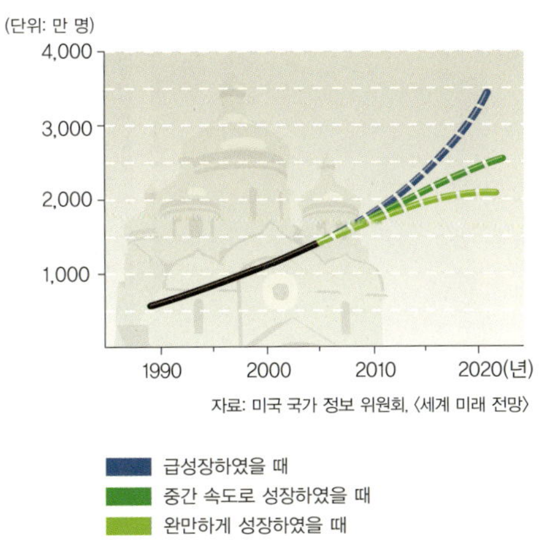

유럽 내 무슬림 인구 추이 유럽 내 무슬림 인구는 이민 및 무슬림의 출산으로 증가하고 있다. 무슬림의 출산율이 유럽인보다 훨씬 높은 반면, 유럽인의 출산율은 감소 경향을 보이는 것이 한 요인이다.

자료: 미국 국가 정보 위원회, 〈세계 미래 전망〉

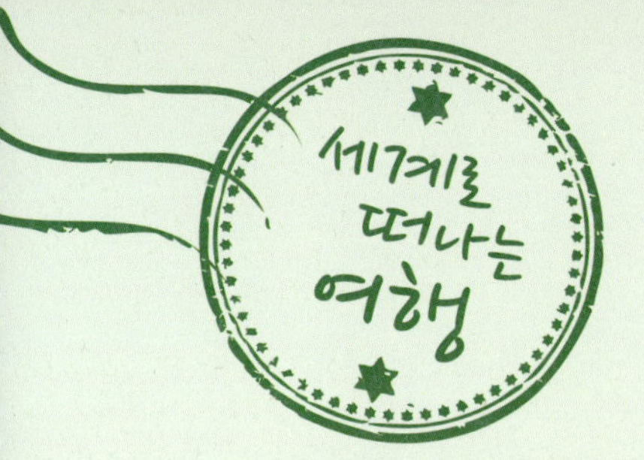

광산 마을 센트레일리아의 인구 감소

기원전 315년 그리스의 대장간에서 석탄이 쓰인 적이 있다는 기록이 있을 만큼 석탄은 오래전부터 인류에게 유용한 자원이었다. 사람이 있는 곳에 석탄이 있고, 석탄이 있는 곳에 사람들이 모여들었다. 산업 기술의 발달로 석탄이 더욱 중요해지면서 인구가 연료 자원이 있는 곳으로 이동한 것이다.

광산 마을 센트레일리아의 과거 모습

미국 북동부에 자리 잡은 센트레일리아도 석탄 때문에 발전한 도시였다. 그러나 이곳이 더욱 유명해진 이유는 석탄 덕에 흥하고 석탄 탓에 망한 어떤 사건 때문이다. 센트레일리아가 자리한 펜실베이니아는 석탄층이 풍부하게 분포하는 지역이었다. 이후 석유도 발견되자 펜실베이니아는 광업으로 더욱 명성을 떨치게 되었다. 광산 마을이었던 센트레일리아는 20세기 후반에 들어서는 인구 2,000명의 소도시로 성장하였다. 하지만 쓰레기 더미에서 시작된 작은 불씨가 지하 깊숙이 묻힌 석탄층에 옮겨붙은 사고로 센트레일리아의 운명은 완전히 바뀌었다. 미국 광산국에서는 전문가를 불러 화재를 진압하려 했지만 아무런 소용이 없었다.

1979년에는 주유소 밑에 묻힌 탱크의 온도가 77℃까지 올라가고, 탱크 10m 아래의 온도는 거의 537℃에 육박하였다. 여기저기서 뿜어져 나오는 매캐한 연기 때문에 사람들은 구토 증세를 보였고, 이런 일이 반복되자 도시의 거주민 수는 줄어들었다. 1981년 어느 날, 집 앞마당에서 놀던 12세 소년이 갑자기 주변의 땅이 갈라지면서 생긴 깊이 24m의 거대한 구멍에 빠졌다가 가까스로 구출되는 일이 발생하

1983년 모습

2001년 모습

1983년에는 도로를 따라 건물들이 늘어서 있었으나 이후에도 석탄의 불길이 잡히지 않아 거주 환경이 악화되면서 사람들은 센트레일리아를 떠났다. 2001년에는 아무도 살지 않는 황량한 도시로 변하였다.

아직도 불타는 센트레일리아 마을

였다. 결국, 정부는 엄청난 예산을 들여 마을 주민들을 이주시켰다.

지금도 센트레일리아에는 하루도 거르지 않고 불길이 솟아나고 있다. 밤에 센트레일리아의 들판을 찍은 사진에는 돌이 달궈져 금빛으로 변한 모습을 볼 수 있고, 땅에 성냥을 대면 활활 타기도 하며, 아직도 길의 갈라진 틈으로 연기가 나오고 있다. 이 지역 지하에는 250년 동안 탈 수 있는 엄청난 양의 석탄이 매장되어 있다. 앞으로도 획기적인 화재 진압 기술이 개발되지 않는다면 석탄이 다 타서 고갈될 때까지 센트레일리아는 꼼짝없이 기다려야 한다.

세계인들,
도시에서 살아가다

'도시'라는 공간은 시대와 지역에 따라 그 의미가 크게 달랐다. 중세 시대까지 도시는 특권층이 거주하는 공간이었고, 산업혁명 이후에는 특권층은 물론 노동자들도 함께 거주하는 공간으로 변모하였다. 명멸하였던 세계의 도시들이 지닌 공통점은 무엇이며, 도시는 어떻게 팽창하고 있을까?

| 도시란 무엇인가 | 인류 역사상 각 시대와 지역에 따라 문명의 모습이 다양하듯, 문명을 담고 있는 그릇인 도시도 다양하다. 따라서 도시의 보편적인 특징을 간결하게 정의하기는 어렵다. 하지만 고금을 막론하고 도시가 '정치·경제·사회·문화 활동의 중심' 장소로 기능해 왔음에는 아무도 이의를 제기하지 않을 것이다.

도시의 공기는 자유롭다. 도시는 자유로움을 바탕으로 인류 문명을 선도해 왔으며, 다양한 사상과 예술이 창조되고 전파되는 중심지였다. 도시는 새로운 가치와 이념을 일으켰고, 새로운 기술과 발명을 전파·확산시키는 변화의 중심지로 기능해 왔다.

도시가 농촌 또는 촌락과 크게 다른 점은 밀집성이다. 도시에서는 한정된 좁은 공간에 많은 사람이 거주하고 있으며, 그들의 편의를 위해 도시는 다양한 기능을 수행하고 있다. 농촌이 보유하지 못한 고차원의 상업·교육, 교통·서비스, 문화와 레저 기능을 제공하는 것이 그것이다.

밀집성은 도시가 지닌 산업 특성에 연유한다. 농촌의 경우 토지를 기반으로 하는 1차 산업에 대한 의존도가 높지만 도시에서는 제조업, 서비스업 등 2·3차 산업에 절대적으로 의존한다. 2·3차 산업의 경제활동은 좁은 공간에서

마르크 샤갈의 창을 통해 본 파리
도시는 샤갈의 그림처럼 몽환적인 아름다움을 지니고 있다. 하지만 창문 너머 집들이 빽빽하게 들어서 있는 거리에 사는 사람들은 일하고 밥 먹고 잠자며, 기뻐하고 슬퍼하는 일상을 보낸다.

이루어지기 때문에 세계에서 도시 공간이 차지하는 면적은 넓지 않지만 많은 인구를 부양하고 있다.

도시와 촌락을 가르는 기준은 국가별로 매우 다양하다. 즉 인구수와 인구밀도로 도시와 촌락을 구분하거나 1·2·3차 산업에 종사하는 종사자 비중에 따라 구분하기도 한다. 우리나라에서는 거주자가 5만 명 이상 있어야 도시로 보지만, 아이슬란드와 노르웨이의 경우에는 인구 200명 이상이면 도시로 본다.

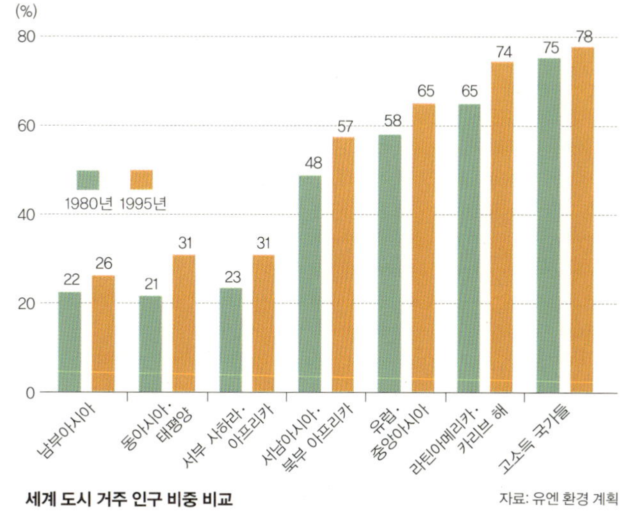

세계 도시 거주 인구 비중 비교

자료: 유엔 환경 계획

| 세계 인구의 절반은 도시에 산다 | 도시화는 생활 형태나 사회 상황의 변화 등을 두루 포함하는 개념이지만 단적으로 보자면 전체 인구 중 도시에 거주하는 인구 비중이 높아지는 것을 말한다. 도시인구의 증가는 도시 내 인구

국가별 도시 거주 인구 비중

경제 발달 수준이 높은 나라일수록 인구의 도시 거주 비중이 높게 나타나며, 아시아나 아프리카와 같이 경제 발달이 더딘 곳은 아직 도시화율이 높지 않다. 하지만 '도시화' 현상은 이미 대세가 되었다.

자료: 유엔 개발 보고서, 2007~2008

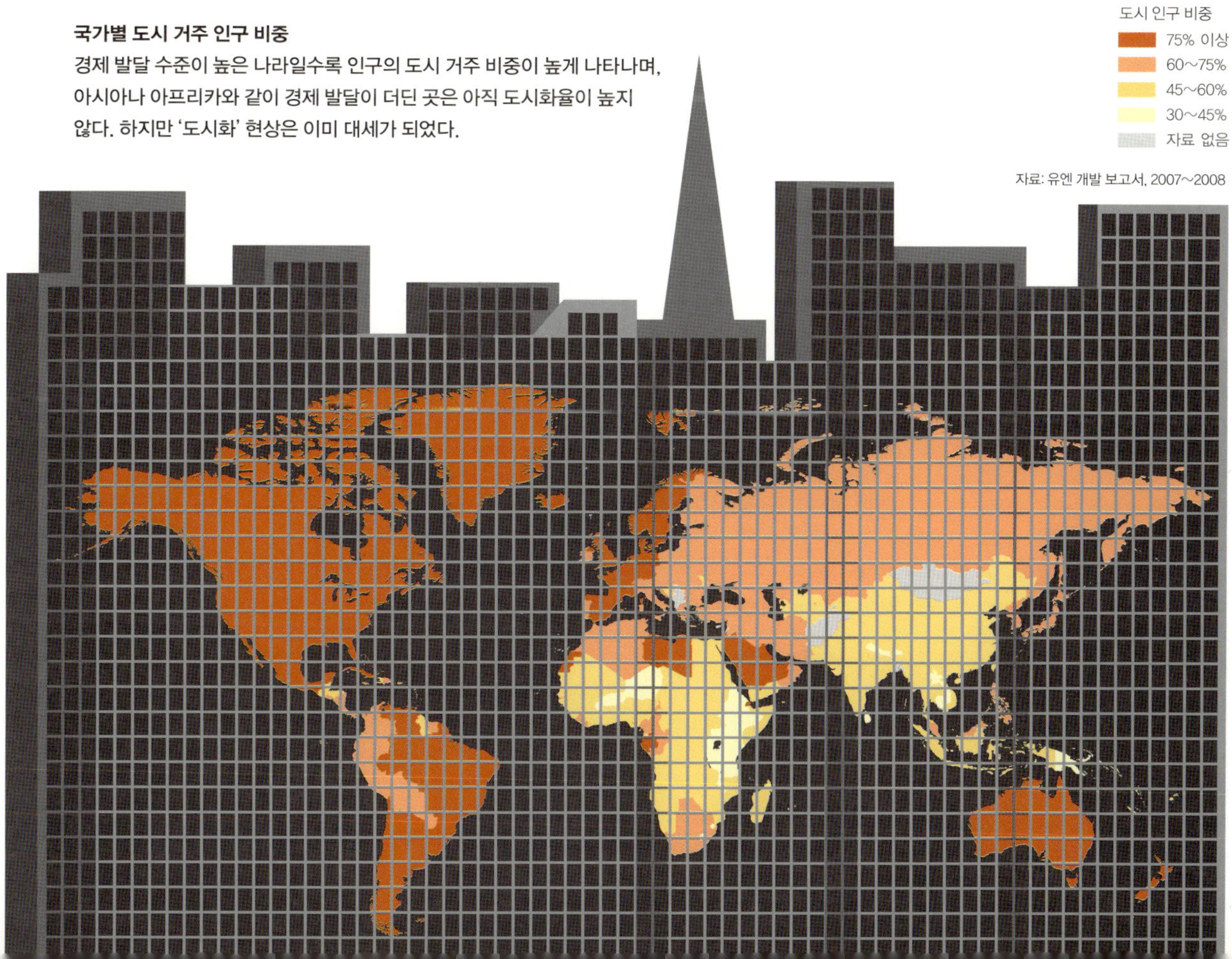

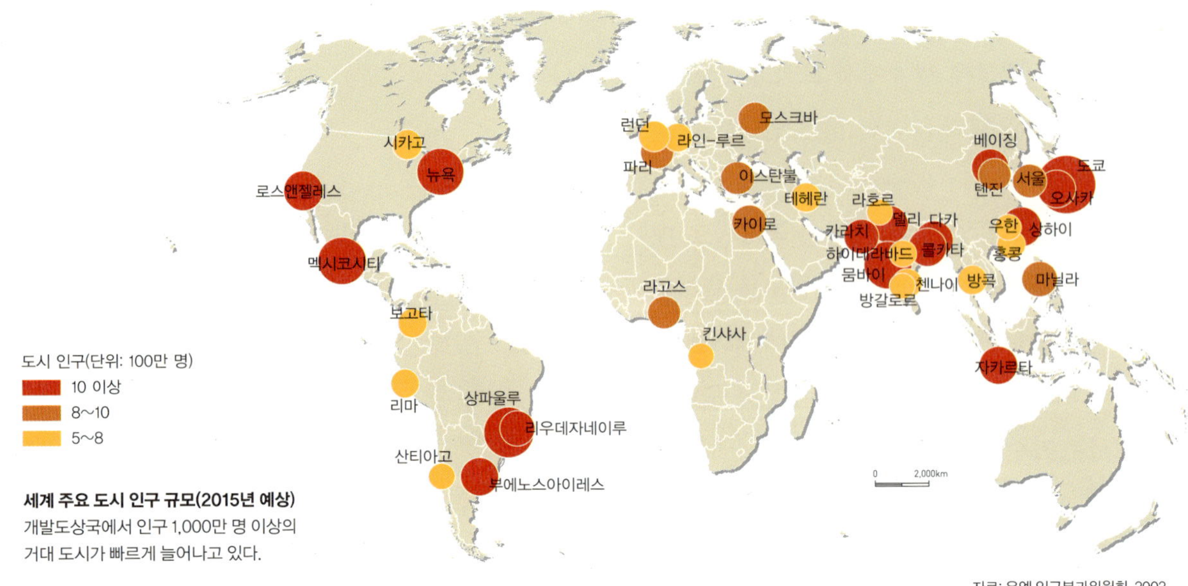

세계 주요 도시 인구 규모(2015년 예상)
개발도상국에서 인구 1,000만 명 이상의
거대 도시가 빠르게 늘어나고 있다.

자료: 유엔 인구분과위원회, 2002

의 자연 증가에서 비롯되기도 하지만, 도시로의 인구 집중, 즉 이촌향도에
의해 이루어지는 경우가 많다.

도시화는 도시의 흡인 요인과 농촌의 배출 요인에 의해 농촌 지역에 살던
사람들이 도시로 이주하면서 이루어진다. 도시는 제조업과 서비스업이 발
달하였기 때문에 노동력의 수요가 발생한다. 도시는 농촌에 비해 기대 임금
이 높고 문화 및 교육 여건이 좋고, 농촌은 농업의 기계화 및 빈농층 증가로
인구 유출력이 확대되어 이촌향도의 인구 이동이 발생한다.

도시는 자본이 끊임없이 축적되는 공간이다. 지리상의 발견, 상업혁명과
산업혁명, 식민지 개척 등의 부의 확보 과정을 통해 선진국에서는 도시화가
오랜 기간에 걸쳐 천천히 이루어진 반면, 개발도상국의 경우 급변하는 사회
현상에 맞물려 도시 성장이 급격히 이루어지고 있다.

도시 성장은 21세기 최대의 화두이다. 2008년 현재 전 세계 인구의 절반
에 해당하는 약 33억 명이 도시에 거주하고 있다. 앞으로도 도시인구는 급
격히 늘어 2030년이 되면 약 49억 명이 될 것으로 추정된다. 아프리카와 아
시아의 경우 2000~2030년 사이 도시 거주 인구는 2배 가까이 증가하리라고
전망되며, 라틴아메리카도 2030년이 되면 도시 거주자가 10억 명을 넘을 것
으로 예측된다.

도시는 개발도상국이 겪고 있는 경제·사회·인구·환경적인 변화의 중심에 놓여 있다. 따라서 개발도상국에서의 도시 성장은 큰 의미를 지닌다. 앞으로 저개발국가의 도시에서 나타나는 변화가 세계의 경제성장, 가난 퇴치, 인구 안정화, 환경적인 지속 가능성 확보, 궁극적으로는 인권 신장을 좌우할 것이기 때문이다.

| 거대도시의 탄생 | 세계에서 가장 큰 대도시 권역은 이미 선진국이 아니라 개발도상국에 존재한다. 개발도상국의 도시화는 빠른 속도로 이루어지고 있다. 브라질 상파울루의 인구는 1900년 20만여 명에서 오늘날에는 1,900만 명까지 성장하였다. 나이지리아의 라고스는 1930년 10만 명에서 오늘날 1,000만 명이 넘는 도시로 성장하였으며, 최근에는 너무 빠른 인구 성장 때문인지 새 인구 통계를 잘 발표하지도 않는다.

2008년 현재 세계에서 인구가 많은 도시는 도쿄, 자카르타, 뉴욕순이다. 우리나라 서울도 수도권에 거주하는 인구를 합하면 약 2,000만 명에 달하여 거대도시를 이룬다.

유엔 자료에 따르면 2015년까지 인구 100만 명 이상의 도시는 358개, 인구 1,000만 명 이상의 거대도시는 27개에 이르게 될 것이라고 전망하고 있다. 이 중 18개는 아시아에 있는 도시로 추정된다. 방글라데시의 다카, 인도

개발도상국의 거대도시
개발도상국에서는 농촌 인구의 도시 유입으로 과잉 도시화 현상이 나타난다. 주택, 도로, 상하수도 등의 기반 시설이 미비한 상태에서 인구가 급격히 증가하기 때문이다. 한편, 인구 증가로 아파트 같은 집단주택이 늘어나 주거의 고밀도화 현상이 나타나며, 그에 따라 도시경관도 변화하고 있다.

네시아의 자카르타, 파키스탄의 라호르는 연평균 인구 성장률이 3%를 넘을 정도로 급속하게 팽창하고 있다.

거대도시들이 군집을 이루는 현상도 활발히 나타나고 있다. 예전에는 별 개였던 도시들이 성장하여 도시의 시가지가 서로 연결되고 있다. 대표적인 곳이 홍콩과 광저우 사이의 주강 삼각주 일대로, 이 지역의 총 인구는 3,000만 명을 훌쩍 넘는다. 이러한 현상은 일본의 도쿄-나고야-오사카, 인도네시아의 자카르타-수라바야에서도 두드러지게 나타난다.

| 세계도시 네트워크 | 도시들 간에는 규모와 기능 및 영향력에 따라 계층적인 구조가 나타난다. 이러한 계층구조를 도시 체계라고 하는데, 도시 체계는 지역과 국가, 나아가서는 세계적 차원에서도 형성된다. 1990년대 이후 국가 간의 경계를 넘어 사람·물자·정보의 교류가 활발해지면서 국제 경쟁이 치열해지는 동시에 국제 협력과 분업이 확대되고 있다. 특히 다국적기업의 영향력 증대, 생산의 국제화, 정보 통신의 발달은 이른바 세계도시 체계의 형성을 가져왔다.

세계도시 체계에서 가장 상위의 도시는 뉴욕과 도쿄이다. 지리학자들은 뉴욕, 도쿄에 런던을 합쳐 '세계도시 World City'라고 부른다. 세계도시는 세계의 금융, 비즈니스, 무역에서 커다란 영향력을 행사하고 있는데, 이같이 영향력이 크고 인구가 집중된 도시를 종주宗主 도시라고 한다. 뉴욕은 종주 도시들 가운데서도 최고의 도시라고 할 수 있다.

뉴욕 맨해튼의 고층 빌딩 숲
맨해튼은 미국 뉴욕의 도심부로 맨해튼 섬을 중심으로 시가지가 발달해 있다. 이곳은 미국은 물론 세계의 경제 및 문화의 중심지 역할을 하며, 유엔 본부를 두고 있다. 맨해튼의 마천루 숲은 단단한 지반, 현대의 건축 기술 등이 총합하여 형성되었다.

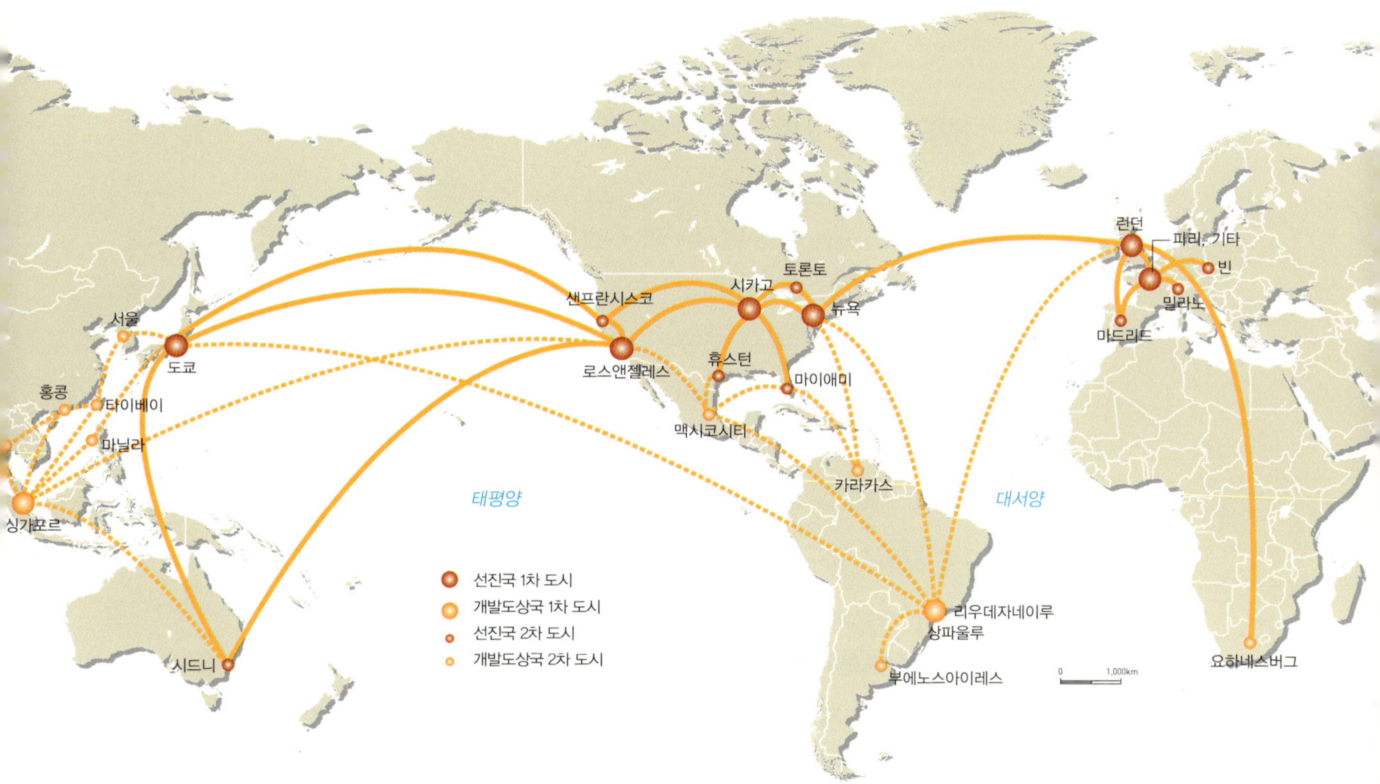

세계도시는 금융·제조·서비스·정보·문화의 중심지이다. 뉴욕은 모든 분야에서 세계를 선도하는데, 특히 세계경제에 미치는 영향력은 막대하다. 세계도시는 지위에 걸맞은 경관을 지니고 있는데, 뉴욕 맨해튼의 경우 고층 빌딩이 숲을 이룬 모습이 장관이다.

세계도시는 세계 자본주의 경제 질서 속에서 다양한 경제적 기능을 한다. 이들 도시에는 세계 굴지의 금융 센터와 다국적기업의 본사가 있으며, 국제 회의도 자주 열린다. 세계도시에는 대규모 자본과 고임금을 받는 국제적 엘

세계도시 간의 네트워크

세계도시는 세계경제의 의사 결정지이며, 세계 자본이 집중되고 축적되는 장소이다. 따라서 세계 도시는 세계도시 체계의 중추적인 역할을 한다. 세계도시 네트워크 속에서도 도시 간 계층 구조가 뚜렷하게 나타난다. 선진국의 1차 도시로는 뉴욕, 도쿄, 런던 등이 있으며, 우리나라의 서울은 개발도상국 1차 도시에 속한다.

종주 도시

인구 규모가 가장 큰 도시를 말하며 우리나라의 종주 도시는 서울이다.

리트가 몰려들며 도시 내에서 생산자 서비스업이 차지하는 비중이 높게 나타나는 것도 특징적이다.

세계도시는 중심부 국가와 주변부 국가의 준세계도시들과도 네트워크를 이루고 있다. 한편, 세계의 도시를 잇는 네트워크는 자본 등의 생산요소와 정보를 나누는 통로 역할을 하지만, 종주 도시들이 선진국 주변 지역이나 개발도상국으로부터 양질의 생산요소를 빨아들이는 기능한다. 따라서 글로벌 도시 체계가 갖추어질수록 중심부와 주변부 세계도시 간, 그리고 각 국가 및 지역 내에서의 중심지와 주변 지역 간 불평등 구조가 심화되는 문제가 발생하고 있다.

| 지역 분화와 도시 내부 구조 | 도시 내부 지역은 어떻게 나눌 수 있을까? 도시는 상업 기능, 주거 기능, 공업 기능 등 다양한 기능을 수행한다. 도시 규모가 작을 때 이들 기능은 공간상에 혼재되어 나타나지만, 도시가 성장할수록 기능별로 분리되는 현상이 나타난다. 이를 도시 내부 공간의 분화라고 한다. 세계의 큰 도시에서는 도시 내의 여러 기능이 다양한 형태로 나타난다.

도시 내부 공간의 분화가 나타나는 이유는 무엇일까? 그것은 접근성과 지대 차이 때문이다. 접근성이란 특정 지역에 도달하기 쉬운 정도를 말하는 것으로, 교통이 편리한 지역일수록 접근성이 높으며 접근성이 높은 지역일수록 높은 지대와 지가를 기대할 수 있다. 도시 내부의 지대와 접근성의 차이는 도시의 규모가 클수록 더욱 뚜렷하게 나타난다.

접근성이 높은 지역에는 높은 지대를 감당할 수 있는 상업 및 업무 기능이 들어서는 반면, 접근성이 낮은 지역에는 주거 및 공업 기능 등이 들어선다. 이와 관련하여 도시는 여러 개의 기능 지역으로 되는데, 기능 지역에는 중심 업무 지역, 상업 지역, 공업 지역, 주거 지역이 있다.

미국, 오스트레일리아 등에서는 대도시의 교외화 현상도 뚜렷하게 나타난다. 도로와 교통이 발달하고 자동차 보급률이 높아짐에 따라 중상류층을 중심으로 주거 공간을 쾌적한 도시 바깥으로 옮기는 교외화 현상이 크게 확산되었다.

◉ 싱가포르의 도시 내 지역 분화

말레이 반도 끝의 섬에 자리 잡은 싱가포르는 도시 국가이다. 싱가포르의 핵심 지역인 도심은 싱가포르 강을 끼고 들어서 있으며, 아시아 금융의 중심지로 기능하고 있다. 싱가포르는 수출 주도형 산업국으로 주롱 지역에는 약 1,600여 개의 공장이 밀집되어 있다. 한편, 센토사 섬과 북부에 자리 잡은 싱가포르 동물원 등은 주요한 위락 공간으로 기능한다. 도시 곳곳에는 싱가포르 정부에서 세운 고층 아파트가 즐비하게 늘어서 있다.

주거 지역 도시민들의 거주 공간이다. 세계의 각 도시마다 고층 아파트, 고급 맨션, 단독주택 등의 다양한 유형의 거주 공간이 있다. 주거지역은 도시의 외곽에 입지하는 경향이 강하며, 계층에 따른 분화 현상이 뚜렷해지고 있다. 사진은 싱가포르 여러 지역에서 볼 수 있는 고층 아파트이다.

위락 지역 싱가포르 동물원

공업 지역 도시에 발달한 공업에 따라 공업지역의 유형은 다소 다르지만, 대부분의 대도시에는 공업지역이 갖추어져 있다. 공업 기능은 주거 기능과 마찬가지로 높은 지대를 지불할 수 없기 때문에 주변부에 위치하는 경향이 강하지만, 철도나 도로 등 주요 교통로와 가까이 위치하는 경향도 크다. 사진은 싱가포르 주롱 공업지역이다.

상업 지역 상업지역은 흔히 도심과 부도심에 위치한다. 최근에는 교외 지역에 쇼핑센터를 함께 건설하여 화려한 경관을 이루기도 한다. 사진은 싱가포르 상업지역인 오차드 거리이다.

중심 업무 지역(도심) 고층 빌딩이 집중되어 있는 곳으로, 도시 내에서 가장 눈에 띄는 곳이다. 좁은 지역에 많은 상업 및 업무 기능이 들어서 있기 때문에 고층화 경향을 보이는 것은 당연하다. 이 지역에는 대기업의 본사, 은행의 본점, 백화점과 같은 고급 쇼핑센터 등이 입지한다. 사진은 싱가포르 도심의 모습이다.

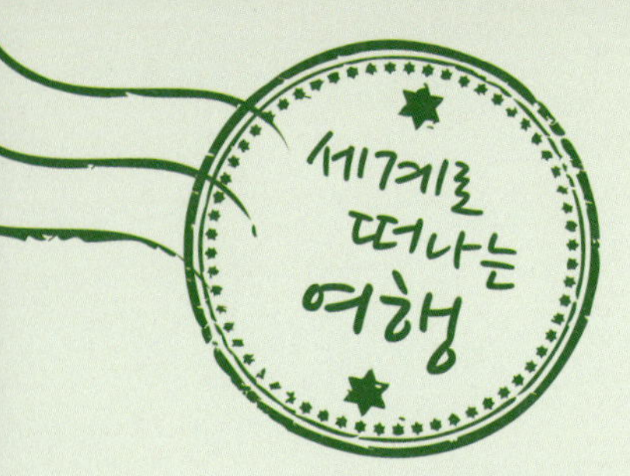

바다 위의 강력한 도시, 베네치아

선생님께

선생님, 저는 지금 바다에 떠 있는 마법의 도시에서 편지를 쓰고 있어요. 어딘지 아시겠죠? 바로 이탈리아의 베네치아예요. 이 도시는 '물 위의 도시', '바다 위의 도시'처럼 로맨틱한 별명이 많은데, 직접 보니 왜 그런 별명이 붙었는지 이해가 돼요. 건물 사이사이로 수로가 있고 그 수로를 따라 곤돌라를 타고 가다 보니 동화의 나라에 온 것 같은 착각이 들어요.

그런데 선생님, 베네치아가 비록 아름답긴 하지만 지리 시간에 배웠던 것처럼 인간이 거주하기 좋은 입지조건과는 거리가 있어 보여요. 배수가 양호하지도 교통이 편리하지도 않거든요. 게다가 해안선이 복잡한 석호(라구나) 지대에 건설되었으니 불편한 게 한둘이 아닐 테죠. 원래 바다 위에 만들어진 도시는 해일의 위험도 크고 육지로부터 들어오는 퇴적물 때문에 도시를 유지하는 것이 힘들잖아요.

그래서 호기심 많은 제가 직접 알아보았어요. 왜 이곳에 도시가 자리 잡게 되었는지를 말이죠. 로마 시대에는 바다로 뻗은 모래땅이나 석호는 사람들이 중요하게 생각하는 공간이 아니었

'물의 도시'라는 별칭을 가진 베네치아

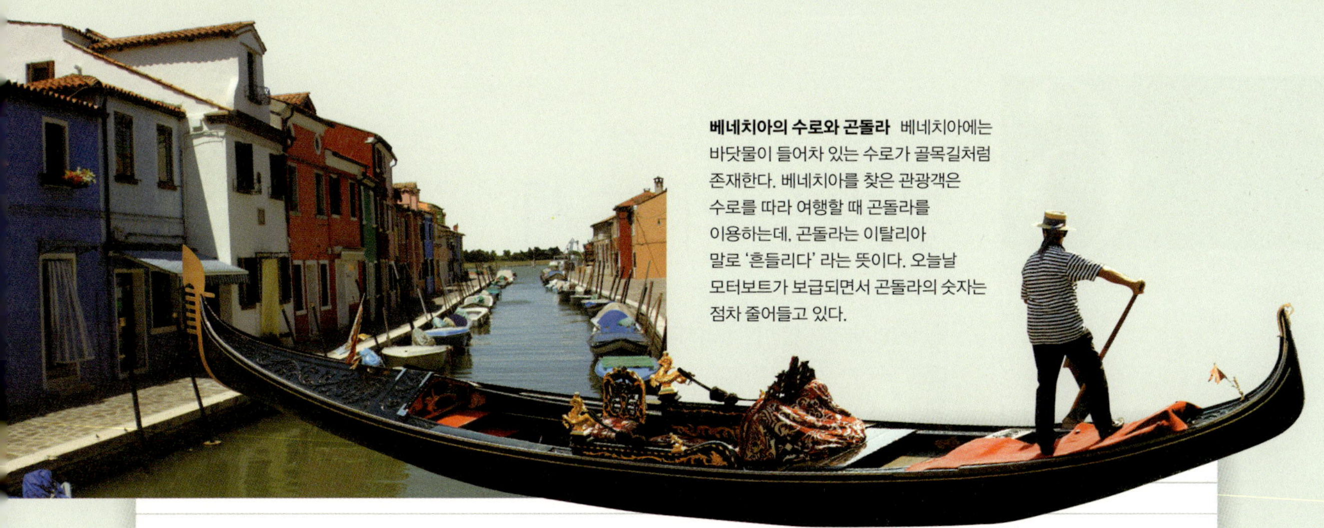

베네치아의 수로와 곤돌라 베네치아에는 바닷물이 들어차 있는 수로가 골목길처럼 존재한다. 베네치아를 찾은 관광객은 수로를 따라 여행할 때 곤돌라를 이용하는데, 곤돌라는 이탈리아 말로 '흔들리다' 라는 뜻이다. 오늘날 모터보트가 보급되면서 곤돌라의 숫자는 점차 줄어들고 있다.

어요. 섬들이 많다 보니 외부로부터 접근하는 게 어려웠기 때문이죠. 하지만 6세기경 롬바르디아족이 이탈리아 반도로 침입하자 사정이 달라져 버렸어요. 이때부터 적의 침입을 피해 육지에서 가장 멀리 떨어진 석호 지역인 '토르첼로', '부라노', '펠레스트리나', '말라모코' 등으로 이주하게 된 거죠. 특히, 베네치아는 다른 석호 지역보다도 방어가 유리해서 프랑크의 피핀에게 공격을 받고도 승리할 수 있었대요.

세월이 지나자 이곳이 이탈리아의 내륙 수운의 중심지가 되었고, 9세기 이후 베네치아 공화국이 성립되면서 11세기부터 15세기까지 아드리아 해의 제해권을 획득하고 해양 교역 시대를 열어 갔어요. 강력한 도시국가로 성장한 베네치아는 제노바와 오스만 튀르크를 굴복시키기도 했어요. 또한 이 시기에 석호 위에 세워진 도시로서의 약점을 보완하기 위해 운하와 인공 지반을 건설하기 시작했어요. 특히, 운하를 건설하여 여러 구역으로 나눈 것은 매우 효율적이면서도 현명한 선택이었어요. 만약 베네치아를 지금처럼 여러 구역으로 나누지 않고, 그 지역 전체를 메웠더라면 수시로 침수 피해를 보았을 거예요. 그랬다면 베네치아가 지금의 명성을 유지하긴 힘들었겠죠.

선생님, 베네치아는 지리 수업에서 강조하신 '인간과 자연의 공존'을 생각하게 합니다. '도시는 살아 있는 유기체'라고 이야기하는 까닭도 도시도 생명력을 가지고 성장하고 변화하기 때문이잖아요. 그런 의미에서 베네치아는 '도시는 유기체'라는 비유를 가장 잘 보여 주는 도시라는 생각이 들더라고요. 귀국하면 선생님과 스파게티를 먹으며 아름다운 베네치아의 추억을 나누고 싶습니다. 그럼 또 편지 드릴께요.

제자 우영 드림

베네치아의 도시 구조 베네치아는 S자를 뒤집어 놓은 형태의 대운하가 도심을 가로지르고 있고, 여기서 갈라진 작은 운하들이 실핏줄처럼 연결되어 있다. 베네치아의 시가지는 100여 개가 넘는 섬들로 이루어져 있으며, 섬들은 수많은 다리로 연결되어 있다. 베네치아는 바다 위에 건설된 도시이므로 땅이 좁아 토지 이용이 집약적이며, 광장과 도로들은 모두 공공 공간에 해당한다.

부자들의 도시

필리핀의 아얄라 알라방 빌리지라는 주택단지에는 필리핀의 전직 대통령을 비롯한 유명 인사와 연예인, 외국인 들이 거주한다. 이 마을에 들어가려면 출입문을 통과해야 하는데, 차량에는 출입 스티커나 거주 등록증이 부착되어 있어야 한다. 마을 안에는 총을 든 수십 명의 경호원이 수시로 순찰을 한다.

| 포스트모던 도시의 이해 | 자본주의가 발달하면서 도시에서는 자본, 곧 시장의 권력이 커지고 상품화·상업화·사유화의 경향이 확대된다. 이 과정에서 도시 공간에 대한 시민의 참여는 줄어들며, 그로 인해 소외는 더 커진다. 고궁, 미술관 등의 공간도 더욱 상업화되어 모든 사람에게 열린 공간이 되지 못한다. 빗장 도시라고 불리는 폐쇄적인 주거 단지가 늘어나며, 상업 시설도 명품 쇼핑센터와 작은 슈퍼마켓 등으로 분화된다.

포스트모던 도시의 가장 큰 특징은 '내적인 분절화'이다. 즉 도시의 여러 공간이 서로 유기적으로 결합하지 못하고 계층에 따라 주거 공간과 상업 공간, 심지어 위락 공간도 분화 또는 양극화된다. 이웃한

지역에 초고층 호화 아파트와 판자촌이 함께 있는 격으로, 이렇게 분절된 공간 사이에는 보이지는 않지만 계층 간 넘을 수 없는 높은 장벽이 존재한다. 이는 곧 소통의 장애 또는 소통의 단절을 의미한다.

대도시에 발달한 상업 공간은 장식적이고 화려하기 그지없다. 백화점은 언제나 화려한 치장이 드리워져 있다. 하지만 이러한 공간을 향유하는 것은 도시의 일부 상류층일 따름이며, 중하류층의 경우 그런 기회가 적어 낯설기 때문에 더욱 소외감을 느낄 수밖에 없다.

도시는 모든 사람의 욕구를 충족시키며 점점 더 번성해 가는 듯하지만, 그 속에는 향유하는 사람보다 소외된 사람이 더 많으며, 실제로 빈곤의 그늘에서 살아가는 사람들이 더욱 증가하는 것이 현실이다.

| 빗장 도시 혹은 빗장 동네 | 도시 생활은 척박하다. 도시의 삶에서 익명성이란 괴물은 사람들을 자유롭게도 하지만, 이것 때문에

도시의 양극화 타워팰리스는 서울의 최고급 주거 공간이고, 구룡 마을은 1980년대 말에 형성된 판자촌으로 불량 주택 지구에 해당한다. 양재천변에 있는 두 마을은 포스트모던 도시의 한 단면을 보여 준다.

해자
성 주위에 둘러 판 연못

누군가를 의심하게 되고 스트레스를 받기도 한다. 특히, 빈부 차이가 점점 커지고 있는 현대사회에서는 그러한 의심과 스트레스가 한층 증가할 수밖에 없다.

'빗장 동네'가 가장 먼저 발달한 곳은 미국이다. 《요새 미국 Fortress America》의 저자 블레이크 리는 빗장 도시를 '거주자 외에 외부 사람들의 출입을 엄격히 제한하는 사유화된 지역'이라고 정의한다.

빗장 동네의 형태는 매우 다양하다. 서울 강남의 고급 주상 복합 단지와 같은 고층형도 있고, 타운하우스 형태의 빌라형이나 단독형도 있고, 산지 지형을 성벽 삼아 혹은 호수나 강을 해자垓子 삼아 만든 리조트형도 있다. 미국에는 약 3만 개의 빗장 동네가 있으며, 여기에는 약 400만 명의 인구가 거주하고 있다. 미국 인구가 약 3억 명이라는 것을 고려하면 극소수의 인구가 빗장 동네에 거주하고 있는 셈이다.

필라델피아에서 자동차로 2시간, 뉴욕에서 3시간 거리에 있는 웨스트 와일드우드는 매우 작은 마을로, 이 마을을 아는 사람은 많지 않고 도로에는 이 마을로의 진입을 알리는 변변한 표지판 하나 없다. 이곳에 사는 사람들은 남들에게 간섭받지 않고 한적하고 안전하게 살고 싶어 한다.

빗장 동네는 비단 미국에서만 볼 수 있는 것은 아니다. 미국에서 시작된 빗장 동네는 캐나다로, 대서양을 건너 유럽 각 국가들로 전파되었으며, 최근에는 아시아 지역에서도 심심치 않게 볼 수 있다. 중국 상하이의 경우 큰 규모의 아파트는 대부분 담으로 둘러싸여 있으며, 외부인을 차단한다는 의미의 커다란 문이 있다. 우리나라도 대도시나 자연경관이 빼어난 바닷가 지역을 중심으로 그 숫자가 빠르게 늘고 있다. 터키의 이스탄불에도 1980년대 이후 빗장 동네들이 생겨났다. 2003년 현재 이스탄불에는 약 400개의 빗장 동네가 있으며, 이들 빗장 동네에는 6만~7만 명의 주민들이 거주한다. 의사, 변호사, 영화배우, 운동선수와 같은 전문직 종사자들이 주로 사는 이들 동네는 이스탄불의 새로운 성벽이 되고 있다.

도심 재개발 과정에서 생겨난 고층형 빗장 동네든, 교외화 과정에서 생겨난 널찍한 빗장 동네든, 앞에서 방문했던 전원형 빗장 동네든 간에 모든 빗장 동네는 부유한 사람들의 차별화된 공간으로 기능하고 있으며, 그들의 여유로운 삶을 지키는 중세의 거대한 성과 같은 역할을 하고 있다.

| 젠트리피케이션, 그 빛과 그림자 | 도시의 규모가 작을 때 주거지역은 도심에 위치한다. 그러나 점차 도시가 확대되면 도심에서는 상업과 업무 기능이 확대되고, 자동차를 소유하고 있는 부유층은 교외로 주거지를 옮긴다. 도심 주변에 남은 주거지역은 노동자들의 거처로 사용되다가 노후화되면서 도시 빈민이나 부랑자들이 거주하는 공간으로 바뀌며 점차 황폐해진다.

최근 세계 곳곳에는 도심 가까이에 위치한 황폐한 공간을 재개발하는 사업이 활발히 이루어시고 있다. 재개발이 이루어지면 과거보다 더 높은 이윤을 창출하는 사무실, 상업 시설 그리고 고소득층을 위한 주거지가 들어서며, 원래의 거주자들은 다른 지역으로 쫓겨나게 된다. 도심에 가까운 낙후 지역에 고급 상업 및 주거지역이

미국 브루클린 지역의 젠트리피케이션
뉴욕시 브루클린에 위치한 애틀랜틱 야드 지역의 젠트리피케이션 광고이다. 기존에 있던 낡은 건물을 허물고 4,500가구의 새로운 주택이 들어서고, 기업의 입주로 1만 개의 일자리가 생겨나며, 주민들의 쉼터가 늘어난다고 홍보하고 있다. 하지만 젠트리피이션이 진행되면 지역에 살던 가난한 사람들은 쫓겨나고 다른 지역에 거주하던 부유한 사람들이 옮겨 오게 된다.

점이지대
서로 다른 지리적 특성을 가진 두 지역 사이에서 중간적인 현상이 나타나는 지역을 말한다. 여기서는 도심 주변의 빈민들이 거주하는 지역을 가리킨다.

새로 형성되는 이 같은 변화를 젠트리피케이션gentrification : 도시 재활성화이라고 부른다.

젠트리피케이션의 원인은 다양한 관점에서 고찰되고 있다. 진보주의 지리학자 닐 스미스는 자본의 흐름과 도시 공간의 생산과정이라는 관점에서 이 현상을 고찰한다. 교외화 과정에서 자본이 교외 지역에 집중 투자되면서 도심에 가까운 지역은 낙후 지역으로 전락하였는데, 이들 낙후 지역의 지대地代가 지나치게 낮아졌음에 주목한 개발업자들이 지주들과 결탁하여 젠트리피케이션이 이루어졌다고 본다. 반면, 데이비드 레이는 '신중간 계층New middle class'의 등장에 주목한다. 신중간 계층은 예술가, 교수, 교사 등의 전문가 집단으로, 이들 신중간 계층이 도심 주변의 점이지대■를 자신들이 거주하는 공간으로 탈바꿈시킨 것이라고 본다.

젠트리피케이션이 이루어지면 지역은 한층 활기를 찾게 되고, 주민들의 평균 소득도 향상되며, 지역에 대한 주민들의 소속감도 높아진다. 하지만 그 과정에서 원래의 거주민들은 대부분 오랫동안 살아왔던 동네를 떠날 수밖에 없으며 기존의 지역 생태계는 파괴될 수밖에 없다. 결국, 젠트리피케이션은 중하류층이 살아가는 공간에 상류층이 치고 들어와 울타리를 치는 또 다른 빗장 동네를 형성해 가는 과정이다.

| 어번 빌리지 운동과 그 한계 | 세계 곳곳의 도시 골목에서 이웃 간의 소통을 위한 시도가 이루어지고 있다. 영국의 파운드베리Poundbury가 그 예이다. 런던에서 자동차로 3시간을 가면 영국 남서부에 자리 잡은 아담한 마을 파운드베리에 도착하는데, 이곳은 마치 잘 보존된 유적지 같다.

영국 파운드베리는 이른바 도시계획의 새로운 시도인 어번 빌리지Urban Village 운동에서 시작되었다. 파운드베리의 주된 교통수단은 걷기 또는 자전거 타기이다. 뱀처럼 굽은 길, 길과 길 사이를 차단하는 나무들, 어슷어슷하게 배열된 집들은 파운드베리가 차를 위한 도시가 아닌 사람을 위한 도시임을 보여 준다. 상가나 학교 등은 걸어서 10분 이내에 닿을 수 있도록 배치하였다. 파운드베리의 건물들은 용도가 복합적이며 다양하다. 한 건물 안에 상가와 주택이 사무실과 공장들과 함께 있는 경우가 많고, 분양주택과 임대주택이 붙어 있기도 하며, 공해가 없는 공장은 주택들 사이에 위치하기도 한다. 파운드베리 사람들은 살아 있는 커뮤니티를 추구한다. 그들은 길거리에서 서로 인사를 나누고, 이웃을 방문하여 담소를 나눈다. 어른들은 학교까지 아이들을 데려다 주면서 매일 선생님과 아이 친구들의 부모들을 만난다. 또한 텃밭에서 재배한 채소나 꽃 등을 이웃과 나누기도 한다. 주민들은 도시에서 안전과 편안함을 느끼며 살아간다.

　파운드베리로 대표되는 어번 빌리지 운동은 도시계획의 새로운 모델로 제시되고 있으며, 이와 유사한 움직임이 미국의 뉴어버니즘으로 이어졌다. 한편, 어번 빌리지 운동과 뉴어버니즘은 공동체와 자연을 갈망하는, 일부 가진 자들이 추구하는 공간에 지나지 않다는 지적을 받기도 한다.

영국의 파운드베리 휴먼 스케일(인간의 척도, 인간이 받아들이는 척도)이 강조된 신도시이다. 자동차보다는 도보를 우선시하고, 주민 간의 소통을 강조한다. 도시 조성 당시보다 집값과 땅값이 배 이상 폭등하여 '그들만의 동네'로 변질되고 있다.

가난한 자들의 도시

'지라니 합창단'은 케냐의 빈민가 아이들로 구성되어 있다. 이 아이들 대부분은 당장 먹을 것이 없어 쓰레기 더미를 뒤져야 하고, 공부를 하고 싶지만 학교 문턱에도 갈 수 없으며, 전기가 들어오지 않아 밤이 되면 암흑 속에서 지내야 한다. 하지만 그들의 노랫소리는 그들보다 몇 배나 문명의 혜택을 누리며 사는 우리를 위로해 준다.

| 브라질의 빈민촌, 파벨라 | 브라질의 리우데자네이루는 삼바와 카니발의 도시이다. 대서양을 끼고 있는 이 도시는 아름다운 해변과 힘차게 솟아오른 멋진 코르코바도 산을 지니고 있다. 아름다운 바다에는 별장용 개인 섬과 요트가 있으며, 해변을 따라 값비싼 호텔과 고층 아파트가 즐비하다. 하지만 리우데자네이루에는 또 다른 모습의 공간이 있다. 바로 빈민들이 거주하는 산동네 파벨라이다. 리우데자네이루는 물론 상파울루 같은 브라질의 대도시에는 벽돌과 나무로 얼기설기 지은 오두막들이 빼곡히 들어찬 빈민

리우데자네이루의 파벨라 파벨라는 대도시 지역의 빈민가로, 농촌에서 도시로 몰려든 빈민들이 거주하는 공간이다. 마약 소굴, 범죄의 온상으로 알려져 있지만 빈민들에게는 더없이 따뜻한 보금자리이다.

가가 산자락부터 산등성이를 타고 산 전체를 둘러싸고 밀집해 있다.

사람들은 돈이 생기면 벽돌 몇 장을 사서 담을 올리고, 그렇게 살다가 또 돈이 생기면 담을 더 올리는 식으로 집을 짓는다. 1층 집은 얼마 뒤 2층이 되고, 나중에는 3~4층의 다가구주택이 된다. 파벨라 내에서도 소득 격차가 뚜렷한데 지상에 가까울수록 형편이 나은 사람들이 산다.

리우데자네이루에만 약720여 개의 파벨라가 있으며, 리우데자네이루 전체 인구 700만 명의 약 30%가량 파벨라에 거주한다. 그중에서 가장 큰 호싱냐 파벨라에만 28만 명 정도가 거주하는 것으로 추정된다.

파벨라에는 대낮에도 총격전이 벌어져, 아이들은 어머니의 자장가가 아닌 총성과 비명 소리를 들으며 자란다. 파벨라에 사는 사람들은 파벨라를 "이라크나 보스니아보다 더한 전쟁터"라고 말한다. 실제로 파벨라에서 한 해 동안 총격전으로 희생되는 사람이 수천 명에 이른다.

이처럼 열악하지만 파벨라는 여전히 사람들이 살아가는 곳이기도 하다. 범죄자가 많고 마약을 하는 사람도 적지 않지만, 보통은 빈곤 때문에 이곳으로 거처를 옮기는 평범한 사람이 대부분이다. 파벨라에도 성당과 학교가 있으며, 아이들은 파랗게 부서지는 바다에서 서핑도 하고, 흰 모래밭에서 축구를 하기도 한다.

브라질은 다민족국가이다. 전체 인구 중 백인이 55%, 혼혈인이 38%이며, 흑인은 6%, 인도계를 포함해 기타 소수민족이 1%를 차지한다. 하지만 부의 분배는 철저히 소수의 백인을 중심으로 이루어진다. 백인이 대부분인 상위 10%의 인구가 브라질 전체 부의 절반을 차지하며, 전체 인구 1억 9,000만 명 가운데 약 3,500만 명 이상이 월수입 5만 원 이하인 극빈층이다. 이들 극빈층의 대다수는 흑인 아니면 혼혈인들이다.

2008년 5월 서울에서 열렸던 인권 영화제의 개막작은 브라질 빈민가인 파벨라에서 음악을 통해 지역 자치 운동을 벌이는 아프로레게 그룹을 다룬 작품 〈파벨라 라이징Favela Rising〉이었다. 이 영화를 보노라면 파벨라가 얼마나 고통스러운 곳인지, 파벨라에 거주하는 사람들이 얼마나 순수한지 느낄 수 있다.

영화 〈파벨라 라이징〉 희망이라곤 찾아볼 수 없는 암담한 현실. 멈춰지지 않을 듯한 폭력과 살해의 현장에서 폭력을 이기기 위한 처절한 몸부림으로 음악 운동을 벌이는 사람들이 있다. 사람들 내면 깊숙이 박힌 증오와 절망의 뿌리를 잘라 내고 삶에 대한 소망을 새로 심는 과정을 감동적으로 그린 영화이다.

│ 세계의 슬럼과 슬럼 속의 사람들 │ 미국의 경제지 《포브스》는 2030년 세계의 도시를 예상하면서, "유토피아는 잊어라. 미래 도시는 방대한 슬럼이다."라고 말한다. 《포브스》는 '21세기 도시'라는 특집을 통해 과도한 도시 집중화 현상으로 아시아 등 제3세계 도시를 중심으로 슬럼이 광범하게 형성되며, 도시인구 중 40%는 슬럼에서 생활하게 될 것이라는 암울한 전망을 내놓았다.

세계의 대도시에서 슬럼은 대세로 자리 잡고 있다. 미국의 사회학자 마이크 데이비스가 쓴 《슬럼, 지구를 뒤덮다Planet of Slums》에 따르면 나이지리아의 도시인구 중 약 80%4,160만 명가 슬럼에서 살고 있으며, 인도 인구 중 56%1억 5,840만 명가 슬럼 거주자이다.

터키 이스탄불의 게체콘두
이스탄불에는 300만 가구 1,500만 명이 거주하고 있다. 가옥 중 60%가 무허가 건축물로 이러한 집을 게체콘두(하룻밤에 지은 집)라고 하며 빈민이 주로 거주한다.

전 세계의 슬럼들
전 세계의 대도시에는 다양한 형태의 슬럼들이 있다. 낙후된 슬럼가를 재개발하려는 정부와 이를 저지하려는 거주민의 충돌이 끊이지 않고 있다. 대도시의 슬럼 현상은 개발도상국에서 더욱 심하다. 인도의 뭄바이, 이집트의 카이로, 멕시코의 멕시코시티, 브라질의 리우데자네이루 등은 인구 1,000만 명 이상이 거주하는 초거대 도시로, 슬럼 역시 거대한 규모로 형성되어 있다.

아시아 최대의 슬럼, 인도 다라비 영화 〈슬럼독 밀리어네어〉의 무대가 되기도 한 다라비. 뭄바이 시내와 외곽을 왕래하는 기찻길을 따라 수백 개의 슬럼이 모여 형성된 아시아 최대의 슬럼이다. 거주민 500명당 화장실이 1개로 다라비의 환경은 최악이다. 악취가 코를 찌르는 개천 옆으로 양철과 슬레이트로 얼기설기 엮은 집들이 위험하게 서 있다.

유엔 해비타트 Habitat: 인간 거주 계획에 따르면, 방글라데시의 경우 도시인구의 84.7%가 슬럼에 거주하며, 에티오피아에서는 그 수치가 99.4%에 달한다.

세계 최대의 슬럼은 멕시코시티 외곽에 있는 거대한 판자촌 '네사, 찰코, 이스타' 지역이다. 이곳에 거주하는 인구는 무려 400만 명에 달한다. 슬럼은 대도시 어디에나 존재하며, 선진국의 뒷골목에도, 우리나라에도 적지 않다. 이집트 카이로에는 맘루크 왕조 시절의 무덤을 개조하여 빈민들이 살고 있

세계의 주요 슬럼 도시들
슬럼은 지구에 만연한 전염병과도 같다. 신자유주의와 세계화 시대에 슬럼이 늘어나는 것은 도시가 늘어나고 그 도시들의 규모가 커지는 것에 기인한다. 세계 곳곳에서 인구 1,000만 명의 대도시, 즉 메가시티(megacity)가 늘고 있는 것은 슬럼이 증가하고 있기 때문이다. 유엔은 2050년이 되면 세계 인구의 70% 이상이 도시에 거주하고, 그중 절반 이상은 슬럼 거주자일 것이라고 예측하였다.

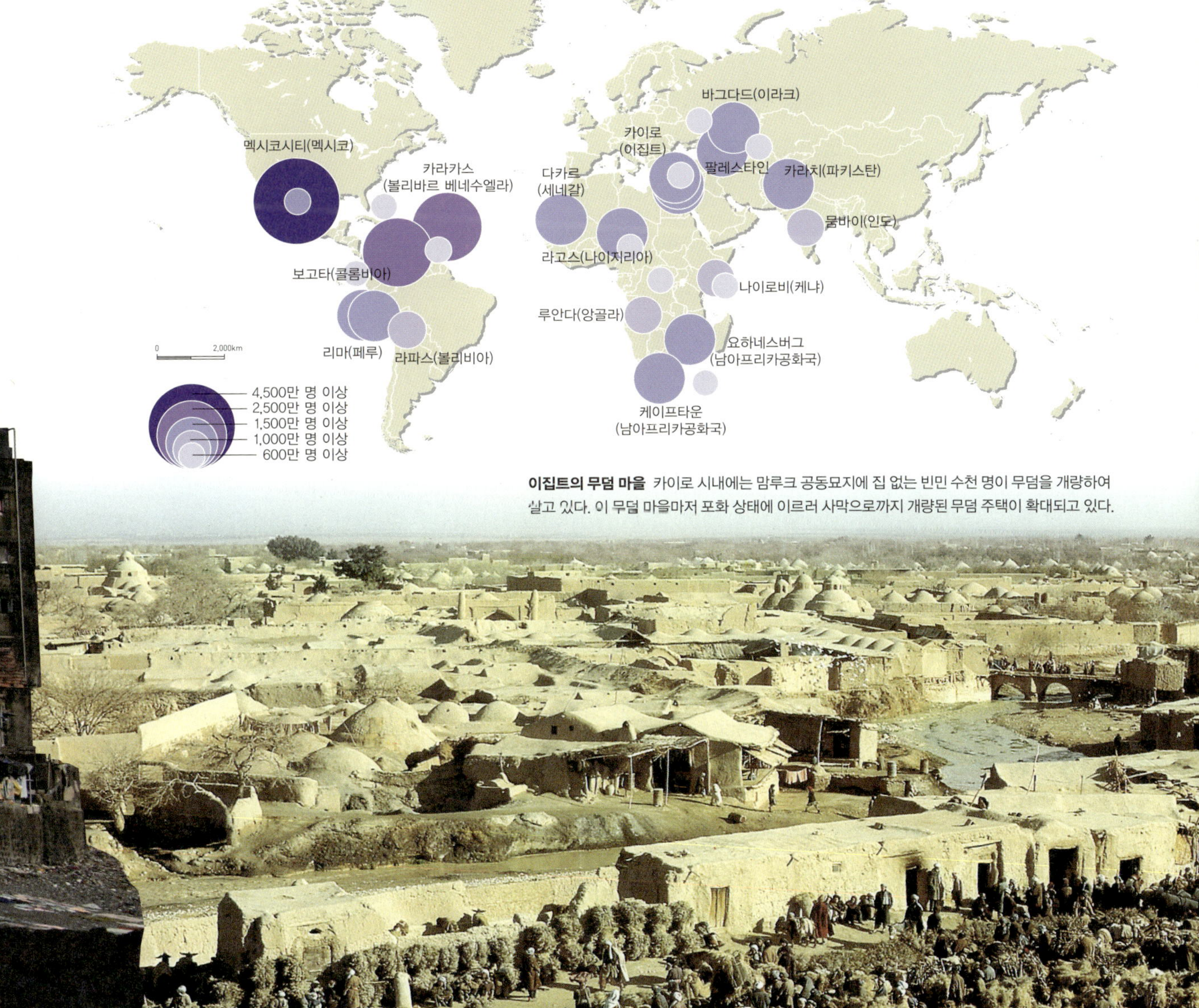

이집트의 무덤 마을 카이로 시내에는 맘루크 공동묘지에 집 없는 빈민 수천 명이 무덤을 개량하여 살고 있다. 이 무덤 마을마저 포화 상태에 이르러 사막으로까지 개량된 무덤 주택이 확대되고 있다.

영국 런던 슬럼가의 한 가정 1883년 8월 18일자 영국의 《런던뉴스》 신문에 실린 그림이다. 좁은 집에 9명의 가족이 살고 있는데, 화내는 엄마, 냉담한 아버지, 아픈 아이, 우는 아이, 공포에 질린 아이의 모습이 잘 나타나 있다.

으며, 이스라엘의 가자 지구도 팔레스타인 사람들이 거주하는 거대한 슬럼이다. 터키의 이스탄불에서는 하룻밤 사이 쓰레기 더미 위에 슬럼이 만들어지기도 한다.

슬럼에 사는 사람들의 가장 큰 고민거리는 물과 하수 시설, 화장실이 부족한 것이다. 베이징의 슬럼에서는 화장실 하나를 6,000명 이상이 공유하기도 하며, 아프리카의 도시에서는 화장실이 없어 비닐봉지에 대변을 받아 공터로 날려 보내기도 한다. 하수 시설이 제대로 갖추어져 있지 않아 우기에는 땅이 늘 질척이며, 온갖 세균이 번식하여 전염병이 쉽게 퍼지기도 한다.

슬럼은 자연재해에도 쉽게 노출된다. 건축 재료의 내구성이 약하기 때문에 지진이 발생하면 집들이 힘없이 무너지며, 홍수가 발생해도 집들이 쉽게 떠내려간다. 더구나 이런 지역은 인구밀도가 매우 높아 재해에 따른 인명 피해도 클 수밖에 없다.

| 슬럼 확대와 슬럼 몰아내기 | 슬럼의 역사는 정확히 알 수 없지만, 산업혁명기로 거슬러 오를 수 있다. 산업혁명의 영향으로 농촌을 떠나 도시에 정착한 노동자들은 열악한 조건의 공장에서 장시간 노동에 시달리면서 도시 변두리에서 거주하였다. 그때의 참혹상은 오늘날의 슬럼과 다름없다.

슬럼이 세계의 도처로 확산되기 시작한 것은 신자유주의적 세계화와 도시화 정책 탓이 크다. 미국의 국제 금융자본이 미국식 시장경제 체제를 개발도상국 발전 모델로 삼도록 합의한 것을 '워싱턴 컨센서스'라고 하는데, 이는 곧 신자유주의 세계화의 시작을 의미한다.

IMF, 세계은행 등을 위시한 국제 금융자본은 제3세계 국가에 대한 융자 조건으로 민영화, 무역 규제 철폐, 식량 보조금 중단, 공공서비스 축소 등을 내세웠다. 그 결과 도시 중산층의 상당수는 빈민으로 전락하였으며, 농민 역시 삶의 터전을 잃고 도시로 내몰렸다.

필리핀 정부나 개발업자들은 슬럼을 없애기 위해 이른바 '뜨거운 철거법'을 사용하기도 한다. 들쥐나 고양이를 등유에 적신 후 꼬리에 불을 붙여 슬럼에 놓아 주면 화재가 발생한다. 슬럼가의

재개발에 맞서 싸우는 필리핀의 슬럼가 사람들 정부는 도시 미관 개선을 위해 슬럼을 없애려 하지만, 슬럼의 주민들은 새로운 집을 구하기 어렵기 때문에 슬럼을 철거하는 데 반대한다. 이 때문에 슬럼의 철거 과정에서 정부와 주민 간 물리적 충돌이 발생하는 경우가 많다.

스쾃 예술의 집 파리 리볼가 59번지, 1999년 11월, 30여 명의 창조자들이 1,500㎡의 공간을 점거하여 만든 살아 숨 쉬는 현대 미술관 로베르네 집이다. 젊음의 의미를 일깨우는 각성제이자 가난한 예술가들에게 용기와 위안을 주는 곳이다.

집은 주로 나무로 짓는 데다 벽과 처마를 맞대어 짓기에 불이 쉽게 번져 슬럼이 잿더미가 되는 것이다. 2010년 월드컵이 열린 남아프리카공화국의 더반 슬럼가도 도시 미관을 해친다는 이유로 대거 철거되고 빈민들이 추방되는 비극을 맞았다.

제3세계 국가의 정치가는 늘어나는 도시 빈민을 위해 적절한 인프라를 갖춘 주택을 제공하는 정책을 펼치지 않았으며, 일부 중간 계층들은 빈민에게 가야 할 주택 보조금을 중간에서 가로채기도 하였다. 슬럼의 규모는 점점 더 커지고 있으며, 도시 공간에서의 양극화도 극단적으로 진행되고 있다.

이에 최소한의 생존 공간을 잃지 않기 위한 빈민들의 투쟁도 확대되고 있다. 그중 하나가 스쾃squat이다. 스쾃이란 부재지주의 집을 무단 점유하는 것으로, 이를 지지하는 사람들은 생존권이 재산권보다 우선한다고 주장한다.

한편, 2001년부터 유엔 인간 거주 계획과 유엔 환경 계획, 세계은행 등은 슬럼 주거 여건 개선과 슬럼 주민의 교육 지원 사업을 해오고 있다. 하지만 개발도상국의 슬럼 구조를 개혁하지 않은 슬럼 개선 운동은 도시 빈민 축출이라는 부작용만 낳는다는 지적도 있다.

예술가들의 스쾃 운동 예술가들이 방치된 건물이나 철거 직전의 낡은 건물을 불법으로 점거하여 작업장이나 공연장으로 사용하는 것을 말한다. 불법점거이므로 경찰이 출동하고, 퇴거 명령과 재점거를 되풀이하면서 충돌이 발생하기도 한다. 하지만 스쾃 운동은 소외되고 우범화된 장소를 예술가의 집단 창작촌으로 만들어 에너지 넘치는 예술 중심지로 탈바꿈시키는 새로운 문화적 도전이기도 하다. 아예 장기간 불법 점거 후 정부 지원을 받아 건물을 매입해서 예술가의 터전으로 삼기도 하고, 경찰에 의한 강제 퇴거 시 공연 퍼포먼스 등 축제를 열면서 자진 철수하기도 한다. 스쾃 운동은 일탈인 동시에 자유의 창조라고 할 수 있다.

8 생태 도시를 만나다

스웨덴의 작은 도시 예테보리는 '예테보리 2050'이라는 프로젝트를 실시하고 있다. 예테보리에서 쾌적하고 여유롭게 살 수 있도록 지금부터 노력하자는 이 프로젝트는 환경뿐 아니라 인구·교육·소비·교통·주택·산업·여가 생활 등에도 관심을 갖고 있다. 여기서 가장 강조되는 것은 에너지이다.

| 쿠리치바라는 희망 | 쿠리치바Curitiba는 브라질 남부 파라나Parana 주의 주도로, 리우데자네이루에서 800km 떨어진 대서양 연안에 위치한다. 이 도시는 생태 환경 도시의 본보기로 주목받고 있으며, '지구에서 환경적으로 가장 올바르게 사는 도시', '세계에서 가장 혁신적인 도시', '세계에서 가장 현명한 도시'로 평가받고 있다. 쿠리치바 시민들도 자신들이 살고 있는 도시를 '브라질에서 가장 살기 좋은 도시', '거대한 숲 속에 묻혀 있는 녹색 도시' 등으로 표현하며 자랑스러워한다.

쿠리치바는 16세기 중엽 포르투갈에서 온 이주민들이 모여 살면서 세운

쿠리치바의 바리귀 공원 쿠리치바의 홍수 문제를 해결하기 위해 일부 지역에 배수를 위한 나대지를 만들고 공원과 유수지 역할을 하는 호수를 조성하였다. 바리귀 공원은 시민들의 휴식 공간으로도 활용되고 있다.

도시로, 제2차 세계대전 후 제조업과 서비스업의 중심지로 성장하였다. 그러나 쿠리치바도 개발도상국의 여느 도시들과 마찬가지로 급속한 인구 증가와 무질서한 개발로 환경오염이 심한 도시였다.

이 도시를 오늘날의 생태 도시로 바꾼 것은 1971년부터 1992년까지 이 도시의 시장을 지낸 자이메 레르네르Jaime Lerner의 정책 덕분이었다. 건축가였던 레르네르 시장은 쿠리치바의 중심가에 보행자를 위한 도로를 만드는 사업을 전개하였다. 단 며칠 만에 자동차 전용 도로가 보행자 도로로 바뀌었다.

당시 쿠리치바 시민들의 반대도 만만치 않았다. 차도가 보행자 도로로 바뀌던 주말, 보행자 도로를 차도로 돌리기 위해 차량 시위가 있을 것이라는 정보를 입수한 시장은 새로 만든 보행자 도로에서 어린이 사생 대회를 열었다. 이로써 보행자 도로를 지켜 낼 수 있었으며, 지금도 쿠리치바를 여행하는 사람들은 보행자 도로에서 그림을 그리고 있는 아이들을 만날 수 있다.

이 도시에서 가장 눈길을 끄는 것은 독창적인 교통 체계이다. 쿠리치바에는 지하철이 없다. 버스를 땅 위의 지하철 삼아 입체적인 대중교통 노선을 개발해 교통난을 해소하였다. 지하철 건설비의 10~20%로 시속 30km의 속도를 내는 성과를 거두었다. 급행 버스, 지역 버스, 직통버스 등을 색깔별로 구분하였으며, 버스 간에 완벽한 환승 시스템을 마련하였다. 서울의 시

쿠리치바 어린이 사생 대회 사생 대회에 참가한 쿠리치바의 어린이들은 어려서부터 생태적인 마음가짐을 배우며 지속 가능한 발전을 내면화하게 된다.

쿠리치바의 버스 정류장 3대의 버스를 붙인 형태의 굴절형 버스와 장애인도 편리하게 이용할 수 있는 원통형의 버스 승강장이 특징적이다.

내버스 체계도 쿠리치바의 교통 체계를 모방한 것이다.

쿠리치바는 숲의 도시이다. 도심지가 아닌 곳에서는 건물을 지을 때 간선 도로로부터 5m의 공간을 확보하고 나무를 심었다. 이렇게 심은 나무가 약 100만 그루에 달하며, 시민 1인당 공원 면적도 약 100배나 증가하였다. 반면 주거지역에서는 전체 면적의 50%에만 건물을 지을 수 있게 하고, 나머지는 자연 상태로 남겨 두어 토양의 빗물 흡수를 늘렸다.

쓰레기 관련 정책도 쿠리치바를 희망의 도시로 만들어 놓았다. 주민들에게 분리수거를 독려하여 재활용품의 재활용률을 높였으며, 분리수거된 물품들을 농산물이나 생활용품으로 바꾸어 가난한 사람들의 생계에 보탬이 되도록 하였다. 어린 학생들이 재활용품을 가져오면 학용품으로 바꿔 주기도 하였다. 분리 수거된 물품을 분리하고 재생하는 공장에서는 알코올 중독자, 실업자, 장애인 들을 고용하여 이들이 사회에 적응할 수 있게 하였다.

생태 도시란 무엇인가 생태 도시는 지속 가능한 도시이다. 생태 도시는 도시가 하나의 유기적 복합체로 기능하는 도시로, 도시 활동과 공간 구조가 생태계의 속성인 다양성·자립성·순환성·안정성을 갖춘 도시이다. 생태 도시는 지속 가능성과 관련하여 몇 가지 특성을 지니고 있다.

첫째, 생태 도시는 자연 생태계의 보전을 위해 도시적 생태계를 보호하고 환경 오염을 줄이는 '자연성'의 원칙을 추구한다. 둘째, 생태 도시는 지역의 자급자 족적인 경제활동 실현을 뜻하는 '자급자족성'의 원칙을 추구한다. 셋째, 생태 도시는 '사회적 형평성'의 원칙을 추구한다. 넷째, 생태 도시는 도시계획 및 개 발 전반에 걸쳐 지역 문제에 관한 이해 관계자들의 자발적이고 협동적 참여를 통해 만들어 가는 '참여성'의 원칙을 추구한다. 마지막으로, 생태 도시는 지속 가능한 도시를 위한 모든 의사 결정 과정에서 항상 미래 세대의 이익을 고려해 야 하는 '미래성'의 원칙을 추구한다.

-《알기 쉬운 도시이야기》, 경실련 도시 개혁 센터

세계의 수많은 도시를 생태 도시와 비생태 도시로 명확히 구분할 수는 없 다. 많은 도시들이 생태 도시를 지향하고 있지만, 지향, 노력, 성취의 강도 에 차이가 있게 마련이다. 세계의 여러 도시는 주민들이 건강한 삶을 살 수 있도록 물과 위생 시설, 교통 체계, 냉난방 에너지를 확보하기 위해 노력하 고 있다.

독일 킬레스베르크 공원
1930년대까지는 채석장으로, 그 이후에는 폐기물 처리장으로 활용되던 곳이다. 최신 생태 공법을 통해 재탄생하여 이제는 수많은 시민들의 휴식처, 여가와 문화 활동의 공간, 자연과 인간관계를 교육하고 사색하는 터가 되었다.

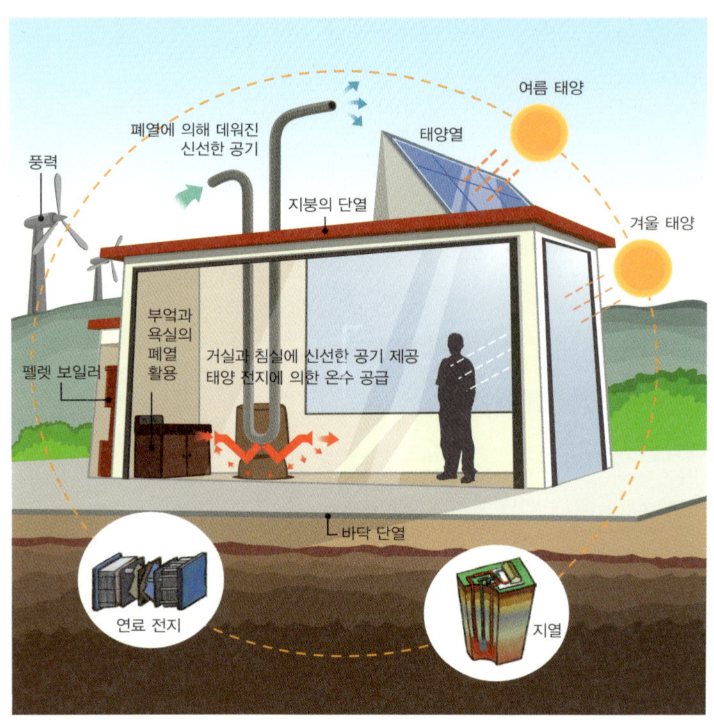

에너지 독립형 주택(그린 홈) 그린 홈이란 태양광, 지열, 풍력, 수소 연료 전지 등 신재생 에너지를 이용하는 주택을 말한다. 즉 집안에서 가족들이 생활하는 데 필요한 에너지를 자급하고 탄소 배출을 거의 하지 않는 친환경 주택이다.

| 에너지 자급 도시로 가는 길 | 도시에서 사용하는 기반 시설을 건설하고 냉난방을 공급하며 조명을 밝히는 데는 많은 에너지가 소비된다. 공장을 가동하고 자동차를 운행하는 데도 많은 에너지가 필요하다. 건물, 도로, 다리 등은 그 자체가 커다란 에너지 덩어리인 셈이다.

도시에서 사용하는 에너지의 대부분은 외부에서 사들인다. 에너지는 확보에 엄청난 비용이 들 뿐 아니라 가스관의 가스 누출 및 폭발 등 그것으로 인한 대형 재난이 발생하기도 한다. 또 석유와 석탄 등 화석 연료에 대한 의존도가 매우 높기 때문에 도시 사람들의 과다한 에너지 사용은 지구의 생태계 훼손으로 이어진다. 전 세계 이산화탄소 배출량의 1/3 을 건설업에서 내뿜고 있으며, 인간이 배출하는 쓰레기의 약 40%가 건축 폐기물이다.

오늘날 몇몇 도시는 에너지 자급을 꿈꾸고 있다. 생태 도시로 유명한 독일의 프라이부르크 시에는 태양광이나 태양열을 활용하여 난방을 하고 온수를 얻는 건물들이 많다. 프라이부르크 시의 바우반Vauban 마을에는 태양광 연립주택 단지가 조성되어 있는데, 이 마을은 저에너지 하우스들로 이루어져 있다. 땅속에 존재하는 지열을 이용하는 건물도 늘고 있다. 미국 루이지애나 폴크에서는 4,000가구의 개별 냉난방 및 온수 공급 장치를 지열로 교체하였다. 도시에서 발생한 쓰레기를 태워 냉난방 에너지로 사용하는 열병합발전은 세계 여러 지역에서 이용되고 있으며, 우리나라의 신도시 지역에서도 활발히 이용되고 있다.

프랑스의 파리에 가면 어디서나 자전거를 빌려서 탈 수 있다. 파리 시가

바우반 마을의 태양광 연립주택 주택을 지을 때 벽체와 단열재를 두껍게 하고 이중 유리창을 달았으며, 지붕에는 태양광 발전을 위해 태양열 패널을 설치하였다.

공영 자전거를 유료로 대여하는 벨리브 Velib: 자전거(velo)와 자유(Liberte)의 합성어 시스템을 도입하였기 때문이다. 벨리브 시스템을 이용하는 사람이 한 달에 150만 명에 달할 정도로 호응도가 높다.

자전거는 이제 유럽과 일본의 여러 도시에서 버스, 전차 등과 함께 주요 교통수단으로 이용되고 있다. 자전거 이용을 활성화하기 위해 자전거 전용 도로가 늘고 있으며, 자전거를 주차하기 위한 대형 주차 건물도 생겨나고 있다.

무인 자전거 대여소 파리 시는 시민들에게 유료로 자전거를 대여하는 벨리브 시스템을 운영하고 있다. 우리나라도 서울을 비롯한 여러 지역에서 무인 자전거 대여 시스템을 운영하고 있다.

이탈리아의 오르비에토 전경 해발 195m의 구릉지 위에 새 둥지처럼 자리 잡고 있는 오르비에토는 구름이 낮게 드리워지면 몽환적인 분위기를 자아내 아름다운 도시로 유명하다.

| 슬로시티와 슬로푸드 | 로마에서 피렌체 방향으로 한 시간 남짓 가다 보면 나지막한 산과 구릉 사이에 자리 잡은 오르비에토 시를 만날 수 있다. 중세의 모습을 고스란히 간직하고 있는 오르비에토는 시청을 중심으로 반경 2km 정도가 전부인 작은 도시로, 전체 주민은 2만여 명에 지나지 않는다.

오르비에토는 바위산 위에 있는데, 도시 전체가 성곽으로 둘러싸여 있기 때문에 자동차를 찾아보기 어렵다. 오르비에토의 거리 곳곳의 웅장한 성당과 석조 건축물에서 세월의 무게를 느낄 수 있다.

이 도시는 슬로푸드slow food 운동의 발상지이다. 도시 외곽에 '로르티 소샬리'라는 텃밭이 있는데, 이곳에서 재배된 유기농 채소와 과일은 인근 주민과 초·중학교 학생들에게 제공된다.

슬로푸드 운동의 발상지 오르비에토는 1999년 세계 최초로 이탈리아의 다른 세 도시와 함께 슬로시티 운동을 시작하였다. 슬로시티의 정신은 슬로시티 선언에서 파악할 수 있다.

우리는 삶의 질을 높이기 위해 노력하는 사람들이 흥미를 갖는 도시, 훌륭한 극장·가게·카페·여관·사적, 그리고 풍광이 훼손되지 않은 도시, 전통 장인의 기술이 살아 있고 현지의 제철 농산물을 활용할 수 있는 도시, 건강한 음식·건강한 생활·즐거운 삶이 공동체의 중심이 되는 도시를 추구한다. – 〈슬로시티 선언〉

오르비에토에서는 도심으로 밀려드는 대형 관광버스와 자동차가 도시 지반에 미치는 영향을 우려하여 케이블카를 이용하고 있으며, 슬로푸드 운동의 발상지답게 패스트푸드점이 없다. 또 시민들은 소상인을 살리기 위해 대형 마트가 들어오는 것도 막았다. 시 당국은 중세 마을의 정취를 만끽할 수 있도록 고성방가 등의 소음을 법으로 제한하였다.

느림의 미학, 즉 아날로그의 미학을 추구하는 오르비에토는 슬로시티, 슬로푸드를 통해 알려지면서 1년에 200여만 명의 관광객이 이곳을 찾고 있다. 슬로시티의 명성과 더불어 이 지역에서 생산되는 유명한 와인 '오르비에토 클라시코'의 수출량도 급증하고 있다.

오늘날 세계의 많은 도시가 슬로시티 운동에 동참하고 있다. 우리나라의 담양군 창평면과 장흥군 유치면, 신안군 증도면, 완도군 청산면, 하동군 악양면 등도 엄격한 심사를 거쳐 슬로시티 국제연맹에 가입하게 되었다.

이제 "빨리 달려가면 갈수록 삶이 여유로워지기는커녕 더 빨리 달리라고 채찍질 당한다."라는 프랑스 철학자 피에르 상소의 이야기에 귀 기울여야 할 때가 된 것 같다.

우리나라의 슬로시티 천천히 먹기, 천천히 살기 등을 통해 편안한 삶을 추구하는 슬로시티 운동은 우리나라에서도 점차 확대되고 있다.

청산도 돌담길

신안군 증도면 태평 염전

헤이리는 아직도 성장 중

현대 도시는 사람들에게 다양한 편의를 제공한다. 다양한 정보와 문화, 많은 일자리는 물론이고, 대중매체의 강렬함과 우리의 손끝까지 자극하는 달콤한 서비스는 그야말로 정신을 빼앗고 온몸을 뒤흔든다. 그러나 도시에서의 삶은 외롭고 힘들다. 현대 도시가 형성되는 과정에서 비인간화, 몰개성화, 인간소외라는 문제를 낳았기 때문이다. 권력을 가진 소수를 제외한 대다수 사람의 가치가 존중받지 못하는 일들도 왕왕 일어난다. 사람 사이의 거리는 더 멀어졌다.

이제 도시민들은 대도시가 빚어낸 삭막한 현실 속에서 좀 더 자연 친화적이고 인간적인 것을

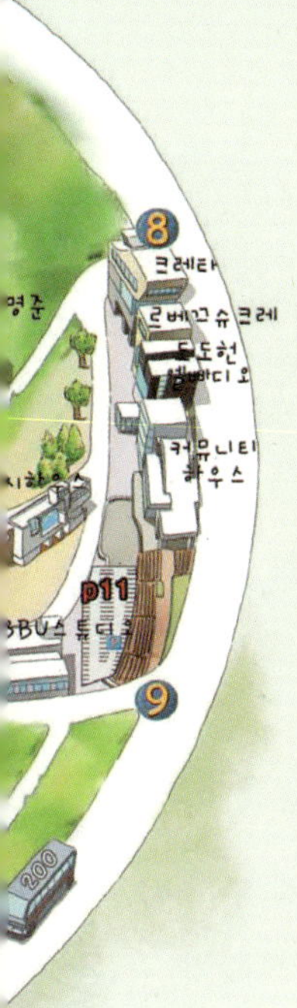

원하기 시작하였다. 지리학 역시 이러한 움직임에 동참하였다. 슬로시티 열풍과 생태 도시 열풍은 이러한 열망에 대한 지리학적 해결 방안이라 할 수 있다. 그리고 이런 '삶의 도시'들은 외국뿐만 아니라 우리나라에서도 만날 수 있다.

경기도 파주시에 자리한 헤이리는 '예술인들이 꿈꾸는, 지상에서 가장 아름다운 마을'이다. 1994년 몇몇 예술인들이 모여 15만 평의 땅을 마련하고 마을을 짓기 시작하였다. 예술인들이 마음 놓고 작품 활동을 하고, 문화 담론과 생활이 어우러지는 공간을 마련하기 위해서였다. 이는 국내에서 처음 시도된 것이다. 정부나 특정 단체가 아닌 문화계 인사들이 문화와 예술을 위해 자발적으로 나섰다. 헤이리의 주민은 몇 가지 규칙을 지켜야만 하는데, 그중 하나는 개인이 헤이리에 땅을 사더라도 그중 절반가량은 공익을 위한 용도로 사용해야 한다는 것이다.

마을의 총괄 업무를 맡은 헤이리 위원회에서는 생태 철학적 정신으로 마을을 설계하며, 많은 공간을 녹지 사업에 투자한다. 녹지 네트워크는 보행자 도로, 공원, 쉼터 등으로 활용됨으로써 쾌적한 환경을 제공한다. 이 밖에도 헤이리의 설치물과 건축물은 모두 주변과의 조화를 고려해 세워지고, 자연 하천은 처음 그대로 흐르고 있다. 또한 헤이리에서 자라는 식물들은 대부분 파주에서 자생하는 것들로, 그 이름도 오래전부터 전해 내려오는 전통 민요에서 따온 것이다.

물론 헤이리에 밝은 면만 있는 것은 아니다. 최근 들어서는 마을이 지나치게 상업화되었다는 비판의 목소리가 높다. 그러나 아직 헤이리는 성장이 끝나지 않았다. 헤이리는 1998년 처음 계획을 시작하였을 때 설계하였던 건축의 절반도 완성되지 않았을뿐더러 건축을 시공한 때부터 따지면 10년도 채 되지 않은 마을이다. 삶의 도시, 새로운 도시 공간으로 거듭나는 헤이리의 모습을 조금만 느긋하게 기다려 보자.

자연 환경과 조화를 이룬 헤이리 마을

9 삶의 도시를 꿈꾸다

2002년 한일 월드컵 이후 축구 국가 대항전이 있을 때마다 사람들은 광장으로 혹은 축구장으로 몰려든다. 함께 큰 소리로 응원을 보내고, 웃고 떠들며 간혹 큰 한숨도 내쉰다. 우리는 그 모습에서 살아 있음을 느낀다. 하지만 이 행복감이란 경기가 끝나고 나면 사라지고, 다시 파편화된 각자의 삶 속으로 흩어진다.

현대인의 고독 사람들로 넘쳐나는 복잡한 도시에서 왜 사람들은 고독한 걸까? 이 그림은 도시인의 고독을 그린 에드워드 호퍼의 작품이다.

│ 도시에서 살아가는 고독한 사람들 │ 도시의 공기는 자유롭고 달콤하다. 하지만 그 자유 속에서 정작 우리가 뼈저리게 느끼는 것은 결핍이며 소외며 고독이다. 고독한 삶은 정도의 차이는 있지만 누구나 느끼는 것이다. 그렇기에 도시의 삶과 결핍 또는 소외라는 주제가 영화나 문학작품에서 단골로 등장하는 게 아닐까.

도시인들은 왜 고독할까? 고독을 흔히 다른 사람들로부터의 따돌림이라고 정의하지만, 도시 생활의 고독은 따돌림이라기보다 다른 사람들과의 멀어짐이다.

게오르그 짐멜Georg Simmel은 도시 생활자의 고독과 소외의 원인을 화폐경제의 보편화에서 찾았다. 그에 따르면 화폐는 인간관계를 추상화된 교환관계로 만든다고 보았다. 따라서 화폐를 매개로 하여 만나는 사람들 사이에서는 그들의 인품과 살아 숨 쉬는 영혼이 사라지게 된다는 것이다.

예를 들어, 빵집에서 빵을 살 때, 손님에게 빵을 건네는 주인의 마음은 선심이나 동정심이 아니고 단지 돈을 벌려는 이기심이라는 것이다. 화폐를 매개로 관계를 엮어 가는 도시 생활이 확산되면서 사람들의 관계는 지극히 사무적이고 냉혹해졌다.

짐멜은 도시의 자유란 바로 화폐가 주는 인간관계의 멀어짐과 다름없다고 보았다. 화폐는 '거리'를 통해 도시민들에게 자유를 선물하는 대신 사람들 사이의 인간적 교류, 즉 '정情'을 상실하였다.

최근 신자유주의 체제의 한계를 지적하는 전문가들의 진단도 유사하다. 자본주의 사회는 지나치게 '시장'에 의존하고 있다. 특히 시장에서는 교환하면 안 되는 요소들, 즉 노동으로서의 사람, 자연으로서의 토지, 심지어 화폐까지 상품화됨에 따라 공간, 특히 도시 공간의 비인간화, 사무화 경향이 확대되고 있다. 이러한 문제를 해결해 나가기 위해서는 도시에서 시장과 자본을 조금씩 몰아내고, 그 자리에 사람이 들어오고, 사람들의 소통으로 이루어진 공간인 마을이 생겨나야 하지 아닐까?

| 도시를 떠나는 사람들 | 도시 사람들은 꿈꾸듯 이야기한다. 나이가 들면 혹은 현직에서 은퇴하면 전원으로 돌아가겠다고. 하지만 실제로 전원으로 돌아가는 사람은 많지 않으며, 전원으로 돌아가서 오히려 더 큰 고독감을 느끼고 상처받아 도시로 돌아오는 경우도 적지 않다.

최근 미국에서는 '아미시' 마을 또는 '아미시 공동체'가 관심을 끌고 있다. 펜실베이니아 주 한 시골구석에 있는 아미시 마을에는 전기도 텔레비전도 냉장고도 없으며, 밤에는 등불을 켜야 한다. 그들은 말과 쟁기로 밭을 갈아 농사를 짓는다. 21세기에 옛날 방식으로 살아가는 아미시는 마을 풍경마저도 전근대적이다.

아미시 마을 아미시 마을에는 도시의 혼잡함과 소음 대신 적요함이 있으며, 더러움 대신 정갈함이 있다. 회색빛 콘크리트가 아닌 나무로 지은 집들과 푸른 들판, 조붓한 길 위를 천천히 달리는 마차가 있다. 이 마을 사람들은 느림과 오래됨과 소박함을 가치 있게 생각한다.

아미시 사람들은 교회가 없이 서로의 집을 돌아다니며 예배를 본다. 학교에서는 나이 든 학생들이 나이 어린 아이들의 숙제를 도와주며, 들판에서 함께 일하고, 야구나 축구처럼 함께할 수 있는 운동을 즐긴다.

아미시 사람들 사이에는 거리가 없다. 아미시에서는 고독하고 결핍되며, 소외된 사람이 적다. 그들 삶 속에서 시장은 저만치 멀리 있고, 호혜의 정신과 자연과의 친화가 살아 있다. 물론 딱딱한 규율, 공동체 구성원 간의 부대낌으로 개개인의 삶에는 어려운 면도 있을 것이다. 그러나 아미시 공동체를 추구하는 인구는 1992년에서 2008년 사이 12만 명에서 22만 명 이상으로 두 배 가까이 증가하였다.

이처럼 세계 각처에는 자본주의 사회를 등지고 생태주의, 자연의 삶, 호혜와 공존을 꿈꾸는 주거 및 종교 공동체가 많으며, 그러한 공동체의 숫자는 계속 늘어나고 있다.

새로운 도시 공간의 창출을 위해 | 오스트리아 경제학자 칼 폴라니Karl Polanyi

에 따르면 시장이라는 교환 체계는 19세기 이후 자유주의 시장경제 체제의 산물이다. 인간 집단은 특정한 사회조직을 지니고 있으며 사회조직에 적합한 통합의 형태가 있는데, 자유주의 사회에서는 그 통합의 형태가 시장이며, 자본주의 체제가 형성되기 전에는 '호혜', '재분배', 살림살이' 등이 통합의 형태였다.

호혜란 이익을 기대하지 않고 재화를 서로 주고받는 것이며, 재분배란 국가가 재화를 다시 분배하는 것이며, 살림살이란 가정 내에서 재화를 생산하여 이용하는 것을 말한다. 폴라니는 시장을 최소화하고 호혜, 재분배, 살림살이를 늘여 감으로써 우리의 생태 공동체를 회복할 수 있다고 보았다.

국가의 재분배에 따라 새로운 사회를 지향하고 있는 나라는 북유럽의 노르웨이, 스웨덴, 핀란드, 덴마크 등이다. 이들 국가에서는 재정 정책을 통해 부유한 사람들로부터 가난한 사람들에게로 부와 재화가 흘러가도록 하고 있으며, 이를 통해 든든한 사회 안전망을 구축하고 있다.

도시 공동체를 살리기 위해 지역 주민과 국가 혹은 지방정부가 협력하는 경우도 적지 않다. 이른바 '마을 가꾸기 운동'이나 '도시 가꾸기 운동'이라 불리는 것이 대표적인 예이다.

미국 시애틀의 벨타운에서는 '그로잉 바인 스트리트 프로젝트'를 실시하여 거리의 녹색화를 통해 친환경적인 보행 공간을 만들고, 빗물이 생태적으로 처리되도록 하였다. 이웃 나라 일본에서는 마을 가꾸기 운동을 시작하였다. 1970년대 이 지역 주민들이 마을 가꾸기 사업을 제안하고 자치단체는 예산을 지원하여 쇠락해 가는 마을을 진정한 삶의 터전으로 탈바꿈시킨 사업이었다. 그 효시가 도쿄의 세타가야 마을이다. 이 마을은 지난 30여 년간의 노력 덕분에 마을 앞으로 맑은 실개천이 흐르고, 곳곳에는 공원이 들어섰다. 주민들이 마을의 옛 풍경을 복원해 낸 것이다.

세타가야 마을 주민 80여만 명이 살고 있는 세타가야에는 마을의 상징인 시냇물을 따라 보행자 도로와 자전거 도로가 있다. 자동차는 출입하지 못한다.

IV 지리의 눈으로 경제를 읽다

1. 인간의 필요가 자원을 만든다
2. 지속 가능한 자원 이용을 위해
3. 발상의 전환이 자원을 만든다
4. 새로운 산업, 새로운 직업
5. 위기의 산업, 농업
6. 수공업에서 첨단 산업까지, 공업의 세계
7. 보이지 않는 산업, 서비스업

타이 방콕의 수상 시장

세상에서 가장 위대한 정수기는?

그것은 생명을 살리는 정수기 라이프스트로(Life Straw)이다.

라이프스트로는 말 그대로 빨대 형태의 정수기이다.

5달러짜리 이 휴대용 정수기는 흙탕물이 많아 깨끗한 물을

구하기 어려운 아프리카와 아시아 주민들의 생명을 구한다.

'인간의 얼굴을 한 기술'은 사람을 살린다. '착한 기술'은 지구촌의 소외된 사람들을 위한 사랑이다.

착한 기술을 통해 지구촌의 수많은 생명을 구하는 기업은 세계의 어느 기업보다도 위대하다.

TV 드라마 속의 한 청년은

'세상에서 가장 배부른 빵'을 만들고 싶어 하였다.

여러분은 어떤 기술과 능력을 익혀

누구를 위하여 무엇을 만들고 싶은가?

1 인간의 필요가 자원을 만든다

│ '자연'이 '자원'이다 │ 현대의 대표적 필기구인 볼펜을 만드는 데에는 어떤 원료가 사용되었을까?

볼펜 하나를 만드는 데 필요한 부품은 볼펜심이 나올 수 있도록 구멍이 나 있는 앞부분, 몸통, 볼펜 심이 나오게 누르는 부위인 노크, 볼펜 심, 스프링, 이것이 전부다. 볼펜의 앞부분, 몸통, 노크는 원유 정제 과정에서 나오는 나프타라는 물질을 화학적으로 변형시켜 만든 것이다. 볼펜에서 가장 중요한 부분은 볼펜 심이고, 그것의 핵심은 볼이다. 이것이 좋은 볼펜이냐 아니냐를 결정한다. 볼은 텅스텐이라는 금속으로 만들고, 볼펜 심은 황동^{구리와 아연}_{의 합금}으로 만든다. 스프링은 철사를 그냥 둘둘 말아 놓은 것 같지만 경강선이라고 불리는 특수강이다. 경강선은 철광석을 녹여 뽑아낸 철에 여러 가지 공정을 덧붙여 만들어 낸다. 볼펜에 사용된 잉크는 각종 유기용제에 첨가제를 넣어 만든다. 정리해 보면 볼펜을 만드는 데 사용된 원료는 석유, 텅스텐, 구리, 아연, 철광석 등이다. 석유는 유공충 등과 같은 생물이 땅속에 묻혀 열과 압력을 받아 형성된다. 텅스텐, 구리 등은 화산활동과 관계 깊은 마그마가 굳어 만들어졌다.

이렇게 작은 볼펜 한 자루를 만드는 데에도 여러 자원이 사용되며, 이러한 자원은 모두 자연으로부터 얻는다.

지구상에는 약 4,200여 종의 광물과 인간에게 알려진 약 140만여 종

세계 주요 자원의 가채 연수
세계 주요 자원의 가채 연수는 2000년을 기준으로 했을 때 석유 40년, 천연가스 60년, 석탄 230년, 우라늄 60년, 구리 55년, 철광석 211년이다. 이 수치로만 보면 석유가 지구상에서 가장 먼저 고갈됨을 알 수 있다.

의 생물이 있다. 지구를 삶의 터전으로 삼고 살아가는 인간들은 지구로부터 엄청난 선물을 받은 셈이다. 인간 생활에 사용되는 것들을 살펴보면 어느 하나 자연에서 나오지 않은 것이 없다. 하다못해 숨 쉬는 공기까지. 그러나 지구상에 존재하는 광물과 생물이 모두 자원은 아니다. 인간이 필요로 하는 것들만 자원의 범주에 속한다.

하지만 자원은 언젠가는 고갈되고 말 것이다. 광물 자원의 경우 생성되는 데 걸리는 시간보다 더 빠른 속도로 인간이 소비하고 있으며, 생물 자원의 경우 각종 개발 때문에 멸종되기도 하여 다양성이 감소하고 있다.

인간에게 유용하지만 자원이 아닌 것
- 알려지지 않았거나 용도가 발견되지 않은 것
- 수요에 비해 양이 매우 많아 가치를 지니지 않은 것(공기 등)
- 자원, 자본, 기술 및 노동을 결합하는 과정에서 인간의 관리 아래 생산되는 것 그 자체(경제활동의 결과물은 생산품이지 자원은 아님)

| 변신의 귀재, 자원 | 자원이란 인간 생활에 이용되는 원료, 노동력, 기술 등을 통틀어 이르는 말이다. 이것은 인간 생활에서 가치 있게 활용할 수 있을 때 의미가 있다.

서남아시아에서 번성했던 조로아스터교에서는 아후라마즈다를 숭배하였다. 그 신전의 바위에서는 불기둥이 솟아올랐다는 기록이 있다. 이것은 아마도 땅속에 묻힌 원유 때문이었을 것이다. 유럽인들이 아메리카로 이주하기 전에 아메리카 원주민들은 땅속에서 솟아나는 검고 끈적끈적한 액체를 류머티즘 치료약으로 사용하고 있었다. 이런 석유가 세계 경제를 좌지우지한 지는 100년도 채 되지 않았다.

이렇듯 자원은 인간의 필요에 따라 그 의미가 결정된다. 그래서 자원으로서 가치가 있느냐 없느냐를 결정하는 중요한 요인 중의 하나는 현재 인간이 기술을 이용하여 그것을 사용할 수 있느냐의 여부다. 석유처럼 처음에는 자원이 아니었다가 자원으로서의 가치를 가지게 된 예는 수없이 많다. 잘 깨지지 않는 돌덩이에 불과했던 철광석은 제철 기술이 발달함에 따라 제철 산업의 중요한 원료가 되었다. 바닷가에 널려 있는 모래도 반도체 산업의 중요한 원료가 되고 있다. 매일매일 뜨고 지는 태양, 이리저리 부는 바람도 기술이 발달하면서 귀중한 에너지원으로 사용되고 있다.

기술적으로 개발이 가능할지라도 경제적 채산성이 없으면 자원으로서 가치가 없다. 아마존 열대우림의 야생 고무나무는 짧은 기간 동안 경제성이 있고 없음에 따라 자원으로서의 가치가 여러 번 바뀐 좋은 예이다. 19세기 이전까지 아마존 열대우림의 야생 고무나무 수액은 세계인의 주목을 받지 못했다. 즉 자원으로서의 가치가 매우 적었다. 이후 황 처리 기술이 개발되어 고무로 생산되기 시작하자, 비로소 자원으로서의 가치가 높아졌다. 그러나 고무나무 재배 기술의 발달과 함께 동남아시아 지역에서도 고무가 플랜테이션을 통해 대량생산되자 아마존 야생 고무나무 수액의 상업적 채취는 중단되었다. 경제적 채산성이 떨어지면서 자원으로서의 가치가

인도네시아의 고무 플랜테이션과 라텍스 채취 천연고무의 원산지는 아마존 유역이나, 19세기 후반 영국인이 동남아시아에 고무나무를 이식한 이후 현재와 같이 말레이 반도, 인도네시아 등지에서 플랜테이션 형태로 재배하게 되었다. 고무나무의 껍질에 칼집을 내면 하얀색의 고무액인 라텍스(latex)를 채취할 수 있는데, 천연고무는 라텍스에 산(acid)을 넣어 응고시킨 것이다.

다시 사라진 것이다.

자원으로서 가치를 결정하는 또 다른 요인은 문화적 배경이다. 관습과 종교의 차이에 따라 자원의 가치가 달라지기도 한다. 예를 들면, 힌두교도에게 쇠고기는 식량 자원이 될 수 없지만 힌두교를 믿지 않는 사람들에게는 중요한 식량 자원이다.

자원의 가치 변화 자원의 가치는 기술 발달 정도, 경제적 채산성, 문화적 배경 등에 따라 달라진다.

| 한쪽에서는 넘쳐 나고 한쪽에서는 모자라고 | 전체 인구의 10%인 3,000만 명이 건강한 식사를 감당할 여력이 없고, 어린이 중 8.5%가 실제로 굶주리고 있으며, 20.1%는 굶주림의 위협에 처해 있다. 농부들은 농산물의 과잉 생산으로 골머리를 앓고, 정부는 엄청난 양의 식량 재고를 해결하기 위해 해마다 300만 톤 이상의 곡물을 해외에 원조한다. 이것은 어느 나라 이야기일까? 아이러니하게도 세계에서 가장 부유한 미국의 이야기이다.

전 세계적으로 비만 인구는 10억 명을 넘어섰는데, 기아에 허덕이는 인구가 무려 8억 명이며, 그중 10세 미만의 아동은 5초에 1명씩 죽어 가고 있다. 실제로 식량은 전 세계 인구를 모두 먹여 살리고도 남을 만큼 생산된다는데 굶주리는 사람들이 많은 이유는 무엇일까?

한쪽에선 부족하고 한쪽에선 넘쳐 나는 것은 비단 먹을거리뿐만이 아니다. 현재 최고의 에너지원으로 이용되는 석유는 서남아시아 몇몇 국가와 미국 등지에서 대부분을 생산한다. 산업의 쌀이라 불리는 철광석을 비롯하여 텅스텐, 구리와 같은 비금속 자원도 상황은 마찬가지이다. 밀·쌀·콩·옥수수 등과 같은 농작물도 미국을 비롯한 몇몇 국가에서 대부분을 생산한다.

이렇게 생산된 자원들은 선진국의 몇몇 다국적기업의 수중으로 들어가서 전 세계 각지로 배분된다. 엄청난 가격 부풀림은 당연한 결과이다. 가난한 나라들은 돈이 없으므로 지하자원도, 식량도 살 수가 없다. 그래서 더 가난해지고 배를 곯을 수밖에 없는 악순환을 겪는다.

그렇다면 천연자원이 풍부한 나라는 그것을 팔아 풍요로운 삶을 살고 있

자원 배분의 불균형 한쪽에서는 굶주리는데 다른 한쪽에서는 늘어난 체중을 줄이기 위한 온갖 종류의 다이어트가 유행하고 있다.

는가? 전혀 그렇지 않다. 저개발국이 가지고 있는 천연자원은 축복이 아니라 오히려 재앙에 가깝다. 나이지리아의 경우가 대표적이다.

우리나라를 비롯해 외국인 근로자들의 피랍과 피습 사건이 끊이지 않는 나이지리아는 세계 10위권의 산유국이자 아프리카의 최대 산유국이다. 이런 나이지리아에서 외국인에 대한 테러가 갈수록 심해지는 이유는 무엇일까? 그것은 석유 때문이다. 세계 유명 석유 회사들이 대거 들어와 석유 개발에 열을 올리는 반면에 원주민들은 삶의 터전을 빼앗긴 채 심각한 환경오

세계의 주요 광물 자원과 식량 자원의 국가별 생산 비중

철광석, 구리, 보크사이트 등의 주요 광물 자원은 2~3개국이 전 세계 총생산의 절반 이상을 차지하고 있다.
쌀, 밀과 같은 식량 자원도 마찬가지이다.

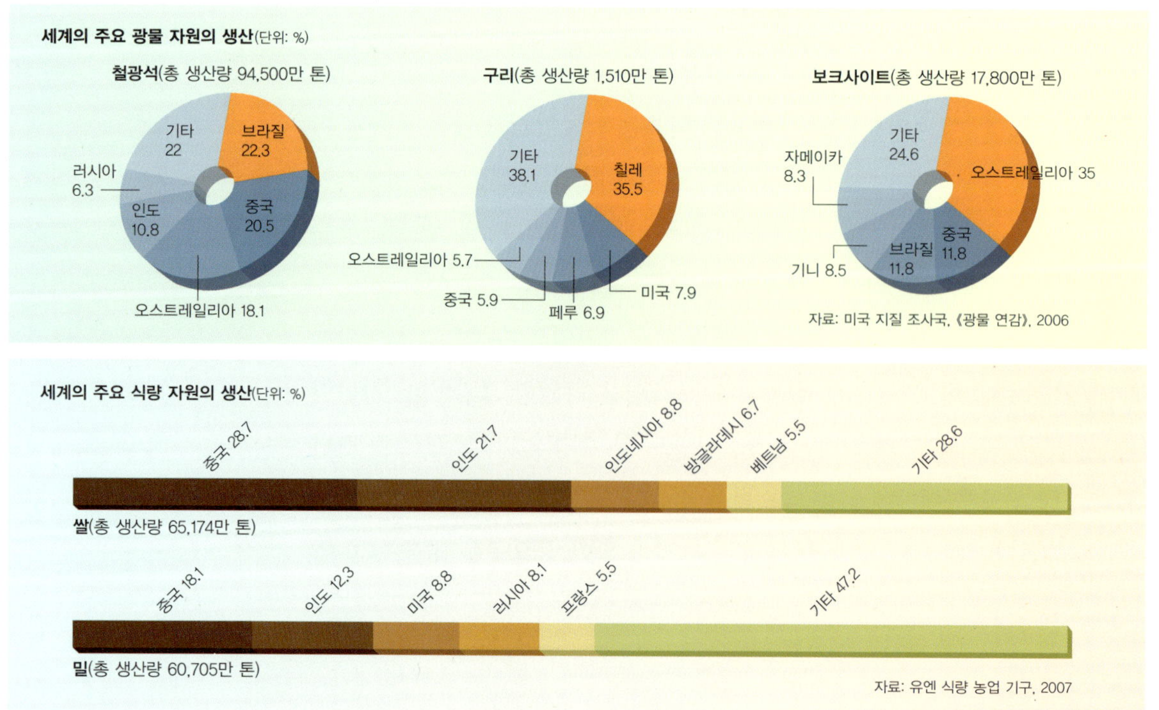

염에 시달리고 있다. 석유로 벌어들이는 돈은 몇몇 다국적기업의 호주머니로 들어가 버리고 원주민들에게 남은 것은 석유로 오염된 땅과 물뿐이다. 나이지리아 원주민들에게 석유는 축복이 아닌 저주가 되었다. 결국, 그들은 산유국이라는 이름 뒤에 가려진 생존권을 찾기 위해 무력을 사용하는 비극을 택하였다.

| 자원전쟁 | 오늘날 자원전쟁의 화두는 에너지이다. 2008년 2월 국제 원유 가격이 배럴당 100달러를 넘어서는 초고유가 시대가 시작되었다. 원유를 거의 100% 수입해야 하는 우리나라를 비롯한 원유 비생산 국가들은 그야말로 비상사태이다. 수입 원유 가격이 상승하면 전기료와 수송비를 비롯해 모든 석유화학제품의 가격이 동반 상승하여 물가를 압박하기 때문이다.

세계 신문의 머리기사를 장식하는 떠들썩한 자원전쟁의 예는 일일이 셀 수조차 없다. 미국은 대량 살상 무기를 찾는다는 구실로 이라크를 침공하였다. 러시아는 유럽으로 가는 천연가스 파이프라인의 밸브를 움켜쥐고 전 유럽을 좌지우지하고 있다. 또 엄청난 양의 원유 및 가스가 매장되어 있는 것으로 추정되는 그루지야가 러시아의 그늘에서 벗어나려고 하자 러시아는 가차 없이 무력으로 응징하였다.

눈에 보이는 자원전쟁보다 총성 없는 자원전쟁이 더 무섭다. 인류의 미래 식량 문제 해결사처럼 등장한 GMO 유전자 변형 농산물가 그것이다. GMO란 유전자의 일부를 조작해 특정 병충해에 강하거나 특정 형질을 강하게 만든 작물을 말한다. 옥수수를 비롯해 밀, 콩, 면화 등 다양하다. GMO 연구의 선두주자 미국은 석유를 가지고 큰소리치는 중동 국가에 소리 없이 또 다른 전쟁을 이미 선포하고 있다. 세계 최대 곡물 생산국이자 수출국인 미국이 곡물 가격을 올려 고유가에 맞불을 놓은 것이다.

또한 세계 곳곳에는 노다지 자원을 놓고 주변 국가들 간에 팽팽한 신경전을 벌이는 곳도 많다. 북극해와 동중국해, 볼리바르 베네수엘라 오리노코 강 유역, 호르무즈 해협의 아부무사 섬, 서아프리카 기니 만 등은 모두 석유와 천연가스를 놓고 치열한 영유권 다툼을 벌이고 있는 곳이다.

이라크 전쟁 미국은 이라크가 대량 살상 무기(생화학 무기, 핵무기, 방사능 등 인명을 대량으로 살상할 수 있는 무기)를 보유하고 있다는 것을 내세워 이라크를 침공하였다. 이 전쟁은 후세인의 체포로 종결되었지만 사실상 대량 살상 무기의 존재는 부풀려지거나 조작되었다는 의견이 지배적이다. 즉 이라크 전쟁은 '석유를 노린 전쟁', '군수 산업을 떠받치기 위한 전쟁'이라는 것이다.

지속 가능한 자원 이용을 위해

자원은 인간의 욕구를 무한정 채워 주는 화수분일 수 없다. 따라서 인류가 어떤 노력을 기울이냐에 따라 지속 가능한 자원 수급 체계를 지닌 사회에서 살 수 있느냐 없느냐가 결정된다. 우리는 인류의 미래를 위해 현재의 욕구를 바꿀 준비가 되어 있을까?

| 모자라는 건 밖에서 얻는다? | 자원의 소비가 급증하면서 고갈 시기 또한 앞당겨졌다. 그러다 보니 전 세계의 미개척 자원을 선점하기 위한 세계 각국의 움직임도 덩달아 빨라졌다. 자원을 놓고 벌이는 치열한 싸움의 이면에는 남의 것을 먼저 쓰고 내 것은 나중에 쓰겠다는 인식이 깔려 있다. 한정된 자원의 고갈에 대비하는 것이다.

남극의 자원 개발 전쟁은 이미 오래전에 시작되었다. 최근에는 지구온난화로 북극해의 빙하가 녹으면서 그 주변의 자원 개발 전쟁이 더욱 치열해졌다. 빙하가 녹으면서 북극권을 지나는 새 항로가 개통되자 북극에서 개발한 자원의 수송이 용이해졌기 때문이다. 자원의 미개척지로 알려진 아프리카와 제3세계 국가에서도 미국을 비롯한 선진국들의 자원 개발이 한창이다. 여기에 자원의 '블랙홀'이라 불리는 중국이 가세하고 있다.

중국은 빠른 속도로 경제성장을 이루면서 많은 자원을 필요로 하고 있다. 그래서 필요한 자원을 해외에서 직접 개발하고 있다. 오스트레일리아는 물론 중남미·서남아시아·러시아·아프리카 등지를 다니며 원유·철광석·니켈 등의 원자재를 생산하는 기업을 인수하거나 자원 탐사 및 개발권을 통째로 인수하기도 한다. 광물 자

북극해 자원 분포 추정 북극권에는 미확인 원유의 절반 이상이 분포하며 천연가스를 비롯한 다양한 자원이 매장되어 있는 것으로 추정되고 있다. 그래서 러시아, 캐나다, 덴마크, 미국 등 북극권 국가들 간의 자원전쟁이 치열하다.

원만이 아니다. 중국은 세계 곳곳을 다니면서 어
족 자원에도 욕심을 내고 있다. 유엔 식량 농업
기구FAO에 따르면 2006년 중국의 어획량은
1,710만 톤으로 세계 2위인 페루보다 2.4
배나 많다.

　이 같은 중국의 '자원 독식'은 우리나라
의 원자재 조달에 어려움을 가중시킬 것이
다. 특히, 우리가 확보하려는 석유·철광석·유
연탄 등의 광물은 중국이 확보하려는 자원과 대부
분 겹쳐 있어 문제의 심각성을 더한다.

　해외 자원 개발 전쟁에서 밀리면 미래가 없다. 몇 년 안에 광물 가격 급등
세가 재연될 가능성이 크기 때문이다. 더구나 최근에는 자원 부국들이 외국
업체의 자원 개발을 제한하는 등 강력한 자원 보호주의 정책을 펴고 있다.

　이런 상황에서 우리는 어떤 전략을 세우고 실천해야 지구촌의 생존경쟁
에서 살아남을 수 있을까? 해외 자원 개발을 위한 재원을 확대하고 전문 인
력을 확충하며 대형 자원 개발 회사를 육성해 자원전쟁에서 살아남을 궁리
를 해야 할 것이다. 그러나 이보다 더 중요한 것은 자원을 덜 소비하고도 잘
사는 방법을 연구하는 것이다. 이것은 우리만 연구할 것이 아니라 전 세계
가 공동 협력 아래 해결해 나가야 할 문제이다.

중국의 자원 독식 중국은 2조 달러가
넘는 엄청난 외환 보유액을 이용하여
오스트레일리아, 중남미, 아프리카
등지를 오가며 원유, 철광석 등 전 세계
자원을 확보하는 데 여념이 없다.

| **인구, 자원, 환경의 미묘한 관계** | 아득히 먼 옛날 사람들은 비옥한 토질과
무한한 자원을 가진 땅을 찾아 농지를 개간하고 도시를 건설하였다. 농사에
모자라는 물은 관개수로를 만들어 해결하였다. 풍요로운 삶이 유지되면서
인구가 크게 증가하였다. 그러나 인구 증가는 곧 인구 과잉으로 이어졌고 사
람들은 도시 건설, 농지 개간, 관개수로 건설 등을 위해 무분별하게 삼림을
파괴하였다. 물을 품어 주고 흙을 지탱해 주던 숲이 사라지자 점차 식량 생
산이 줄어들었다. 그리하여 식량을 확보하기 위해 숲을 없애고 새로 농지로
만드는 악순환이 계속되었다. 엎친 데 덮친 격으로 가뭄이 찾아오자 부족해

진 식량을 서로 차지하려고 싸움이 벌어졌다. 결국 풍요로움을 자랑하던 도시 문명은 사람들이 굶어 죽거나 그곳을 떠나면서 종적을 감추었다.

SF 영화 또는 소설에서나 나올 법한 이야기 같지만 실제로 있었던 일이다. 노르웨이령 당시의 그린란드, 남태평양의 이스터 섬, 남미의 마야 문명, 북미의 아나사지 문명" 등 이런 역사를 가진 문명은 한둘이 아니다. 그런데 위에 나열한 문명들이 붕괴할 수밖에 없었던 공통적인 이유가 있었다. 인구

⊙ 새똥 섬, 나우루의 몰락

남태평양 미크로네시아에 있는 나우루는 2,000년 넘게 외부 세계의 영향을 받지 않고 전통 생활 방식을 지키며 평화롭게 살던 작은 섬이었다. 그런 이 섬은 100년 전에 인광석이 발견되면서 큰 변화를 맞았다. 인광석은 새똥이 쌓여 굳어진 것으로 비료의 원료가 되는데, 섬 전체가 인광석으로 이루어져 있어 제국주의 열강은 번갈아 가며 나우루를 손아귀에 넣고 인광석을 팔아 돈을 챙겼다. 1968년에 독립한 나우루는 열강들이 했던 그대로 인광석을 캐어 팔았다. 1970년대 나우루는 1인당 국민소득이 미국의 1.5배가 될 만큼 부자였다. 나우루 사람들이 하는 일이라고는 초호화 주택에서 고칼로리의 수입 식품을 먹으며 걸어서 네 시간도 안 되는 섬을 최고급 승용차로 돌아다니는 것이었다. 그러나 천년만년 갈 것 같았던 인광석이 30년 만에 바닥을 드러냈고, 섬은 인광석을 캐낸 자리로 온통 상처투성이가 되고 말았다. 그런데 나우루의 진짜 재앙은 따로 있었다. 그동안 파낸 인광석만큼 고도가 낮아져 투발루처럼 바다 밑으로 가라앉을 위기에 놓인 것이다. 수억 년에 걸쳐 생성된 자원이 고갈되는 데는 불과 몇십 년이 걸리지 않는 비극을 나우루가 보여 주고 있다.

그물을 던지는 나우루 어부 인광석 수출로 부유해진 나우루 사람들은 노동은 적게 하고 정크푸드를 수입하여 섭취하면서 비만과 성인병에 시달리기도 한다. 나우루 성인 90%가 과체중이고, 인구의 40% 이상이 당뇨병을 앓고 있다.

인광석 채취로 황폐해진 나우루 섬의 대부분이 황폐해져서 농사짓는 것은 물론 관광도 어려워졌다.

메사 베르데의 절벽 궁전
아나사지 유적 중 가장 유명한 것이 '절벽 궁전'이라 불리는 곳이다. 절벽 궁전 입구에는 깊이 3m, 지름 7m의 원형으로
된 키바(Kiva)가 있다. 키바는 일종의 예배당으로 조상에게 제사를 드리고 공동체의 대소사를 논의하는 장소로
사용되었다. 중앙에 화덕이 있고 연기를 배출하는 자연 환풍 장치가 갖추어져 있다. 이곳은 4층 구조에 200여 개의
방이 있지만 외부의 침입을 의식하였기 때문인지 계단이나 통로가 전혀 없다. 거주자들은 필요할 때만 사다리를
꺼내어 사용하였을 것으로 추정하고 있다.

증가가 문명이 수용할 수 있는 적정량보다 과도하게 빨랐다는 것, 많은 인구를 먹여 살릴 농경지를 만들기 위해 삼림을 파괴한 것, 그리고 뒤이어 심가한 가뭄을 겪은 것 등이다.

이렇게 몰락한 문명이 있었는가 하면 그렇지 않은 문명도 있었다. 뉴기니의 고원지대, 남태평양의 작은 섬 티코피아Tikopia 등이다. 이들 문명이 몰락하지 않은 것은 사회가 감당할 수 있을 정도의 적정 인구를 유지하고, 삼림을 보존하고 육성하면서 혁신적인 농경 기술을 개발하였기 때문이다. 더 늦기 전에 우리가 어떤 선택을 해야 할지 결론은 자명하다.

아나사지 문명
'아나사지'란 나바호족의 언어로 '옛날의 것'이라는 뜻이다. 미국의 애리조나·뉴멕시코·콜로라도·유타 접경 지역에서 발달한 이 문명은 시기 100년경에 형성되었다. 현재 남아 있는 유적은 1050~1300년경에 만들어진 것으로 추정된다. 북아메리카에서 가장 문명화된 사회였던 아나사지는 갑자기 몰락하였는데, 기후학자들은 1276~1299년에 발생한 최악의 가뭄 때문인 것으로 추정하고 있다.

| **도시에게 지속 가능성을 묻다** | 하늘을 찌를 듯한 마천루와 최고급 호텔이 숲을 이룬 뉴욕, 디자인과 패션의 도시 밀라노, 쇼핑 천국 홍콩, 이 모든 곳을 한데 모아 놓은 것 같은 도시가 있다. 바로 사막의 도시 '두바이'이다. 그러나 이곳은 연 강수량이 500mm도 안 되는 사막에 있다. 사막 위에 세워진 도시 두바이를 유지하기 위해서는 엄청난 양의 에너지와 물이 필요하다. 24시간 에어컨을 가동해야 하고, 푸른 야자수와 그림 같은 골프장을 유지하기 위해서는 어디선가 계속해서 물을 끌어와야 한다.

그동안 사막의 인공 도시 '두바이 드림'을 찾아 수많은 기업과 사람들이 두바이에 입성하였다. 그러나 최근에 경기가 침체되면서 두바이를 떠나는 기업이 늘고 있다고 한다. 제아무리 세계 일류를 만들어 놓아도 끊임없이 소비만 해야 하는 두바이의 환경 구조상 불가피한 일인지도 모른다.

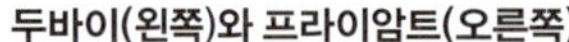

두바이 실내 스키장 '스키 두바이'는 세계 최대 실내 스키장으로, 축구장 3개 크기에 5개의 슬로프를 갖추고 있다. 스키장 전체 높이는 25층 건물 높이와 맞먹는다. 스키장 바깥은 50℃에 육박하지만 스키장 실내는 연중 −5∼−1℃를 유지하고 있다.

두바이(왼쪽)와 프라이암트(오른쪽)
인구 약 100만 명의 두바이는 아랍에미리트 연방을 구성하는 7개국 중의 한 나라로, 아랍어로 '메뚜기'라는 뜻을 가지고 있다. 막대한 오일달러를 앞세워 사막 위에 세계적인 건축물들을 건설하는가 하면, 세계 최대 실내 스키장 및 세계 최대 인공 섬을 만들었다. 이 모든 것이 석유 고갈에 대비한 서남아시아의 비즈니스 허브 전략에서 비롯된 것이지만, 이것들은 정작 석유 없이는 단 몇 시간도 버티기 어렵다. 독일 남부 흑림 지대에 위치한 프라이암트 마을에서 사용하는 에너지는 모두 태양, 바람, 물에서 얻는다. 심지어 가축 분뇨와 농산물 찌꺼기도 에너지원으로 이용된다. 이 마을의 명물인 빵집은 50년 동안 한 번도 전기 요금을 내지 않았다고 한다.

　　반면 포스트 오일 Post Oil■ 시대를 대비하는 작은 마을이 있다. 이 마을의 특산물은 바람과 태양이다. 이 마을 사람들은 국제 유가가 아무리 치솟아도 여유만만이다. 독일 남부에 위치한 인구 4,300여 명의 프라이암트가 바로 그곳이다.

　　이곳은 마을 전체가 마치 커다란 발전소와 같다. 이 마을에서는 모든 것을 에너지로 바꾼다. 곳곳에서 풍력발전기가 돌아가고 지붕마다 태양열 집열판이 설치되어 있다. 가축의 분뇨가 썩을 때 발생하는 메테인가스로 발전기를 돌리고, 젖소에서 짠 우유를 냉각시킬 때 발생되는 열기로 물을 데운다. 또한 개울가에 물레방아를 설치하여 얻은 수력 에너지로 빵을 굽는다.

　　이렇게 다양한 방식으로 얻은 에너지는 프라이암트 마을 전체가 쓰고도 남아 정부에 팔기까지 한다. 석유 없이 재생에너지만으로도 충분히 에너지 자급자족이 가능하다는 것을 보여 주고 있다.

　　그렇다면 두바이와 프라이암트 중 더 지속 가능성이 높은 곳은 어디일까? 온갖 자원을 끊임없이 소비하면서 유지되고 있는 도시에게 지속 가능성을 꼭 물어야 하는 시대에 우리는 살고 있다. 이제 자원을 이용하는 것은 생존과 공존의 문제이기 때문이다.

포스트 오일(Post Oil)
석유 등 화석연료가 고갈된 이후 대체하게 될 새로운 에너지원

지붕에 설치한 태양열 집열판
프라이암트에서 건물의 지붕에는 어김없이 태양열 집열판이 설치되어 있다. 이를 통해 온수와 난방을 해결한다.

2010년 4월 아이슬란드 에이야프얄라요쿨 화산 폭발

아이슬란드, 얼음의 땅인가 불의 땅인가?

'얼음 땅' 아이슬란드는 북대서양 한가운데에 위치한 고립무원의 섬나라이다. 나라의 이름을 반영하듯 해안에는 톱니 같은 피오르 해안이 발달해 있고, 섬의 중앙부와 동쪽 일부는 빙하로 덮여 있다. 피오르 해안은 빙하 침식곡 때문에 발달한 것이다. 아이슬란드는 빙하와 추운 기후 때문에 국토의 대부분이 불모지이다.

지질학적으로 볼 때 아이슬란드는 최근에 생겨난 섬이다. 아이슬란드는 대서양 중앙해령이 지나는 곳에 발달한 열점에서 화산이 폭발하면서 만들어졌으며, 이 때문에 활화산이 많다. 2010년에는 에이야프얄라요쿨 화산이 폭발하여 유럽에서 항공 대란이 발생하였고, 2011년에도 폭발 규모는 작지만 다른 화산이 폭발하였다.

《해저 2만리》로 유명한 작가 쥘 베른은 《지구 속 여행》이라는 장편소설을 썼다. 소설의 주인공인 리덴브로크 교수는 고문서를 해독하다가 책갈피 속에서 양피지 쪽지 한 장을 발견한다. 그의 조수로 일하던 악셀은 양피지에 적힌 암호를 해독하는데, 그것은 놀랍게도 '7월 1일 이전에 스네펠스요쿨의 분화구 안으로 내려가라. 대담한 나그네여, 그러면 지구의 중심에 도달할 수 있을 것이다.'라는 내용이다. 스네펠스요쿨 화산은 아이슬란드에 있는 화산이다. 소설의 주인공은 대담한 나그네가 되어 분화구를 통해 지구의 중심으로 내려간다.

아이슬란드는 얼음 땅이라는 이름을 지니고 있지만, 사실은 여기저기서 부글부글 끓고 있다. 가이저라고 불리는 간헐천이 여기저기서 솟구쳐 오르고 있어, 추운 나라지만 땅에서 김이 올라오는 모습을 쉽게 발견할 수 있다. 덕분에 아이슬란드는 1인당 지열 에너지를 가장 많이 사용하는 나라가 되었다.

아이슬란드의 인구는 30만 명 남짓이다. 인구가 적기 때문에 나라 전체적으로 볼 때 많은 에너지를 소비하는 것은 아니지만, 1인당 전력 소비량은 세계에서 단연코 1위이다.

아이슬란드 사람들은 난방 걱정이 없다. 약 90% 정도의 사람들이 지열 에너지로 난방을 하기 때문이다. 지구가 데워 주는 물은 겨울에도 노천 온천이나 노천 수영장을 이용할 수 있을 정도로 풍부하다.

아이슬란드 정부는 지열발전을 본격화하고 있다. 아이슬란드의 지열발전은 청정성과 재생성이 뛰어난 데다가 전력 생산 비용도 화력발전의 절반도 들지 않는다. 또 지열발전과 함께 빙하 녹은 물이 폭포나 강을 이루는 곳에 수력발전소도 설치하여, 말 그대로 지속 가능한 에너지를 확보하는 데 온 힘을 쏟고 있다.

한편, 아이슬란드는 전력 생산과 관련하여 알루미늄 공업이 발달하였다. 알루미늄은 보크사이트를 이용하여 만드는데 보크사이트의 가공 과정에서 엄청난 양의 전기가 필요하기 때문에 알루미늄을 일명 '전기 통조림'이라고 불린다. 아이슬란드에서는 보크사이트가 전혀 생산되지 않지만, 값싼 전기 때문에 남아메리카에서 보크사이트를 들여와 가공하는 것이다.

아이슬란드 곳곳에는 지열 난방을 위한 맨홀 같은 것이 있으며, 이곳을 청소하는 사람들은 하루에도 수차례 이곳에 들어가 청소를 해야한다. 뜨거운 김이 올라오는 이곳을 드나드는 사람들은 어쩌면 지구 속 탐험을 떠나는 쥘 베른 소설 속의 사람들처럼 '대담한 나그네'일지도 모르겠다.

아이슬란드의 열점과 지열 개발지의 분포 열점과 지열 개발지는 대서양 중앙해령과 연결된 부분에 해당한다. 아이슬란드는 지열을 개발할 수 있는 곳이 아직 무한한 상태이며, 아이슬란드 정부는 전력을 직간접적으로 수출하기 위한 방안을 연구 중이다.

아이슬란드의 지열발전소

3 발상의 전환이 자원을 만든다

자원이라고 하면 흔히 천연자원을 떠올리기 쉬운데, 우리는 자원에 대해 가지고 있는 생각의 폭을 넓힐 필요가 있다. 종교, 관습, 전통 등과 같은 문화도 자원이 될 수 있고, 사람도 자원이 될 수 있다. 발상의 전환을 통해 자원의 블루오션을 찾자.

| 인적 자원에 투자하라 | 사람도 자원이 되는 시대가 왔다. 어쩌면 사람이 가장 중요한 자원인지도 모른다. 인적 자원이란 물자와 마찬가지로 사람을 생산 자원의 하나로 보는 것이다. 인간의 창의적 생각, 기술, 능력, 에너지, 시간 그리고 인간관계에서 생겨나는 협동심, 유대감, 결속력 등도 모두 자원이 되기 때문이다.

국제 특송 서비스 전문 업체로 유명한 한 회사의 직원들은 스스로 회사의 주인이라는 생각을 갖고 있다. 누구에게든 다양한 교육의 기회와 함께 최고 경영자가 될 가능성이 열려 있기 때문이다. 사람에 대해 철저한 투자를 한 것이 오늘날 이 회사가 연 10%가량의 성장을 거듭하며 세계적인 운송 회사로 성장할 수 있었던 요인이라고 한다.

또 다른 예를 보자. IT 산업을 중심으로 지속적인 급성장을 하고 있는 인도, 그 중심에는 인도공과대학이 있다. 인도는 2,000여 개의 공과대학에서 연간 30만 명의 우수한 전문 인력이 배출되며, 국가는 이들의 해외 진출을 독려하고 있다. 더구나 세계 IT 업계는 영어를 사용한다는 점, 같은 수준의 선진국 인재들보다 임금이 싸다는 점 등을 들어 인도인을 선호한다. 여전히 후진성을 띠면서도 한편으로는 핵무기를 만들고 인

인적 자원 개발의 중요성 지식 기반 사회에서는 지식을 생산하고 활용하는 주체인 인적 자원의 양과 질이 기업은 물론 나아가 국가의 경쟁력을 좌우한다.

인도공과대학 인도공과대학은 인도의 미래를 상징할 정도로 중요하다. 그래서 인도 정부는 이를 국가 중요 기관으로 지정, IIT(Indian Institute of Technology) 특별법을 제정하여 전폭 지원하고 있다. 인도 전역에는 이런 공과대학이 7개 있는데, 이곳에서 인도 IT 인재가 1년에 15,000~20,000명 배출된다.

공위성까지 쏘아 올리는 인도, 그 배경에는 사람에 대한 투자를 아끼지 않는 노력이 숨어 있다.

미래에는 같은 지식 근로자라 하더라도 지식과 정보를 처리하는 일에 종사하기보다 지식과 정보를 창출하여 활용할 줄 아는 근로자가 주목받게 될 것이다. 지식 정보처리 기능은 아주 빠른 속도로 지능화하는 첨단 기기에 의해 대체될 것이기 때문이다. 과거에 '지식'이 중요했다면 미래에는 '지혜'가 더 중요해질 것이다. 사물의 이치를 빨리 깨닫고 사물을 정확하게 처리하는 정신적 능력인 '지혜'와, 개개의 관념, 개념, 판단 따위를 결합시켜 새로운 관념이나 개념을 구성하는 '종합'은 오직 사람만이 할 수 있다.

기계와 기술이 대체할 수 없는 인간의 능력, 즉 창의성을 높이는 것이야말로 미래 사회에서 인간이 인간답게 살 수 있는 전제인 동시에 인간이 기계와 기술의 우위에 설 수 있는 중요한 방편이 될 것이다. 따라서 인적 자원의 중요성을 인식하여 인적 자원을 잘 관리하고 투자한 국가나 기업이 경제적 우위에 설 수 있다.

| 세계 모든 곳이 문화 생산지이자 판매지 | 문화를 판매한다는 것이 생소하게 느껴질 수 있지만 우리 주변에는 이미 문화를 판매하는 사례가 많다. 인간이 이루어 놓은 모든 생활양식을 뜻하는 문화는 잘만 개발하면 고부가가

치를 창출하는 상품이 된다.

문화 판매의 대표적인 사례로 이집트를 들 수 있다. 이집트는 조상들이 남겨 놓은 위대한 문화유산을 관광자원화하여 국가 수입의 상당 부분을 벌어들인다. 한마디로 이집트는 문화 자원을 팔아 살아가는 나라라고 할 수 있다. 세계에는 이집트와 같은 나라가 많다.

뉴질랜드를 여행해 본 사람이라면 아마 열의 아홉은 마오리족의 민속 공연을 관람하였을 것이다. 마오리족의 문화와 전통을 외부에 알리기 위한 공연이지만, 따지고 보면 마오리족의 문화를 판매하는 것이다. 프랑스 파리에는 하수도 박물관이 있어 지하 하수도를 직접 관람할 수 있다. 심지어 브라질의 리우데자네이루에는 세계 최대 빈민촌인 '호싱야 파벨라'를 관광하는 코스도 있다.

문화를 판매한다는 것을 거창하게 생각할 수 있지만 누구든지 문화를 생산하고 판매할 수 있다. 더구나 세계화 시대에는 전 세계 모든 곳이 문화 생산지이자 판매지가 된다. 선진국만이 아니라 저개발국이나 아프리카 어디

파리의 하수도 박물관

마오리족의 민속 공연

에서도 문화나 유행을 창조할 수 있다. 동영상 전문 커뮤니티 유튜브www.you-tube.com 에 좋은 사례가 있다. 2009년 결성된 유튜브 오케스트라는 단원 심사를 따로 보지 않고, 유튜브에 올라온 다양한 연주 동영상을 네티즌들이 보고 투표해 단원을 선정하였다.

이렇듯 세계화 시대에는 기업들이 지구촌 구석구석에서 다양하게 활동하는 젊은 세대들로부터 창의적이고 획기적인 아이디어들을 손쉽게 구할 수 있다. 따라서 이제 '문화'는 지구촌 소비자들이 좋아하는 것을 파악하여 상품화하는 데 반드시 고려해야 할 요소가 되었다.

| **지적 재산권을 보호하라** | 오늘날처럼 세계화가 가속화되고 지식과 정보가 자원이 되는 사회에서는 자신이 지닌 지식과 정보의 가치를 제대로 인정받는 것이 필요하다. 지식·정보사회에서는 지식과 정보를 원료로 하여 새로운 지식과 정보를 생산해 낸다. 이렇게 새롭게 생산된 지식과 정보가 곧 부가가치를 창출할 수 있는 수단이 되기 때문에 독특한 아이디어나 기술은 보

지적 재산권 지적 활동으로 발생하는 모든 재산상의 권리를 뜻하며, 크게 산업 발전을 목적으로 하는 공업소유권과 문화 창달을 목적으로 하는 저작권으로 분류된다. 최근에는 컴퓨터나 통신 기술에서 소프트웨어의 비중이 커지면서 소프트웨어에 대한 지적 재산권도 보호받는다. 유엔은 세계 지적 재산권을 관장하는 세계 지적 재산권 기구(WIPO)를 전문기구로 두고 있다.

문화 자원의 활용
뉴질랜드의 원주민인 마오리족의 전통 음악 공연, 파리의 하수도 관광은 문화를 관광 자원으로 활용하는 대표적인 예이다. 한편, 유튜브 오케스트라는 정보통신의 발달로, 누구나 전 세계 어느 곳에 있든 문화의 생산자이자 소비자가 될 수 있음을 보여 준다.

유튜브 오케스트라

다국적 특허 전문 회사 특허 전문 회사는 제품을 제조하거나 판매하지 않고 특허권 또는 지적 재산권만을 집중적으로 보유함으로써 로열티 수입으로 이익을 창출하는 회사를 말한다. 자신들이 가지고 있는 특허권을 침해한 기업에 소송을 제기하여 막대한 이익을 창출하기도 한다.

호받아야 한다. 지적 재산권을 둘러싼 소송이 국내외를 막론하고 끊임없이 발생하고 있는 것 또한 지적 재산권의 중요성을 반증하는 것이다.

최근에는 특허권을 둘러싼 선진국들의 발 빠른 움직임에 제3국의 귀한 자원들이 유출될 위험에 처해 있다. 이른바 특허 괴물patent troll이라 불리는 다국적 특허 전문 회사들은 상품을 제조·판매하지 않고 특허만 보유해 놓은 채, 전 세계를 돌아다니며 그 권리를 허가 없이 무단 사용하는 곳을 찾아 소송을 걸어 거액의 특허료를 챙긴다. 다국적 특허 괴물 기업들은 파격적으로 연구비를 지원해 주는 대신 연구 결과로 생겨날 미래의 특허 관련 수익을 나누어 갖거나, 대학이나 중소기업의 미완성 아이디어까지 매수하고 있다. 우리나라도 이들의 특허 싹쓸이 때문에 기술 유출의 우려가 상당히 크며, 이렇게 팔려 나간 특허들이 나중에 국내 기업의 숨통을 조일 수도 있다. 따라서 특허 기술과 아이디어를 현실화하여 사업화할 수 있도록 정부 차원에서 지원하는 정책이 하루빨리 마련되어야 한다.

| 자원의 블루오션을 찾아서 | 우리나라 수출 산업에서 다섯 손가락 안에 드는 것이 조선 산업인데, 세계 10대 조선소 중에는 한국 조선소가 7개나 포함

되어 있다. 불황을 모르는 한국 조선 산업의 비밀은 '생각 바꾸기'에 있었다.

첫 번째 생각 바꾸기는 바다에 도크▪를 조성한 것이다. 우리나라의 잠실 경기장만 한 유조선은 중형 유조선에 속한다. 사람들이 좁은 국토에 그런 도크를 만들 땅이 없다고 생각할 때, 땅에만 도크를 지을 것이 아니라 바다에 세울 생각을 한 것이다. 2001년 세계 최초로 물에 뜨는 플로팅 도크 Floating Dock▪를 개발하여 배를 만들었다. 현재 우리나라는 세계에서 유일한 플로팅 도크 기술 보유국이다.

두 번째 생각 바꾸기는 도크 없는 조선소이다. 만약 조선소에 도크가 없다면 배를 만들 수는 있지만 바다에 띄울 수가 없다. 엄청난 무게의 배를 바다로 옮길 수 없다는 생각 때문이었다. 그러나 한국 조선소는 2004년 육지에서 만든 배를 바다로 옮기는 데 성공함으로써 세계 최초 육상 건조 공법▪을 탄생시켰다. 이 기술도 우리나라만 가지고 있다.

이러한 생각 바꾸기가 세계에서 누구도 따라올 수 없는 한국 조선 산업을 탄생시킨 것이다. 발상의 전환이 가져온 쾌거가 아닐 수 없다.

세계화가 이루어지면서 많은 국가는 글로벌 차원에서 자원을 활용할 수 있게 되었다. 그러나 자원은 언젠가 고갈될 것이고, 국제 경기 상황에 따라 가격은 쉼 없이 변동할 것이다. 따라서 해외 자원에 의존할 수밖에 없는 우리로서는 새로운 차원의 자원 가치에 눈을 떠야 한다. 즉 남들이 생각하지 않는, 숨어 있는 자원의 블루오션을 찾아야 한다.

도크
완성된 선박을 바다에 띄울 수 있도록 연결해 주는 일종의 대규모 물웅덩이로, 직육면체 형태가 일반적인 모습이다.

플로팅 도크
도크를 바다 위에 띄운 상태에서 배를 건조한 뒤 도크를 침수시켜서 배를 처음으로 물에 띄우는 설비이다.

육상 건조 공법
말 그대로 도크가 아닌 땅 위에서 배를 만든다는 것이다. 도크 건설에 필요한 비용과 시간을 줄이고 육상 공간을 효율적으로 사용함으로써 생산성을 크게 높일 수 있다.

다양한 선박 건조 기술 플로팅 도크에서 만든 대형 유조선을 바다로 진수하고 있다(왼쪽). 육상 건조 공법으로 건조한 선박을 바다로 띄우기 위해 해상 플로팅 도크로 선박을 끌어내리고 있는 모습이다(오른쪽).

새로운 산업, 새로운 직업

날마다 새로운 일, 새로운 직업, 새로운 산업이 생겨난다. 새로운 것이 생기고 없어지고 하는 것은 마치 공기처럼 자연스럽다. 내가 하고 싶을 일이 사양산업은 아닌지, 내가 앞으로 선택할 직업이 새로운 트렌드에 맞는지 찬찬히 고민해 볼 일이다.

끊임없이 진화하는 산업과 직업 ┃ 브루마스터, 퍼스널쇼퍼, 테크니컬라이터, 캘리그래퍼…….

이 직업들의 공통점은 '21세기에 새롭게 등장한 직업'이라는 점이다. 빠르게 변화하는 사회와 함께 새로운 산업의 발달과 쇠퇴 역시 빨라지고 있으며, 그에 따라 직업의 종류와 수도 달라지고 있다. 미국의 직업 사전은 10년마다 개정되는데 그때마다 약 25% 정도의 직업이 바뀐다고 한다. 가장 최근 조사에서도 10년 동안 3,500개의 직업이 사라지고 2,100개 정도의 직업이 새로 생겼다고 한다.

에너지 산업을 예로 들어 보자. 인류 최초의 에너지원이었던 물, 물을 에너지로 전환하기 위해서는 물레방아가 필요하다. 그래서 옛날에는 물레방아를 만드는 직업이 있었다. 18세기 후반 영국에서 시작된 산업혁명은 에너지원을 석탄으로 바꿨다. 탄광에서 석탄을 캐내야 하고, 석탄을 필요한 곳까지 운반하기 위해 철도를 깔아야 하고, 열차를 운행해야 하고, 열차에 석탄을 싣고 내리는 일을 해야 하고…… 이런 과정에서 일일이 열거할 수 없

캘리그래퍼

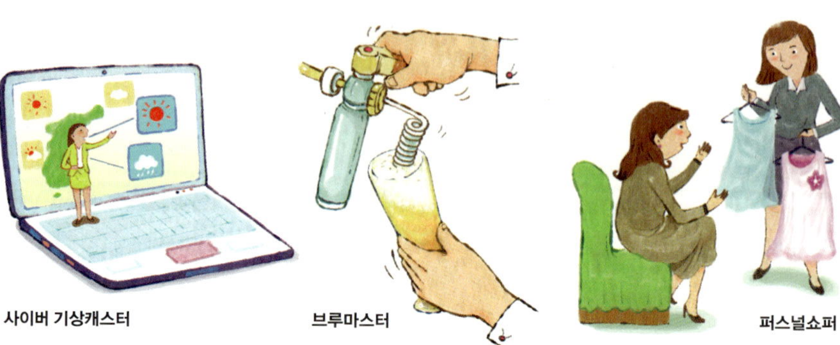

사이버 기상캐스터　　　　브루마스터　　　　퍼스널쇼퍼

을 만큼 많은 직업들이 생겨
났다. 이런 기술 발달의 흐름
에 물레방아를 만들던 사람
들은 직업을 바꿀 수밖에 없
었을 것이다.

에너지원은 석탄에서 석유
로, 천연가스로, 원자력으로
다양해졌다. 요즘은 지구온
난화로 인한 기후변화가 인
류의 생존을 위협하는 대재
앙으로 등장하여 신재생 에
너지원인 태양, 바람 등이 주
목받고 있다. 태양에너지 관
련 산업이 발전하면 일조량
을 점검하는 기상학자, 태양
광(열) 발전소의 최적 입지를
선정하기 위한 지리 정보 시
스템GIS 기술자가 늘어날 것
이다. 또 적은 일조량으로도

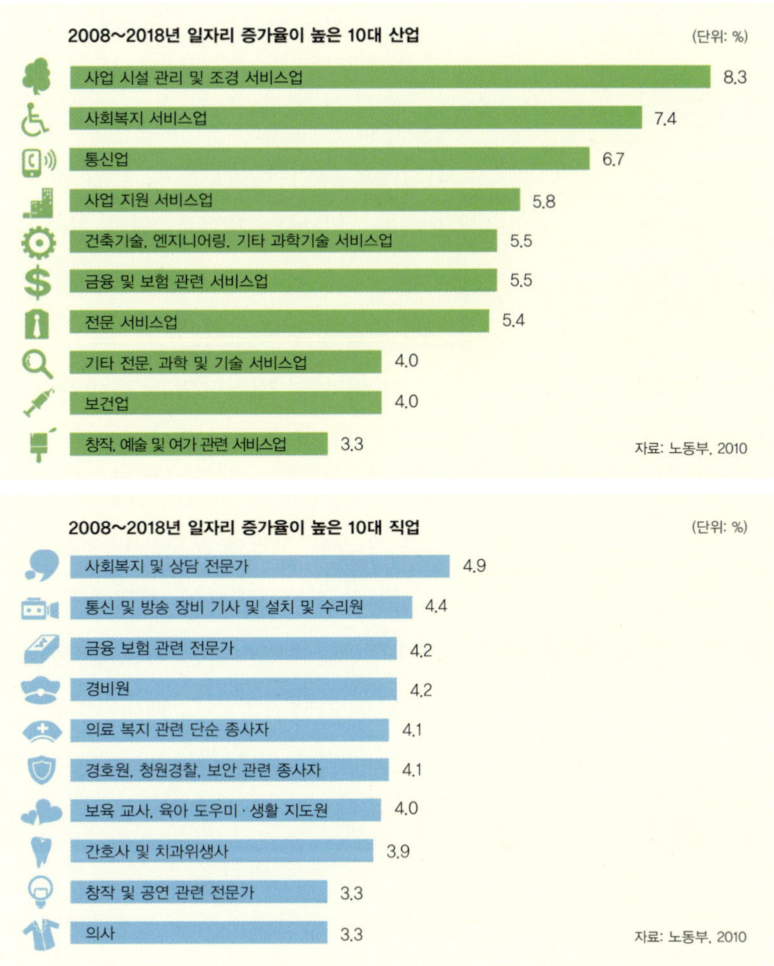

최대의 에너지를 생산해 내기 위한 태양에너지 기술을 연구하는 학자도 늘
어날 것이다. 풍력에너지 관련 산업도 마찬가지이다.

우리의 미래를 지배하게 될 산업과 직업에는 어떤 것들이 있을까? 미래
산업의 경향을 반영한 실질적인 미래 직업을 알아볼 수 있는 미래 직업 박람
회에서 정한 6대 미래 산업은 녹색 산업, 첨단 산업, 정보통신 및 융합 산업,
문화 콘텐츠 산업, 첨단 의료 산업, 지식 기반 산업이다.

미래의 국가 경쟁력은 창조적인 과학 기술자를 얼마나 잘 길러 내느냐에
달려 있다고 할 수 있다. 지식이 기반이 되는 미래 사회의 주인공이 되기 위
한 노력의 시작은 빠를수록 좋을 것이다.

21세기 산업은 스마트, 안전, 그린

패러다임[*]이란 동시대 사람들의 지배적인 생각을 일컫는다. 코페르니쿠스가 지동설을 주장한 것은 동시대 사람들의 지배적인 생각이었던 천동설을 지동설로 바꾼 패러다임의 전환이었다.

산업에도 패러다임이 있다. 산업 패러다임은 사람들이 경제활동을 할 때 중요하게 생각하는 가치로, 의사 결정의 기준이 된다. 따라서 오늘날처럼 급변하는 사회에서 산업 패러다임에 신속하게 대응하고 적응하지 않으면 언제든 퇴출될 수도 있다.

20세기의 산업 패러다임과 21세기의 산업 패러다임은 어떻게 달라졌을까? 산업 패러다임에 대해 자세하게 설명한 보고서 〈미래 산업과 만나는 3가지 키워드〉에서는 20세기 산업의 특징을 시간·정보·공간의 정복이라고 말한다. 인간은 전기와 전등을 발명함으로써 시간을 정복하였고, 통신 혁명으로 정보를 정복하였으며, 자동차를 발명하여 공간을 정복하였다. 그래서 20세기의 산업 패러다임은 '빠르게', '싸게', '크거나 작게'라고 정의하였다.

그렇다면 21세기의 산업 패러다임은 무엇일까? 보고서에서는 우선 21세기 산업의 특징부터 살펴보아야 한다고 한다. 21세기에는 의학과 과학기술의 발달로 인간의 수명이 과거보다 크게 연장되었다는 것, 대부분의 업종에서 인간이 필요로 하는 것 이상의 재화가 공급되고 있다는 것, 지구온난화를 비롯한 각종 환경문제가 전 세계적인 문제로 등장하였다는 것 등을 특징으로 들고 있다.

그래서 이 보고서는 21세기의 산업 패러다임을 스마트Smart, 안전Secure, 그린Green으로 정의하였다. '스마트'란 제품이 사람의 마음을 알고 원하는 것을

21세기 산업 패러다임
20세기를 지배한 산업 패러다임은 '빠르게', '싸게', '크거나 작게'였다.
그러나 21세기에는 '스마트', '안전', '그린'으로 산업 패러다임이 변하고 있다.

채워 줄 수 있는 능력을 말한다. 스마트 열풍은 휴대전화 분야에서 가장 거센데, 일명 스마트폰이 휴대전화 시장에 지각변동을 일으키고 있다. '안전'은 사람들을 위험에서 벗어나게 해 주고 행복을 선사하는 서비스이다. 이 서비스는 GPS 방식을 활용하는데, 이것으로 보호 대상자의 위치 정보를 수집하여 통신망을 통해 보낸다. 그러면 보호자는 휴대전화를 통해 보호 대상자의 실시간 이동 경로를 조회할 수 있다. '그린'은 지구온난화로 인한 환경 문제를 해결하기 위해 전 세계적으로 강조되고 있는 패러다임이다.

  지금은 20세기의 산업 패러다임에서 21세기의 산업 패러다임으로 넘어가는 전환기이다. 세계 최대의 컴퓨터 제조업체로 유명하였던 한 기업은 기업에 닥친 경영 위기를 극복하는 과정에서 컴퓨터 제조업을 포기하고 기업 컨설팅 업체로 변신하였다. 이는 산업 패러다임을 철저하게 읽어 낸 결과이다. 산업 패러다임의 변화를 주시하고 그것에 맞추어 산업을 육성하며, 각자에게 맞는 직업을 선택할 수 있게 돕는 적절한 교육이 우리에게도 필요한 때이다.

위기의 산업, 농업

곡물 가격이 오르면 이를 원료로 하는 각종 식품 가격이 덩달아 오르고 결국에는 전체 물가 상승으로 이어져 서민들의 고통이 가중된다. 이는 정치·사회 불안으로 이어질 수도 있다. 2011년 초 중동 지역에서 벌어진 민주화 요구 시위도 근본적으로는 먹고사는 문제를 해결하지 못한 정부의 정책 실패가 가장 큰 원인으로 지적되고 있다.

| 결코 포기할 수 없는 먹을거리 산업 | 1960년 국제 미작 연구소[IRRI]가 세워질 정도로 아시아의 농업 강국이었던 필리핀은 '부족한 식량은 수입한다.'라는 안이한 생각으로 1990년대 들어서면서 농업 투자액을 절반으로 줄이고 산업화에만 몰두하였다. 3모작이 가능한 농토에 공장과 골프장, 택지를 조성하였는데, 이렇게 사라진 농경지는 국토의 절반이나 되었다. 그 결과 필리핀은 현재 세계 최대 쌀 수입국으로 전락하였다.

2007년 말 국제 쌀값이 250% 상승하는 위기가 닥치면서 베트남, 인도 등 주요 쌀 수출국들이 쌀 수출을 전면 금지하였다. 필리핀에서는 쌀 수입이

필리핀 쌀 부족 사태 필리핀 정부는 쌀 불법 사재기를 막기 위해 실탄을 장착한 총을 든 군인을 배치해서 감시를 하지만 쌀 탈취나 사재기는 근절되지 않아 악순환이 되풀이되고 있다.

식량 위기가 불러온 이집트 시위 2011년 1월 이집트에서 독재 정부를 규탄하는 대규모 시위에서 시위대는 "아이쉬, 호레아"를 외쳤다. '아이쉬'는 밀로 만든 빵으로 이집트인들의 주식이며, '호레아'는 '자유'를 뜻한다. 평소 실업 때문에 겨우겨우 살아가는 와중에 곡물 가격이 급격히 상승하여 빵을 사 먹지 못하게 되자, 극빈층을 비롯해 중산층에 이르기까지 불만이 폭발하였던 것이다.

줄어들면서 쌀값이 폭등하였다. 필리핀 국민들은 일반미의 반값에 살 수 있는 정부미를 사기 위해 치열한 경쟁을 벌였다. 정부미의 수요가 증가하면서 곳곳에서 쌀 탈취 사건이 발생하였고, 필리핀 정부는 쌀 보관 창고마다 무장 군인을 배치하였다. 이제 필리핀 정부에게 쌀을 지키는 일은 나라를 지키는 것과 같은 의미가 되고 있다.

우리나라는 세계 5위의 곡물 수입국이고 곡물 자급률은 2010년 현재 약 27%에 불과하다. 주식인 쌀의 자급률은 거의 100%로 큰 문제가 없는 편이다. 그러나 밀의 자급률은 0.8%, 옥수수 0.8%, 콩류 8.7%로, 쌀을 제외한 곡물의 자급률은 평균 5% 수준이다. 주요 곡물들이 값싼 외국산 농산물과의 경쟁에서 패하고 결국은 재배를 포기한 결과이다. 현재와 같은 상태라면 자유 무역 협정FTA 등을 통해 농산물 시장 개방이 확대되면 식량자급률은 더 떨어질 수밖에 없다.

이에 대해 반도체나 자동차를 수출하고 부족한 식량은 수입하면 되지 않느냐고 반문할 수도 있다. 그러나 밀, 콩, 옥수수 등 곡물 수출국들이 곡물 수출 중단 선언이라도 한다면 어떻게 될까? 빵·국수·라면·과자를 비롯해 밀가루로 만든 음식 값이 천정부지로 뛸 것이고 쇠고기와 닭고기도 구경하기 어려워질 것이다. 쇠고기 1kg을 얻는 데 곡물 8kg이 필요하다. 심지어 달걀도 곡물이 있어야 생산된다. 엄청난 돈을 쌓아 두고도 식량을 구하지 못해 굶어 죽었다는 사람의 기사가 신문에 날지도 모를 일이다.

식량 안보■의 중요성이 바로 여기에 있다. 세계화 시대에는 아무리 억만금을 갖고 있어도 내가 먹을 일정량의 식량을 스스로 생산해 내지 못하면 언제 굶어 죽을지 모르는 상황이 닥칠 수 있다. 필리핀의 사례가 식량 안보의 중요성을 잘 말해 주고 있다.

연일 국제 곡물 가격이 들썩이는 요즘, 세계 5위의 곡물 수입국인 우리나라의 미래를 한번쯤 생각해 볼 필요가 있다.

주요 OECD 국가별 곡물 자급률 곡물 자급률은 한 국가 또는 지역에서 일정 기간 동안 소비되는 총 곡물량 중에 그 국가 또는 지역 내에서 생산된 양이 차지하는 비중이다. 자급률이 낮을수록 수입량이 많다는 것을 의미한다. 우리나라와 일본의 경우 다른 OECD 국가에 비해 곡물 지급률이 낮으며, 이는 식량 안보가 위협받을 가능성이 높음을 말해 주고 있다.

식량 안보
국제 식량 농업 기구(FAO)에서는 식량 안보(food security)란 '인류의 생존을 보장하고 건강하게 일상생활을 영위하기 위해 필요한 안전하고 영양가 있는 식량에 언제라도 접근 가능한 상태'라고 규정하고 있다.

곡물 가격 상승과 애그플레이션
기후변화로 인한 곡물 공급량의 감소, 인구 대국들의 곡물 수요 증가, 고유가에 따른 바이오 연료의 사용 증가 등으로 곡물 가격이 크게 상승하였다. 이는 경제 전반의 물가 상승으로 이어지는 애그플레이션 현상을 낳고 있다.

| 식량 위기 | 곡물은 가격이 오르더라도 즉시 수요를 줄이거나 공급을 확대할 수 없는 상품이다. 쌀값이 두 배가 되었다고 밥을 절반만 먹을 수 없고, 바로 생산량을 두 배로 늘릴 수도 없는 일이다. 곡물은 인류의 주식이며 다양한 식품의 원료가 되고 가축의 사료로까지 이용되고 있기 때문에 곡물 가격의 급등은 경제 전반의 인플레이션으로 연결될 수 있다.

애그플레이션이란 용어가 있다. 농업agriculture과 인플레이션inflation을 합성한 단어로, 곡물 가격 상승이 식료품비를 포함한 경제 전반의 물가 상승으로 이어지는 현상을 말한다. 애그플레이션은 곧 식량 위기의 한 부분이다. 식량 위기란 식량 생산 증가세의 둔화로 식량이 부족해지고, 이에 따른 식량 가격의 상승으로 안정적인 식량 수급에 위협을 느끼는 것이다. 그 때문에 사회가 불안해지고 식량을 둘러싼 갈등이 심해지면, 폭동이나 전쟁이 일어날 수 있기 때문에 식량 위기는 심각한 문제가 된다.

식량 위기의 원인으로 크게 세 가지를 들 수 있다. 첫째, 기후변화로 인한 곡물 공급량의 감소이다. 전 지구적 차원에서 발생하고 있는 지구온난화 현상은 지구촌 곳곳에 이상기후를 낳고 있다. 오스트레일리아의 경우 한 해 평균 2,500만 톤의 곡물을 생산하다가 5년여 동안 계속되는 가뭄 탓에 1,000만 톤 미만으로 생산량이 급감하기도 하였다.

둘째, 곡물 수요의 증가이다. 중국, 인도 등의 인구 대국들이 산업화를 이루면서 경작지는 감소되는 반면, 소득의 증가에 따라 곡물과 육류 소비는 늘고 있다. 육류 소비의 증가는 곧 곡물 수요의 증가로 이어진다.

셋째, 고유가에 따른 바이오 연료 사용의 증가이다. 배럴당 100달러가 넘는 고유가 시대를 맞은 것과 지구온난화에 대비하는 친환경 에너지 수요의 증가로 인해 바이오 연료에 대한 수요가 증가하였기 때문이다. 미국에서는 옥수수 생산량의 약 20%가 바이오 에탄올을 생산하는 데 사용된다. 바이오 연료의 소비 증가는 국제 곡물 가격을 상승시키는 주요 요인으로 꼽히고 있다.

곡물 가격의 상승은 생존의 문제와 직결되기 때문에 다른 물가의 상승과 차원이 다르다. 따라서 국제 협력을 통한 슬기로운 대처 방안이 마련되어야 한다.

세계 바이오 연료 정책 비교

브라질	• 휘발유에 바이오 에탄올 20~25% 혼합 의무화 • 경유에 바이오 디젤 3% 혼합 의무화
미국	• 바이오 에탄올 85% 혼합한 휘발유에 세제 혜택 • 2017년까지 바이오 연료 비중 20% 추진
유럽연합	• 주요 국가에서 바이오 디젤 20% 혼합한 경유 판매 • 2020년까지 바이오 연료 비중 20% 추진
한국	• 현재 경유에 바이오 디젤 0.5% 혼합해 판매 중 • 2010년까지 바이오 디젤 혼합 비율 2%로 상향

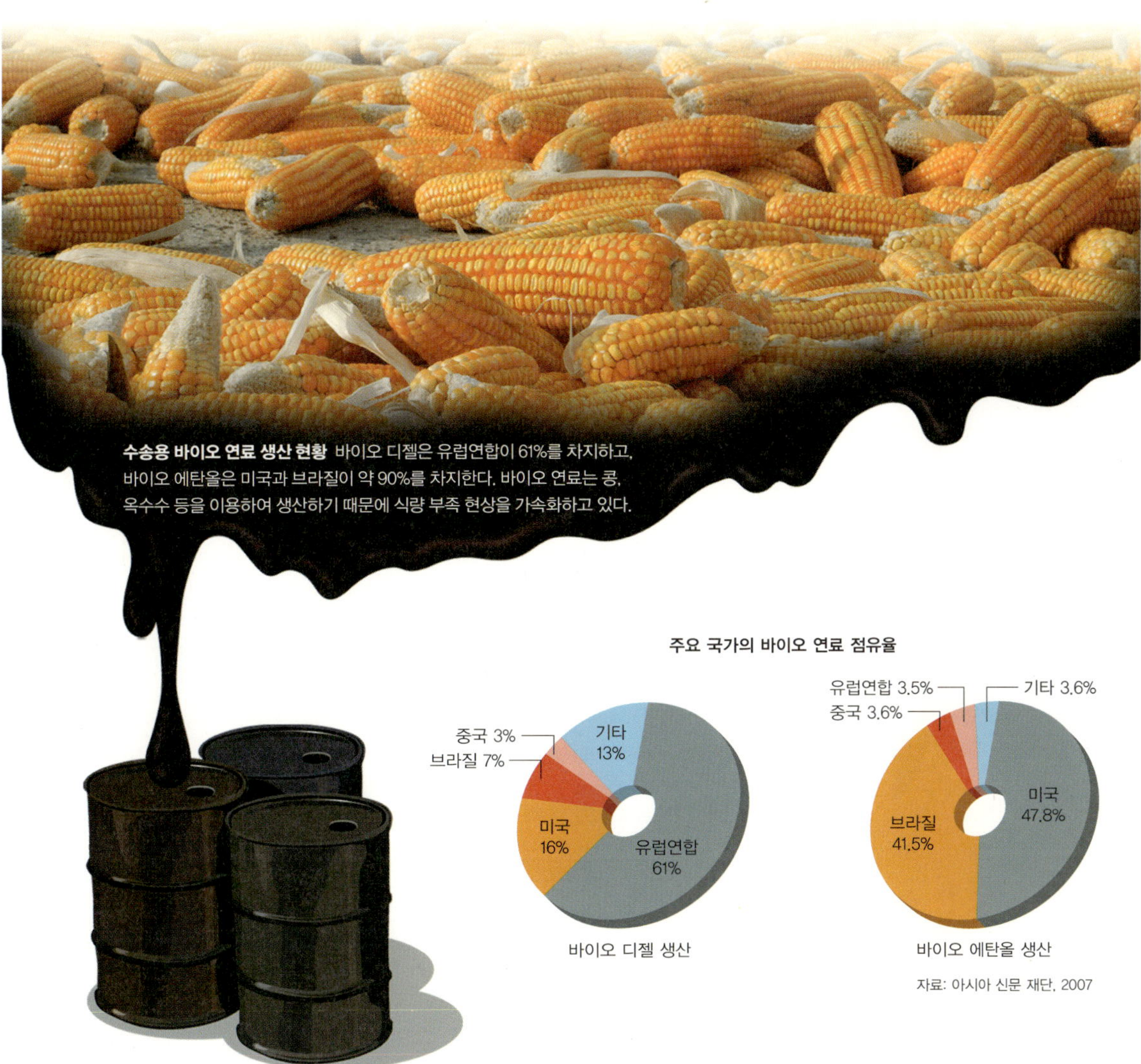

수송용 바이오 연료 생산 현황 바이오 디젤은 유럽연합이 61%를 차지하고, 바이오 에탄올은 미국과 브라질이 약 90%를 차지한다. 바이오 연료는 콩, 옥수수 등을 이용하여 생산하기 때문에 식량 부족 현상을 가속화하고 있다.

주요 국가의 바이오 연료 점유율

자료: 아시아 신문 재단, 2007

캐나다 토론토 농산물 직거래 장터 매주 목요일마다 지역 농민이 직접 재배한 유기농 채소와 과일을 판매하는 시장이 열린다. 소비자는 신선하고 안전한 먹을거리를 공급받을 수 있고, 농민은 생산한 농산물에 대한 안정된 판로를 확보할 수 있어 지역 경제 활성화에도 도움이 된다.

| 세계화 시대, 농업이 살아남는 길 | 세계화 시대에 먹을거리는 전 세계 여러 곳에서 다양한 방법으로 생산된다. 우리는 매일 식탁에 오르는 것들이 어디서 어떻게 생산되어, 어떤 경로를 거쳐, 어떤 방법으로 이동해 온 것인지 잘 모르고 먹는 경우가 대부분이다. 우리가 먹는 외국산 농산물이 농약과 방부제 등으로 범벅이 되어 있을지도 모를 일이다.

먼 거리를 이동하여 오는 먹을거리는 오랜 시간 운송에 견디기 위해 화학적·물리적 방법을 취했을 것이다. 이러한 먹을거리들은 값이 싸다거나 특이하다는 이유로 세계인의 식탁을 점령하고 있지만 식품의 안전성은 보장할 수 없다. 게다가 먹을거리의 경작, 가공, 저장, 운송, 포장, 유통, 조리, 폐기의 전 과정에서 화석연료가 사용되므로 멀리서 온 먹을거리에 의존하는 것이 과연 올바른 것인지 고민해 봐야 할 문제이다.

먹을거리에 대한 불안감이 커지면서 스스로 자신의 먹을거리를 안전하게 찾아 먹자는 운동이 전개되고 있다. 바로 자기 지역에서 나는 먹을거리를 먹자는 운동, 일명 로컬 푸드Local Food 운동이다. 캐나다의 밴쿠버에 사는 엘리사 스미스는 친구와 함께 1년간 모든 식사를 자신의 아파트 주변 100마일약 160km 이내에서 생산되는 먹을거리로 해결하는 실험을 하였다. 여기서 의미하는 '100마일'은 단순히 물리적인 거리를 뜻하는 것이 아니고 그만큼 가까운 곳에서 생산된 농산물을 섭취하자는 상징적 의미를 담고 있다. 이는 장거리를 이동해 식탁에 오르는 기업형 농산물 대신 가까운 지역에서 생산된 신선하고 잘 익은 농산물로 풍부한 맛을 느낄 수 있음은 물론이고 믿을 수 있는 음식을 먹음으로써 건강도 챙기자는 것이다. 이것은 나아가 지역의 소규모 농가들이 계속 농업에 종사할 수 있도록 지원하는 계기도 될 수 있다.

세계화 시대에 농업이 살아남는 길은 멀리 있는 것이 아니다. 나의 건강을 생각하고, 지역의 경제를 생각하고, 나아가 지속 가능한 지구를 생각하는 먹을거리를 선택하는 것으로 충분하다.

안전한 먹을거리를 확보하기 위해서는 주변에서 생산되는 먹을거리를 이용해야 한다. 로컬 푸드 운동을 뒷받침하는 개념으로 푸드 마일Food Mile이라는 것이 있다. 푸드 마일이란 먹을거리가 생산된 곳에서 소비지까지의 이동

푸드 마일
푸드 마일은 농산물 등 식료품이 생산자의 손을 떠나 소비자 식탁에 오르기까지의 이동 거리이다. 푸드 마일이 길어지면 길어질수록 그 식품의 안전성은 떨어지고, 탄소 배출량도 높아진다. 운송 수단에 따라 연료 소비량과 이산화탄소 배출량의 상관관계가 달라지는데, 이 그림에서 화물선, 열차, 트럭, 비행기순으로 연료 소비량과 이산화탄소 배출량이 점점 증가하고 있음을 알 수 있다.

거리를 뜻하는데, 이에 대한 관심은 먹을거리의 이동 거리를 줄여 자신의 나라, 지역의 농업을 지키자는 차원에서 시작되었다. 먹을거리 선택에 따라 온실가스 배출량에 큰 차이가 나며, 같은 친환경 유기농 식품이라도 해외에서 생산된 것이 이산화탄소 배출량이 훨씬 많을 것임은 자명한 일이다. 예를 들어, 쌀 8kg을 얻는 데 우리나라에서 재배한 것과 중국에서 재배한 것은 이산화탄소에서 522g 차이가 나며, 이것은 형광등을 67시간 끄는 효과와 맞먹는다.

가까운 곳에서 생산된 먹을거리를 선택하면 더욱 신선하고 건강한 것을 제공받을 수 있다. 또한 농민의 수입이 증가하고 저소득층이 건강한 먹을거리에 접근하기도 쉬워진다. 지역에서는 일자리가 늘고 상점이 활력을 찾는 등 돈이 지역에 머물게 되어 지역 경제가 활성화된다. 이 모든 것이 궁극적으로는 지속 가능한 사회로 갈 수 있는 디딤돌이 되기에 의미 있는 것이다.

아르헨티나 번영의 동력, 팜파스

농업 강국 아르헨티나의 어제와 오늘

1833년 찰스 다윈은 아르헨티나의 팜파스에 도착하였다. 초원과 더불어 가시덤불이 뒹구는 사막으로 이루어져 있던 이곳에는 유럽에서는 볼 수 없었던 동물들이 많았다. 사슴처럼 생긴 과나코가 떼를 지어 다녔으며, 타조처럼 생긴 작은 새 레아도 많았다. 또한 쥐를 닮은 카피바라, 비스카차, 마라 등도 있었다.

한편, 팜파스에서는 인디오와 백인들 간의 싸움이 끊이지 않았다. 인디오는 자기 땅을 지키면서 예전처럼 레아를 사냥하면서 살고 싶어 했고, 백인들은 인디오를 몰아내고 그곳에 소를 키우고 싶어 했다. 백인 청년들로 이루어진 가우초들은 인디오와 맞서 싸우다가 볼라라는 사냥 도구를 이용해 레아를 잡아먹었으며, 밤이 되면 술을 마시고 기타를 치며 흥에 취했다.

1870년대 '사막의 정복'이라고 불리는 사건이 발생하였다. 백인들이 남부 팜파스와 파타고니아의 토착 부족을 탄압해 인디오 1,300여 명이 목숨을 잃은 것이다. 아르헨티나 역사에서 인디오들이 퇴장할 무렵 근대적 농업이 시작되었다. 아르헨티나는 소와 양을 기르고 밀을 생산하면서 경제성장을 거듭하여 20세기 초반 이미 세계 10대 부국이 되었다. 그들은 농산물 수출로 커다란 부를 얻은 것이다.

아르헨티나가 경제성장을 거듭하자 유럽의 각지에서 사람들이 모여들었다. 특히, 가난하였던 아일랜드나 이탈리아 등지에서 많은 사람이 이주해 왔다. 〈엄마 찾아 삼만리〉의 주인공 마르코가 엄마를 찾아 아르헨티나로 온 것도 이 시기이다. 1880년 이후 약 50년 동안 아르헨티나의 인구는 5배 증가하였으며, 경제 규모는 15배나 커졌다.

20세기 접어들면서 세계는 전쟁의 소용돌이 속으로 빠져들었다. 아르헨티나는 유럽으로부터 멀리 떨어져 있던 탓에 중립을 선언할 수 있었으며, 아르헨티나의 중립은 제2차 세계대전 때까지 계속되었다. 전쟁으로 유럽이 피투성이가 되고 식량이 부족해지자 아르헨티나는 유럽 지역으로 식량과 육류를 수출하여 부를 축적해 나갔다.

하지만 아르헨티나의 번영은 영원하지 않았다. 경제성장 과정에서 부는 소수의 부유층에게 집중됨에 따라 부유층과 빈민층 간의 갈등이 깊어졌다. 1946년 후안 페론이 대통령이 되면서 정치·사회적 변화가 나타났다. 그는 사회 및 교육 개혁을 단행하고 사회복지 시설을 확충하는 등 정부 지출을 늘려 나갔다. 이 같은 정책에 반감을 품은 부유층은 부를 외국으로 빼돌렸으며, 반복되는 물가 급등으로 아르헨티나의 경제는 쇠퇴하였다.

그러나 아르헨티나는 여전히 농업 기반이 튼튼하다. 영토는 남한의 28배나 될 만큼 광활하며, 농경지만도 남한의 14배가 넘는다. 게다가 석탄, 석유, 천연가스 등의 지하자원도 풍부하다. 아르헨티나는 우리나라보다 가난하지만 목축업이 크게 발달하여 국민 1인당 연간 190kg의 육류를 소비한다. 세계 최고 수준이다. 최근 아르헨티나의 정치가 안정되면서 경제도 회복되고 있다. 풍요한 1차 산업은 아르헨티나가 다시 번영을 꿈꿀 수 있는 토대가 될 것으로 기대된다.

가우초의 모습 가우초는 팜파스에서 소를 치는 사람을 가리킨다. 인디오를 정복하고 에스파냐로부터 독립하는 과정에서 적극적으로 행동하였다.

6 수공업에서 첨단 산업까지, 공업의 세계

18세기 후반 영국에서 시작된 산업혁명은 유럽 대륙을 거쳐 전 세계로 퍼져 나갔다. 증기기관의 발명으로 공장에서는 기계를 이용하여 대규모로 공산품을 생산하게 되었다. 더 많은 물건을 더 빠르게, 더 값싸게 만들 수 있게 되면서 사람들은 점점 더 편리한 생활을 누리게 되었다.

| 공업이 발달하면? | 제조업의 역사는 호모사피엔스 시대부터 시작되었다고 할 수 있다. 호모사피엔스가 만든 돌도끼가 바로 공업 제품이기 때문이다. 돌도끼에서 시작된 도구 만들기는 뗀석기, 간석기를 비롯해 뼈바늘, 빗살무늬토기 등 다양한 공업 제품들로 이어졌다. 굳이 이 공업 제품들의 공업 형태를 따져 묻는다면 가내 수공업이 될 것이다.

이렇듯 가내 수공업에서 산업혁명을 거치면서 빠르게 변화해 온 공업은 인간이 할 일을 기계가 대신해 주는 시대를 만들었다. 게다가 기계의 진화는 무척 빨라서 그 끝을 가늠할 수조차 없다. 기계 덕분에 앞으로 인간의 손

농업

공업화된 현대사회
오늘날 모든 일상생활은 경제활동 및 공업과 밀접한 관련이 있다. 농업 활동에도 공업 제품을 사용하며, 공업 활동에서도 공업 제품을 사용하여 또 다른 공업 제품을 생산한다. 서비스업 또한 공업 제품을 바탕으로 이루어진다.

은 엄지와 검지만 발달하고 나머지는 퇴화하는 기이한 모양으로 변할지도 모른다.

인간이 자연에서 무엇인가를 얻는 활동을 생산이라 하고, 이러한 생산 활동에서 얻은 생산물을 변형시키는 활동이 가공 산업, 즉 공업이다. 공업은 생산 과정에서 원료나 재료의 성질과 형태를 변경해 새로운 가치를 부가하는 산업이다. 따라서 공업은 농·임·수산업처럼 넓은 토지나 바다를 이용하는 1차 산업에 비해 자연의 제약을 덜 받는다. 좁은 면적에서 농산물에 비해 부가가치가 높은 물품을 생산해 내므로 단위 면적당 생산액이 많고, 노동력 1단위당 생산액도 많아 노동생산성이 높다. 현대 공업의 대부분은 그 생산 공정이 분업화·표준화·자동화되고 노동력과 원료의 공급이 세계적 차원에서 이루어지고 있다.

현대사회를 공업화된 사회라고 부르는데 그만큼 현대인은 공업 제품을 사용하지 않고는 살아가기 힘들다. 농·임·수산업, 광업, 서비스업, 심지어 공업 자체도 공업 제품을 사용하여야 생산이 가능하다. 따라서 공업이 발달하면 다른 산업에도 파급효과를 일으킨다. 원자재를 공급하는 농업, 목축업, 임업, 수산업 등 제1차 산업과, 물품 판매, 운송, 하역, 보관, 광고 등의 제3차 산업은 공업과 서로 협조하며 발전하기 때문이다.

또한 공업의 각 분야는 서로 긴밀한 관계를 유지하며 발전하고 있다. 예를 들어, 자동차 제작에는 차체의 재료를 제공하는 철강 및 금속 공업, 전기 장치 제어를 위한 전기 및 전자 공업, 도료를 공급하는 석유화학

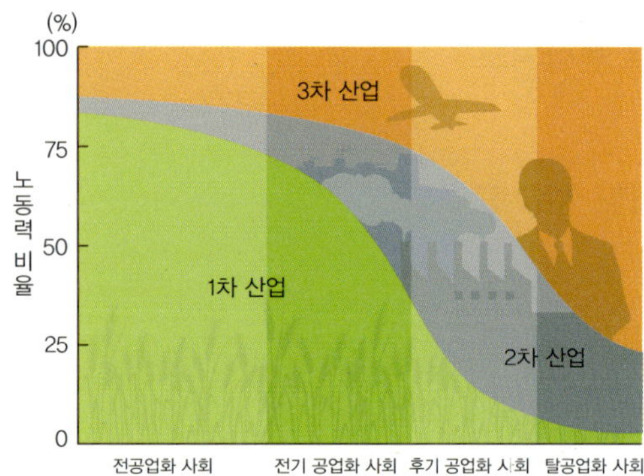

경제 발전 단계에 따른 산업구조의 변화 경제가 발달함에 따라 산업의 중심이 1차 산업에서 2, 3차 산업으로 변화하게 된다. 특히 경제 발전의 후기 단계가 되면 3차 이상 산업의 비중이 두드러지게 증가하는데, 이때를 탈공업화 사회라고 한다.

공업, 시트 원료를 공급하는 섬유 공업, 조립 라인 구성을 지원하는 장치 공업 등이 관련되어 있다.

공업이 발전하면 산업구조가 변화한다. 공업화는 곧 도시화를 의미하여 1차 산업의 비중이 감소하고 2, 3차 산업의 비중은 커진다. 예를 들어, 어떤 지역에 공장이 건설되면 2차 산업에 종사하려는 노동자가 모여들고, 이들에게 서비스를 제공하려는 3차 산업 인구도 더불어 늘어난다. 결국 공업의 발달은 많은 사람들을 끌어들여 인구 증가를 낳고, 도시화를 가져오게 된다.

공업이 고도로 발달하면 소비재 산업의 규모가 줄고 부가가치가 더 높은 중화학 공업이나 첨단 산업이 확대된다. 따라서 공업이 발달하면 전반적으로 국민소득과 생활수준이 높아진다. 그래서 세계 어느 나라든지 공업화를 경제계획의 주요 목표로 삼고 있다. 한편, 기계화·자동화로 공업 부문의 노동생산성이 높아지면 상대적으로 노동생산성이 낮은 서비스업으로 인구가 집중된다. 결국, 2차 산업 종사자의 비중이 줄고 3차 산업의 종사자의 비중이 높아지는 탈공업화 단계에 이르게 된다.

| 국가 경제에서 세계 경제로 | 과거에는 국가 간 국경 개념을 인정하면서 경제활동이 이루어졌다. 그러나 최근에는 국가 및 지역 간에 존재하던 상품, 서비스, 자본, 노동, 정보 등에 대한 인위적 장벽이 줄어들면서 세계가 거대한 단일 시장으로 통합되고 있다. 즉 지구촌 전체를 하나의 단위로 여기는 이른바 세계화 개념이 등장하였다.

이와 같은 공간 구조의 변화로 사람들은 국경을 낮추고 때론 무너뜨리면서 지구촌을 자유롭게 넘나들고 있다. 교통과 통신의 발달은 이런 이동과 교류의 증대에 촉매제 역할을 하고 있다.

경제의 세계화가 시작된 것은 중상주의 시대 혹은 열강들의 식민지 쟁탈 시대부터라고 볼 수 있다. 그러나 경제의 세계화가 본격적으로 확대되기 시작한 것은 세계 무역 기구WTO■가 출범하고, 최첨단 정보 통신 기술이 발달하기 시작한 1990년대 중반 이후부터이다.

세계 무역 기구(WTO)
1948년에 발족한 '관세 및 무역에 관한 일반 협정(GATT)'을 대신하여 세계의 무역을 관장하는 기구로, 1995년 출범하였다. WTO는 GATT에는 없었던 무역 분쟁 조정권, 관세 인하 요구, 반덤핑 규제 등의 막강한 법적 권한과 구속력을 행사한다.

이제 한 나라의 경제는 그 나라 안에서의 생산과 소비만으로 이루어지지
않는다. 국가 간에 무역도 하고, 외국인 노동자가 들어와 일을 하기도 하고,
다른 나라에 공장을 지어 현지인을 고용하기도 한다. 이런 현상은 점점 더
확대되고 있다. 상품 하나만 봐도 온전히 한 나라에서 만든 제품이라고 하
기 어려운 것이 많다. 휴대전화를 예로 들면 액정 화면은 한국산, 리튬 배터
리는 일본산, 반도체 칩은 미국산이다. 따라서 오늘날에는 지역 간 국제 경
제협력의 필요성이 더욱 확대되어 다양한 형태의 경제통합이 이루어지고
있다. 우리나라의 경우도 칠레와의 자유 무역 협정FTA■을 시작으로 싱가포
르, 인도, 유럽 경제 협력체, 미국, 아세안, 유럽연합 등의 국가나 경제 지역
과 자유 무역 협정을 맺거나 협정을 진행 중이다.

이러한 경제의 세계화로 인해 한 국가의 경제가 세계경제에 영향을 미칠
가능성이 매우 커지고 있다. 예를 들어, 우리나라의 물건을 가장 많이 사 주
는 미국의 경기가 침체되었다고 가정하였을 때, 미국 내 소비가 줄어들 것
이고 이는 우리나라의 대미 수출 감소로 이어진다. 미국과의 거래 비중이
높은 우리나라 기업은 경영이 힘들어지고, 이를 극복하기 위해 고용자의 일

자유 무역 협정(FTA)
특정 국가나 지역 간에 서로 무역
특혜를 부여하는 협정이다. WTO 출범
이후 협정 체결국이 급증하였다.

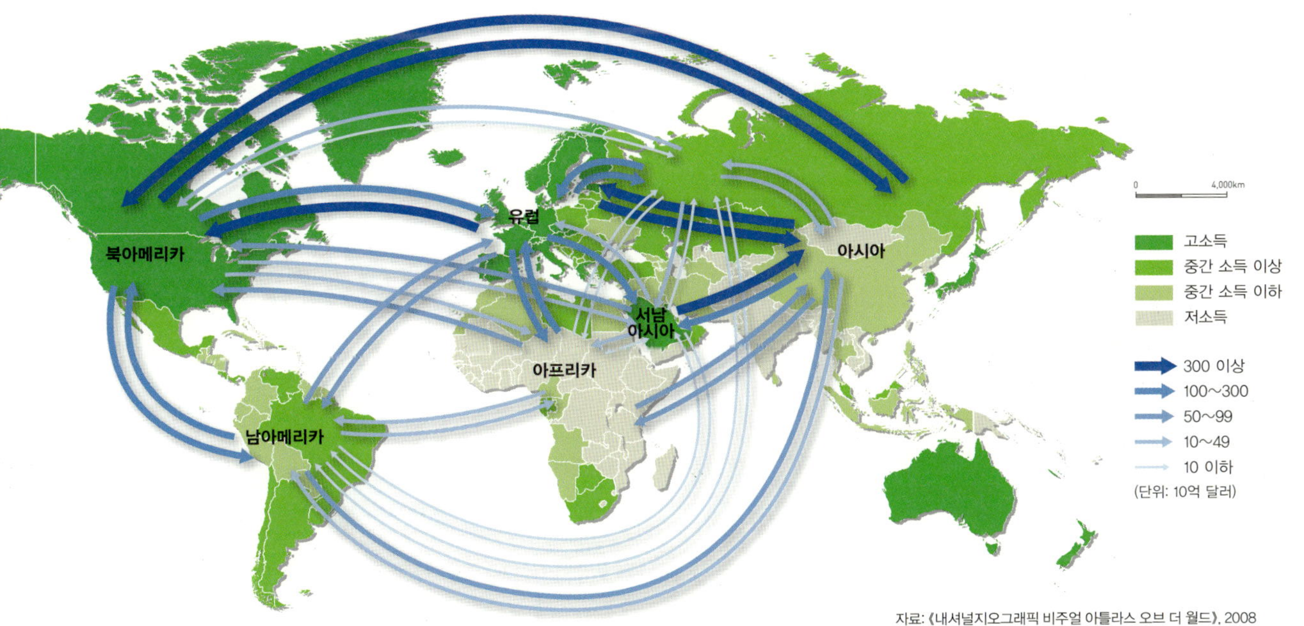

자료: 《내셔널지오그래픽 비주얼 아틀라스 오브 더 월드》, 2008

세계의 상품 무역 교통과 통신의 발달로 지역 간의 교역은 더욱 활발해지고, 상품과 서비스는 물론 사람과 자본, 기술 등도 자유롭게 이동하고 있다. 따라서
국가 간 경제협력의 중요성이 높아지게 되었다. 세계를 소득으로 구분해 보면 주로 북반구에 있는 국가들의 소득이 높고, 적도 및 남반구에 위치한 국가들의
소득이 낮게 나타난다. 세계의 상품 무역은 소득 수준이 높은 국가들이 주로 분포하는 유럽, 북아메리카, 아시안 간에 가장 많이 이루어지고 있다.

부 또는 다수를 해고하여 실업자가 늘어날 것이다. 이는 우리나라의 내수 감소를 가져올 것이고, 그러면 우리나라에 투자한 외국 기업이나 외국인도 손해를 보게 될 것이다. 이러한 과정이 잇따라 일어나면 그 파장이 결국 세계 경제에까지 미치게 된다. 국경과 국적을 떠나 지구촌 차원에서 세계 경제를 바라봐야 하는 이유가 여기에 있다.

│ 세계 공업은 지금 변신 중 │ 경제학자 애덤 스미스는 노동생산성을 향상시킨 최대의 공적을 분업에 돌리고 있다. 그는 핀의 생산과정을 통해 분업의 성과를 설명하였다. 노동자 한 사람이 생산 공정 전체를 맡으면 하루에 핀 20개를 만들 수 있지만 생산 공정을 18단계로 나누어 작업하면 하루 4,800개의 핀을 만들 수 있다는 것이다.

분업을 바탕으로 공업은 비약적으로 성장하였다. 분업화의 대명사인 포드 자동차 회사의 제조 시스템은 당시 하나의 산업 패러다임을 형성하여 일명 포디즘*이라 불릴 정도였다. 그러나 탈공업화 사회가 된 지금 포디즘과 같은 소품종 대량생산 체제로 개성 강한 소비자의 마음을 사로잡을 수 없다. 그리하여 세계의 내로라하는 유명 제조 회사들이 과거와는 완전히 다른 길을 개척하기 시작하였다. 컴퓨터 제조 회사가 기업 경영 컨설팅 회사로 변신하거나 가전제품 생산 기업이 에너지 기업으로 탈바꿈하고 있는 것이 그 예이다.

기업이 변화하면서 세계의 공업지역도 변신을 거듭하고 있다. 서유럽, 북아메리카, 아시아, 독립국가연합의 공업지역은 원료 산지, 동력 산지 등 전통적인 입지 조건을 내세워 세계적인 공업지역으로 명성을 얻었으나 최근 들어 공업 내용이 변화하고 있다.

독일 최대 제철소가 있던 뒤스부르크에서 라인 강 지류인 루르 강을 따라 에센, 보쿰, 도르트문트에 이르는 지역은 바로 세계 3대 공업지역으로 불리는 루르 공업지대이다. 엄청난 규모의 설비가 들어서 한때 호황을 누렸지만 1980년대 중반 심각하게 오염된 채로 철강 공장이 버려지는 등 내리막길을 걸었다. 이들 도시의 중화학 공업 입지는 루르와 자르 지방의 탄전 지대

포디즘
미국 포드 자동차 회사의 컨베이어 벨트 시스템에서 유래한 것으로 표준화된 제품의 대량생산과 대량 소비 체제를 일컫는 말이다.

공업의 변천사 공업은 가내 수공업에서 공장제 기계 공업으로 발전하였다. 공장제 기계 공업의 초기에는 경공업이 발달하지만 점차 중화학 공업으로 성장하게 된다. 공업 구조가 더욱 고도화되면 첨단 산업이 발달하게 된다.

와 밀접하게 관련되어 있었는데, 제2차 세계대전 이후 에너지자원이 석탄
에서 석유로 바뀌면서 탄전을 기반으로 한 공업지역의 이점이 줄어들었다.
대신 임해 지역으로 공업의 입지가 이동하기 시작하였다. 해외 자원에 대한
의존도가 높아지고 운반용 선박이 대형화됨에 따라 해안 지역이 원료 수입
과 제품 수출에 유리해졌기 때문이다. 이러한 입지 조건을 바탕으로 발달한
도시가 네덜란드의 로테르담이다. 유럽의 허브로 불리는 로테르담은 현재
항만과 물류 시설을 갖춘 국제 물류 도시이다. 매년 3만 척의 원양 선박과
13만 척의 내륙 운송 선박이 로테르담 항구에 입항한다.

한편, 철강과 탄광 산업이 쇠락하면서 위기에 처했던 루르 지역의 도시들
은 문화와 환경 도시로 탈바꿈하고 있다. 뒤스부르크는 200ha에 이르는 제
철소 시설을 원형 그대로 살려 다이빙 센터, 유스호스텔, 암벽등반 코스 등
으로 활용하고 있다.

유럽에서는 기존의 중화학 중심의 공업이 쇠퇴하는 반면, 첨단 지식 산업
이 급성장하고 있다. 고급 인력 풀^{pool}이 잘 형성되어 있는 곳, 도시 기반 시
설이 잘 갖추어진 곳, 쾌적한 환경을 갖춘 곳을 중심으로 첨단 도시들이 등
장하고 있다. 독일의 슈투트가르트, 프랑스의 소피아 앙티폴리스, 핀란드
오울루는 이런 배경 아래 탄생한 도시들이다. 특히, 산업혁명이 일어났던
영국의 뉴캐슬은 나노 기술, 생명공학, 환경 기술을 연구하는 과학도시로
탈바꿈하였다.

네덜란드의 로테르담 항구 석탄에서 석유로 공업 자원의 환경이 바뀌면서 로테르담
항구는 유럽 최대의 국제 무역항으로 발전할 수 있었다. 유럽 전역으로 거미줄처럼 뻗은
교통로가 한곳에서 모이고 다시 세계로 뻗어 나가는 길목이 바로 로테르담 항구이다.

환경 도시로 탈바꿈한 뒤스부르크의 공장 공원 공장의 대형 파이프는 아이들의
미끄럼틀로, 철광석 저장 벙커는 암벽등반 코스로 만드는 등 뒤스부르크는
기존의 공장 시설을 재활용함으로써 새로운 문화·생태 공원으로 다시 태어났다.

보이지 않는 산업, 서비스업

"저 식당은 서비스가 좋아.", "김 사장님은 서비스가 좋아.", "사과 한 개는 서비스입니다." 이처럼 서비스라는 말은 일상생활에서 자주 사용된다. 심지어 탁구나 테니스 같은 구기 종목에서 흔히 '서브'라고 하는 것도 정식 명칭은 '서비스'이다. 우리의 일상생활을 지배하고 있는 서비스업이란 무엇일까?

│ 서비스업과 인간 생활의 관계 │ 현대인의 일상은 서비스업으로 둘러싸여 있다. 한마디로 현대인은 서비스업의 홍수 속에 살고 있다. 우리나라만 해도 전체 산업 생산액 가운데 서비스업의 생산액이 차지하는 비중이 60%를 넘는다. 서비스업에 종사하는 사람으로 따지면 70%가 넘는다. 그러니 우리 일상의 2/3는 서비스업이 차지하고 있는 것이다.

서비스라는 말의 어원은 라틴어로 노예■를 뜻하는 'servus'에서 왔다. 경제활동에서 말하는 서비스란 생산된 재화를 운반·배급하거나 생산·소비에 필요한 노무를 제공하고, 개인적으로 남을 위하여 돕거나 봉사하는 행위를 말한다. 즉 서비스란 구체적인 형태를 띠고 있지는 않지만 경제적 가치가 있으며 경제행위의 대상이 되는 재화를 생산하는 활동이라고 정의할 수 있다.

택배 서비스

의료 서비스

금융 서비스

교육 서비스

서비스업이란 물자 생산 대신에 서비스를 제공하는 산업으로, 제1차 산업인 농·임·수산업이나 제2차 산업인 제조업, 광업, 건설업을 제외한 모든 분야를 포함한다. 도소매·음식·숙박·운수·통신·금융·관광·국방과 법·행정을 포함한 정부의 모든 행위도 서비스업에 포함된다.

서비스는 한 국가나 민족의 문화를 대변하는 미래 부가가치 분야이다. 지금 세계에서 가장 영향력 있는 상품은 서비스이다. 자동차를 만드는 것은 제조업이지만 자동차를 디자인하고 광고하고 판매하는 것은 서비스업이다. 이제는 제조업과 서비스업을 구분해서 따로 생각하는 자체가 낡은 사고방식이다.

| **서비스업의 특성** | 서비스업은 생산 활동의 결과가 눈에 보이지 않는다. 의료 서비스에서 의사가 환자를 진찰하는 행위, 교육 서비스에서 교사가 학생을 가르치는 행위 등은 그 자체가 서비스이므로 생산 활동의 결과를 정확히 측정하는 것은 곤란하다. 또 서비스는 생산과 소비가 동시에 일어나기 때문에 서비스업은 재고가 없다. 의사가 감기에 걸린 환자를 진료한다고 가정해 보자. 의사마다 모두 진료 행태가 다를 것이다. 학생을 가르치는 교사도 마찬가지이다. 다시 말해 서비스는 성격상 표준화하기 쉽지 않아 서비스 품질에 대한 객관적인 비교나 평가가 어렵고, 정확한 생산액을 측정하기도 어렵다. 하지만 최근에는 서비스의 표준화를 추구하기도 한다. 고객의 반응을 다양하게 연구한 후 그에 따른 통일된 대처 요령을 만들어 교육시키는 것이다. 114 전화 서비스가 그 예이다.

한편, 서비스업은 생산의 기계화가 어려울 뿐만 아니라 설령 기계화되었다 해도 한계가 있다. 자동판매기처럼 결과물이 뚝딱 나올 수 없기에 인건비가 차지하는 비중이 크다. 그러다 보니 대량생산에 의한 규모의 경제가 이루어지기도 어렵다.

서비스업 분류

분류	업종	특징
생산자 서비스업	· 금융·보험업 · 부동산 임대업 · 사업 서비스업	· 지식 경제 중심 · 고임금 일자리
유통 서비스업	· 도소매업 · 운수업 · 통신업	· 좋은 일자리와 나쁜 일자리 병존 · 규제 정책이 미치는 영향이 큼
개인 서비스업	· 숙박·음식점업 · 오락·문화·운동 서비스 · 가사 서비스업 · 기타 서비스업	· 미숙련 여성 중심 · 주로 나쁜 일자리 · 시장과 가계 대체 가능 · 노동 수요가 노동 비용에 민감하게 반응
사회 서비스업	· 공공 행정 서비스업 · 교육 서비스업 · 보건·사회·복지 사업 · 국제 외국 기관	· 여성 비중 높음 · 교육·의료 고학력, 기타 부문 미숙련 · 복지국가 규모에 크게 영향 미침

| 서비스업의 비중이 높으면 선진국 | 현대에 이르러 다양한 서비스업의 등장과 함께 국가 경제에서 서비스업이 차지하는 비중이 점차 커지고 있다. 그래서 서비스업의 발전 정도는 경제 및 생활 향상의 지표로 간주되기도 하며 서비스업의 발달은 후기 산업사회의 특징으로 인식되고 있다. 산업구조가 고도화되면 왜 서비스업의 비중이 높아지는 것일까?

서비스업은 소득이 증가할수록 수요가 크게 늘어나는 특성이 있다. 소득이 10%로 늘어났다고 가정했을 때 농산물이나 공산품의 수요 증가보다 서비스의 수요 증가가 훨씬 크게 나타난다. 한 국가의 경제가 성장하면 소득 수준이 높아져 서비스의 수요가 증가하지만 서비스업의 특성상 기계화가 어렵기 때문에 서비스 수요가 늘어날수록 고용도 함께 늘어나는 것이다.

노동력의 질 향상에 불리한 조건을 지닌 서비스업은 생산성 향상에서 공업 부문에 뒤지게 되고, 공업 부문의 급속한 생산성 향상은 노동력을 다른 산업으로 유출시키는 경향을 보인다. 이들 노동력은 노동생산성 상승률이 낮은 서비스 부문에서 흡수한다. 따라서 노동력은 1차 산업에서 2차 산업을 거쳐 3차 산업인 서비스업으로 이동하게 된다. 그 결과 산업구조에서도 3차 산업의 비중이 커지게 되는 것이다. 후기 산업사회에서는 농업이나 제조업 종사자의 비중은 감소하고, 서비스업으로 노동력이 이동하는 경향이 나타난다. 이러한 현상을 '탈공업화'■라고 한다.

서비스업, 즉 3차 산업은 생산품 종류에 관계없이 1, 2차 산업을 제외한 그 밖의 모든 산업을 지칭하는 것으로 여러 성격의 경제활동을 포함한 개념이다. 이러한 서비스업의 비중이 높아지면서 서비스업의 종류 또한 엄청나게 늘어나 서비스업을 범주화할 필요성이 제기되었다. 이에 따라 편의상 3차 산업을 금융·보험·운송 등에 한정 짓고, 4차 산업은 정보·의료·교육 등 지식 집약형 산업으로, 5차 산업은 취미·오락·패션 산업 등으로 구분하기도 한다.

서비스업 하면 흔히 편의점처럼 물건을 파는 가게나 음식점 등을 떠올린다. 이는 서비스업이 소비 산업이라는 편견을 가

탈공업화

미국의 사회학자 다이엘 벨에 의해 개념이 정착되었다. 벨에 따르면 탈공업화 사회는 다음과 같은 특징이 나타난다.
· 서비스업이 노동인구와 GNP의 절반 이상에 달한다.
· 경제의 중심이 재화로부터 지식이나 서비스로 이행한다.
· 노동 시간의 단축과 노동생산성 향상이 현저하다.
· 기술 사회, 지식 사회, 고학력 사회의 경향이 현저하다.

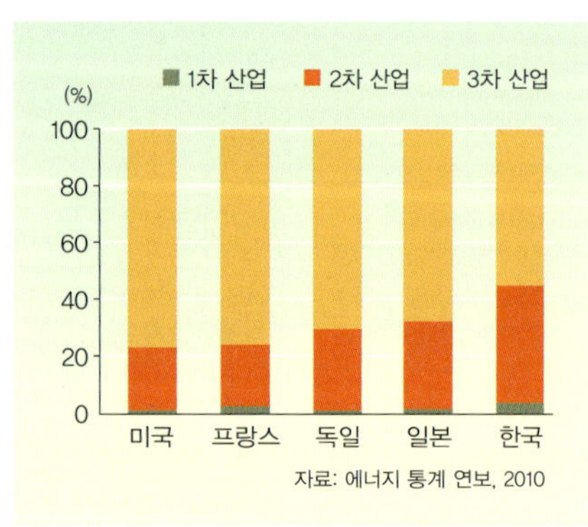

OECD 국가별 경제활동 부가가치 산업구조가 고도화될수록 제조업의 비중은 낮아지고 서비스업의 비중은 높아진다.

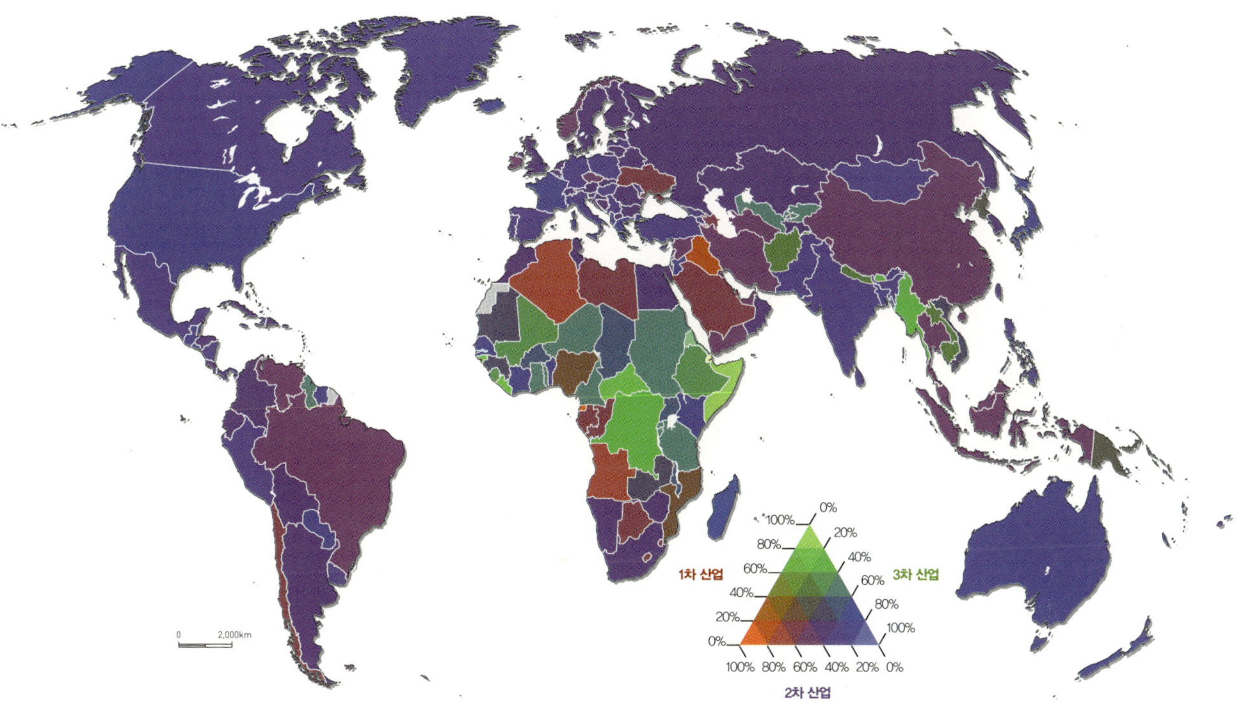

산업구조 선진국은 대부분 서비스업이 우세하며, 경제개발이 한창인 지역은 공업이 우세하다.
아프리카 지역은 대체로 농업이 우세한 국가가 많다.

자료: CIA 월드팩트북, 2006

지고 있기 때문이다. 이제 서비스업도 고도의 지식과 정보를 필요로 하며 고소득을 올릴 수 있는 산업이라는 인식의 전환이 필요하다. 탈공업화 단계에 접어든 선진국의 경우 다른 산업의 발전을 지원하는 생산자 서비스가 활성화되어 서비스업 부문의 생산성이 향상되고 있다.

| 평범한 서비스업은 가라 |

하루 두 번 변신하는 가게가 늘고 있다. 간판, 메뉴판, 인테리어에서 직원들의 복장까지 한 공간, 두 가게로 변신하는 '샵투샵'이 눈길을 끈다. 24시간 문을 여는 편의점에서는 택배, 공과금 수납, 영화나 운동 경기 티켓 발권, DVD 대여 등 다양한 서비스를 제공한다. 자식들이나 사랑하는 사람에게 쓴 편지를 죽고 난 뒤에 전달해 주는 사업도 있다. 사망한 후 잊고 지내던 가족이나 사랑하는 사람이 가장 중요한 순간에 감동적인 지혜를 준다거나, 절망에 빠진 순간에 용기를 주는 메시지를 보내는 것이다. 휴대전화로 광고를 많이 보면 볼수록 전화 사용료가 내려가는 상품

다양한 산업 분류 최근에는 1~5차 산업 외에 1.5차 산업, 2.5차 산업, 6차 산업 등의 개념도 등장하였다. 1.5차 산업이란 1차 산업과 2차 산업의 중간 성격을 띤 산업으로 농수산물 가공업 등이 그 예이다. 2.5차 산업은 제조업 제품과 서비스를 융합함으로써 양 산업 간 연계성을 높이고 동시에 경쟁력도 제고할 수 있는 분야이다. 6차 산업은 1차 산업인 농·임·수산업과 2차 산업인 제조업, 그리고 3차 산업인 서비스업이 복합된 산업이다. 농촌 체험하기 등의 형태로 1차 산업 특산물을 이용하여 다양한 재화를 생산(2차 산업)하는 동시에, 관광 프로그램 등 각종 서비스업이 접목되는 경우가 이에 해당한다.

을 파는 기업도 등장하였다. 이처럼 창의성을 바탕으로 서비스업은 날마다 진화를 거듭하고 있다. 자고 나면 새로운 서비스업이 등장하는가 하면 어제 이용했던 서비스업이 오늘은 구닥다리가 되기도 한다. 틈새시장이 주류 시장이 될 수 있고, 아이디어 하나로 많은 것을 얻을 수 있는 시대가 되었다.

편의점의 진화 편의점을 '세련된 구멍가게' 정도로 생각하면 오산이다. 요즘 편의점에서는 각종 충전 서비스(휴대전화, 교통 카드, 디지털 카메라 등)와 금융 서비스(현금 입출금, 공과금 납부 등)는 물론이고, 택배를 보내고 대신 받아 주기도 하며, 물건을 일정 금액 이상 구입하면 배달도 해 준다. 심지어는 수입차까지 판매하기도 한다.

| 서비스업의 꽃, 관광 | 관광이란 일상생활에서 벗어나 다른 지역을 여행하는 것이다. 관광은 여행자에게는 스트레스 해소와 재충전의 기회를, 관광 지역에는 수익을 가져다주는 수단이 된다. 세계화와 정보화 시대에 발맞춰 국제 관광객 수가 빠르게 늘고 국제 관광 시장이 엄청난 규모로 성장하고 있다. 관광 산업은 국제수지 개선, 고용·재정 수입 증대, 관련 산업의 발전 및 지역 개발 촉진 등 경제적 효과가 매우 큰 산업이다. 따라서 관광 산업을 국가의 기간 산업 및 미래의 성장 유망 산업으로 육성하려는 경쟁이 치열해지고 있다.

사람들을 끌어들이기 위해 관광지는 세 가지 필수 조건을 갖추고 있어야 한다. 첫째, 관광객을 유혹하는 몇 가지 매력이 있어야 한다. 그것이 자연환경이든, 건축물이든, 문화이든 간에 반드시 매력 있어야 한다. 둘째, 숙박과 음식이다. 일반적으로 관광객은 현재 자신이 처한 환경보다 더 나은 곳에서 씻고 자기를 원한다. 그리고 더 맛있게 먹고 마시고 싶어한다. 셋째, 교통이다. 도보든, 도로든, 항공이든, 해상이든 관광객들이 원하는 방법으로 원하는 곳에 갈 수 있어야 한다. 아무리 매력적인 곳이라도 관광객이 좀처럼 다가가기 어렵다면 좋은 관광지라고 할 수 없다.

여행자가 되기 위한 필수 조건도 있다. 첫째는 시간이다. 시간이 없다면 떠날 수 없다. 둘째는 돈이다. 축구광인 브라질 사람들은 적금까지 들며 월드컵 여행을 준비한다. 셋째는 가장 쉽지만 기본이 되는 조건으로, 어딘가를 가고 싶어 하는 마음을 품어야 한다. 여행자가 되기 위한 조건을 갖추고 있고, 자신을 유혹하는 곳을 발견하였다면 떠나라!

| 공정 여행이 지구를 살린다 | 비행기를 타고 여행 가이드의 깃발을 쫓아다니며 호텔에서 잠을 자고 호텔 식당에서 식사를 하며, 대형 쇼핑센터에서 국적 불명의 상품을 구매하고 관광용으로 잘 꾸며진 경관을 구경하는 것, 이것이 일반적인 패키지 해외여행의 모습이다. 사람들은 이 모든 것이 평소에 자신이 경험하는 일상과 다르다는 이유로 그냥 받아들인다.

그러나 최근 이러한 여행 행태에 이의를 제기하는 사람들이 늘고 있다. 이들은 이산화탄소를 많이 배출하는 비행기보다 도보나, 자전거, 기차를 이용한 여행을 즐긴다. 또 현지인이 운영하는 숙박업소를 이용하고 현지인이 즐겨 먹는 전통 음식을 맛본다. 현지인이 운영하는 상점에서 현지인이 만든 의미 있는 물건을 정당한 대가를 지불하고 산다. 이른바 '공정 여행'이다.

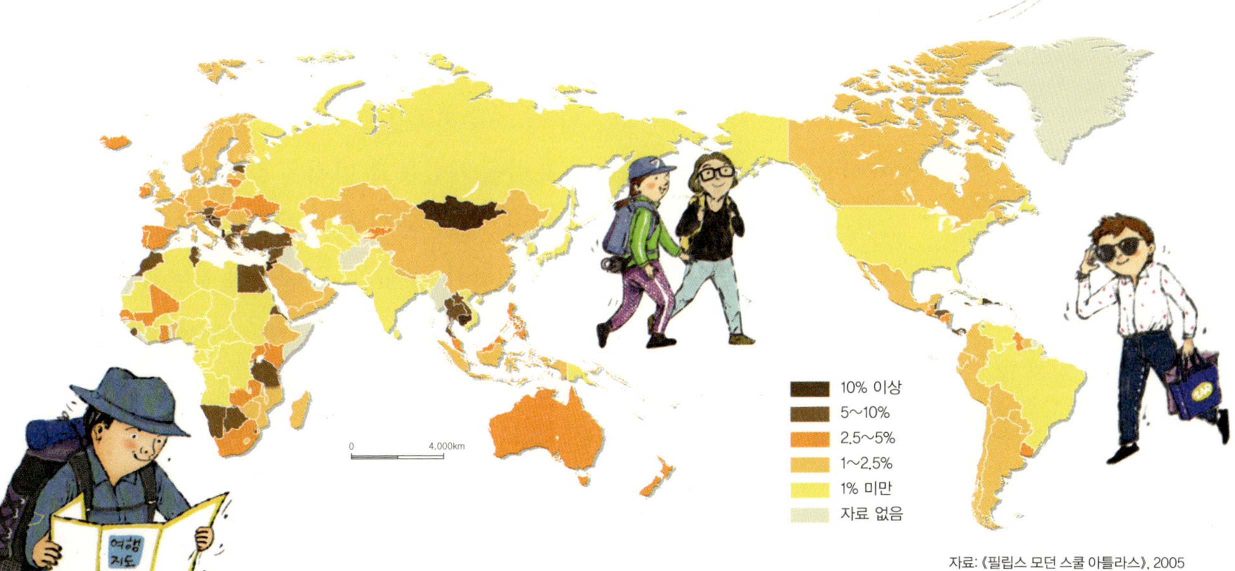

자료: 《필립스 모던 스쿨 아틀라스》, 2005

국민총생산(GNP)에서 관광 수입이 차지하는 비중 아름다운 아드리아 해를 끼고 있는 크로아티아, 드넓은 초원으로 사람들을 유혹하는 몽골, 고대 유적 앙코르와트가 있는 캄보디아는 국민총생산에서 관광 수입이 차지하는 비중이 10%를 넘는다. 대부분의 유럽 국가들, 동남아시아 국가들, 안데스 산지에 위치한 국가들은 관광 수입 비중이 높다. 그러나 유럽 국가의 관광 수입액과 동남아시아 및 안데스 산지 국가의 관광 수입액을 비교해 보면 국민총생산액이 높은 유럽 국가의 관광 수입이 훨씬 많을 것이다.

현지인에게 도움 주는 착한 여행 여행자인 나 자신뿐만 아니라 여행지의 주민까지 모두가 함께 행복한 여행이 공정 여행이다. 나의 즐거움을 위해 누군가가 힘들게 된다면 그것은 공정 여행이 아니다.

공정 여행이란 현지의 환경을 해치지 않으면서도 현지인에게 혜택이 돌아가는 여행으로, '착한 여행', '책임 여행'이라고도 불린다. 1980년대에 유럽 일부 국가나 미국 등 선진국을 중심으로 시작되었으나 아직 일반화되지는 못한 상태이다. 우리나라의 경우 2009년 초 중국 윈난 성 소수민족을 만나는 '공정 여행 1호' 상품이 나오면서 비로소 대중화의 첫 발을 떼었을 뿐 아직은 걸음마 단계이다.

공정 여행은 거창한 것이 아니다. 내가 움직이는 것은 누군가가 써야 할 자원을 사용하는 것이고, 내가 편리하기 위해서는 누군가가 불편을 감내하고 수고한다는 것을 잊지 않고 여행하면 된다. 여행 중에 선택해야 하는 숙박, 음식, 관광과 같은 것에 대한 기준을 '어느 것이 더 저렴한가?'에서 '어느 것이 더 공정한가?'로 바꾸면 된다. '어디로' 여행할지가 아니라 '어떻게' 여행할지를 고민하면 된다.

지금까지의 자신의 여행 행태를 되돌아보았을 때 지역의 현지 주민들에게, 자연에게, 지구에게 무엇인가 마음에 걸리는 것이 있다면 공정 여행을 한 번쯤 생각해 봐야 하지 않을까.

◉ 지속 가능한 관광

세계의 지붕 히말라야, 이곳의 아름다운 절경을 감상하기 위해 세계 각지의 여행자들이 앞다투어 네팔을 찾는다. 네팔을 여행 중인 한 사람이 따뜻한 물로 목욕하기 위해서는 세 그루의 나무가 소비된다. 히말라야 트레킹 그룹이 보름 간 사용하는 장작은 지역 주민들이 6개월 동안 쓸 수 있는 양이라고 한다. 관광 산업은 네팔 국내총생산의 40%를 차지하고 있어 네팔을 먹여 살리는 산업이다. 히말라야 원주민들은 관광 수입에 의존하고는 있지만 그것이 그리 달가운 것만은 아니다. 우리 돈으로

르완다의 교사 양성 학교에서 영어를 가르치고 있는 자원봉사 여행자

하루 4,000원가량을 벌기 위해 규정보다 무거운 짐을 지기 일쑤고, 자칫하면 고산병, 동상, 저체온증으로 사망하기도 한다. 이들은 오히려 관광객들이 얼마 없었던 그 옛날의 삶이 훨씬 풍요로웠다고 회고한다.

조류를 탐방하는 한 생태 관광 프로그램에서는 새 둥지에서 새끼 새를 꺼내 탐방객이 직접 만져 보게 한다. 갓 부화한 어린 새를 저울에 올려놓고 무게를 재기도 한다. 곤충의 겨우살이 모습을 관찰하는 생태 관광 프로그램에서는 춥고 눈 쌓인 겨울에 돌이나 썩은 나무를 들어내기도 한다. 이 모두 생태 관광 프로그램이라는 이름으로 오히려 생태계를 파괴하는 행위이다.

최근에는 여행자에게도 환경과 현지인에 대한 책임 의식을 강조하는 지속 가능한 관광이 강조되고 있다. 지속 가능한 관광이란 여행지의 미래를 해치지 않으면서 여행자와 현지의 욕구를 모두 충족시키는 것이다.

이와 같은 지속 가능한 관광의 개념이 확산되면서 새로운 형태의 여행이 나타나고 있다. 자원봉사 여행도 그중 하나이다. 멸종 위기의 동물을 구하는 활동을 하는 생태 자원봉사 여행, 유엔 해비타트의 집짓기 운동에 동참하는 여행, 지구온난화의 위험성을 알리며 세계 곳곳을 누비는 여행 등 그 모습은 다양하다.

유엔의 해비타트 집 짓기에 참가한 자원봉사 여행자들

생기 넘치는 관광도시로 거듭나다

서울로 가는 비행기 안에서 후아나와 존, 그리고 데이비드는 무료한 비행시간을 달래려고 대화를 나누었다. 세 사람은 출신 지역도, 직업도 달랐지만 이런저런 이야기를 나누는 동안 무척이나 친해졌고 다시 만날 날을 기약하였다. 그들이 서로에게 마음을 열게 된 이유는 그들 고향이 가진 공통점 때문이었다.

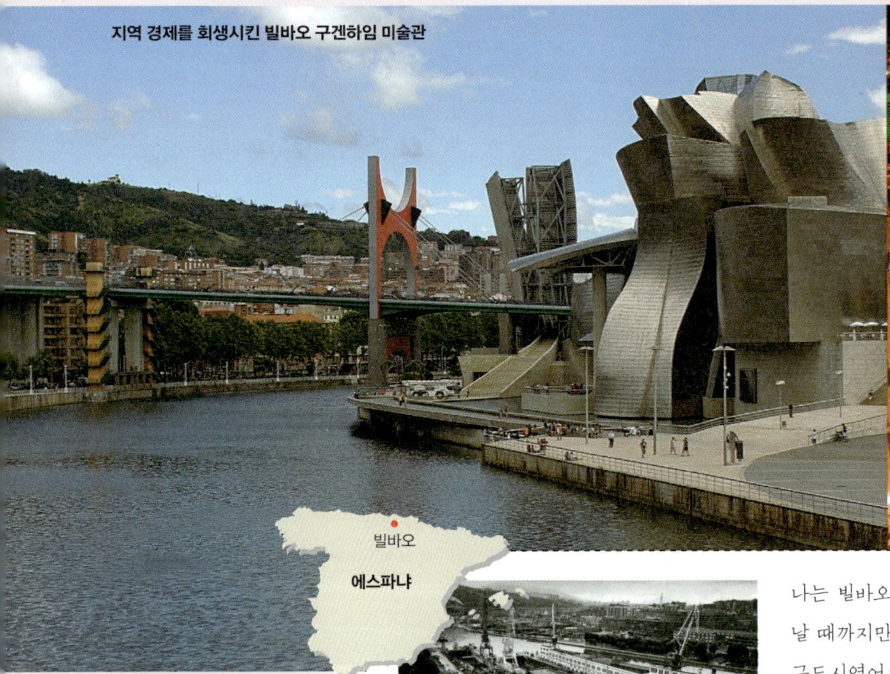

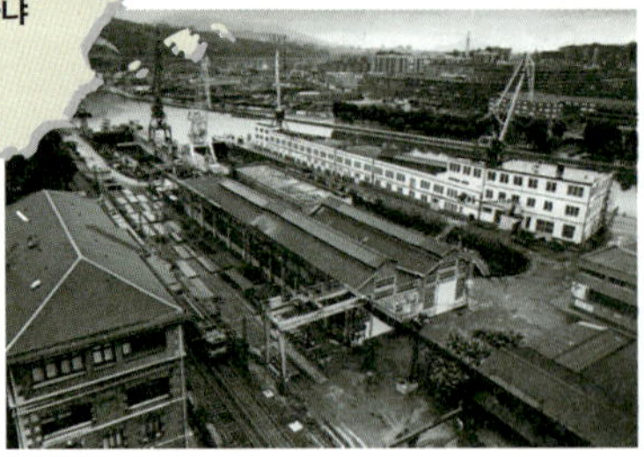

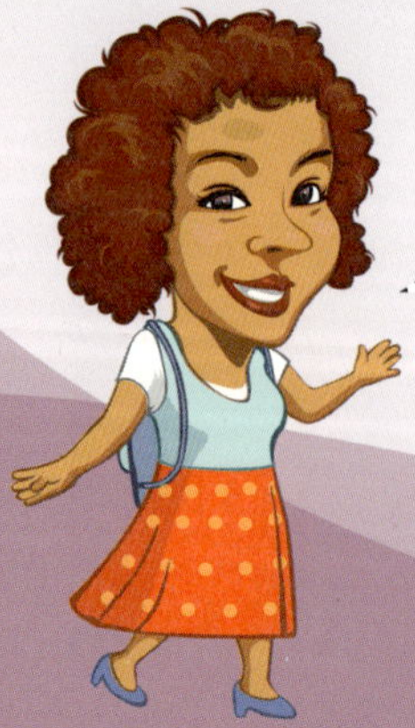

나는 빌바오 출신이에요. 원래 빌바오는 내가 태어날 때까지만 해도 철강과 조선업을 주축으로 한 항구도시였어요. 하지만 1980년대 산업 침체로 공장들이 문을 닫고 실업률은 25%까지 치솟았어요. 당시의 기억이 나요. 도시는 쇠락한 느낌이 물씬했고 도로에는 낡은 공장터가 즐비했죠. 하지만 1990년대에 '리아 2000'이라는 도시 재생 프로젝트를 추진하였어요. 이것은 문화 프로젝트로, 시에서는 1억 달러를 들여 구겐하임 미술관을 건립하였어요. 처음에 시민들은 먹고살기도 힘든데 그런 데에 투자할 돈이 없다는 이유를 들어 크게 반대하였지요. 하지만 미술관이 건립되고 산업폐기물로 더러워진 강이 정화되자 관광객이 모여들기 시작하였어요. 이제 빌바오는 예전과 달리, 생기가 넘치고 아름다운 도시로 바뀌었어요.

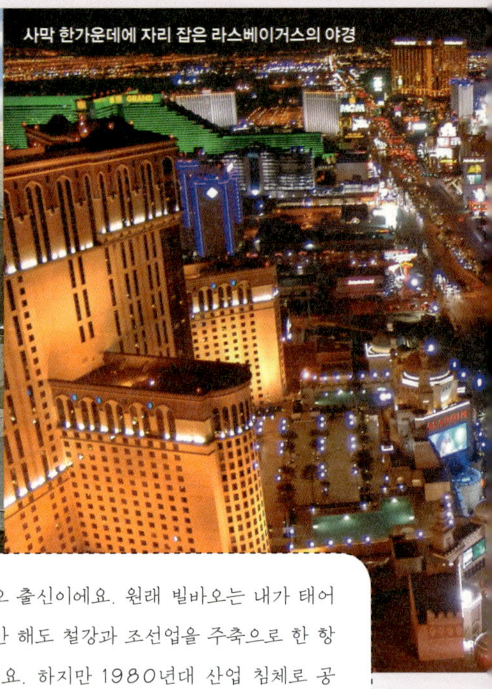

내가 사는 도시도 지리적 제약을 극복하였다고 할 수 있죠. 물론 아주 옛날 일이지만요. 나는 라스베이거스에서 나고 자랐어요. 라스베이거스는 원래 사막에 자리 잡은 황량한 마을이었어요. 19세기 말만 해도 동부에서 서부로 가는 길의 어딘가에 있는 마을로, 소규모의 광업과 축산업이 겨우겨우 이루어졌다고 해요. 그러나 1936년에 라스베이거스의 운명이 바뀌게 되었지요. 후버 댐이 완성된 거예요. 그때 미국에는 새로운 경제활동으로 활력을 줄 수 있는 계기가 필요하였고, 결국 캘리포니아와 솔트레이크 시티의 중간에 있던 라스베이거스는 작은 마을에서 도박과 환락의 도시로 변모하게 됩니다. 혹시 라스베이거스에 온 적이 있는지 모르겠네요. 연중무휴인 도박장과 호화로운 호텔 및 레스토랑은 환상적이고 후버 댐이 있어 물도 풍부하죠. 사막에 있는 도시라는 게 믿기지 않을 겁니다.

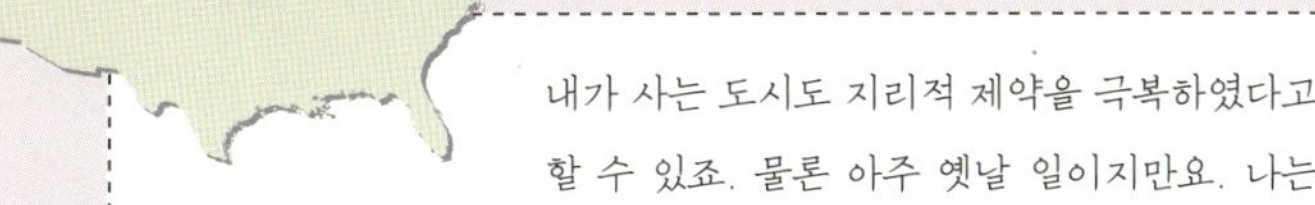
여러 문화가 혼재하는 싱가포르의 야경

정말 재미있네요. 하지만 나도 할 얘기가 있다고요. 나의 고향인 싱가포르는 정말 작은 나라예요. 도시 하나만 한 규모지요. 하지만 우리나라는 관광 대국이랍니다. 항공편이 잘 갖추어져 있고 도시계획이 잘 되어 있으며, 이것저것 볼거리가 많죠. 게다가 관광청에서는 혁신적이고 재미있는 계획을 많이 세우고 있지요. 요즘 관광청에서 가장 주목하는 주제는 음식이에요. 싱가포르는 여러 문화가 혼재하는 도시답게 길거리 음식도 다양하고 매력적이죠. 관광청에서는 이런 점에 주목하였고 우리나라에서는 몇 년 전부터 음식 축제가 열리고 있답니다. 이 기간이 되면 도시의 레스토랑들은 다양한 프로모션을 해요. 싱가포르 사람들은 보통 아침을 사 먹기 때문에 음식점 수준이 높은 편인데, 이 축제 기간에는 상인들이 더욱 신경 써서 음식을 만드니 이 축제가 열릴 때 저는 무척 행복하답니다.

2011년 노르웨이 테러 희생자 추모 행사

V 갈등과
공존의 세계,
우리는?

뉴질랜드와 오스트레일리아는 형제 같은 나라이다.

두 나라 모두 국기에 '유니언 잭'이 있는 영연방 국가이다.

하지만 오스트레일리아 사람은 뉴질랜드 사람을 '촌놈'이라고 놀리고,

뉴질랜드 사람은 오스트레일리아 사람을

'오지(Aussie, 오스트레일리아를 경시하는 은어)'라고 놀린다.

뉴질랜드와 오스트레일리아의 럭비 경기가 있는 날

두 나라 모두 흥분의 도가니에 빠진다.

경기장에서 오스트레일리아 국가가 연주되고 나면

뉴질랜드 선수들은 마오리족의 전통 의식인 '하카' 춤을 춘다.

두 다리를 쩍 벌리고 허벅지를 치면서 발을 구른다. 두 눈을 부릅뜨고

"카 마테, 카 마테, 카 오라, 카 오라"를 외친다.

경기가 시작되면 선수들은 자신들의 조국을 위해 최선을 다해 뛴다.

세계의 갈등도 뉴질랜드와 오스트레일리아의 럭비 경기처럼

뜨거운 축제로 타오른 뒤 조용하게 사그라질 수

있다면 얼마나 좋을까? 그럴 수 있다면 참 좋겠다.

1 '새로운 세계'에서 만난 쟁점들

새 천 년은 지구촌 모든 사람에게 전쟁과 폭력이 없는 새로운 세상에 대한 기대와 소망을 안고 시작되었다. 그러나 2001년 9월 11일 뉴욕에서 발생한 테러는 전 세계를 경악하게 만들었고, '테러와의 전쟁'을 선포한 미국은 알카에다의 거점인 아프가니스탄을 초토화하였다. 과연 21세기에는 민족문제와 지역 분쟁을 극복하고 전 인류가 염원하는 새로운 세계를 건설할 수 있을까?

새로운 세계와의 만남 21세기를 맞는 인류는 밀레니엄, 즉 새 천 년에 대한 희망으로 가득 찼다. 세계 각지에서는 시민 의식이 성장하면서 독재 정권이 붕괴되고 민주 정권이 들어서고 있다. 인터넷에 기반한 닷컴 기업들의 성장은 인류가 정보혁명을 통해 새로운 세계로 도약할 수 있다는 자신감을 안겨 주었으며, 과학기술의 지속적인 발전은 인류로 하여금 '노동의 종말'과 '생명 연장'을 전망케 하였다.

하지만 우리나라를 비롯한 동남아시아 여러 나라는 지금까지 경제 위기에서 완전히 벗어나지 못하고 있으며, 구소련의 폭압적인 체제에서 벗어난

동유럽 국가들도 여전히 정치·경제적으로 불안한 상태에 있다. 다만, 시장 경제를 전면적으로 수용하면서 급속한 경제성장을 거듭하고 있는 중국은 세계의 많은 나라에게 부러움과 두려움의 대상이 되고 있다.

21세기가 시작된 지 10여 년이 지난 시점에서 바라보는 밀레니엄 시대는 어떠한가? '피의 순수성'이나 '정신의 순수성'을 강조하면서 불거지는 민족 간, 종교 간의 갈등은 여전하며, 영토와 영해, 그리고 자원 확보를 둘러싼 갈등도 계속되고 있다.

에이즈, 조류독감, 신종 플루처럼 계속 생겨나는 전염병은 인류 전체를 위협하고 있으며, 굶주림과 정신적 불안에 시달리며 살아가는 빈민과 난민들은 여전히 소외되어 어두운 생활을 하고 있다. 또한, 전 세계 인류에게 경제적 자유와 풍요를 보장한다던 세계화와 신자유주의는 여러 문제를 동반하여 오히려 세계시민들의 기본적인 삶을 위협하고 있으며, 2007년 미국에서 시작된 금융 위기는 세계 경제를 큰 수렁에 빠트리기도 했다.

우리는 여기서 한 가지 의문을 품지 않을 수 없다. '과연 21세기에는 인류의 바람대로 새로운 세계가 전개될 것이며, 그 새로운 세계는 인류의 진정한 발전을 가져올 수 있을까?'

21세기 초에 만난 세계의 빛과 그림자 9·11 테러, 전쟁 난민, 영토와 자원을 둘러싼 갈등, 국제 금융 위기, 조류독감, 신종 플루 등의 어두운 그림자가 있었으나, 스포츠와 국제기구를 통한 평화의 염원, 북아프리카와 아랍권의 민주화 운동 등에서 희망의 빛을 찾을 수 있다.

칸카스 지역의 민족 분포와 분쟁 지역 칸카스 남부 지역 그루지야 영토 내에 있는 남오세티야와 압하지야는 주민의 70% 이상이 러시아인이어서 러시아가 이들의 독립을 지원하고 있다. 전쟁(1991~1992) 후 러시아는 압하지야와 남오세티야의 독립을 승인하였지만, 서방 세력은 이들의 독립을 인정하지 않고 있다. 한편, 칸카스 북부 지역에서는 체첸, 다게스탄 등이 러시아 연방으로부터 독립하려고 애쓰고 있으며, 러시아는 이를 필사적으로 막고 있다. 독립을 막는 주된 이유는 이들 지역에 매장되어 있는 상당량의 석유와 천연가스 때문이라고 한다.

| 분리와 통합을 거듭하는 세계 | 세계는 급변하고 있어 그 변화를 좇기가 쉽지 않다. 사회주의의 몰락과 함께 중앙아시아와 동유럽에서는 많은 나라가 분리 독립하였으며, 이러한 움직임은 현재 진행형이다. 2002년 동티모르가 인도네시아에서, 2006년 몬테네그로가 세르비아에서 독립하였다. 한편, 사하라아랍민주공화국·코소보·압하지야·남오세티야 등도 독립을 선언한 후, 독립의 정당성을 국제사회에 알리고 있다.

이제 여러 민족은 대부분 원하던 독립을 이루었을까? 그렇지 않다. 흑해와 카스피 해 사이에 있는 칸카스 지역은 여전히 분리 독립의 역사가 진행되고 있다. 거친 칸카스 산맥의 북쪽과 남쪽에는 다양한 민족이 그야말로 모자이크를 이루어 살며 분리 독립을 추구하고 있다. 그루지야는 민족과 종교의 차이에 근거하여 구소련에서 독립한 나라이지만, 그 속에는 민족과 종교가 다른 압하지야와 남오세티야가 있어, 이들의 독립을 막는 그루지야와 자국민 보호라는 명목남오세티야와 압하지야는 주민의 70% 이상이 러시아인으로 끼어든 러시아 간에 전쟁이 일어났다.

분리의 기운은 구소련 주변 지역에만 그치지 않는다. 민족 갈등과 그에 따른 분리 움직임은 영국·이탈리아·에스파냐·벨기에 등지에서도 오랫동안 있어 왔다. 서구 열강이 마음대로 국경선을 정했던 아프리카에서도 국경과 민족의 분포 차이로 끊임없이 내전이 발생하고 있으며, 티베트와 위구르인에 대한 중국 정부의 탄압도 뉴스거리로 자주 등장하고 있다.

　세계 각지에서는 민족과 종교의 차이에 따라 독립운동이 전개되고 있는 반면에 경제블록을 형성하여 하나의 경제체제를 추구하려는 움직임도 지속되고 있다. 이를 통해 미약하나마 국가 간 통합의 기운을 느낄 수 있다.

　1993년 서유럽 12개의 회원국으로 출발한 유럽연합의 경우, 동유럽 국가들까지 앞다투어 가입하면서 2011년 현재 가입국이 27개국으로 늘어났으며, 터키도 가입을 희망하고 있다.

　세계에는 북미 자유 무역 협정NAFTA, 아세안ASEAN 등의 경제블록이 있으며, 그보다 작은 규모의 경제블록도 지역별로 형성되었다. 경제블록 외에 국가 간 자유 무역 협정FTA을 체결하는 일도 늘고 있다. 경제블록과 자유 무역 협정은 블록 내 혹은 협정 체결국 사이에서 관세를 낮추어 국가 간 경제 교역의 확대를 목적으로 한다. 유럽연합의 경우 미국이나 중국에 맞설 수 있도록 정치 및 사회적 통합을 도모하고 '유로'라는 공동 화폐를 사용하고 있다. 서남아시아 지역의 경우는 걸프 협력 회의GCC에서 단일 통화를 추진하고 있다. 석유 수출국 기구OPEC처럼 같은 자원을 보유한 나라끼리의 결속도 점차 확대되고 있다.

유럽연합 국기 왜 유럽연합 국기에는 12개의 별이 그려져 있을까? 지금은 27개국이니 27개를 그려야 하지 않을까? 아니다. 이 별은 국가를 상징하지 않고 12라는 숫자의 의미, 즉 예수의 12제자와 같이 전통적인 크리스트교 사상에서 유래한 완전함, 통합, 절대성이라는 의미를 담고 있다.

지역 간 경제블록 소리 없는 총성이 울리는 '경제 전쟁', 치열한 경쟁의 현장에서 세계지도가 경제블록으로 재편되고 있다. 인접 국가들과 뭉치는 경제블록은 경제적 공조뿐만 아니라 지역의 정치적 안정도 꾀할 수 있다. 한편, 자유무역주의를 옹호하는 쪽에서는 경제블록에 따른 보호무역주의, 지역주의를 우려하기도 한다.

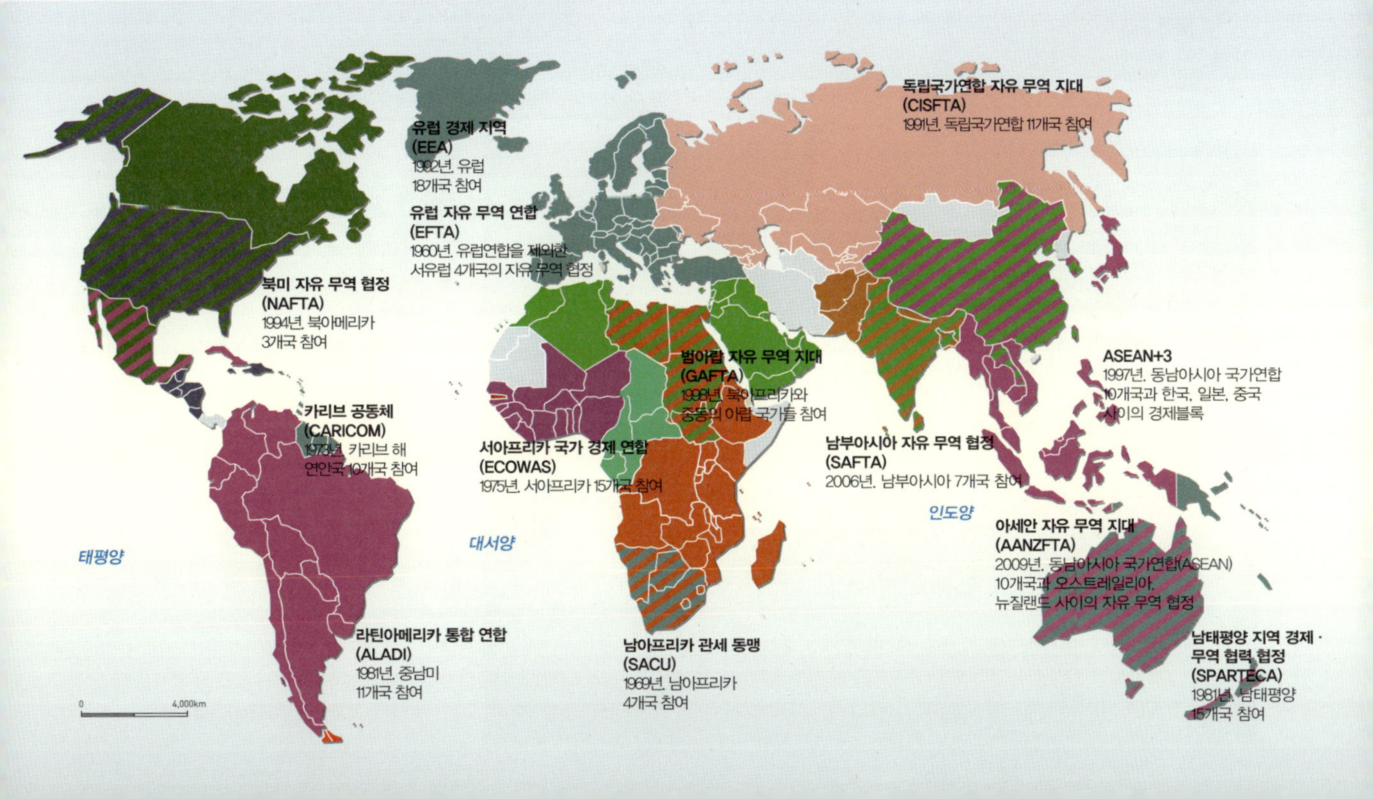

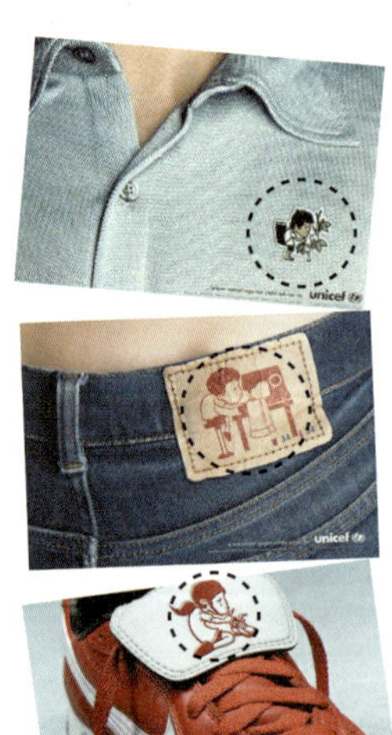

| 단극에서 다극으로, 경쟁에서 공존으로 | 2007년 미국과 영국 등지에서 발생하여 전 세계로 확산된 국제 금융 위기는 세계의 패권 변화를 보여 주고 있다. 세계 최강국 미국의 위상은 떨어지고 있는 반면 G20의 기능이 확대되고 있다.

2010년 현재 미국을 제외한 나머지 G20 국가들은 모두 달러 유일의 기축통화국제 간 금융 거래 시 기본이 되는 통화 체제의 개혁을 요구하고 있다. 이제 국제사회에서 BRICs, 즉 중국·인도·러시아·브라질은 물론 우리나라와 오스트레일리아 등의 발언권이 확대될 전망이다.

세계는 신자유주의 정책하에서 국가 간 경쟁을 가속화해 왔으며, 이러한 경향은 당분간 지속될 것이다. 하지만 전 세계적인 문제인 환경오염·인권·빈부 격차·식량난·자원난·인구 등은 국가 간 협력을 통해서만 해결이 가능하다.

세계의 협력을 도모하고 있는 국제기구 중 가장 중요한 것은 당연히 유엔이다. 그런데 유엔 산하의 세계은행World Bank, 세계 무역 기구WTO, 국제 통화 기금IMF이 미국 중심의 신자유주의 확산에 기여해 왔기 때문에 유엔에 대한 세계인들의 인식은 그리 좋지 않은 편이다. 하지만 세계인들이 힘을 실어 준다면 세계의 문제들은 유엔을 통해 줄여 나갈 수 있을 것이다.

어린이 노동 착취 티셔츠와 청바지, 운동화에는 각기 면화를 따고 재봉질하며 운동화를 만드는 개발도상국 어린이의 모습을 그려 놓았다. 이는 가난한 국가에서 생산되는 다국적기업의 제품이 아동의 노동력 착취의 결과물임을 보여 준다(왼쪽). 전 세계적으로 어린이(5~15세) 노동인구는 약 1억 5,800만 명으로 개발도상국의 어린이 6명 중 1명꼴이다. 그중 사하라 이남 아프리카 지역이 가장 높은 비중을 차지하고 있다.

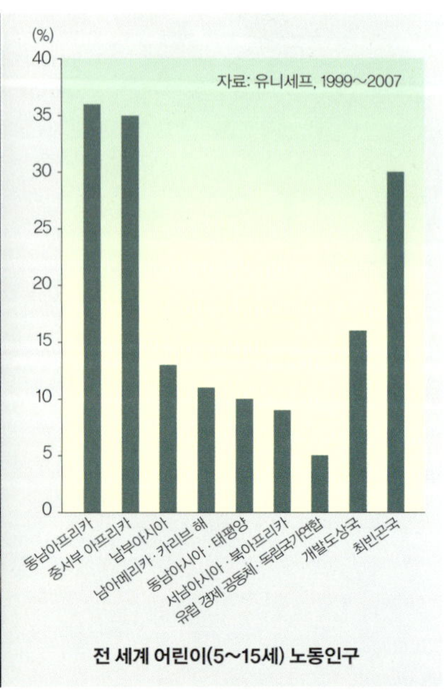

전 세계 어린이(5~15세) 노동인구

비정부 기구의 활동 세계 각국의 그린피스의 활동가들이 기후변화에 대처할 수 있는 재생 가능 에너지 법안 가결을 촉구하는 시위를 펼치고 있다(왼쪽). 엠네스티 회원들이 난민의 날을 맞이하여 한국 내 난민들에 대한 무관심을 지적하는 퍼포먼스를 하고 있다(아래).

세계에는 다양한 민간 기구, 즉 비정부 기구가 존재한다. 이들 중 엠네스티라고 부르는 국제 사면 위원회는 세계시민들의 인권을 보호하는 데 앞장서고 있다. 그린피스는 환경 감시와 보호에 힘쓰며, '국경 없는 의사회'는 세계인들의 생명을 살리는 데 크게 헌신하고 있다.

세계인의 공존을 위해서는 무엇보다 인권 보호가 시급하다. 인간은 존엄성 있는 존재로 인간은 서로를 존중해야 한다. 제2차 세계대전의 참혹상을 겪은 뒤 1948년 제정된 세계인권선언에는 이러한 내용이 잘 담겨 있다.

모든 사람은 인종, 피부색, 성별, 언어, 종교, 정치적 또는 기타의 견해, 민족적 또는 사회적 출신, 출생 또는 기타의 신분에 따른 차별을 받지 않고, 이 선언에 규정된 권리와 자유를 누릴 수 있다. — 세계인권선언, 제2조

도비가트와 도비왈라

인도의 빨래터 도비가트

선생님께

선생님, 저는 인도의 경제 중심지 '뭄바이'에 와 있어요. 인도는 이런저런 생각을 많이 하게 하는 나라인가 봅니다. 문득 선생님께서 수업 시간에 해 주신 말씀이 생각났습니다. 지리 수업을 통해 세계시민이 될 수 있고 그러려면 모든 문화를 공평하게 바라보는 균형 있는 시각이 있어야 한다고요. 그 지역만이 가지고 있는 기후, 지형, 식생, 토양과 같은 지리적 특성이 결국 문화를 만들기 때문이라고 말씀하셨지요.

제가 이런 말씀을 드리는 것은 인도 최대의 무역항이자 경제 중심지인 뭄바이에 있는 '다라비'라는 빈민가와 '도비가트'라고 불리는 빨래터를 갔기 때문이에요. 그곳에서 짙은 가난의 그림자를 만났고 저에게는 생소했던 '카스트'를 온몸으로 실감하였습니다. 급격한 도시화를 겪은 대도시 어디라도 슬럼을 볼 수 있겠지만, 도비가트에서 천여 명의 사람들이 직업적으로 빨래하는 모습은 정말 특별했어요. 인도에는 아직도 브라만, 크샤트리아, 바이샤, 수드라 네 계급이 존재하고, 접촉하는 것만으로도 불결하게 여기는 '불가촉천민'이 있었어요. 물론 국가적으로는 1947년에 불가촉천민이라는 제도를 폐지하였지만, 오랜 관습법처럼 지금도 버젓이 존재하고 있더군요.

제가 도비가트에서 만난 '도비왈라(빨래하는 사람)'도 불가촉천민이에요. 실제로 카스트는 '신분제'라기보다 '특정한 직업을 가진 집단'으로 보는 게 더 정확할 것 같아요. 결국 신분이 직업을

뭄바이 무역항

만든 것이긴 하지만요. 도비왈라는 세탁물 한 벌 당 5루피를 받는데 기계로 세탁하면 20루피가 든다고 하네요. 사람이 세탁기보다 낮은 노동 가치를 가진 셈이죠. 그 말을 들으니 그들의 삶이 얼마나 곤궁한지 상상이 되더군요. 그런데 도비왈라라고 해서 모두 같은 일을 하는 것은 아니에요. 빨래를 수거하는 사람부터 애벌빨래를 하는 사람, 빨래를 내리치거나, 헹구고, 널고, 다리고, 개고, 배달하는 사람까지 모두 일을 나누어서 하고 있었어요. 처음 빨래보다 깨끗해진 빨래를 다루는 사람일수록 더 신분이 높다고 하더군요.

다 쓰러져 가는 빈민가에 살고, 오전 4시 반부터 하루 16시간 동안 200벌 이상의 빨래를 감당하고 월평균 10만 원 남짓한 돈을 받는데, 그들은 곁에서 사진을 찍는 저에게 손을 흔들며 미소를 보였어요. 우리는 돈을 더 벌지 못해서, 남들보다 더 출세하지 못해서 스트레스를 받는데, 그들은 소명처럼 그 힘든 일을 받아들이고 있었어요. 한 인도 아이는 꿈이 뭐냐는 내 질문에 이렇게 대답했어요. "우리 아버지는 더러운 빨래를 수거하는 일을 해요. 언젠가 나도 그 일을 물려받겠죠. 제 소원은 애벌빨래를 하는 거예요. 그러면 난 행복할 것 같아요."

선생님, 전 그 말을 듣는 순간 눈물이 날 뻔했습니다. 그 아이를 동정해서가 아니에요. 매사에 불평불만만 늘어놓는 제가 부끄러웠기 때문입니다. 행복은 거창한 것이 아니라 우리 곁에 가까이 있는데 말입니다.

제자 우영 드림

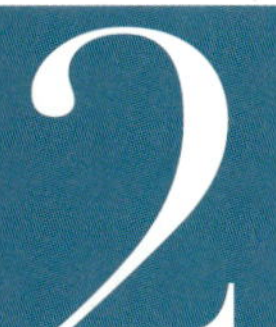

2 세계화와 반세계화

세계적인 커피 전문점에서 한가로운 오후를 즐기며 커피 한 잔을 마시고 있을 즈음, 브라질과 베트남에서는 소년들이 구슬땀을 흘리면서 커피콩을 따고 있을지도 모를 일이다. 소년이 온종일 커피콩을 따면 커피 반 잔 정도 마실 수 있는 돈을 벌 수 있을까?

| **세계화는 대세인가** | 요즘 아이들은 할아버지, 할머니 이름은 잘 몰라도 할리우드의 유명 배우나 프리미어리그 축구 선수들의 이름은 잘 안다. 잠깐이라도 인터넷이 불통되면 사람들은 무엇을 해야 할지 몰라 당황한다. 체코 프라하에는 유적지마다 우리나라 기업의 로고가 그려진 깃발이 나부끼고 있으

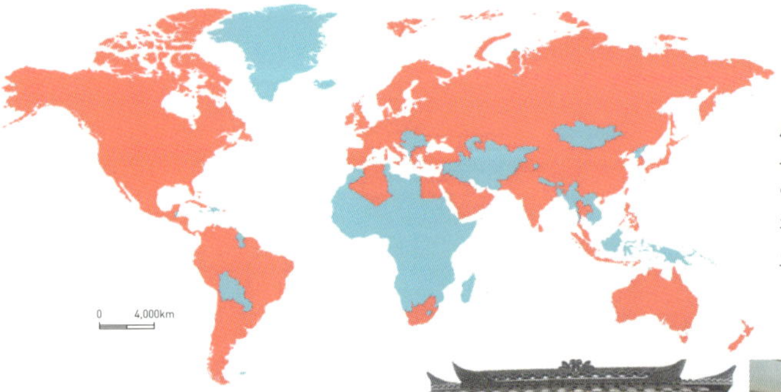

맥도널드가 있는 지역
맥도널드가 없는 지역

세계 각국에 진출한 다국적기업의 모습들 맥도널드는 세계 최대의 햄버거 체인 음식점이자 다국적기업이다. 현재 120여 개국의 체인점에서 40만 명의 종업원이 일하고 있으며 하루에 약 5,400만 명이 이곳을 이용하고 있다. 1886년 처음 판매되기 시작한 코카콜라는 한 해에 470억 병이 판매되며, 세계 모든 브랜드 가운데 오랫동안 인지도 1위를 고수하고 있다.

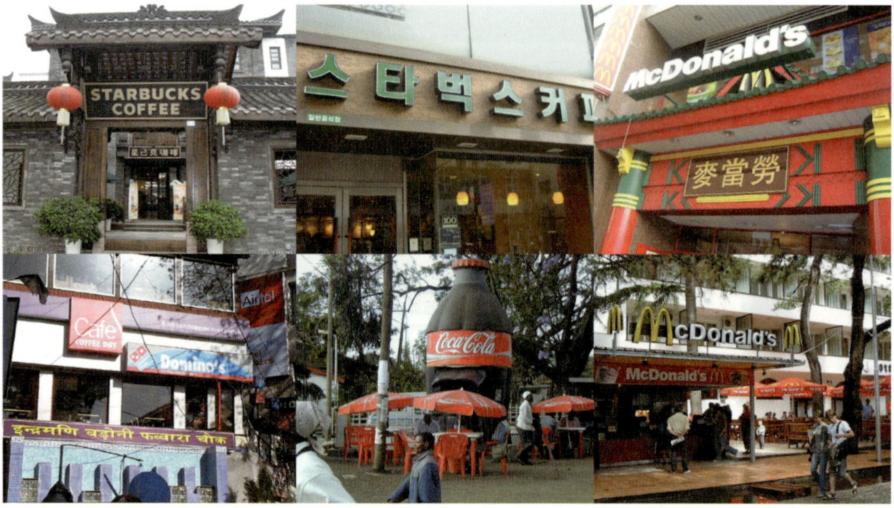

며, 아프리카 케냐의 수도 나이로비에서도 이 같은 모습을 쉽게 볼 수 있다.

요즘에는 자신이 태어난 나라를 떠나 외국에서 공부하거나 직장을 다니는 사람이 많이 늘었다. 반면 결혼, 이민 등의 이유로 다른 나라에 귀화하는 사람도 점차 늘고 있다. 이렇게 본다면 세계화는 거스를 수 없는 도도한 강처럼 느껴진다. 세계화가 대세라고 주장하는 학자들은 세계화의 원인을 어디서 찾고 있을까? 학자들마다 차이가 있지만 대체로 사회주의의 붕괴에 따른 시장경제의 확대와 인터넷을 비롯한 정보혁명에서 그 원인을 찾고 있다. 이처럼 세계화가 역사적인 흐름이라면, 세계화 과정에서 발생하는 여러 문제를 예방하고 피해 갈 방안이 없을까.

| **세계화의 명과 암** | 중국의 상하이는 21세기의 도시이다. 상하이에서 가장 화려한 곳은 푸둥과 와이탄 거리인데 이곳은 개방정책 이후 급속히 발전하고 있다. 특히 와이탄 옆으로 흐르는 황푸 강 너머의 풍경을 바라본 사람이라면 뉴욕의 맨해튼을 떠올릴 정도로 마천루로 숲을 이룬 광경이 장관이다.

인도의 방갈로르는 데칸 고원의 숲 속 도시이다. 20세기 전반까지만 해도 잘 알려지지 않았던 이 도시가 지금은 세계 소프트웨어 산업의 메카가 되고 있다. 방갈로르와 그 주변 지역에서 배출되는 한 해 IT 인력만도 수만 명에 이를 만큼 정보 관련 기업은 아예 방갈로르에 둥지를 틀고 있다.

국제 관계 칼럼니스트로 저명한 토머스 프리드먼은 중국과 인도의 비약적

상하이 푸둥 지역 100층에 가까운 빌딩들이 숲을 이룬 푸둥 지역은 중국 경제성장의 상징이다.

물 사유화에 항거하는 볼리비아인들 왼쪽은 인간의 생명과 직결된 물을 사유화하려는 다국적기업에 맞서 싸우는 볼리비아 코차밤바 시민들의 물 사유화 반대 시위 장면이고, 오른쪽은 물 공유화를 지지하여 물의 공동 이익, 공공 관리 등 물 공유의 대안을 고심하는 국제 연대 모임 '물 정의(Waterjustice)'의 포스터이다. 유엔이 '물의 날'을 제정한 지 10년이 지났지만 물의 양극화는 갈수록 심화되고 있다. 물은 인권이고 생명이다. 물의 사유화야말로 신자유주의의 모순이자 부자 나라만 배부르게 하는 세계화의 실상이다. 20세기가 에너지 전쟁의 시대였다면 21세기에는 물 때문에 전쟁이 일어날 것이라고 전문가들은 경고한다.

인 발전에 대해 "세계는 평평하다."라고 말한 바 있다. 이제 제국주의 망령은 사라져 버렸으며, 개발도상국도 노력 여하에 따라 선진국과 어깨를 나란히 할 수 있다고 주장하였다. 프리드먼의 말처럼 게으른 미국인이 부유한 중국인이나 인도인 밑에서 허드렛일을 할 날이 도래하였다고 볼 수 있다. 하지만 과연, 그런 일이 쉽게 일어날 수 있으며 전 인류에게 세계화가 빛으로만 작용하고 있을까. 아니다. 그 사례를 볼리비아에서 찾을 수 있다.

볼리비아의 코차밤바는 내륙분지로 전통적으로 물이 부족한 지역이다. 볼리비아 정부는 1999년 IMF로부터 1억 3,800만 달러를 도움받는 대가로 공기업 민영화 요구에 응하였다. 그 대상 중에는 코차밤바의 상하수도 시설도 포함되어 있었다. 이를 기회 삼아 미국의 거대 건설 회사가 이 사업에 뛰어들었다. 그들은 코차밤바의 물 공급권을 따낸 지 일주일 만에 수도 요금을 3~4배 올렸다. 가구당 최저임금이 6만 원인 나라에서 월평균 수도 요금이 1만 5,000원에 달했다. 이에 분노한 시민들이 봉기하여 많은 사람들이 다치거나 사망하는 등 엄청난 희생을 치렀다. 이러한 싸움 끝에 건설 회사는 쫓겨나고 상하수도 운영권은 시민들에게 돌아왔다.

　과연 누구를 위한 세계화인가? IMF와 세계은행은 경제난을 겪고 있는 나라에 돈을 빌려 주는 대신 구조조정을 강요하여 공기업을 민영화시키는 등 신자유주의 체제를 더 많이 도입하도록 만든다. 결국, 자유 무역을 통해 소수의 초국적 기업들이 세계경제를 독점하는 체제로 만들어, 이들 기업이 더 나은 이득을 좇아 전 세계를 휘젓고 다닐 수 있도록 하는 그들만의 세계화인 것이다. 하지만 더 이상 거스를 수 없는 대세로 보이는 세계화도 시민의 힘으로 얼마든지 바꿔 갈 수 있음을 코차밤바 시민들이 물 투쟁에서 단적으로 보여 주었다.

| 세계화의 뿌리, 신자유주의 | 이렇게 말도 많고 탈도 많은 신자유주의, 세계화의 기저 이데올로기로 작용하고 있는 신자유주의란 과연 무엇인가?

　신자유주의가 태동한 것은 1970년대 초반이다. 미국은 20세기 초반 경제 대공황을 겪으면서 이것을 극복하기 위해 세금을 통해 소득 격차를 줄이는 대압착 정책▪을 폈다. 제2차 세계대전이 종료되면서 세계를 제패한 미국은 경제 황금기를 맞았고 세계인에게 '아메리칸 드림'을 꿈꾸게 만들었다. 그러나 계속 유지될 것 같던 미국의 경제 성장은 1960년대 들어서면서 주춤거렸다. 이에 정부는 성장과 복지 중 성장을 우선시하게 되었는데, 이것이 곧 신자유주의의 시작이다.

　미국과 영국으로 대표되는 신자유주의 정책하에서 정부는 작은 정부를 지향하였는데, 이것은 곧 복지 축소를 의미하는 것이다. 이는 계층 간 경제적 격차 심화로 이어져 빈익빈 부익부 현상이 나타났다. 신자유주의를 채택하면서 미국과 영국은 무한 경쟁과 승자 독식의 사회로 접어들게 되었다.

　신자유주의가 추구하는 '자유'를 좀 더 면밀하게 살펴보면 그것은 경제적 범주에만 한정된다는 특징이 있다. 곧 신자유주의의 발호는 '자유 시장, 자유 무역, 자유 송금, 사적 소유의 자유' 등을 의미한다.

대압착 정책
부자들에게 더 많은 세금을 거두고, 노동자들에게는 보다 높은 임금을 지급하는 정책으로, 거둔 세금을 복지 정책에 이용한다.

신자유주의의 폐해
신자유주의에 기반한 자본주의는 승자 독식의 프로그램이며, 이것은 미국과 일부 선진국의 다국적기업만 살찌울 뿐이다.

워싱턴 컨센서스는 세계 무역 기구등을 앞세우고 무역의 완전 개방과 시장의 합리성이라는 논리에 근거하여 국영기업의 민영화를 추구한다. 또한 사회복지 관련 지출의 삭감을 통한 균형 재정, 탈규제의 논리에 근거하여 금융시장 개방과 투자자와 기업 활동에 최대한의 자율권 보장을 목표로 한다.

미국에 의해 신자유주의의 확대가 가속화되면서 다국적기업의 활동이 늘어나게 되었으며, 시장은 세계 각국의 식량·교육·의료·상하수도·전력·교통·통신 등을 장악해 가기 시작하였다. 그 때문에 세계 곳곳에서 신자유주의의 부정적인 파열음이 확대되고 있다. 즉 시장이 공공 영역까지 장악해 들어가면서 제3세계 개발도상국은 물론 미국에서도 많은 서민들이 고통을 겪고 있다.

| 자유 무역인가, 공정 무역인가 | 1995년 세계 무역 질서를 이끌기 위해 세계 무역 기구가 출범하였다. 이 기구는 서비스업과 농업 부문의 개방 확대와 지적 재산권 보장을 강조한 것이 특징이다.

무역이란 절대 우위나 비교 우위에 근거하여 경쟁력 있는 제품들을 집중적으로 생산한 후 이를 국가 간에 교환하는 것으로, 논리적으로는 무역에 참여하는 나라들이 모두 이익을 얻게 된다. 하지만 자유 무역의 확대에는 두 가지 함정이 있다. 하나는 공산품과 농산품 간의 불균등 교환, 즉 선진국의 공산품은 지나치게 비싼 가격에 개발도상국의 농산품은 헐값에 교환된다는 점이다. 다른 하나는 선진국과 개발도상국은 경제력이나 생산력에 크게 차이가 있는데, 동일한 규칙 아래 이루어지는 무역은 개발도상국에게 불리하게 작용할 수밖에 없다는 점이다.

이와 같은 자유 무역의 한계 때문에 신자유주의에 토대한 세계화의 확대는 선진국과 개발도상국 간에 부의 격차를 더욱 벌리고 있다. 즉 자유 무역은 부익부, 빈익빈을 확

대시키는 메커니즘으로 작동하고 있다.

　장하준▪ 케임브리지대학 교수는 선진국들도 산업 발전 시기에 자국의 산업 보호를 위해 보호 무역을 추구하였는데, 이제 와서 자유 무역을 내세워 개발도상국의 국가 경쟁력을 확대할 수 없도록 하는 것은 '사다리 걷어차기'라며 꼬집고 있다.

　무역이 꿀과 독이 함께 묻어 있는 사과와 같은 것이라면, 국가 간 경제블록을 만들고 자유 무역 협정을 체결하는 이유는 무엇일까? 그것은 무역 확대를 통해 협정 체결 당사국들의 경제적 이익을 확대하기 위함이다. 그런데 이 과정에서 자유무역과 똑같은 논리를 적용한다면 경제적으로 약자인 국가는 오히려 경제 위기를 맞게 될 수 있다.

　그렇다면 자유 무역에 대한 대안은 무엇일까? 쉽게 생각할 수 있는 것은 경제적으로 강한 국가에 핸디캡을 주는 새로운 무역 시스템이다. 운동 경기에서 기량의 차이가 나는 경기자에게 이길 기회를 주기 위해 우월한 경기자에게 불리한 조건을 줌으로써 대등한 경기를 할 수 있게 하는 것과 같은 원리이다. 또 다른 것은 공산품은 비싸고 농산품은 싼 불균등 무역의 가격체계를 바로잡는 일이다. 자유 무역 협정의 '자유'라는 말을 '공정'이라는 말로 대체하여, 공정 무역을 확대해 나간다면 세계는 좀 더 평등하고 인간적인 곳으로 나아갈 수 있을 것이다.

세계화에 반대하는 사람들 세계화를 반대하는 이들은 세계화가 선진국 중심으로 추진되면서 부익부 빈익빈을 확대하고, 부의 불평등을 심화시켜 선진국과 후진국이 공생하는 것이 아니라 착취와 기생의 관계로 변질되고 있음을 염려한다.

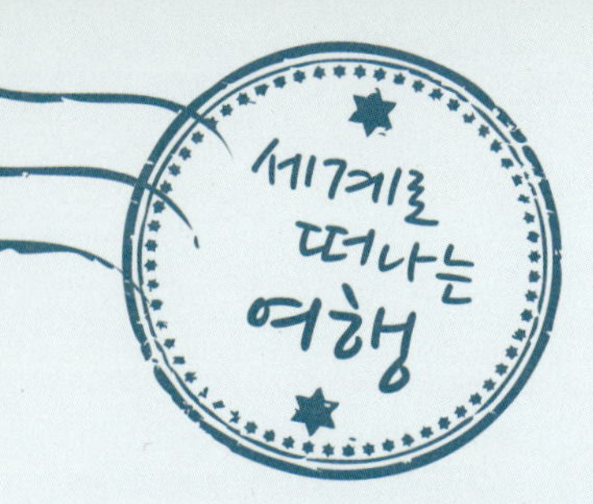

세계화 시대, 라다크에서 온 편지

저는 라다크에 사는 학생이에요. 한국에서도 헬레나 노르베리 호지가 쓴 《오래된 미래》가 많이 읽혀 많은 학생이 라다크에 대해 잘 알고 있다고 들었어요. 이런 관심을 보여 준 사람들에게 저는 라다크의 희망을 이야기하려고 합니다.

급격한 서구화를 겪은 대부분의 아시아 지역과 다르게 라다크는 오랫동안 전통적인 생활양식을 지켜왔습니다. 서부 히말라야의 황량한 지대에 있다 보니 외부인과 접촉할 기회가 많지 않았기 때문이죠. 그래서 라다크 사람들은 1,000여 년 동안 지속된 전통적인 생활 습관을 유지해 나갈 수 있었어요. 혹독한 기후와 부족한 자원에 시달리면서도 지혜롭게 자연에 순응하였습니다. 누구도 천 한 조각이나 찻잎 찌꺼기조차 허투루 낭비하지 않았고, 필요 없는 물건에 욕심내지도 않았어요. 물질적 사고에서 자유로웠던 라다크의 공동체는 서로 존중하고 아끼며, 인간을 인간 자체로 대하는 따뜻한 문화를 가지고 있었어요.

라다크의 개발 험준한 히말라야 산맥과 라다크 산맥으로 둘러싸인 라다크는 외부와의 접촉이 적어 그들만의 공동체 생활 방식을 유지해 왔다. 산지 사이로 건설된 도로망에서 보듯이 현재는 라타크에도 개발의 손길이 거세지고 있다.

라다크의 마을 풍경

그러나 20세기 후반이 되면서 사정은 달라졌습니다. 세계화의 물결이 라다크를 덮친 것이죠. 세계화는 바로 서구의 생활양식을 받아들인다는 것을 의미했고, 급격한 환경의 변화와 산업 발전을 의미했습니다. 라다크는 물질적으로 좀 더 안락하고 풍요로워졌을지는 몰라도 원래의 긍정적인 모습을 잃어 갔습니다. 세계화는 라다크 사람들에게 편리하고 안락한 생활을 선사하였지만, 오히려 그들은 물질문명의 노예가 되어 갔어요. 지금 라다크가 겪고 있는 갈등은 동양과 서양, 전통과 새로운 것, 지속과 개발 등 여러 측면에서 나타나는 복합적인 문제인 것 같습니다.

라다크가 처한 상황에 세계 사람들이 주목하고 있어요. 라다크의 문제는 현재 진행형이기 때문이죠. 서양에는 과거 그들이 저지른 잘못이 무엇인지 보여 주고 있으며, 동양에는 잃어버린 과거가 현실에서 어떻게 재현되는지 보여 주는 셈이지요. 그들은 자신들의 경험을 통해 라다크가 이런 식으로 변화하는 것이 옳지 않다는 것을 알고 있어요. 물론 저를 포함한 많은 라다크 사람들도 그들의 의견에 동감하고 있고요.

지금 라다크에서 일어나는 변화는 거대할 뿐만 아니라 그 갈등의 양상 역시 복잡하여 소수의 힘만으로 그것을 바로잡기는 불가능할지도 모릅니다. 하지만 라다크를 걱정하는 사람들의 움직임이 모이면, 그것이 세상을 바꾸는 거대한 힘이 될 것을 알고 있습니다. 그리고 저는 라다크의 미래가 올바른 방향으로 나아갈 거라는 희망을 품고 있습니다. 부디 라다크를 지켜봐 주세요.

라다크의 아이들

3 선진국과 개발도상국의 불안한 동거

오늘날 세계가 해결해야 할 시급한 과제 중 하나는 지역 간 경제 격차를 극복하는 것이다. 현재 지구촌에는 1인당 국민총소득이 5만 달러가 넘는 부자 나라가 있는가 하면, 500달러가 되지 않는 가난한 나라도 있다. 빈부 격차를 해소하고 상호 공생하기 위해서는 선진국과 개발도상국 모두 어떠한 노력을 기울여야 할까?

| 적도 이북과 적도 이남의 불평등 | '남북문제'와 '남남문제'라는 경제 용어가 있다. 경제적 의미로서의 '남북문제'는 선진 공업국과 후진 개발도상국 간의 경제적 격차와 이에 따른 세계 경제의 여러 문제를 의미한다. 선진 공

국가별 1인당 국민총소득

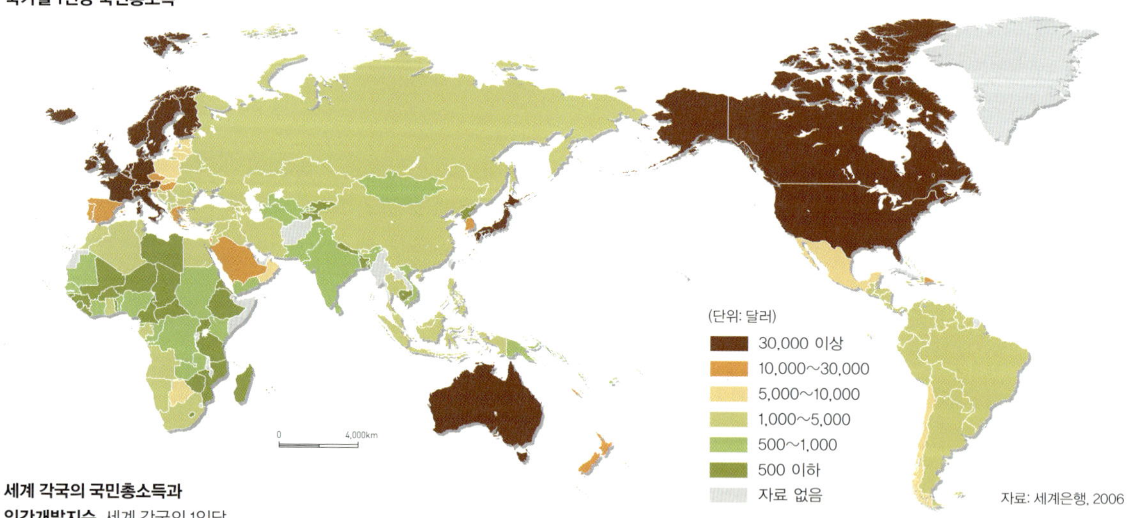

세계 각국의 국민총소득과 인간개발지수 세계 각국의 1인당 국민총소득(GNI)을 보면 어느 나라 국민이 더 잘사는지 알 수 있다. 지도를 보면 잘사는 북반구와 가난한 남반구의 격차를 뜻하는 '남북문제'가 한눈에 들어온다. 인간개발지수란 유엔이 매년 각국의 교육 수준과 국민소득, 평균수명 등 주요 통계를 활용하여 국가별 삶의 질 수준을 평가하는 지표로, 국민총소득과 인간개발지수는 서로 밀접한 관련성이 있는 것으로 나타난다.

2010년 세계 인간개발지수(HDI)

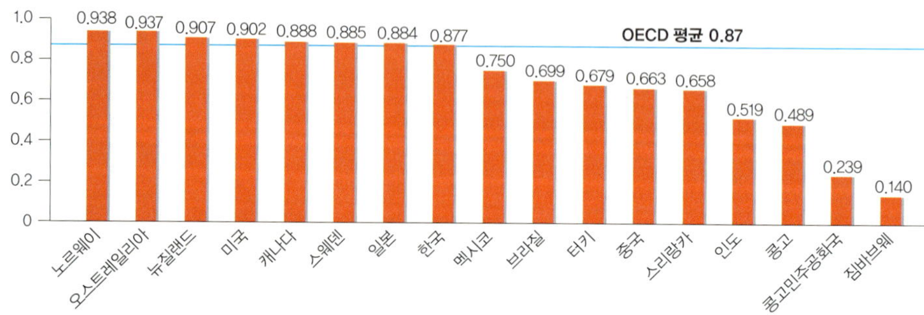

업국이 주로 북반구에 자리한 반면에 후진 개발도상국들은 주로 적도 일대와 남반구에 있음을 비유한 말이다. '남남문제'는 개발도상국 간의 경제적 격차 및 그에 수반되는 문제를 의미한다. 같은 개발도상국 내에서도 석유 수출국 기구에 소속된 국가나 남아메리카의 몇몇 나라처럼 경제 발전이 앞선 국가가 있는가 하면, 모든 것이 낙후된 아시아, 아프리카의 개발도상국도 있다. 이들 사이에는 1인당 국민소득뿐만 아니라 개발 속도 등에서도 차이가 있다. 이러한 차이에 따라 크고 작은 불협화음이 생겨나므로 부의 불평등은 인류의 평화적 공존을 지향하는 세계화 시대에 반드시 해결해야 할 우선 과제이다.

독립국가연합의 색깔 혁명과 강대국 간의 패권 다툼

피를 흘리지 않고 시민혁명을 이룩한 것을 흔히 벨벳 혁명■이라고 일컫는다. 벨벳 혁명은 소련의 해체 이후 성립된 독립국가연합■에서 도미노 현상처럼 일어나고 있다. 2003년 그루지야의 '장미 혁명', 2004년 우크라이나의 '오렌지 혁명', 2005년 키르기스스탄의 '튤립 혁명' 등이 그것이다.

최근 중앙아시아의 에너지를 놓고 미국, 러시아, 유럽연합, 중국 간의 갈등이 깊어지고 있다. 특히, 러시아와 유럽연합의 갈등이 심각하다. 중앙아시아 국가들의 '색깔 혁명'을 유럽연합이 지원하고 있기 때문이다.

튤립 혁명으로 공산 정권을 무너뜨린 키르기스스탄은 카스피 해와 중국을 잇는 길목으로, 유사시 미국이 중국행 송유관을 통제할 수도 있어 중국에게 위협이 되고 있다. 또한 중국은 이곳이 신장 위구르 자치구 분리 독립 운동의 배후 기지가 되지 않을까 우려하고 있다.

최근 에너지 안보■ 문제가 현실로 다가오면서 이들 나라에 많은 갈등이 불거지고 있다. 유럽연합 전체 가스 소비량의 25% 이상을 공급하는 러시아가 2006년 1월과 2009년 1월, 가스 채무 등을 이유로 우크라이나에 가스 공급을 일방적으로 중단하였다. 그 결과 우크라이나를 거쳐 유럽으로 가는 최대 가스관의 밸브가 일제히 닫혀 버려 유럽연합 소속 10여 개국도 덩달아 혹독한 겨울을 보내야 하였다.

키르기스스탄의 튤립 혁명 1990년 구소련에서 독립한 이후 15년간 장기 집권한 아카예프 대통령에게 반발하여 일어난 키르기스스탄의 민주화 운동이다. 키르기스스탄 시민들은 튤립 혁명을 통해 독재 정권을 무너뜨렸다.

에너지 전쟁의 본질은 강대국 사이의 패권 다툼이다. 강대국들은 공멸을 가져오는 전쟁 대신 중앙아시아의 에너지를 효과적으로 장악하고 통제함으로써 경쟁국에 대한 상대적 우위를 점하고자 각축을 벌이고 있다. 미국은 2005년 BTC 파이프라인▪을 새롭게 구축해 우크라이나, 그루지야, 키르기스스탄 등 카스피 해 주변 국가들에게 영향력을 강화하였다. 또한 중앙아시아 각국에 미군을 주둔시켜 러시아의 영향력을 견제하고 있다.

러시아의 대응도 강력하다. 러시아는 우즈베키스탄과 '상호 군사 보호조약'을 체결하고 미군을 철수시켰다. 그리고 미국의 파이프라인을 따라 거꾸로 흘러 들어올 미국식 민주주의를 사전에 차단하기 위해 정치적 조치들을 단행하였다. 친서방 정책으로 기운 우크라이나를 비롯한 독립국가연합의 일부 국가들에 대해 가스 공급 가격을 올리는 등 강력한 에너지 제재 조치를 취한 것이 그 맥락이다.

유럽연합은 미국과 갈등·견제 관계에 있으면서도 중앙아시아 국가들에 대한 이해관계에서는 미국과 호흡을 함께한다. 실제로 동유럽 각국이 유럽연합에 편입하였고, 독립국가연합 국가들도 미국의 영향하에 유럽연합과 북대서양 조약 기구NATO로 편입할 가능성이 높기 때문이다. 한마디로 미국은 유럽연합을 통해 중앙아시아의 패권을 차지하고, 유럽연합은 이러한 구도 속에서 경제적 이득을 취하려는 것이다.

러시아와 서방의 송유관·가스관 전쟁

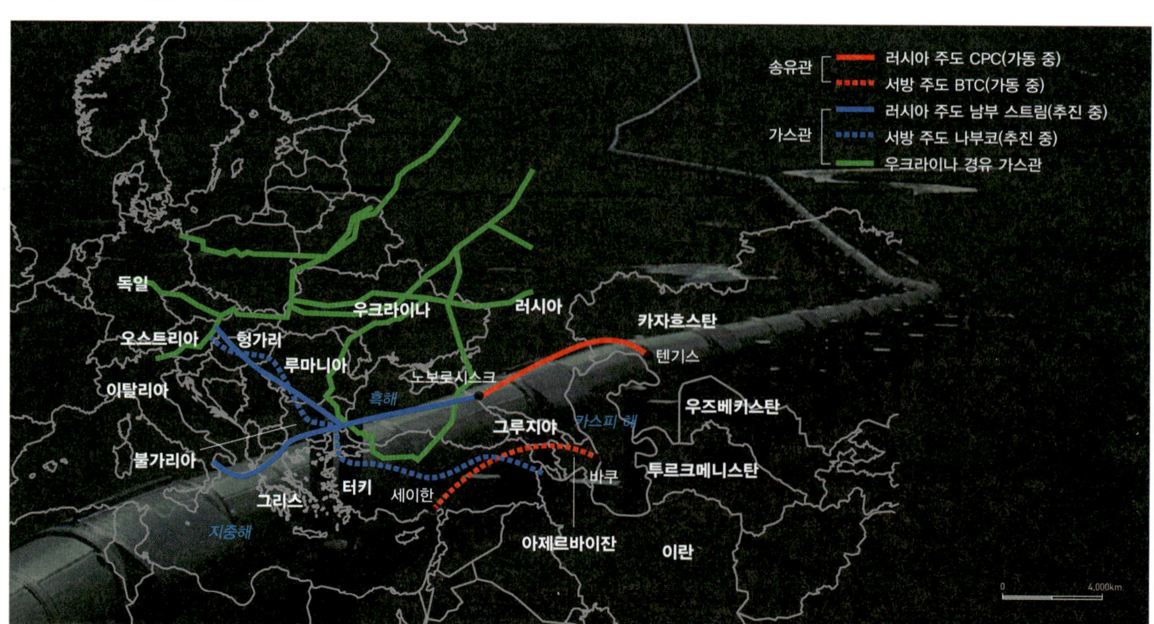

| 식량은 남아돌아도 10억 명은 굶주린다 | 지구상에서 수확되는 곡물의 1/4
을 부자 나라의 소들이 먹어 치우고 있다. 선진국에서는 영양 과잉으로 병
에 걸려 죽는 사람이 늘고, 개발도상국에서는 영양실조로 굶어 죽는 사람이
늘고 있다. 그런데 개발도상국의 굶주리는 수많은 사람의 배를 채울 수 있
는 만큼의 옥수수와 밀, 콩의 대부분이 소·돼지·닭 등 가축의 사료로 소비
되는 것이 문제이다. 이 가축들은 도살되어 부유한 사람들의 식탁에 올라
그들의 식량으로 소비된다.

유엔 산하의 인도적 식량 원조 기구인 세계 식량 기구WFP는 2009년 기준
으로 세계 인구의 1/6에 이르는 10억 2,000만 명이 심각한 굶주림에 시달리
고 있다고 보고하였다. 이는 2년 전에 비해 6,000만 명이 늘어난 수치이다.
그런데 세계 식량 농업 기구FAO의 1984년 평가 보고서는 당시 농업생산력을
기준으로 계산하여 지구상에 생산되는 식량의 양은 현재 인구의 2배에 가까
운 120억 명을 거뜬히 먹여 살릴 수 있다고 발표한 바 있다. 먹여 살린다는

인간의 식량과 가축 사료의 함수 관계
현재 지구상에서 기르는 가축의 수는
500억 마리를 웃돈다. 이는 유엔이
정한 기를 수 있는 가축 수 기준치의
2배가 넘는다. 이처럼 천문학적인
숫자의 가축을 키우려면 목초지와 사료
경작지가 조성되어야 한다. 그러기
위해서는 열대우림을 베어 내고, 삼림을
줄일 수밖에 없다. 결국, 지구의 허파인
밀림을 줄여서 가축을 키우는 것이다.
2kg의 쇠고기와 돼지고기를 얻으려면
각각 4kg과 8kg의 곡물 사료가
필요하다. 영국의 한 일간지는 세계 곡물
생산량의 1/3 이상이 가축의 먹이로
사라지고 있다고 지적하였다.

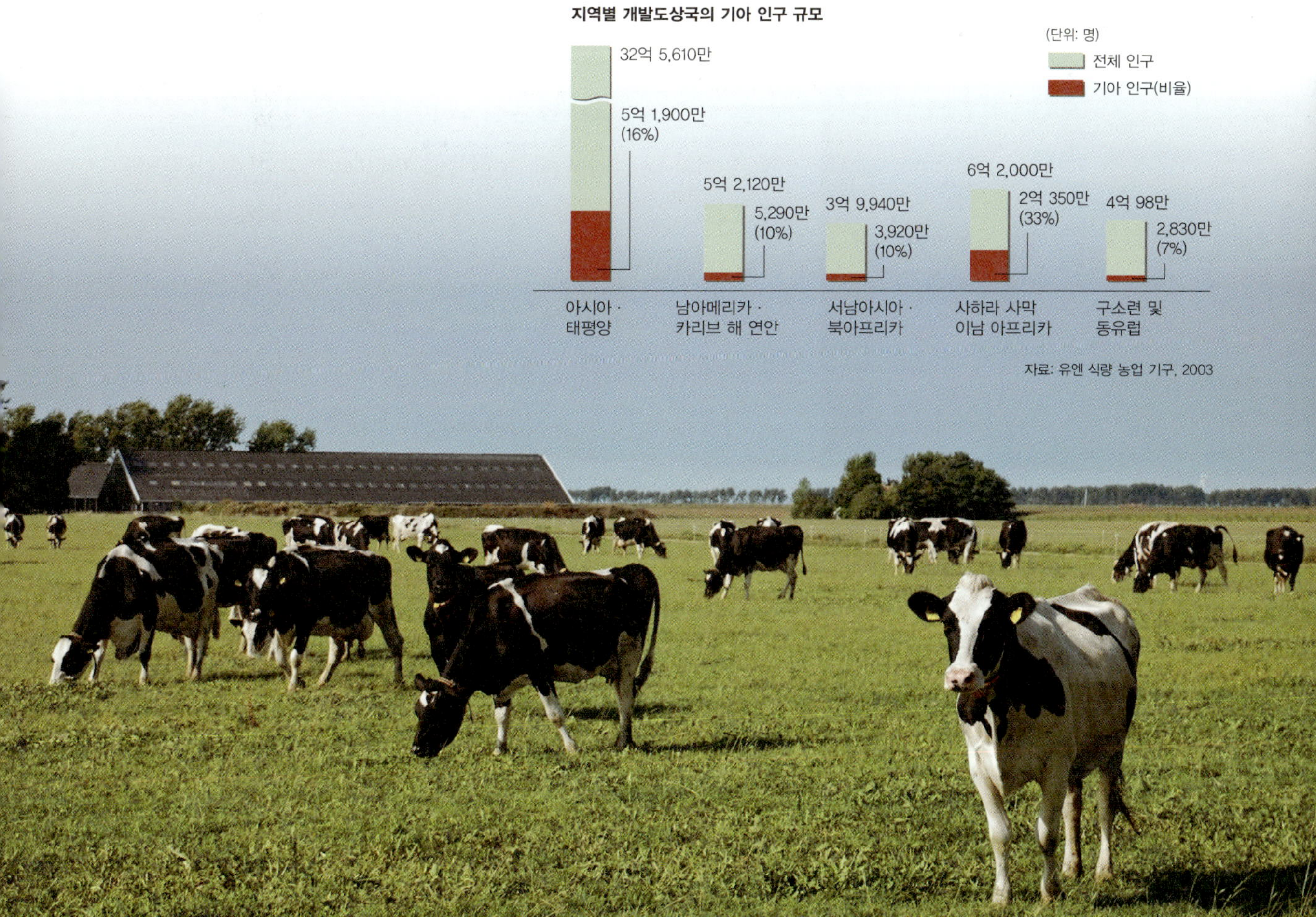

의미는 지구상의 모든 사람에게 하루 2,400~2,700kcal 정도의 먹을거리를 공급할 수 있다는 의미이다.

그런데 오늘날 이런 앞뒤가 맞지 않는 답답한 현상은 어떤 사정에서 비롯된 것일까? 그 책임은 누구에게 있을까? 문제의 핵심은 사회구조에 있다. 세계인이 모두 먹을 수 있을 만큼 식량이 충분한데도 가난한 사람들에게는 그것을 확보할 수단이 없는 것이 문제이다.

우선, 식량 분배 문제의 측면에서 선진국의 과도한 육류 소비를 지적할 수 있다. 쇠고기 1kg을 얻기 위해서는 고기소에게 옥수수 10kg 이상을 먹여야 한다. 돼지와 닭 역시 고기를 얻는 대가로 그 몇 배의 곡물이 소비된다. 어떤 사람이 쇠고기 1인분을 먹었다면 그것은 곧 곡물 10인분을 먹어 치운 것과 같다는 사실을 알아야 한다.

다음으로, 세계시장에 비축된 식량 가격이 종종 인위적으로 부풀려지고 있다는 점이다. 세계 최대의 시카고 상품 거래소는 몇몇 금융 자본가들에 의해 좌지우지되는 실정이다. 부유한 나라에서는 식량을 대량으로 폐기 처분하거나 농산물의 생산을 크게 제한하고 있다. 가난한 나라에서는 식량이 모자라 많은 사람들이 굶어 죽고 있는데도 불구하고 곡물 큰손들은 더 많은 이윤을 얻기 위해 농산물 가격을 높이려고 온갖 방법을 동원한다.

최근 전 세계적으로 곡물 파동이 일면서 식량 자원민족주의에 대한 우려가 높아지고 있다. 곡물 생산국들이 수출 관세를 올리거나 수출 물량을 제한하기로 한 데 이어 쌀 생산국들마저 수출 제한 조치를 속속 발표하고 있기 때문이다.

이래저래 힘겹기만 한 개발도상국들에게 2009년 G8 정상회담은 작은 희망의 메시지를 전하였다. 향후 3년간 120억 달러를 개발도상국의 농업기술 교육, 관개시설 개선, 새 종자 개발 등을 위해 투자한다는 것이다. 단발성 식량 지원보다는 농업 생산능력을 키워 주겠다는 의도로 볼 수 있다.

시카고 상품 거래소
곡물 생산지와 상인을 연결해 주는 기관으로 1948년 설립되었다. 선물 거래가 가능해지면서 투자자들은 농산물 그 자체보다 농산물 인도 계약의 권리를 사고 파는 것에 주목하게 되었다. 전 세계 곡물 선물 거래량의 약 80%가 이곳에서 거래된다.

242

⊙ 세계 곡물 시장을 움직이는 큰손들

곡물 메이저는 세계의 곡물 유통시장을 독점하고 있는 몇몇 거대 기업을 말한다. 그중 가장 큰 초국적 곡물 메이저는 미국의 카길로, 전 세계 곡물 시장의 40%를 차지하고 있다. ADM(미국), 루이드레퓌스(프랑스), 벙기(브라질), 앙드레(스위스) 등 5대 회사가 전 세계 곡물 시장의 74%를 쥐락펴락한다. 아시아권 메이저는 일본의 미쓰이, 미쓰비시, 마루베니 등이다. 카길은 1998년 말 당시 세계 2위였던 곡물 메이저 콘티넨탈까지 인수하여 세계 곡물 시장의 거대한 공룡으로 우뚝 섰다.

카길은 현재 세계 72개국에 1,000여 개의 공장을 두고 세계 각국 노동자 15만 8,000여 명을 고용하고 있다. 2009년 매출액이 1,079억 달러로 웬만한 개발도상국의 1년 수출액을 웃돈다. 이들은 인공위성을 통해 전 세계 곡물 작황을 분석하고 그 결과에 따라 매년 농작물 가격까지 맘대로 조작할 정도로 영향력을 행사한다. 또한 치밀한 정보력과 막강한 자금력으로 국가 간 협상에 적극 개입하여 막대한 이익을 챙긴다. 이들이 움직이는 교역량은 전 세계의 80% 이상이다. 이들은 단순히 대량의 곡물을 움직이는 데 그치지 않고 미국 정부의 식량 안보에도 깊이 개입하고 있다. 이들 메이저가 거래하는 것은 밀이나 옥수수 같은 곡물뿐만이 아니다. 씨앗에서부터 농약·살충제·가공식품·생명공학까지 식량 관련 분야는 물론 선박 회사나 저장 시설도 장악하고 있다. 다른 운송 회사나 물류 업체는 곡물 거래 시장에 끼어들 여지가 없다.

세계 무역 기구나 한·미 자유 무역 협정 같은 관세 철폐 협상에도 카길 같은 미국계 곡물 메이저의 영향력이 작용한다. 곡물 메이저 그룹은 미국 정부와의 교류, 로비 등을 통해 미국과 세계 농업 정책에 어마어마한 영향력을 행사하고 있다.

자료: 한국 농촌 경제 연구원
* 괄호 안은 곡물 저장 능력
* 카길의 저장 능력은 콘티넨탈의 1억 5,000만 부셸을 포함한 수치(1부셸은 약 27kg)

영토를 둘러싼 갈등

지구촌 영토 분쟁은 영유권 분쟁, 해양 경계 획정 분쟁, 하천 분쟁 등 세 유형으로 나뉜다. 영유권 분쟁의 상당수는 도서 영유권에 관한 것으로, 현재 전 세계 바다 곳곳에서는 '총성 없는 전쟁'이 한창이다. 그 배경에는 도서 주변의 해양자원을 차지하기 위한 각국의 치열한 경쟁이 자리하고 있다.

| 바다와 섬을 확보하라, 끝없이 도전하는 일본 | 섬나라인 일본만큼 바다로부터 많은 혜택을 받은 나라도 없다. '바다의 헌법'이라고 불리는 유엔 해양법 협약이 1994년 발효되어, 영토의 넓이가 세계 60위인 일본이 관할하는 해양의 면적은 세계 6위로 447만km²가 되었다.

일본은 유라시아 대륙과 북태평양 사이에 울타리처럼 남북으로 길게 뻗어 있다. 활 모양으로 구부러져 있는 본토의 4개 섬은 남북의 길이만 2,500km에 달하지만 열을 맞춰 늘어서 있는 작은 섬들까지 포함하면 전체 영토 길이는 3,000km에 육박한다. 일본은 지금도 영토 잡아 늘이기에 안간힘을 쓰고 있다. 현재 일본은 동해에서는 우리나라와 독도 문제로 대립하고

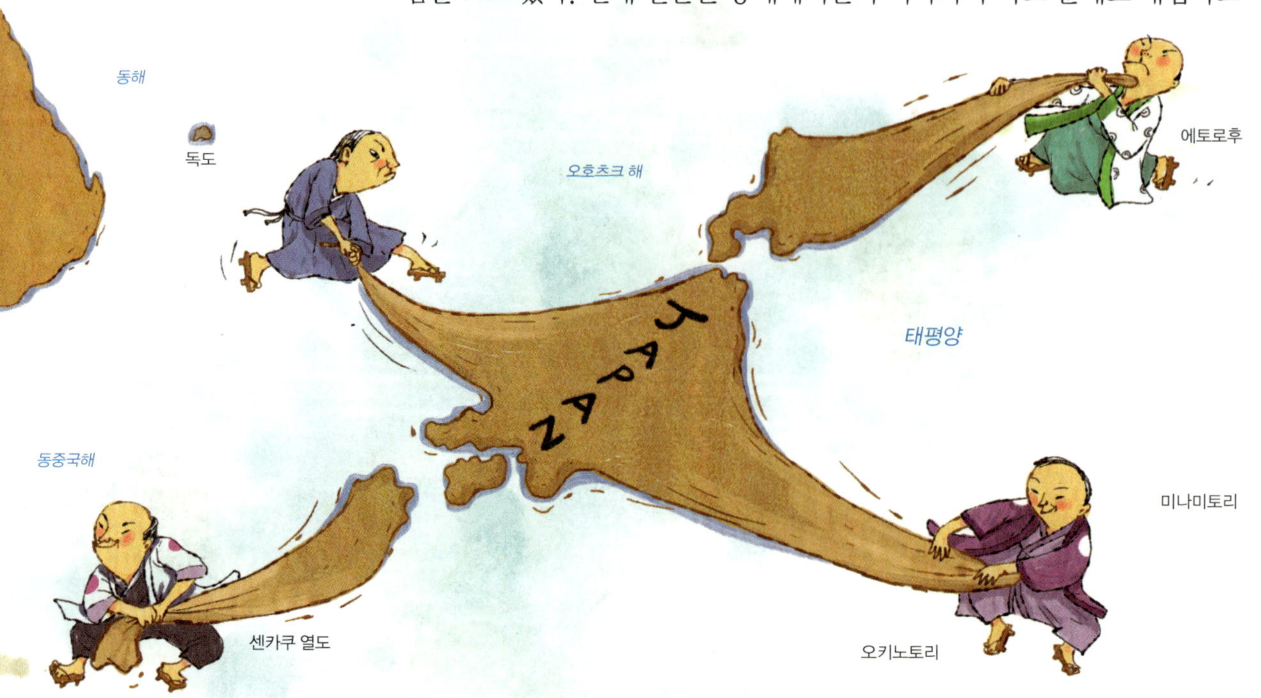

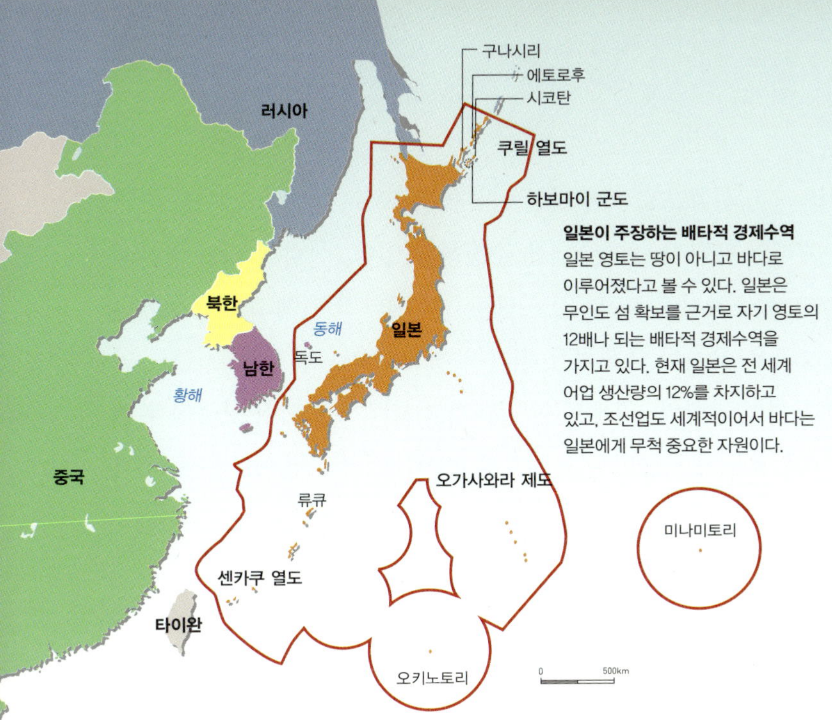

일본이 주장하는 배타적 경제수역 일본 영토는 땅이 아니고 바다로 이루어졌다고 볼 수 있다. 일본은 무인도 섬 확보를 근거로 자기 영토의 12배나 되는 배타적 경제수역을 가지고 있다. 현재 일본은 전 세계 어업 생산량의 12%를 차지하고 있고, 조선업도 세계적이어서 바다는 일본에게 무척 중요한 자원이다.

오키노토리에서 배양하는 산호 암초가 침식되거나 파손되는 것을 막기 위해 티타늄으로 특수 제작한 뚜껑을 만들어 덮어 두고 있다. 안에 들어 있는 자그마한 이 암초 덩어리를 더 커지게 하기 위해 최첨단 기술로 산호를 이식하여 키우고 있다.

있고, 북쪽 끝에서는 러시아와, 남쪽 끝에서는 중국과 영유권 분쟁을 벌이고 있다.

일본은 홋카이도의 북쪽 끝에서 러시아가 실효 지배 중인 북방 4개 섬에 대해 영유권을 주장하고 있다. 러시아는 홋카이도의 일부라고 할 수 있는 하보마이와 시코탄에 대해서는 반환에 유연한 입장을 보이지만, 일본은 남쿠릴 열도의 구나시리_{러시아명 이투룹}, 에토로후_{러시아명 쿠나시르} 섬까지 일괄 반환을 요구하고 있어 해결이 어렵다.

이와 반대로 일본이 실효 지배 중이고, 중국과 타이완이 항의하고 있는 센카쿠 열도_{중국명 댜오위다오}에 대해 일본은 "영토 문제가 없다."라고 단호히 대처하고 있다. 그러나 실효 지배 중이라는 이유로 영토 문제가 없다는 주장을 계속할 경우 한국이 실효 지배 중인 독도에 대해 포기할 수밖에 없는 보순이 생기게 되므로 고심하고 있다.

동중국해의 경우, 중국과 일본이 배타적 경제수역 설정 문제를 두고 다투고 있다. 일본은 양국에서 같은 거리에 있는 중간선을 경계로 하자고 주장하는 반면, 중국은 대륙붕이 끝나는 오키나와 트러프_{대륙붕이나 대륙 사면에 있는 바다 밑의 골짜기}까지를 자국의 경제수역으로 하겠다는 입장이다. 양국은 일본이 자국의 최남단 섬이라고 주장하는 오키노토리를 놓고도 갈등을 빚고 있다.

일본은 2개의 작은 산호초로 이루어진 이곳을 '섬'으로 간주하고, 이곳을 기점으로 200해리의 배타적 경제수역을 주장하고 있다. 이렇게 되면 일본의 본토 면적 38만km²보다도 더 넓은 40만km²의 배타적 경제수역이 생겨난다. 그러나 중국은 이곳이 국제법상 배타적 경제수역을 설정할 수 없는 암초에 불과하다며 반발한다. 일본은 이 암초가 파도에 마모되어 사라질 위험에 놓이자 아예 철근 구조물과 콘크리트를 쏟아부어 인공섬으로 만들어 버렸다.

│ 중국, 육지에서는 유연하게, 바다에서는 강경하게 │ 중국은 큰 나라이다. 세계 인구의 5명 중 1명이 중국인이며, 면적은 러시아, 캐나다에 이어 세 번째로 넓다. 현재 16개국과 국경을 맞대고 있는 탓에 다양한 국경 분쟁을 치렀거나 치르고 있다. 러시아와는 무려 4,370km의 국경을 맞대고 있다. 2005년 6월, 중국은 35년 이상 끌어온 러시아와의 국경 문제를 마무리지었다. 특이한 사실은 아무르 강의 헤이샤쯔다오^{러시아명 볼쇼이우스리스키 섬} 등 3개의 섬에 대해 전체가 중국 영토라는 기존의 주장을 대폭 양보해 러시아와 모두 절반씩 나누기로 합의하였다는 점이다.

최근 들어 중국은 국경 지역의 영토 분쟁을 대부분 자신들이 '일보 양보'하는 형식으로 해결하고 있다. 1991년 이후 카자흐스탄, 키르기스스탄, 라오스, 러시아, 타지키스탄, 베트남 등과의 국경 분쟁을 해결하면서 마찰을 빚었던 국경 지역의 절반 또는 그보다 작은 면적의 지역만을 중국에 편입하는 방안을 수용하였다. 또한 2,000km의 국경을 맞대고 있는 인도와도 히말라야 산맥의 아루나찰프라데시 주 지역의 국경 분쟁을 해소하기 위해 인도보다 더 유연한 자세로 임하고 있다. 그런데 육지에서의 유연한 태도와는 달리 중국은 해양 분쟁에서 강경한 입장을 보인다. 난사 군도나 댜오위다오 문제의 경우가 그러하다. 난사 군도는 남중국해 남단에 있는 대표적인 다자간 영토 분쟁 지역이다. 181개의 섬과 수십 개의 암초를 사이에 두고 중국, 타이완, 필리핀, 베트남, 말레이시아, 브루나이, 인도네시아 등 7개국이 서로 영유권 다툼을 하고 있다. 일본이 차지하고 있는 댜오위다오에 대해서도

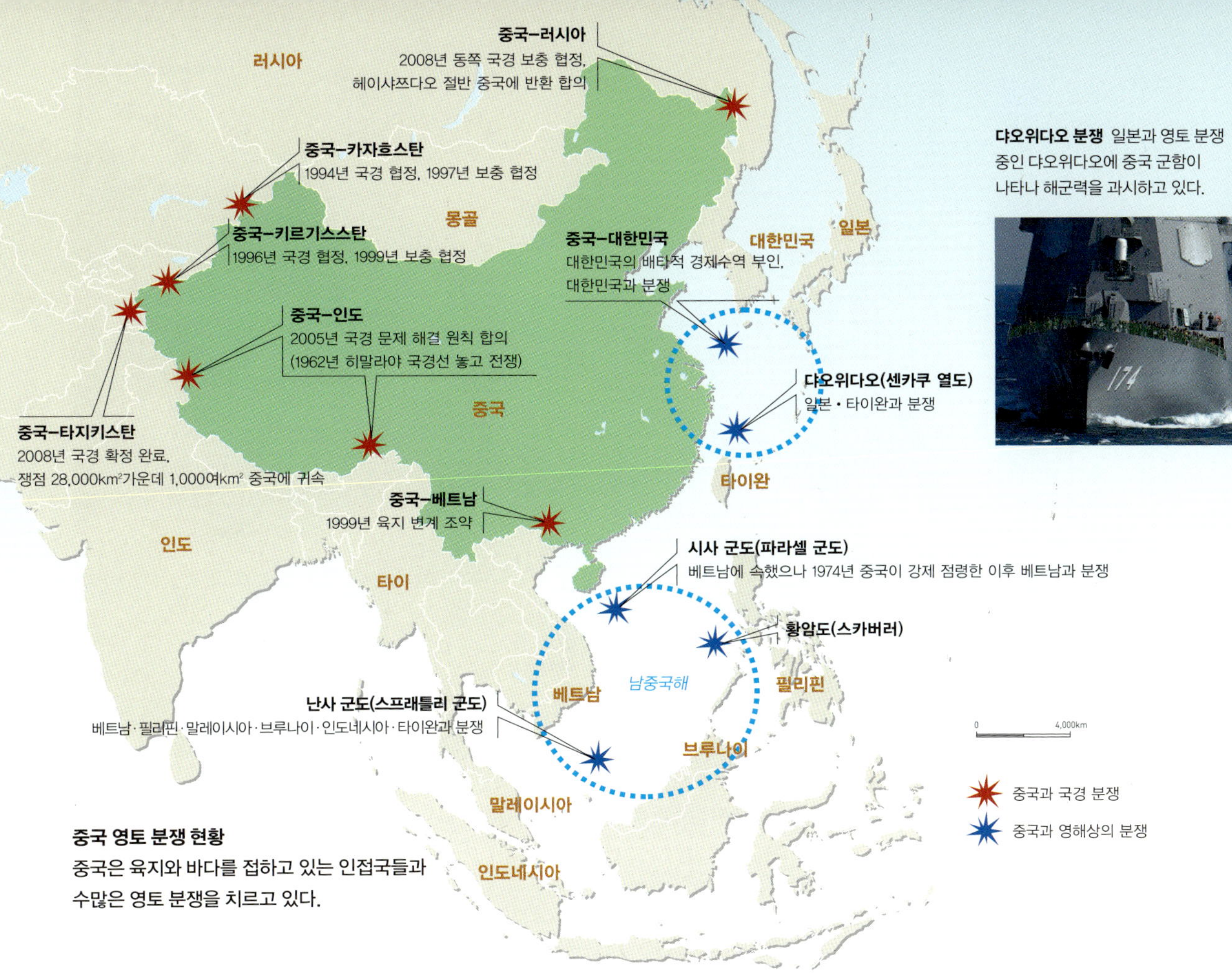

강경한 입장이다. 일본이 1895년 청일전쟁의 승리로 댜오위다오를 불법 강점한 뒤 제2차 세계대전이 끝난 뒤에도 돌려주지 않고 있다는 주장이다.

| 21세기의 식민지들 | 세계지도를 들여다보면 수많은 섬나라를 볼 수 있다. 섬나라에는 발음하기도 어려운 이름들이 빼곡히 적혀 있는데, 상당히 많은 이름들의 끝자락에 붉은색 글씨로 (영), (프), (미), (독), (포)……라고 쓰여 있다. 아직도 강대국들이 세계 곳곳에서 제국주의의 흔적을 청산하지 않고 있다는 증거이다.

유엔의 공식 통계에 따르면 1950년대 말 100여 개에 달했던 식민지들은 1960~70년대에 상당수 독립을 쟁취하였다. 현재 가장 많은 식민지를 보유하고 있는 나라는 영국으로, 해외 영토 10여 곳을 가지고 있다. 대서양에서 지중해로의 관문이 되는 지브롤터를 비롯하여 카리브 해의 앵귈라, 버뮤다,

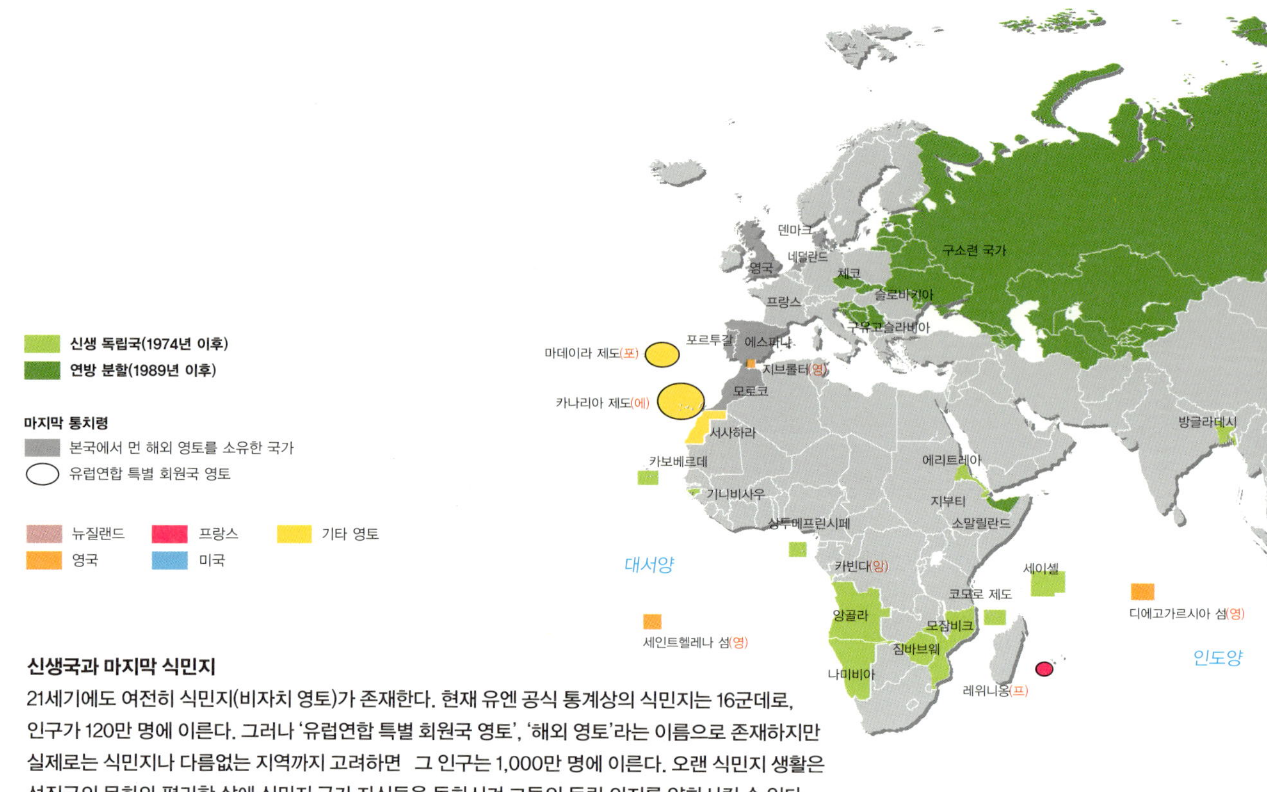

신생국과 마지막 식민지

21세기에도 여전히 식민지(비자치 영토)가 존재한다. 현재 유엔 공식 통계상의 식민지는 16군데로, 인구가 120만 명에 이른다. 그러나 '유럽연합 특별 회원국 영토', '해외 영토'라는 이름으로 존재하지만 실제로는 식민지나 다름없는 지역까지 고려하면 그 인구는 1,000만 명에 이른다. 오랜 식민지 생활은 선진국의 문화와 편리한 삶에 식민지 국가 자신들을 동화시켜 그들의 독립 의지를 약화시킬 수 있다.

케이맨 제도, 터커스케이커스 제도, 영국령 버진 제도와 남대서양에 있는 세인트헬레나, 포클랜드 제도 등이다. 세인트헬레나는 나폴레옹이 유배된 곳으로 유명하며, 포클랜드 제도는 영유권 분쟁으로 1982년 아르헨티나와 전쟁을 치른 곳이다. 미국은 크루즈 선박 기항지로 유명한 카리브 해의 미국령 버진 제도, 한국 관광객도 많이 찾는 태평양의 괌, 참치 통조림이 수출의 99%를 차지하는 미국령 사모아를 관할하고 있다. 프랑스는 남태평양에 있는 누벨칼레도니의 행정을 맡고 있다. 영국령 인도양 지역에 속한 디에고가르시아 섬은 1970년대에 주민들을 모두 퇴거시킨 후 미국에 군사기지로 임대해 준 상태이다.

에메랄드 빛 바다가 아름다운 이들 영토 가운데 일부는 30년 이상 조세 면제와 역외 금융▪을 이용한 불법 거래 자금의 피난처로 이용되기도 하였다. 버진 제도에는 사업자 등록을 한 기업의 수가 주민의 수보다 많으며, 케이맨 제도 역시 수만 개의 기업 본사와 수백 개의 역외 금융기관이 들어서 있다. 이러한 곳은 외국 의존도가 특히 높은데, 심지어 버뮤다 제도 주민들은

역외 금융

해외에서 이루어지는 투자신탁을 말한다. 가장 적극적인 국제 투자 신탁으로서 금융 회사들이 세금 회피와 자금 운용 및 조달의 편의를 위해 해외에 설립해 운용하는 자금을 의미한다. 역외에서 거래가 이루어지는 만큼 자국 금융 감독 기관의 제재를 받지 않는다는 이점 때문에 기업의 외화 반출과 주가 조작의 거점이 되었다.

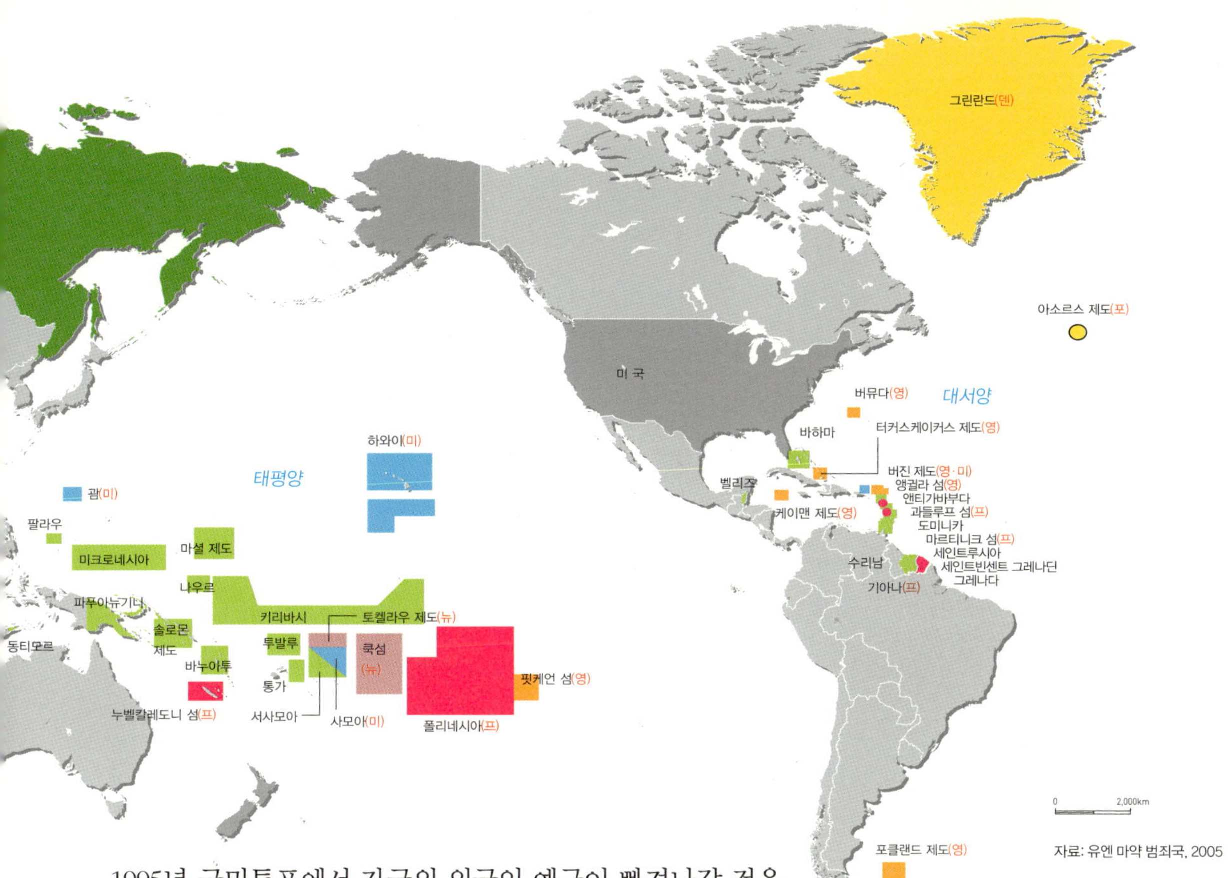

1995년 국민투표에서 자국의 외국인 예금이 빠져나갈 것을 우려하여 독립에 반대하였다. 1인당 국민소득이 세계 최고 수준에 이르는 현실에서 어쩔 수 없는 선택을 한 셈이다. 2009년 버진 제도와 케이맨 제도는 국제적으로 통용되는 관세 규정을 따르는 협약을 체결하여 조세 투명 국가가 되었다. 우리나라는 금융 관계의 국제적 흐름을 주도하기 위해 2010년 1월 조세 피난처인 이곳과 조세 정보 교환 협정을 체결하였다.

세계에서 가장 작은 섬나라인 남태평양의 나우루1968년 영국으로부터 독립는 인광석으로 부를 축적하였다. 주로 러시아 범죄 조직의 자본을 받아들이는 역외 금융의 중심지였지만 2003년 이래 인광석의 고갈과 과소비, 관료들의 부패 등으로 최빈국이 되고 말았다. 남태평양의 산호초 섬인 투발루1978년 영국으로부터 독립는 1990년대 말 인기 많은 도메인 '.tv'를 팔아 예산을 2배로 늘렸지만 지구온난화로 국토의 상당 부분이 물에 잠기고 있어 수십 년 안에 지구에서 사라질 위기에 있다. 2001년 투발루는 국토 포기를 선언하고 오스트레일리아, 뉴질랜드, 피지 등 주변국에 이민을 요청하고 있으나 1만여 명의 주민 중 극소수만 뉴질랜드에서 보금자리를 얻은 상태이다.

"지금이 15세기인 줄 아느냐. 세계를 돌아다니면서 국기를 꽂고 '내 영토'라고 주장하던 시대는 이미 지났다."

2008년 8월 캐나다 외무 장관이 러시아를 두고 한 말이다. 러시아의 탐사대가 심해 잠수정을 이용하여 북극 얼음 땅 밑의 해저 북극점에 러시아 국기를 묻었기 때문이다. 러시아는 북극점을 가로지르는 로모노소프 해령해저 산맥이 자국의 북쪽 해안 대륙붕과 연결되어 있기 때문에 북극점까지 자국의 영토라고 주장하였다. 이에 북극해 주변국들이 발끈했다.

북극은 수심 3,000m 이상의 바다 위에 두터운 빙하가 1년 내내 덮여 있는 지역이다. 북극 주변국들은 불모지와 다름없는 이곳에 왜 이렇게 관심을 보이고 있을까? 지구온난화로 인해 빙하가 녹으면서 막대한 심해 자원의 개발 가능성이 부각되자 인접국들이 앞다투어 '북극은 우리 것'이라고 주장하고 나선 것이다. 러시아가 영유권을 주장하는 해역은 120만km²로 한반도의 약 6배에 해당한다. 유엔의 해양법에 따르면 200해리가 넘더라도 대륙붕이 자국의 영토와 연결되어 있다는 것을 입증할 수 있으면 영유권을 인정하고 있기 때문이다. 최근 북극해는 지구온난화로 빙하가 녹으면서 새로운 뱃길이 열릴 가능성이 높아졌다. 유럽에서 동북아시아와 북미 태평양 연안으로 오는 가장 가까운 항로는 북극을 통과하는 방법이었으나 지금까지는 얼음으로 막혀 있었다. 바다에서 새로운 대권 항해로가 열릴 것을 기대하면서 미국과 캐나다가 북극 군도의 북서쪽으로 뻗어 있는 바닷길인 북서 항로를 놓고 신경전을 벌이는 것이다. 덴마크와 캐나다는 덴마크령 그린란드와 캐나다 엘즈미어 섬 사이에 있는 한스 섬의 영유권을 서로 주장하고 있다.

각 지역 영유권 분쟁의 핵심은 결국 '자원'이다. 미국 지질 조사국은 북극권에 약 900억 배럴의 원유가 묻혀 있을 것으로 추정하였다. 이는 지구 전체 원유 매장 추정량의 13%에 해당한다. 현재 전 세계의 하루 원유 소비량약 8,640만 배럴을 감안할 때 약 3년간 쓸 수 있는 양이다. 천연가스도 전 세계 매장량의 30%에 달하는 막대한 양이 묻혀 있을 것으로 분석되었다. 앞으로 미래의 자원 및 에너지 보고로서 북극해의 가치는 훨씬 높아질 수 있다. 캐나다와 덴마크가 면적 0.8km²에 불과한 한스 섬을 놓고 영유권 다툼을 벌이는

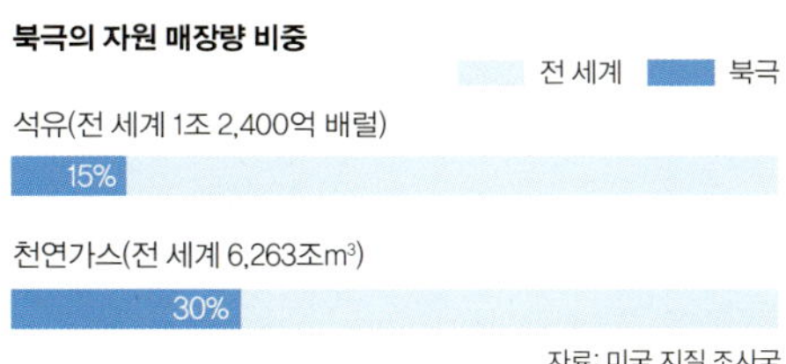

북극 항로와 북극 자원 분쟁 유럽에서 아시아로 가는 방법은 세 가지가 있다. 유럽–파나마 운하–아시아 항로, 유럽–수에즈운하–아시아 항로, 유럽–북극해–아시아 항로이다. 가장 짧은 북극 항로에 대한 관심이 높아지고 있다. 더불어 2010년 중국이 북극해 해저에 매장된 막대한 자원을 선점하기 위해 탐사를 벌이는 등 관심을 나타내자 러시아·미국·캐나다·덴마크·노르웨이 등 인접국들은 신경을 곤두세웠다.

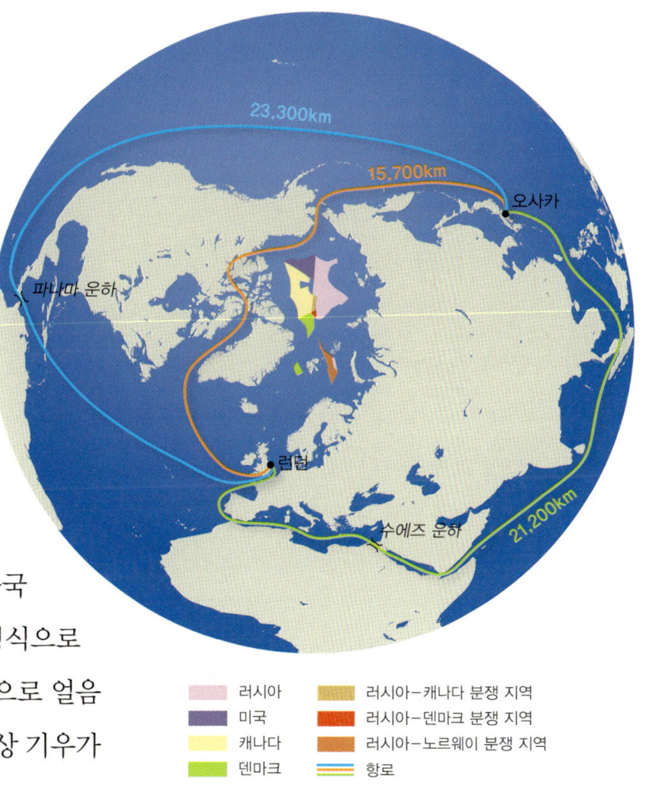

것도 주변 해역에 묻혀 있을 것으로 추정되는 다이아몬드 등 광물 자원 때문이다. 이미 한국, 중국 등 북극 주변국 외의 나라들도 공동 탐사 등의 형식으로 이 지역 개발에 뛰어들고 있다. 몰려드는 쇄빙선으로 얼음이 녹는 속도가 더 빨라질 것이라는 우려는 더 이상 기우가 아니다.

⊙ 공산 국가 쿠바에 있는 미국 해군기지, 관타나모 만

관타나모는 쿠바의 역사적 아픔과 비운을 상징한다. 1898년 쿠바는 식민 지 배국인 에스파냐를 상대로 3년간의 독립 전쟁을 승리로 이끌며 독립을 눈앞에 두고 있었다. 이때 아바나 항에서 미 군함이 침몰하는 사건이 발생하였다. 미국은 이 사건을 구실로 에스파냐와 전쟁을 벌여 승리한 후 필리핀, 괌, 푸에르토리코와 함께 쿠바의 통치권을 이양받았다. 명목상의 독립이라도 쟁취하기 위해 1903년 쿠바의 첫 대통령 팔마는 관타나모 만을 미국에 영원히 임대하는 형식을 취했다. 이로써 관타나모 만은 공산주의 국가에 미군 주둔지가 존재하는 세계 유일의 지역이 되었다. 1959년 공산 정권을 수립한 피델 카스트로 대통령은 관타나모 만의 반환을 위해 불평등조약은 원천적 무효라고 줄기차게 주장하고 있으나 미국은 과거 조약의 유효성을 들어 요지부동이다. 관타나모 만은 1990년대에는 아이티와 쿠바 난민을 수용하는 데 사용되었고, 2001년에는 기지 내에 수용소를 건설, 9·11 테러 이후 아프가니스탄에서 생포한 탈레반과 알카에다 포로들을 억류해 왔다. 포로수용소 내 인권 문제로 전 세계의 비난을 받아 오다가 오바마 정권이 들어서면서 포로수용소가 비로소 폐쇄되었다.

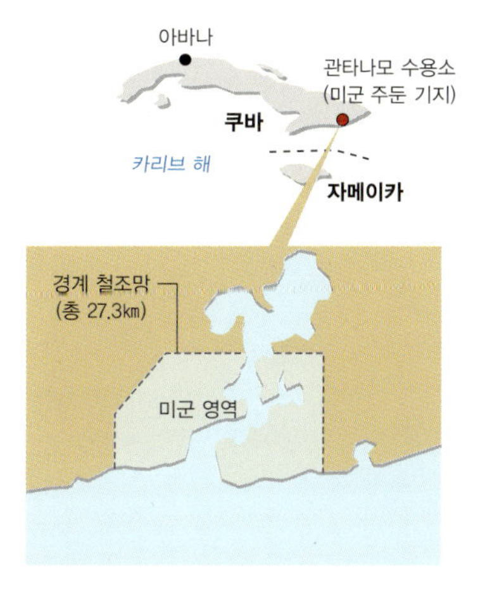

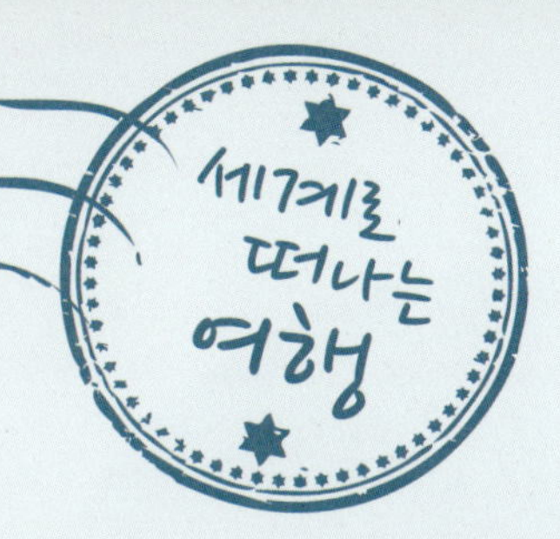

내륙 국가 볼리비아의 해군

선생님께

선생님, 저는 오늘 신기한 광경을 봤어요. 볼리비아의 수도 라파스에서였죠. 소금 사막으로 유명한 우유니와 세계에서 가장 위험한 길로 일컬어지는 안데스 산맥의 도로 융가스, 그리고 아마존의 깊은 곳까지도 들어가 본 후 찾은 곳이었어요. 볼리비아는 다른 많은 나라들과 마찬가지로 자신만의 개성과 매력을 지닌 나라더라고요. 또한 라파스는 제게 참으로 즐거운 경험을 선사하였습니다. 세계에서 가장 높은 곳에 자리 잡은 수도라는 명성에 걸맞게 공항에 산소호흡기가 비치되어 있는가 하면 거대한 분지의 풍경도 놀라웠죠.

그런데 갑자기 아바로아 광장이 북적였고 무언가 흥미로운 일이 일어나는 것 같았습니다. 주위 사람들에게 물어보니 축제라고 하더군요. 곧 멋진 군악대가 흥겨운 거리 행진을 하며 지나갔고 광장은 많은 사람으로 가득 찼습니다. 그런데 군악대는 해군 복장을 하고 있더군요. 저는

해발고도 3,810m에 있는 티티카카 호

'죽음의 도로'로 불리는 융가스 도로

우유니 소금 사막

정말 이상하다고 생각했죠. 볼리비아도 몽골처럼 내륙 국가니까 해군이 없는 건 당연한 일이잖아요. 하지만 행사가 흥겨웠기에 저는 그 의문을 잊고 말았습니다.

　나중에 티티카카 호에 가서야 저는 광장에서 목격하였던 행사의 정체를 알아챘습니다. 그건 바다의 날(El Dia del Mar)을 맞아 볼리비아의 해군이 주축이 되어 열리는 연례행사라고 해요. 1879년 볼리비아는 바다와 접해 있는 아타카마 사막을 자국의 영토로 보유하고 있었다고 합니다. 그러나 자원이 풍부한 아타카마 사막에 눈독을 들인 칠레가 볼리비아를 침략함으로써 전쟁이 일어났고, 1883년 결국 이 전쟁에서 칠레가 승리하고 말았습니다. 이후 볼리비아는 바다가 없는 내륙 국가가 되었지만 여전히 해군을 유지하고 있으며 그 해군은 티티카카 호와 볼리비아 국내 하천을 지키는 역할을 한다고 합니다. 현재 볼리비아의 해군 규모는 군함이 173척, 해군이 5,000명 정도로 절대 작은 규모는 아니라고 해요.

　내륙 국가 볼리비아와 해군, 이 어울리지 않는 조합이 몇백 년 전 바다를 둘러싼 갈등에서 시작되었다는 것이 참 신기해요. 선생님, 지금 생각해 보니 바다가 없는 볼리비아는 이상하게도 바다와 인연이 참 깊은 것 같기도 해요. 볼리비아의 유명 관광지인 티티카카 호와 우유니 소금 사막 역시 먼 옛날 바다의 융기로 만들어진 거라고 하니까요.

제자 우영 드림

5 민족과 종교의 차이가 빛은 갈등

민족과 문화의 특성에 따라 다양한 종교가 발생하였다. 종교란 말 그대로 최고의 가르침, 즉 궁극적인 가르침이다. 모든 종교는 한결같이 선을 추구하고 사랑과 평등과 자비의 실천을 강조하고 있는데 왜 민족과 종교를 둘러싼 갈등은 끊이지 않는 것일까?

유대인의 방랑이 끝나고 팔레스타인 민족의 방랑이 시작되다 | 이슬람교와 유대교는 공통점이 많은 형제의 종교이다. 그런데 오늘날 상당수의 세계 분쟁에는 이슬람 세력이 관여되어 있고, 그 맞은편에는 어김없이 유대교와 크리스트교 세력이 버티고 있다. 물과 기름처럼 보이는 이들 관계의 중심에는 팔레스타인 문제가 자리하고 있다.

1948년 팔레스타인 지방에 새로운 국가가 탄생하였다. 팔레스타인의 식민 모국인 영국의 비호 아래 유대인들이 이스라엘 정부를 수립

서안 지구에 건설된 분리 장벽
팔레스타인의 자살 폭탄 테러리스트들에 대한 이스라엘의 보안 장벽은 두 민족 간의 불화가 어느 정도인지를 보여 주고 있다. 이 장벽은 높이 8m, 넓이 1m, 길이 730km로 사람의 통행을 막고, 자유와 인권을 가로막는 분리 장벽이자 거대한 감옥의 장벽이다.

하면서 팔레스타인이라는 나라가 사라지게 되는데, 이것이 바로 팔레스타인 문제의 시작이자 본질이다. 유대인들은 2,000년 동안의 방랑을 끝냈지만 갑자기 제 땅에서 쫓겨난 팔레스타인 사람들은 힘겨운 방랑 생활을 시작해야만 했다.

이때부터 이스라엘과 팔레스타인 간의 처절한 싸움이 시작되었고, 이들을 지원하는 서구 크리스트교 국가들과 아랍 국가들 간의 힘겨루기가 반세기 이상 계속되었다. 그러나 군사력과 경제력이 월등한 이스라엘에게 대항하는 팔레스타인의 분노는 애처롭기만 하다. 팔레스타인의 자살 폭탄 테러와 이스라엘의 보복 군사 공격은 끝없는 악순환을 계속하며 이 지역을 죽음의 땅으로 만들고 있다. 1993년 체결한 오슬로 평화협정 이래 양 당사자와 국제사회가 수차례 노력했지만 두 세력 간의 평화적 영토 분할은 아득히 멀어 보인다.

팔레스타인 민족은 1947년 유엔으로부터 팔레스타인 영토의 44%를 약속받았다. 하지만 2010년 현재 난민 문제의 뚜렷한 해결책 없이 팔레스타인이 차지하는 땅은 영국 식민 시절의 10%에도 못 미치는 가자 지구와 서안 지구에 4개의 자치구뿐이다. 그렇다면 팔레스타인 문제를 푸는 현실적 대안은 무엇일까? 팔레스타인이라는 새로운 독립국가가 출현하는 것이다. 그러기 위해서는 가장 영향력이 있는 미국의 지지와 당사자인 이스라엘 정부의 동의와 협력이 필요하다. 무엇보다 새로 태어날 팔레스타인 정부는 경제문제를 비롯해 자신들의 영토를 관리할 수 있는 최소한의 역량이 있어야 한다. 그것이 독립국가 건설의 선결 과제이다.

고통받는 팔레스타인 사람들 이스라엘의 가자 지구 공격으로 가족을 잃은 팔레스타인 사람들이 오열하고 있다.

인도로부터 독립을 요구하는 인도령 카슈미르의 이슬람교도 인도 국민의 82%가 힌두교도지만 이슬람을 믿는 인구도 12%로 1억 2,000만 명 이상이다. 인도네시아, 파키스탄에 이어 제3의 이슬람 인구국인 셈이다. 파키스탄에서는 매년 2월 5일을 카슈미르 데이로 지정하여 인도령 카슈미르에서 독립을 요구하는 반정부 세력을 지지하는 기념행사를 개최한다.

인도와 파키스탄 분쟁 지역, 카슈미르

카슈미르는 인도와 중국, 파키스탄의 경계에 있는 산악 지대이다. 1846년부터 힌두교 정권이 이곳을 지배하였지만, 주민의 다수는 이슬람교도였다. 1947년 영국이 인도에서 철수할 때 인도 반도는 인도와 파키스탄 두 나라로 분리 독립되었다. 이때 카슈미르는 주민의 대부분이 이슬람교도라서 파키스탄에 편입되기를 바랐으나 카슈미르의 지도자 하리 싱은 힌두교도였기 때문에 주민들의 바람과는 반대로 인도로 편입할 것을 결정하였다. 이에 카슈미르의 이슬람교도들이 폭동을 일으켰고 하리 싱은 인도에 지원 요청을 하였는데, 이것이 제1차 인도-파키스탄 전쟁이다.

1949년 유엔은 휴전을 선언하였고, 카슈미르는 두 지역으로 분할되어 북부는 아자드카슈미르로 파키스탄령, 남부는 잠무카슈미르로 인도령이 되었다. 이후 인도는 카슈미르 전체를 인도 영토라고 주장하면서 반환을 요구하고 있어 지금까지 분쟁은 계속되고 있다. 이같이 복잡한 상황에서 중국이 끼어들었다. 1962년 말 중국은 카슈미르의 동쪽을 침공하여 아크사이친 지역을 중국의 영토로 편입시켜 버렸다. 그리하여 카슈미르는 인도령, 파키스탄령, 중국령 3곳으로 갈라져 현재에 이른다.

| 발칸 반도의 화약고, 유고슬라비아 내전의 상흔 | 지중해와 흑해 사이에 있는 발칸 반도는 흔히 '종교와 문화의 모자이크'라고 불린다. 고대부터 유럽과 아시아 대륙을 연결하는 전략적 요충지로 종교와 문화가 다양한 민족들이 살고 있어 갈등과 분쟁이 그치질 않았다. 세계 패권을 꿈꾸는 강대국들의 각축장이 되어 왔으며, 코소보▪ 전쟁1999년이 끝난 지 10여 년이 지난 지금도 발칸 반도의 분쟁은 계속되고 있다.

발칸 반도의 국가들을 종교와 문화적 기준으로 크게 가톨릭 문화권슬로베니아, 크로아티아, 그리스정교 문화권세르비아, 몬테네그로, 루마니아, 불가리아, 이슬람 문화권알바니아으로 나눌 수 있다. 그런데 마케도니아에는 그리스정교와 이슬람교가 섞여 있고, 보스니아─헤르체고비나약칭 보스니아에는 가톨릭교, 그리스정교, 이슬람교 세 종교가 섞여 있다는 데서 분쟁의 불씨를 안고 있다.

제2차 세계대전 이후 요시프 브로즈 티토Josip Broz Tito▪가 공산 정권을 수립하면서 6개 공화국슬로베니아, 크로아티아, 보스니아, 세르비아, 몬테네그로, 마케도니아과 2개 자치주코소보, 보이보디나로 구성된 유고슬라비아 사회주의 연방공화국구유고연방이 탄생하였다. 각 공화국에 자치권을 부여한 티토는 정치적 민족주의를 제창하며 다민족, 다종교로 구성된 공화국 간 갈등을 무마시켜 왔으나, 그가 죽은 후 그동안 잠재된 민족 갈등이 악화되면서 그들은 분리 독립의 길을 걷기 시

내전으로 목숨을 잃은 희생자들이 묻힌 사라예보의 묘지 1992~1996년까지 보스니아 독립에 반대하는 보스니아계 세르비아 반군이 사라예보를 둘러싼 언덕을 장악하고 총격을 가해 수천 명이 목숨을 잃었다.

작하였다. 보스니아 내전1992~1995년과 코소보 전쟁은 모두 이러한 배경에서 비롯된 분쟁이다.

세르비아를 주축으로 한 구유고연방에서 슬로베니아와 크로아티아가 독립을 선언하자 세르비아는 크로아티아 내 세르비아인들을 보호한다는 명분 아래 1991년 크로아티아를 침공하였다. 다음 해 보스니아마저 독립을 선언하자 세르비아는 보스니아 내 세르비아계 반군을 지원하였고, 크로아티아 역시 보스니아 내 크로아티아계를 지원하기 시작하였다. 세르비아계와 크로아티아계에 의한 '인종 청소'가 곳곳에서 자행되면서 내전 4년 동안 25만 명이 목숨을 잃었고, 인구 400만 명 가운데 40%가 난민이 되는 등 엄청난 희생을 치렀다. 이후 유엔이 개입함으로써 내전은 종결되었지만 뿌리 깊은 갈등은 근본적으로 치유되지 않았다. 유혈 사태는 1999년 코소보에서 재현되었다. 1989년 세르비아에게 자치권을 빼앗긴 코소보 내 알바니아인들과 세르비아 경찰의 충돌이 양 민족 간 교전으로 확대된 것이다. 주민의 90%를 차지하는 알바니아인은 자치권을 되찾으려 하였고, 세르비아인은 그들의 역사적·신화적 고향인 코소보를 알바니아인에게 내줄 수 없다는 민족의식이 컸던 것이다.

코소보 내전이 확산되자 미국은 나토를 통해 세르비아와 코소보를 공습하였다. 러시아의 중재로 양측이 세르비아군 철수와 유엔 평화 유지군의 코소보 주둔 원칙의 평화안에 합의하여 79일간의 코소보 분쟁은 종결되었다. 인구 200만 명의 코소보는 세르비아가 인정하지 않고 있지만 2008년 2월 구유고연방에서 독립을 선언하였고, 2010년 7월 국제 사법 재판소는 '자문 의견' 형식으로 코소보의 독립 선언이 적법하다는 판결을 내렸다. 미국과 유럽연합은 판결을 적극 지지하였지만 러시아, 중국, 에스파냐 등은 코소보 독립 승인 거부 의사를 분명히 했다. 이처럼 발칸 반도는 강대국들의 이해관계가 첨예하게 대립되는 국

코소보 독립을 기뻐하는 알바니아계 주민 2008년 2월 17일 코소보 독립 선언일에 한 알바니아인이 유럽연합과 미국 국기를 꽂고 독립을 기뻐하며 알바니아 국기를 흔들고 있다.

제적 시험 무대인 것이다.

　지구촌 모든 국가와 민족이 강자 논리를 벗어나 서로를 인정하고 상호 이익을 존중하는 공존 윤리를 지켜야만 편협한 민족의식과 종교적 배타주의 및 패권주의를 극복할 수 있을 것이다.

│ 쿠르드족은 왜 국가를 만들지 못하는가 │ 쿠르드족*은 기원전 9세기경에 자그로스 산맥 일대에 세워진 메디아왕국의 후손이다.

　쿠르드족 사이에는 유명한 속담이 있다. "쿠르드족에게는 친구가 없고 산만 있다." 이는 쿠르드족을 식민 지배하던 오스만제국이 무너진 후에도 80년간 나라 없이 떠돌이 생활을 했던 설움의 역사와 아무도 이들의 독립이나 자치를 바라지 않았던 고립무원의 처지를 비유하는 말이다. 그렇다면 유구한 역사와 문화가 있고, 인구도 많은 쿠르드족이 왜 여태 국가를 구성하지 못한 채 서남아시아의 여러 나라에 흩어져 차별과 억압에 허덕이며 살고 있을까? 영국과 프랑스의 이해관계가 얽혀 있고 주변국들이 철저하게 독립을 방해하였기 때문이다. 쿠르드족은 53만km²의 땅 위에 널리 퍼져 살고 있다.

쿠르드족
3,000만 명 정도로 추산되는 인구의 대부분은 이슬람의 수니파에 속하며, 페르시아어와 비슷한 쿠르드어를 쓰고 있다. 페르시아, 아랍, 몽골의 지배를 받다가 16세기 이후 오스만제국의 지배를 받았다. 제1차 세계대전의 참패로 오스만제국이 붕괴되면서 독립국가를 건설할 뻔했으나 독립을 이루지 못했다.

쿠르드족이 가장 많이 거주하는 영역 쿠르드족은 국가가 없어 강대국에게 이용당한 과거사가 있다. 제1차 세계대전 때 영국에, 제2차 세계대전 때는 미국에 이용당하였다. 현재는 미국이 이란을 압박하기 위해 쿠르디스탄('쿠르드족의 땅'이라는 뜻)에 자치권을 부여하고 국가 기반을 만들어 주겠다고 약속하였다.

쿠르드족의 시위 터키 이스탄불에서 쿠르드족의 지도자가 폭행을 당하자 쿠르드인들이 이에 거세게 항의하였다.

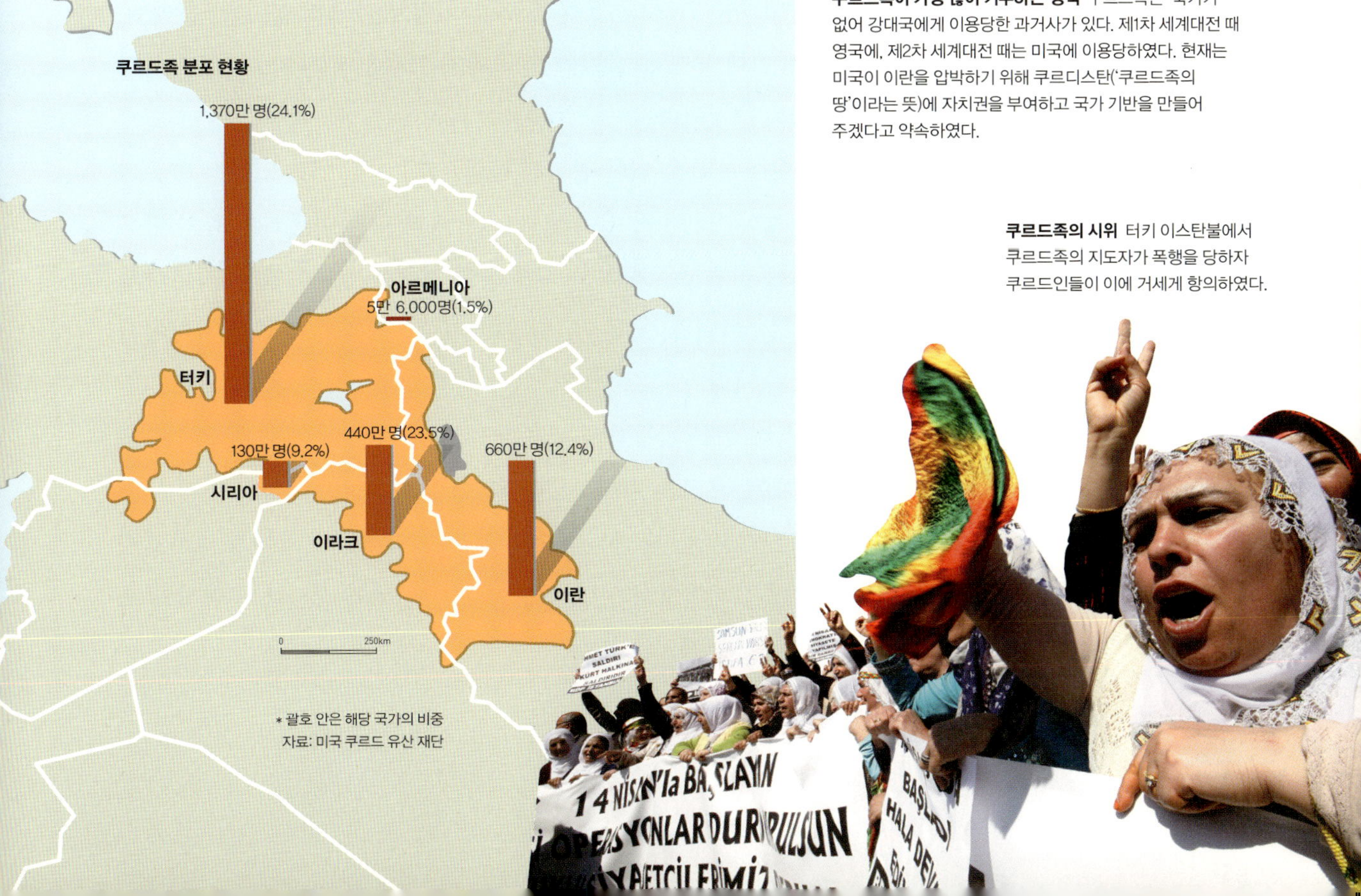

북쪽은 터키에, 남쪽은 이라크에 편입되었으며, 이란·시리아·아르메니아·아제르바이잔 등에도 분포하고 있다. 이들 나라에서 쿠르드족은 소수민족이다. 국민으로서의 지위와 기본권을 얼마나 보장받느냐 하는 문제는 어느 나라에 소속되었느냐에 따라 달라진다. 터키 정부는 오랫동안 이들의 정치적 지위를 인정하지 않았다가 2002년 이후 쿠르드어를 공용어로 인정하면서, 학교에서 가르치는 것도 허용하였다. 한편, 이라크에 거주하는 쿠르드족은 사담 후세인의 독재 정권 시절 수많은 사람이 추방 또는 처형되었고, 일부 지역에서는 수천 명이 화학무기 때문에 목숨을 잃기도 했다.

2003년 미국이 이라크에 진주한 이후 이라크 내 쿠르드족 자치 정부가 구성되었고, 이들은 미국을 도운 대가로 정치적·경제적 자치권을 보장받았다. 이로 인해 터키와 이란은 자국 내 쿠르드족이 자치 정부를 구성하겠다고 할까 봐 잔뜩 긴장하고 있다. 2005년 초 이라크 잠정 정부의 대통령으로 쿠르드족 출신이 선출되었던 것을 보면 큰 변화가 일고 있음을 짐작할 수 있다. 과연 쿠르드족의 오랜 염원인 독립국가 건설의 꿈이 실현될 수 있을까?

| 민족끼리 평화적으로 공존할 수 있는 길 | 캐나다는 넓은 땅만큼이나 국내적으로 많은 과제를 안고 있다. 동부와 서부의 정치·경제적 불균형, 퀘벡 분리 독립과 이중 언어 문제를 둘러싼 영국계와 프랑스계 간의 대립, 지역적 불균형 문제 등이 그것이다.

캐나다는 사회적 통합을 위한 현실적 대안으로 "어떤 인종도 다른 인종에 대해 우월하지 않다."라는 기치 아래 캐나다 내의 모든 인종과 문화의 평등한 공존과 조화를 헌법상 보장하는 복합 문화 정책을 선포하였다. 캐나다의 복합 문화주의▪는 이민자, 원주민, 다양한 민족주의와의 조화라는 점에서 민족 공존의 모범 사례가 되고 있다.

어떠한 노력들이 이를 가능하게 했을까? 복합 문화주의 정책은 뿌리 깊은 인종차별을 없애는 데 크게 기여하였다. 복합 문화주의의 이상도 인간의 평등성을 바탕으로 하고 있다. 캐나다 정부는 퀘벡의 분리주의를 포용하고자 1969년 공용어법을 제정하여 연방 정부의 모든 업무와 생산품에 영어와 프

캐나다의 복합 문화주의
캐나다 문화 정책의 토대는 문화적 모자이크로 조화를 이루는 것이다. 복합 문화를 이루어 온 캐나다는 각 민족의 다양한 문화가 고유의 색깔을 띠며 모자이크화해 조화를 이루는 것을 지향한다. 다문화주의로 불리는 캐나다 복합 문화 정책은 세계화 시대에 캐나다가 더욱 발전할 수 있는 원동력이 되고 있다.

랑스어를 함께 사용하도록 조치함으로써 언어적·문화적 불만을 해소하였다. 또 사회 안전망을 확충하여 경제적·사회적 양극화를 해소하고 있다. 정부 예산의 30%에 달하는 지방 교부금 중 상당 부분을 평등화 교부금 명목으로 가난한 주에 지원하여 균형 발전을 꾀하였다. 캐나다는 환자의 의료비를 국가가 전액 부담하는 사회주의 모델을 견지하고 있고, 재원 마련을 위해 1970년대부터 30%대의 높은 조세를 부과하고 있다.

현대 세계의 민족 분쟁을 해결하고 공존의 길을 구축하려면 근대의 산물인 민족과 민족주의의 함정에서 빠져나와야 한다. 민족 단위로 국가 수립을 지향하는 민족주의는 민족 분쟁을 근본적으로 해결할 수 없다. 세계화 시대에는 더더욱 그러하다.

다양한 민족이 어울려 사는 캐나다 캐나다의 백인들은 원주민들에게 군대를 동원해 폭력을 행사하고 인디언 보호구역으로 강제로 이주시켰던 미국과 달리, 그들과 평화적으로 공존하였다. 그리하여 캐나다는 다민족국가가 되었으며, 현재 10만 명 이상의 민족만 해도 34개에 이른다. 2011년 현재 우리나라 교포도 20여만 명에 이르고, 유학생 수도 꾸준히 증가하고 있다.

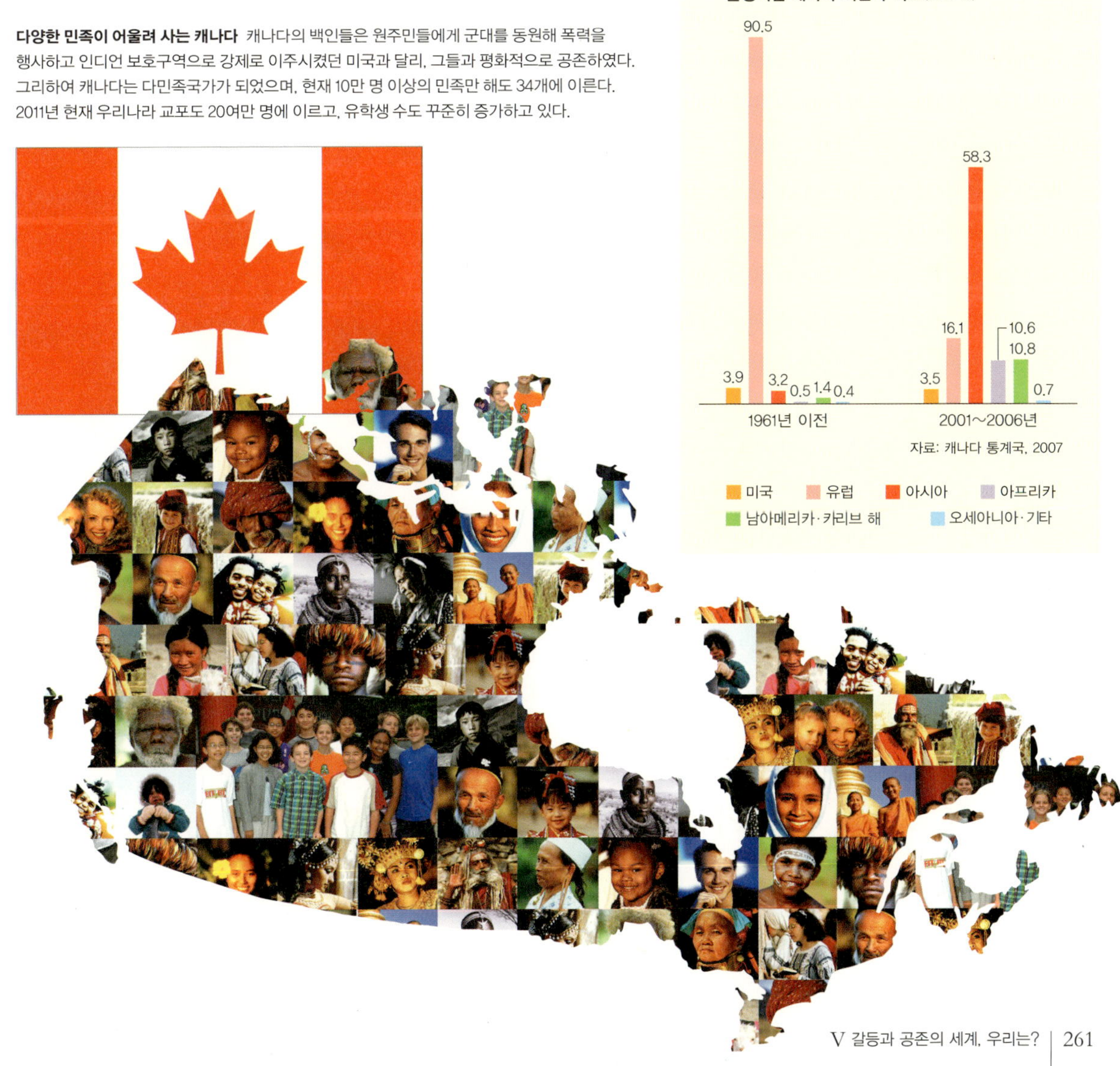

탐욕이 부른 자원전쟁

무분별한 자원 사용으로 21세기에는 인간의 경제활동과 자원 간의 균형이 무너질 위험에 처해 있다.
지하자원뿐 아니라 산림자원, 물 등도 분쟁의 대상이다. 지구촌 곳곳에서 벌어지는 자원을 둘러싼 갈
등을 해소하는 가장 좋은 방법은 무엇일까?

│ 서남아시아의 넘치는 석유와 부족한 물 │ 서남아시아 지역은 석유와 천연
가스의 매장량이 풍부한 데다 유리한 채굴 조건까지 갖추고 있어서 자원 빈
국들의 부러움을 사고 있다. 석유는 사우디아라비아, 이라크, 아랍에미리
트, 쿠웨이트, 이란 등 5개국에 전 세계 확인 매장량의 2/3가 집중되어 있

세계의 주요 물 분쟁 지역 터키·시리아·이라크가 티그리스 강과
유프라테스 강을 놓고 마찰을 빚고 있다. 강 상류에 위치한 국가들의
국토 개발계획이 중하류 지역의 물 공급 상황을 악화시키기 때문이다.
헝가리와 슬로바키아는 다뉴브 강의 물길 변경을 놓고 다투고 있고,
인도와 방글라데시는 갠지스 강의 농업용수 확보 문제로 대립하고
있다.

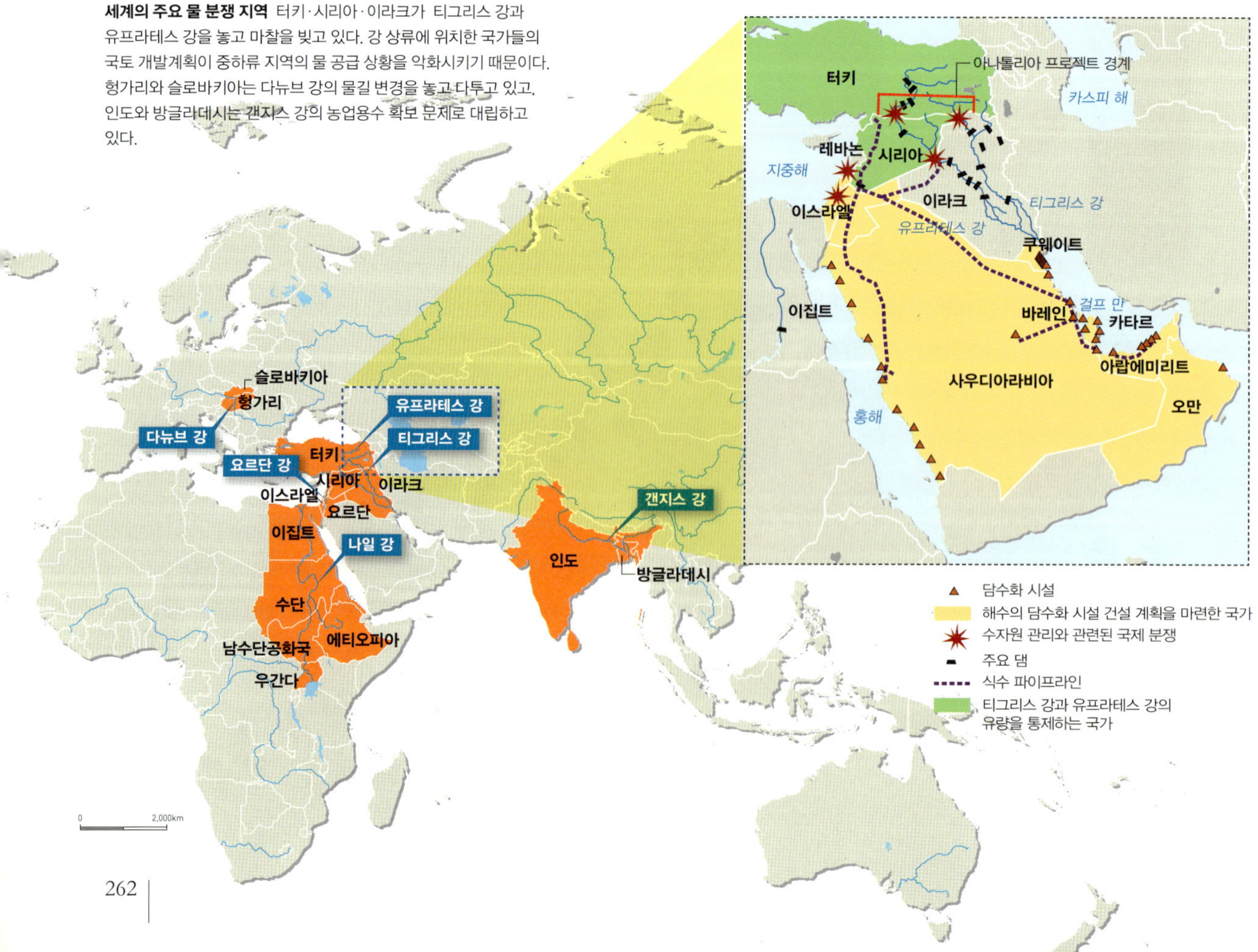

다. 천연가스 역시 서남아시아 지역이 전 세계 매장량의 40%를 차지하고 있으며, 특히 카타르는 러시아와 이란에 이어 세계 3위의 생산국이다. 그러나 이 지역 국가들의 발전에 가장 큰 걸림돌은 수자원이다. 외래하천인 티그리스 강·유프라테스 강처럼 큰 하천도 있지만 이 지역은 근본적으로 건조 또는 반건조 지역이라 물이 넉넉하지 않다. 물 공급은 한정되어 있는 데 반해 물 소비량은 도시화와 관개 농지의 증가로 크게 늘어났기 때문이다. 서남아시아 지역에는 1인당 연간 수자원 소비량이 물 기근국의 기준인 1,000㎥에 못 미치는 나라가 대부분이며, 심지어 500㎥가 안 되는 나라도 있다. 걸프 만 인접 국가들은 안정적인 식수 확보를 위해 해수의 담수화 시설을 마련하였다. 일반 정수 시설에 비해 생산 단가가 2.5~5배 정도 높지만 선택의 여지가 없다. 쿠웨이트는 물 수요량의 100%를 담수화 시설에 의존하고 있다. 이 밖에 이스라엘, 팔레스타인, 요르단에서는 지하수 개발과 요르단 강 수자원을 둘러싼 갈등이 점점 커지고 있다.

이 지역의 수자원 계획 중 가장 규모가 큰 것은 터키가 추진하는 아나톨리아 프로젝트GAP■이다. 티그리스 강·유프라테스 강의 상류 지역에 22개의 댐을 건설하여 터키 국토의 사막화를 방지하고 관개용수를 확보하며, 전력을 생산한다는 것이다. 1980년대 중반에 시작되어 약 30년간 진행되는 이 계획에 강의 중하류 지역에 있는 시리아와 이라크가 강력하게 반발하고 나섰다. 전문가들은 20세기의 전쟁이 석유를 둘러싼 전쟁이었다면, 21세기의 전쟁은 물을 차지하기 위한 전쟁이 될 것이라고 경고하였다.

아타튀르크 댐

시에라리온의 피의 다이아몬드 수백 명의 사람들이 빛나는 돌을 찾기 위해 날마다 강바닥을 뒤지며 그들의 삶을 뒤바꿀 만큼 다이아몬드에 목숨을 걸고 있다. 다이아몬드 광맥은 강을 따라 넓게 퍼져 있고, 광석은 강바닥에 토사에 섞여 매장되어 있다. 그래서 사람이 직접 손으로 다이아몬드를 채굴해야 한다.

| 피의 다이아몬드 | "당신이 사랑하는 사람에게 선물한 다이아몬드는 시에라리온의 강바닥에서 채굴되었고, 판매액은 무고한 사람들의 손발을 잘라버리는 RUF통일 혁명 전선의 무기 구입 자금으로 쓰일지도 모릅니다." 1999년 NGO는 이 캠페인으로 전 세계에 큰 충격을 주었고, 세계의 눈과 귀는 분쟁의 원인인 피의 다이아몬드 문제로 향했다. 그리고 앙골라, 콩고민주공화국 등의 분쟁과 다이아몬드가 어떻게 관련되는지에 주목하였다.

서아프리카의 시에라리온은 1990년대에 내전과 쿠데타를 세 번이나 겪으며 극심한 혼란에 빠졌다. 반정부 세력 RUF는 게릴라 조직의 활동 자금을 마련하기 위해 다이아몬드를 이용하였다. 이 나라에는 변변한 산업이 없는 탓에 많은 젊은이는 생계를 위해 다이아몬드 채굴에 참가한다. RUF는 그들에게서 다이아몬드를 구입하거나 군인들에게 채굴 작업을 시켜 다이아몬드 원석을 모은 뒤 이웃 국가인 라이베리아를 통해 밀거래를 하고, 그 수입으로 무기를 구입한다. 시에라리온 정부는 광산 자원 개발권을 양도하는 조건으로 용병 회사와 계약을 맺고 내전에 개입해 달라고 요청하였다. 실제로 전투에 참여하는 이 용병 회사들은 남아프리카공화국이나 영국의 퇴역 군인들로 구성되어 있으며, 서방국가들은 그들의 활동을 눈감아 주었다. 시에라리온의 다이아몬드 이권 다툼은 RUF와 정부만의 문제가 아니라, 다국적 또는 국제적 행위자가 관계된 전형적인 현대 분쟁이다.

| 카스피 해, 바다인가 호수인가 | 중앙아시아에 있는 세계에서 가장 큰 내해인 카스피 해는 바다일까, 호수일까? 그 크기나 염분으로 보면 바다이지만 사방이 육지로 둘러싸여 있어 호수로 볼 수도 있다. 우리에게는 그저 흥미를 불러일으키는 문제이지만 이 질문의 답에 연안국 사이에는 물러설 수 없는 이해관계가 걸려 있다. 페르시아 만과 서시베리아에 이어 세계 3위의 매장량이 묻힌 것으로 추정되는 석유와 천연가스가 바로 이곳에 있기 때문이다. 바다로 보느냐, 호수로 보느냐에 따라 자원의 소유권 여부에 결정적인 영향을 미치는 법적 지위와 효과에 관한 기준이 달라진다.

카스피 해가 호수라면 연안국들이 협의를 통해 호수에 대한 권리를 배분하며, 바다라면 연안국이 해안선으로부터 12해리까지의 바다를 영해로 확보한 후, 나머지 바다는 협의에 따라 배타적 경제 수역으로 분할하게 된다.

구소련 시절 소련과 이란은 카스피 해를 호수라고 간주하여 협정을 통해 카스피 해에 대한 권한을 반씩 나누어 가졌다. 하지만 소련이 붕괴하고 새로운 국가가 생겨나면서 상황이 복잡해졌다. 연안국이 두 국가에서 러시아·카자흐스탄·아제르바이잔·투르크메니스탄·이란의 다섯 국가로 늘어난 것이다. 연안에 자원이 부족한 이란은 호수로 보아 자원에 대한 권리를 균등하게 나눠 갖자는 입장이고, 자원이 많이 매장되었거나 가스 파이프라인 설치가 필요한 카자흐스탄·아제르바이잔·투르크메니스탄은 바다로 보자는 입장이다. 러시아는 경제적으로나 지정학적으로나 호수일 때 얻는 이득이 크다.

카스피 해에도 변화가 나타나고 있다. 2010년 카스피 해 정상회담에서는 연안 폭을 23~25해리로 하는 카스피 해 경제 획정 논의가 진행되었고, 2014년 정상회담에서는 기존 25해리 중 15해리에 대해서는 각 연안국의 주권이 미치는 수역으로, 추가 10해리에 대해서는 각 연안국의 해상 수역 생물 자원에 대한 배타적 권리를 인정하였다. 카스피 해 분할을 둘러싼 협상은 계속되고 있지만, 각국의 이해관계가 달라 바다냐 호수냐 에 대한 논란은 쉽게 결론에 도달하지 못할 전망이다.

카스피 해가 호수일 때 러시아가 이득인 이유 카스피 해가 바다라면 각 국가의 영해 가운데 공해(公海)가 생겨나고, 공해에 미국의 군함이 진주하면 이 지역에 대한 러시아의 지배권이 약화될 수 있다. 또한 카스피 해가 호수여야만 투르크메니스탄의 가스 파이프라인 설치를 반대하여 유럽의 가스 시장을 유지할 수 있기 때문이다.

카스피 해가 호수일 경우 연안국들 간의 협의를 통해 호수에 대한 이용 권한을 나눈다.

카스피 해가 바다일 경우 연안국은 해안선을 바탕으로 영해와 배타적 경제 수역을 확보하게 된다.

│ 삼림 개발을 두고 세계와 갈등하는 브라질 │ 숲이 사라지면 어떤 일이 발생할까? 생물들이 삶의 터전을 잃고 생태계가 파괴된다. 게다가 빗물이 세차게 강으로 들이치면서 토사 유출이 늘어나고 범람의 위험이 높아지며, 저습지가 늘어나 말라리아 같은 풍토병이 늘어난다. 거창하게 온실가스 배출량의 증대와 기후 환경의 변화까지 들먹이면 위기감은 더욱 고조된다. 따라서 오늘날 중요한 화두 가운데 하나는 경제 발전이냐 아니면 숲의 보전이냐 를 선택하는 문제이다. 이 문제로 가장 고민스러운 나라가 바로 브라질이다.

면적이 700만km²에 달하는 아마존 숲은 8개국에 걸쳐 있는데, 그중 40%가 브라질 영토에 속한다. 브라질에게 아마존은 무한한 자원을 가진 숲의 대륙이다. 그런데 브라질 정부의 야심찬 개발계획이 아마존을 죽이고 있다. 농지조성, 광산 자원 개발, 가축 사육, 횡단도로 건설, 도시화가 그 주범이다. 해마다 엄청난 삼림 자원이 재로 변하면서 브라질은 현재 세계 네 번째 온실가스 배출 국가가 되었다.

훼손되는 아마존 열대우림 지구의 허파로 불리는 아마존 열대우림이 빠른 속도로 파괴되고 있다. 아마존 밀림은 이미 20% 이상이 사라졌다. 삼림 벌채 후 대형 목장을 조성해 수출용으로 소를 키운다. 사진은 브라질 최대 목축지 파라 주의 아마존 숲에 불을 질러 삼림이 훼손된 모습이다. 브라질 정부의 개발계획의 일환인 아마존의 도로 건설과 도시화는 아마존 밀림의 훼손을 가속화하고 있어 전 세계인이 우려하고 있다.

2009년 4월 브라질 현지 언론은 "지난 수년간 계속된 농지 개발로 아마존의 37%가 벌목되거나 불에 타 훼손되었다."라고 전했다. 1960년 200만 명이던 아마존 인구가 2000년에 2,000만 명으로 증가했으니 가히 폭발적인 개발이다. 세계가 브라질에 개발 자제를 요청하고 나서자 브라질은 볼멘소리를 쏟아 놓았다. "아마존을 보호하려면 선진국과 다국적기업이 브라질에 보호 기금을 지원해야 한다. 기후변화의 완충 역할을 하게 하려면 응당한 대가를 지불해야 한다."라는 것이다. 브라질 정부의 '글로벌 책임론'에 동조하여 브라질 민간단체들도 "산림 자원도 시장 원칙에 따라 가격을 정하고, 국제사회가 이를 지불하는 방안 외에는 무분별한 개발로부터 아마존을 보호할 수 있는 방법이 없다."라고 주장하고 있다.

◉ 중국에 넘어가는 북한의 지하자원

최근 북한의 자원 가치는 매우 높아졌다. 대한 광업 진흥 공사에 따르면, 3,719조 원에 해당하는 자원을 보유한 북한은 지구상에서 개발되지 않은 몇 안 되는 귀한 땅이다. 그런데 중국이 '사회주의 형제 국가'임을 내세워 북한의 자원을 독식하려고 안간힘을 쓰고 있다. 제조업 시장에서 한국과 치열한 경쟁을 벌이는 중국이 북한의 자원을 독점적으로 공급받는 체제를 굳혀 가고 있는 것이다. 중국은 북한의 주요 광물 개발의 70%를 독차지하면서 대북 투자의 70%를 광물 개발에 집중하고 있다. 심지어 우리 기업이 북한의 자원을 중국을 통해 구입하면서 웃돈까지 주어야 하는 상황도 벌어지고 있다. 남북 공동 자원 개발이 지지부진한 것은 남북이 경제적 이익보다 정치 논리를 앞세우기 때문이다. 실효성 있는 자원 외교가 절실히 필요한 때이다.

북한의 주요 지하자원 매장량 추정치

마그네사이트(40억 톤)	세계 1위(126조 원)
금(2,000 톤)	세계 10위 수준(60조 원)
철광석(50억 톤)	세계 1위 브라질 매장량의 1/4 수준(74조 원)
석유(40억~50억 배럴)	세계 20위 인도네시아 매장량 수준
우라늄(400만 톤)	세계 1위 오스트레일리아 매장량(130만 톤)의 3배

자료: 대한 광업 진흥 공사, 2008

중국과 북한을 잇는 압록강 대교 중국의 단둥과 북한의 신의주는 압록강을 사이에 두고 서로 맞닿아 있다. 중국에서 북한으로 가는 물자의 80% 이상이 압록강 대교를 통해 들어가고 또한 북한에서 중국으로 들어오는 지하자원도 거의 이곳을 거쳐 온다.

북한 자원 개발 참여 외국 기업의 국적별 현황

자료: 통일부, 2008

아직도 끝나지 않은 아프리카의 비극

프리타운(자유 도시, 시에라리온의 수도), 리브르빌(자유 도시, 가봉의 수도), 라이베리아(자유의 나라) 등 유럽인들이 개척한 이곳들은 자유라는 이름이 붙어 있지만 진정한 '자유'를 만나는 것은 아직도 희망 사항이다. 아프리카는 월드컵 축구 대회를 개최할 만큼 성장하였지만, 지금도 대륙의 1/3 이상이 각종 분쟁에 휘말려 있고 수많은 사람이 큰 고통에 신음하고 있다.

서구 열강에 의한 아프리카의 분할
1870년대에 유럽인들의 '노예 무역 포기 선언'은 다른 측면에서는 '제국주의 경제 침략'의 시작을 알리는 신호탄과도 같았다. 열강은 아프리카 대륙을 조금이라도 더 차지하고자 치열한 쟁탈전을 벌이면서 자국의 이해관계에 따라 아프리카 대륙을 케이크 자르듯 분할하였다. 지금도 계속되고 있는 아프리카의 내전, 종족 분쟁은 서구 열강의 이런 아프리카 분할 정책과 무관하지 않다.

| **아프리카, 열강의 케이크** | 아프리카 지도를 들여다보면 국경선에 눈길이 간다. 다른 대륙의 국경선과 달리 자연스러운 곡선이 아닌 직선의 국경선이 여기저기서 보이기 때문이다. 이렇게 된 이유는 무엇일까?

벨기에 국왕 레오폴드 2세는 미국의 탐험가 스탠리에게 자신의 나라보다 80배나 넓은 콩고를 탐험하도록 재정적 지원을 한 뒤 1883년 갑자기 콩고에 대한 영유권을 주장하고 나섰다. 그러자 1885년 서구 열강은 베를린에 모여 벨기에의 콩고 점유 문제를 논의하였다.

콩고에서 시작된 아프리카의 분할은 이후 20여 년에 걸쳐 아프리카 본래의 생활권과 관계없이 열강의 이해관계에 따라 이루어졌다. 영국과 프랑스를 선두로 독일과 에스파냐, 포르투갈, 네덜란드, 벨기에 등 유럽 제국주의는 '아프리카는 임자 없는 땅'이라 간주하고 이를 앞다투어 차지하였다. 직선으로 된 아프리카의 국경선은 서구 열강의 탐욕의 작품인 셈이다.

1914년 제1차 세계대전이 일어나기 직전 아프리카 대륙에서 독립을 유지하고 있던 나라는 에티오피아와 라이베리아뿐이었다. 제국주의 국가들의 아프리카 분할은 독립 이후 종족 간 갈등을 야기시켜 내전의 원인이 되었으며, 지금까지도 국민 통합, 국가 정체성 확립, 전체 아프리카 통합에 걸림돌이 되고 있다.

| **국가보다 종족이 우선** | 아프리카에서 종족이 다르다는 것은 언어와 풍습과 가치관이 서로 다른 것으로, 같은 나라 사람이라도 외국인과 다를 바 없다. 이런 이유로 여러 종족으로 이루어진 국가의 국민들은 국가 전체의 발전보다도 자기가 속한 종족의 이익을 먼저 생각하기 마련이다. 그렇다면 아프리카에는 얼마나 많은 종족이 존재할까? 종족을 구분하는 가장 일반적인 지표인 언어의 개수로 따져 보면 아프리카에는 적어도 1,500~ 2,000개의 언어가 있다. 이는 세계 전체 언어 수의 1/5 또는 1/4에 해당한다.

아프리카의 국경과 종족 분포 비교
아프리카에는 수천 개의 종족이 있다. 지역별로 부족어가 있어서 종족 간에 언어가 통하지 않는다. 호전적인 베르베르족과 무어족, 성인의 키가 150cm밖에 안 되는 피그미족, 용맹한 전사 마사이족, 부시맨으로 알려진 산족, 그리고 월드컵이 열렸던 남아프리카공화국에 가장 많이 사는 줄루족 등이 아프리카의 대표적인 종족이다.

언어만큼이나 인구 규모도 다양하다. 1,000만 명이 넘는 서아프리카의 요루바족과 하우사족, 북동 아프리카의 암하라족, 오로모족과 같은 대형 종족도 있고, 비록 몇백 명에 불과하지만 고유 언어와 '우리'라는 강한 종족 의식을 가진 소수 종족도 있다.

이처럼 아프리카 사회가 다양하고 복잡한 주요인은 바로 종족이라 할 수 있다. 오랜 내전으로 고통받고 있는 기니 만 연안의 시에라리온만 해도 18개의 종족이 섞여서 살고 있고, 아프리카에서 가장 인구가 많은 나이지리아에는 언어와 풍속이 다른 무려 400여 종족이 함께 살고 있다.

열강의 분리 통치가 빚은 비극, 대호수 지역의 학살

아프리카 대호수 지역의 르완다, 부룬디, 콩고민주공화국에는 '르완다 대학살'로 유명한 종족 갈등이 여전히 진행 중이다. 르완다와 국경을 맞대고 있는 부룬디의 주민은 후투족과 투치족으로 이루어져 있다. 후투족은 대개 키가 작고 옆으로 딱 바라진 체격이고, 투치족은 늘씬하고 피부색이 엷다. 그러나 실제로 두 종족을 구분하기란 쉽지 않다. 후투족은 두 나라 인구의 85%, 투치족은 14%를 차지하는데, 식민지 시절 벨기에는 투치족을 우대하고 후투족을 차별하는 정책을 실시하여 후투족의 불만을 샀다. 소수의 투치족에게 권력을 줌으

키갈리 추모 기념관의 희생자 추모 조형물

키갈리 추모 기념관에 전시된 희생자들 사진

로써 다수의 후투족과 대립하게 하는 것이 벨기에의 지배에 훨씬 유리하였기 때문이다.

르완다와 부룬디는 1962년 벨기에로부터 동시에 분리 독립하였다. 그런데 벨기에인들이 본국으로 떠나면서 권력을 후투족에게 넘겨주었다. 후투족은 투치족에게 보복을 감행하며 수년간 그들을 억압하였다. 그러던 중 돌발 상황이 발생하였다. 1994년 르완다 대통령과 부룬디 대통령이 르완다의 수도 키갈리에서 비행기 추락 사고로 사망한 것이다. 두 사람 모두 후투족이었다. 곧바로 이 사건의 배후로 지목된 투치족과 그들을 두둔하는 중도파 후투족에 대한 무자비한 학살이 자행되었다. 이 사건으로 인해 80만~100만 명이 목숨을 잃었다. 얼마 후 투치족 반군이 정부군을 진압해 키갈리와 르완다의 상당 지역을 점령하고 보복을 감행하였다. 이제는 후투족 수십만 명이 잔인한 보복을 피해 콩고민주공화국 등 국외로 도피하였다.

한편, 콩고민주공화국은 르완다에서 탈출한 후투족을 이용해 자국 내 투치족을 탄압하였고, 이것이 발단이 되어 내전이 일어났다. 내전에 르완다와 그 동맹국이 가담하면서 내전은 국제전 양상을 띠었고, 300만 명 이상이 희생되었다. 2006년 독립 후 46년 만에 치른 민주

내전으로 고통을 겪고 있는 콩고 난민들

기니 만 연안 국가들

선거에서 새 대통령이 선출되었지만, 2008년 정부군과 반정부군 간의 격전이 다시 치열해져 콩고민주공화국의 정국은 어둡기만 하다.

내전에 휩싸인 기니 만 연안 국가들

1990년대 중앙아프리카 대호수 지역에 이어 아프리카 대륙의 새로운 폭풍 지대가 된 아프리카 서부 지역은 라이베리아와 시에라리온 내전의 아픔에 이어 코트디부아르 위기로 바람 잘 날이 없다.

독립 이후 서아프리카 대부분의 국가가 종족 간, 종교 간의 갈등으로 심각한 내전을 경험하였다. 라이베리아, 코트디부아르, 시에라리온, 나이지리아 일부 지역은 현재까지 통행이 위험하거나 아예 불가능한 지역이다.

코트디부아르는 1980년대 들어 자원 고갈과 과도한 외채로 경제적 어려움이 가중되면서 1999년에 쿠데타가 일어났으며, 이후 분쟁의 소용돌이에 휩싸였다. 종족 차별주의에 따른 종족 갈등은 급기야 이슬람 세력과 크리스트교 세력 간의 내전으로 치달았다. 내전이 격화되자 발등에 불이 떨어진 것은 프랑스였다. 독립 이후에도 신식민지로서 영향력을 행사하며 많은 프랑스 기업들이 진출해 있었기 때문이다. 프랑스는 유엔 평화 유지군을 파견하였지만 정부군과 반군 모두에게 환영받지 못하였으며, 중재자의 역할을 하기에도 버거웠다. 우여곡절 끝에 2002년 정부군과 반군 간에 극적으로 합의가 이루어져 현재 프랑스군 약 4,000명, 유엔 평화 유지군 6만 명이 주둔하고 있다.

　서아프리카 지역에서 민주주의를 착실히 다져 나가는 베냉이나 세네갈은 사막의 오아시스 같은 나라들이다. 가나 역시 평화로운 정권 교체의 모범을 보여 주었으며, 코피아난Kofi Atta Annan 전 유엔 사무총장을 배출하기도 하였다. 안정을 찾아가는 라이베리아에서는 2006년 아프리카 최초로 여성 대통령이 선출되었다.

| 민주주의의 열망이 뜨거운 마그레브 지역 |

마그레브Maghreb란 아랍어로 '해가 지는 지역' 또는 '서쪽'이란 뜻으로, 아프리카 북서부의 알제리, 모로코, 튀니지, 리비아 일대를 말한다. 이 지역은 사하라 이남의 아프리카와 달리 아랍 문화권으로, 원주민인 베르베르족과 7세기 이후 진출한 아랍인이 흑인보다 더 많다. 경제적으로도 사하라 이남 지역과 구별된다. 이슬람 문화권이지만 유럽과 인접하여 문화적으로는 천 년 이상 교류해 왔으며, 산유국으로 국민소득도 높은 편이다.

　1999년 알제리에서 최초로 대통령 선거가 실시되고, 모로코에서 개혁 성

코피아난(1938~) 가나 출신으로 1997~2006년까지 10년간 유엔 사무총장을 지냈다. 2001년 유엔과 함께 노벨평화상을 수상하였다.

튀니지의 민주화 운동 2011년 튀니지 시민들은 23년간 장기 집권을 해 온 벤 알리 대통령의 하야를 요구하였다. 벤 알리는 2010년내에 들어서면서 도미노처럼 번져 가는 북부 아프리카 및 아랍 지역 민주화 운동의 결과로 축출된 첫 번째 국가원수가 되었다.

향의 국왕이 등장하면서 이 지역의 민주주의에 대한 열망이 커졌다. 하지만 9·11 테러 이후 테러와의 전쟁에 가담하고 서방과의 친화성을 높여 자신들의 정통성을 보장받으면서 과거의 독재와 부패가 되살아나고 있다.

결국 2011년 1월 15일 튀니지에서는 청년 실업, 살인적인 물가고에 항의하는 시민들의 시위가 전국적인 민주화 요구 시위로 확산되면서 독재 정권에 종지부를 찍었다. 북아프리카 민주화 운동의 신호탄인 재스민 혁명▪이었다. 한 달 뒤에는 이집트의 대통령이 시민혁명에 의해 축출되었다. 30년의 장기 집권과 독재 그리고 식량난에 시민들의 분노가 폭발한 것이다.

들불처럼 번져 가는 아랍 지역의 민주화 열망은 다시 리비아로 옮아갔다. 1969년 쿠데타로 집권한 후 42년 동안 세계 최장수 집권 기록을 세웠던 리비아의 대통령 역시 족벌 독재, 인권 탄압, 테러와 핵실험 등의 의혹으로 국민과 국제사회로부터 버림을 받았다. 멀게만 느껴졌던 마그레브 지역의 민주화 열망이 이제 알제리, 예멘, 요르단, 수단, 사우디아라비아 등 아랍권은 물론 전 세계의 독재 정권과 인권 탄압국들을 강타하고 있다. 질풍처럼 일어나는 시민혁명이 진정한 민주 사회 발전으로 뿌리내릴지 주목된다.

| **전쟁과 빈곤에 지친 수단 다르푸르** | 수단의 다르푸르에는 유엔 평화 유지군이 주둔하고 있다. 다르푸르의 분쟁은 2003년 2월에 시작되어 지금까지

계속되고 있으며, 2004년 9월까지 30여만 명이 목숨을 잃었는데, 희생자 대부분은 민간인이었다. 이것은 아프리카 남부 흑인계 반군과 '잔자위드'라는 북부 아랍계 이슬람 민병대 간의 무력 분쟁으로, 이슬람 민병대는 인종 말살에 가까운 잔혹한 민간인 학살을 저질렀다. 이 학살의 배경에는 잔자위드를 지원하는 수단 정부가 있었다.

다르푸르의 분쟁 원인으로는 오랫동안 계속되어 온 가뭄, 사막화, 인구 폭발 등을 꼽을 수 있다. 실제로 지난 20년간 수단 남부의 강수량은 40% 이상 줄었고, 가뭄은 심각한 생태 변화와 함께 정치·경제적 상황까지 바꿔 놓았다. 2007년 반기문 유엔 사무총장도 수단 다르푸르 내전을 세계 최초의 기후변화 분쟁으로 규정하였다.

한편, 다르푸르와는 별도로 수단 정부와 50년간 내전을 벌여 온 남수단은 국민투표를 거쳐 2011년 7월 독립을 선포하였고 193번째 유엔 회원국이 되었다. 하지만 국제사회 압력에 밀려 분리 독립을 인정한 북수단이 석유 수익금 분배 문제를 놓고 여전히 남수단을 위협하고 있어, 전쟁이 일어날 가능성을 배제할 수 없는 실정이다.

다르푸르 지역의 난민촌 다르푸르의 난민 캠프의 난민들이 우물 주위에 수많은 물통을 줄지어 늘어놓고 차례를 기다리고 있다. 물 한 통을 받으려면 6시간은 기다려야 한다. 이곳은 지구온난화의 영향으로 강수량이 급격히 줄어 농사지을 물은커녕 마실 물도 구하기 어렵다.

남아프리카공화국의 역사가 깃든 소웨토

우영에게

우영아, 오늘 난 친구의 전화를 받았단다. 그는 남아프리카공화국(남아공) 출신으로 대학 시절 교환학생으로 온 친구였지. 오랜만에 얘기를 나누다가 우영이 네 얘기도 하게 되었어. 내가 무척 아끼는 제자가 여행을 하고 있는데 어쩌면 남아공에 있을지도 모르겠다고 말이야. 남아공에서 가장 추천할 만한 곳이 어디냐고 묻자 잠시 고민하더니 요하네스버그 남서쪽에 있는 '소웨토'라는 곳을 말하더구나.

　수업 시간에 이야기했던 '아파르트헤이트'를 기억하는지 모르겠다. 남아공의 백인 정권이 1948년 법률로 공식화한 인종 분리 정책이란다. 이 정책이 가장 지독했던 점은 이른바 '차별이 아니라 분리에 의한 발전'이라는 허울 좋은 수식어를 달고, 백인에 의한 유색인종 차별을 정당화했다는 거야. 국내외에서 빗발치는 저항과 '넬슨 만델라'라는 걸출한 인물 덕에 1991년 아파르트헤이트는 폐지되었어. 이후 남아공 정부는 '진실과 화해 위원회'를 설치해 아파르트헤이트 시대에 행해진 인권침해 범죄의 진상 규명과 사면 및 보상에 힘썼고, 5권의 보고서도 냈단다.

소외받은 흑인 빈민가에서 남아프리카공화국 민주화의 성지가 된 소웨토

남아프리카공화국 민주화의 상징인 넬슨 만델라의 생가

내 친구가 한국에 온 건 그 무렵이었지. 친구는 만델라 정부 출범 이후 달라질 자신의 나라에 대한 기대로 부풀어 있었단다.

그가 추천한 소웨토는 아파르트헤이트로 차별받은 흑인이 살던 대표적인 지역이라고 하더구나. 게다가 넬슨 만델라의 고향이기도 하다는 거야. 그는 소웨토를 방문하면 남아공이라는 나라를 좀 더 깊이 이해할 수 있을 거라고 했단다. 그러나 내 친구는 아파르트헤이트가 해지된 지 10여 년이 흘렀는데도 인종 간의 격차는 실질적으로 사라지지 않았다고 말했지. 아직도 백인과 흑인 거주지는 뚜렷하게 나누어져 있고, 많은 흑인은 가난과 실업난에 시달리고 있어. 그들 중 일부는 종종 생계형 범죄를 저지르거나, 폭력적인 방식으로 사회에 대한 불만을 표출하기도 해. 하지만 내 친구는 남아공의 미래는 희망적이라고 믿고 있단다. 노벨 평화상 수상자인 넬슨 만델라를 대통령으로 선출하고, 국민 스스로 아파르트헤이트를 폐지한 저력을 믿는다고 말이다. 나 역시 그렇게 생각한단다. 네 생각은 어떤지 궁금하구나. 만약 소웨토를 방문하게 된다면 네가 느낀 점을 꼭 얘기해 주렴.

선생님이

8

갈등을 넘어 공존의 세계로

12세 때 아버지와 함께 남극 최고봉 빈슨 메시프(해발 4,897m)를 오른 미국 소년 조니 스트레인지는 17세 때 7대륙 최고봉을 모두 오른 최연소 산악인이 되었다. 조니는 2009년 6월 에베레스트 산을 오른 후 정상에서 자신의 소망을 적은 종이 두 장을 펼쳐 보였다. 거기에는 "학살을 멈춰라. 파킨슨병의 치료법을 찾자."라고 쓰여 있었다.

2015년 밀레니엄 개발 목표
2010년 9월 뉴욕에서 개최된 밀레니엄 정상 회의에서는 지난 10년 동안 세계 빈곤 인구의 비율이 낮아지고 학교에 다니는 아동 수가 과거보다 증가하였으며, 깨끗한 식수를 공급받는 사람들이 많아지는 등 현재까지의 성과가 고무적이라고 평가하였다. 그러나 모자 사망률 부문에 있어서는 2015년까지 목표를 달성하기에 역부족이라는 견해를 발표하였다.

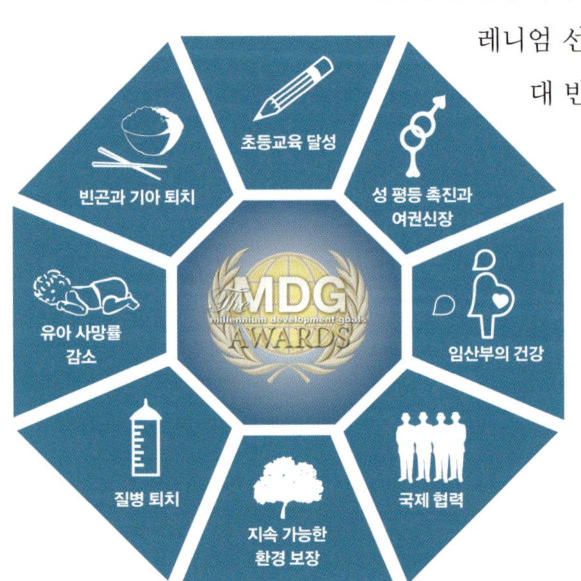

| 인간과 자연의 공존, 인간과 인간의 화해 | 새 천 년의 시작과 함께 많은 국제회의에서 인간과 자연의 공존, 인간과 인간의 화해를 위한 다양한 주장들이 발표되고 있다. 생태와 환경문제는 국경을 초월한 우리 모두의 문제이다. 이제 우리는 이 문제를 푸는 데 돈, 노력, 시간을 포함한 모든 희생을 감수할 각오를 해야 한다. 우리가 지구에 그러한 의무를 다해야만 후손들에게 안전하고 건강한 환경을 물려줄 수 있다. 그런데 인간과 인간의 화해는 쉽지 않아 보인다. 지금 이 순간에도 지구촌 곳곳에서 크고 작은 범죄가 일어나고 있고, 부자와 가난한 자의 거리는 여전히 멀기 때문이다.

그래도 어둠 속에서 희망의 빛을 찾으려는 노력은 계속되고 있다. 2000년 9월 유엔 총회에서 189개국 정상들이 모여 전 세계 빈곤 퇴치를 위한 '밀레니엄 선언'을 만장일치로 채택하였다. 그리고 2015년까지 절대 빈곤을 반으로 줄이기 위한 밀레니엄 개발 목표 8가지를 선정해 발표하였다. 또한 2015년까지 개발도상국에 대한 선진국의 원조 수준을 자국 GNP의 0.7%까지 올리는 데 합의하였다. 그런데 10년이 지난 지금도 지구촌 인구의 69억 중 14억 명이 하루 1.25달러 미만으로 살아가고 있다. 빈곤의 가장 큰 희생자는 어린이들이기에 개발도상국의 빈곤 퇴치를 위해 국제사회가 시

급히 해야 할 일은 그들이 경제적으로 자립할 수 있게 재정적인 도움을 주는 것이다. 개발도상국 스스로의 노력도 필요하지만 국제사회의 도움 없이 빈곤 퇴치 목표 달성은 쉽지 않기 때문이다.

서로를 위한 피할 수 없는 선택

인류는 서로를 위한 피할 수 없는 선택으로 국가와 민족을 초월해 국제기구를 만들었고, 이를 토대로 긴밀히 협력하고 있다.

절대 빈곤층의 지역 내 비중 세계은행은 하루 1.25달러 미만으로 살아가는 사람들을 절대 빈곤층으로 분류한다. 2010년 현재 사하라 이남 아프리카 지역 주민들의 절반 이상이 여기에 해당하며 대륙별 숫자는 아시아가 9억 명 정도로 가장 많다. 아시아는 경제성장 속도가 가장 빠른 지역이지만 6명 중 1명은 영양실조에 걸려 있다. 전 세계 기근 인구의 2/3가량이 이곳에 살고 있다.

세계의 협력을 도모하는 국제기구 중 가장 큰 비중을 차지하는 것은 유엔이다. 유엔은 1945년 51개국으로 창설하여, 현재 193개 나라가 가입한 범세계적 정부 간 국제기구이다. 유엔의 설립 목적은 세계 평화 유지에 있다.

유엔 산하의 세계은행World Bank, 세계 무역 기구WTO, 국제 통화 기금IMF 등 국제기구는 그동안 저개발 국가에 대한 원조의 대가로 미국 중심의 신자유주의를 강제하는 등 선진국의 이익을 관철해 왔다는 점을 부인할 수 없다. 앞으로 세계인들이 유엔의 활동을 감시하고 압력을 행사할 수 있는 역량을 모은다면 세계의 환경·여성·가난·과잉 인구·난민·식량·주택·노동 등의 문제를 좀 더 효과적으로 풀 수 있을 것이다.

농+권 사회주의 나라들의 몰락 이후 국제사회는 이념보다는 경제문제를 중시하게 되었다. 특히, 경쟁보다는 협력을 통한 공존공영이라는 공감대가 형성되면서 지리적으로 인접한 국가끼리 경제협력 기구를 조직하는 지역주의가 확산되었다. 경제적으로 공동의 이해관계를 가진 지역 내 국가끼리 관세와 수입제한을 철폐하고 자본·노동력·서비스의 자유로운 이동을 보장하는 한편, 다른 지역 내의 국가들에게는 높은 관세를 부과하는 등의 지역 간 경제 공동체를 지향하고 있다.

| 과학기술의 발전과 인류 내면으로의 응시 | 현대사회는 과학기술 문명에 기초하고 있다. 생명공학의 발전은 인간 복제의 가능성을 높였고, 국제 평화의 위협 요소로 등장하고 있는 핵무기 역시 과학기술 발전의 산물이다. 과학기술의 발전으로 인간은 풍요롭고 편리한 생활을 누릴 수 있게 되었지만 한편 심각한 문제에 직면하고 있기도 하다. 2011년 일본 대지진으로 인한 원전 사고 역시 과학기술을 맹신한 사람들에게 경종을 울리는 사건이었다.

과학기술의 낙관론에는 인간의 중요한 가치인 윤리가 배제되어 있다. 앞으로 과학기술의 발전 방향은 인간의 삶을 더욱 건강하고 풍요롭게 하되 인류의 공존공영과 자연 보존이 전제되는 것이어야 할 것이다.

| 용서와 화해, 나눔을 실천할 때 | 용서와 화해가 없었다면 남아프리카공화국은 분열과 대립으로 더 큰 고통을 겪었을 것이다. 27년의 옥고를 치르고 난 후 대통령이 된 넬슨 만델라 Nelson Mandela 는 가해자인 백인에게 먼저 화해의 손

을 내밀어 공존의 정치를 실현하였다. 그는 흑백
이 어우러진 진정한 자유를 원했고, 이를 기어이
이루어 내었다. 20세기 말 세계는 아프리카의 끝
자락에서 인류 공존의 가능성을 확인하였다.

21세기는 대변혁의 시대가 될 것이다. 하지만
물질문명의 발달 속도에 비해 인권 신장과 평등
의 가치 실현은 여전히 더디다. 폭발적인 인구 증
가로 인한 지구촌의 고민을 인구 대국인 중국이
급브레이크를 밟아 완화시켰듯이, 인권의 문제
와 공존의 과제를 해결하는 데는 선진국들의 역
할이 매우 중요하다.

2008년 12월 미국은 스스로도 놀랄 정치혁명
을 이루어 냈다. 제44대 대통령으로 버락 오바마
Barack Hussein Obama가 당선된 것이다. 케냐 출신의
혼혈 흑인에다가 부모가 이혼한 결손가정에서 자

미국 최초 아프리카계 흑인 출신의
대통령, 버락 오바마 버락 오바마는
케냐 출신의 흑인 아버지와 미국
백인 어머니 사이에서 태어난
흑백 혼혈인이다. 2008년 대통령
선거에서 공화당 대선 후보인 존
매케인을 누르고 대통령에 당선
되었고, 2009년에는 노벨 평화상을
수상하였다.

란 그는 우리 기준으로 보면 '약점 투성이' 후보였다. 그러나 미국 국민은 미
국을 이끌어 갈 지도자로 오바마를 선택하였다.

미국의 역사뿐 아니라 세계의 역사에서 오바마의 등장은 매우 상징적 의
미가 있다. 지구상에서 인종 차별과 신분 차별, 그리고 타 종교에 대한 배척
행위가 점차 구시대의 유물로 전락해 갈 것이라는 점이다. 좀처럼 바뀌지
않을 듯 견고해 보이던 것들이 일순간 바뀌는 경우, 역사의 한 페이지는 넘
어가고 변혁은 탄력을 받는다. 오바마의 뒤를 이어 일본에서도 반세기 만에
정권 교체가 실현되었다. 하지만 변화와 개혁은 받아들이기 쉽지 않고 그것
을 유지하고 발전시키는 것 역시 매우 어려운 과제이다. 오바마의 앞길에도
축복만큼이나 무거운 짐과 갈등이 기다리고 있음은 자명하다.

지구촌 여기저기 흐르는 변화와 개혁의 움직임은 막을 수 없다. 지금보다
더 나은 미래를 향한 인류의 용서와 화해, 그리고 나눔의 실천이 우선되기
를 소망한다.

부록

| 최병천 |

세상을 교실 안으로 가져오고 싶었다. 그래서 《살아있는 지리 교과서》에는 세상을 담고 싶었다. 자라나는 청소년들이 세상을 보며 크게 호흡할 수 있도록 돕고 싶어 시작하였지만 나 자신의 호흡만 커진 느낌이다. 긴 집필 기간 동안 즐겁게 동행한 여러 선생님과 전국에서 성원해 주신 전국지리교사연합회 모든 선생님께 감사드린다.

건국대학교 지리학과 및 동 대학원 졸업. 서울 중동중학교 교감 및 건국대학교 교육대학원 지리 전공 겸임교수. 현재 전국지리교사연합회 특임회장을 맡고 있다. cbcgeo@hanmail.net

| 김민수 |

이 책과 함께 인연을 맺은 여러 선생님으로부터 많은 것을 배운 3년이었다. 부족한 점이 많지만 서로의 생각을 나누며 힘을 합해 만든 책이라 의미가 크다. 우리의 삶도 이처럼 미흡하고 부족한 게 있어도 손을 맞잡고 따뜻한 기운을 전하며 서로의 삶에 의미를 더해 주었으면 좋겠다. 그렇게 서로를 이해하고 온기를 나누는 살 만한 세상을 만드는 데 이 책이 조금이라도 기여하기를 간절히 바란다.

경희대학교 지리학과 졸업. 서울 용문중학교 교사. 현행 중·고등학교 교과서를 함께 썼다. 국토지리학회 소속으로 《우리 국토》 중고등학생용을 집필하였고, 지리교육연구회 지평에서 활동하면서 《지리 교사들, 남미와 만나다》 집필과, 《개념과 지역 중심으로 풀어쓴 세계지리》 번역에도 참여하였다. minsoo@happygeo.com

| 김지현 |

새 학기 첫 수업 시간에는 언제나 칠판 가득 세계지도를 그려서 아이들에게 지리를 소개한다. 그런 마음으로 집에서, 학교에서, 때론 커피점을 전전하며 원고를 썼고, 경부선을 오가며 회의에 참석하였다. 공간의 이야기를 쓰기 위해 공간을 이동하였던 것이다. 같은 공간에서 다른 시간을 살았던 사람들의 흔적을 찾고, 같은 시간에 다른 공간에 살았던 사람들의 모습을 상상하였다. 시간과 공간을 이리저리 배열하며 고민스러웠지만 돌아보니 행복한 시간이었다.

부산대학교 지리교육과 및 동 대학원 졸업. 부산 경남여자고등학교 교사. 현행 한국지리 교과서를 함께 썼고, 지금은 중학교 교과서를 쓰고 있다. impact9435@nate.com

| 김진수 |

"지리를 참 좋아하는데, 뭐라 표현할 수는 없고……." 이 책을 통해 지리를 좋아하는 마음이 조금 표현되었는지 모르겠다.
지리의 매력에 한번 빠지면 헤어나기 어렵다. 죽을 때까지 지리를 등질 수 없으리라는 생각이 든다. 30대 후반 이후 학습
참고서를 집필하는 데 많은 시간을 보냈다. 친구 같은 아내는 나를 B급이라고 말한다. 이 책을 통해 B$^+$급이 되었으면 좋겠다.
내게 '일용할 노동'을 주신 모든 분께 감사의 마음을 보낸다.

고려대학교 지리교육과 졸업. 인천 인하대학교 사범대학 부속고등학교 교사. 여러 차례 교과서 작업에 참여하였으며,
지금은 중학교 교과서를 함께 쓰고 있다. land999@chol.com

| 엄정훈 |

팔딱팔딱 살아 숨 쉬는 지리책, 무릎을 치며 '아하, 그렇구나!' 감탄사를 연발하는 지리책을 쓰고 싶었다. 수업 시간에는
학생들에게, 동네 놀이터에서는 아줌마들에게, 내가 만나는 다양한 사람들에게 기회가 있을 때마다 "지리를 알면 세상이
보인다."라고 과장해서 말하곤 한다. "정말?"이라고 되묻는 그들에게 이 책을 보여 주고 싶다.

서울대학교 지리교육과 및 동 대학원 졸업. 서울과학고등학교 교사. 고등학교 교과서 외에도 《땅이 가족의 황당 지리여행》,
《손에 잡히는 사회 교과서-지도》, 《질문을 꿀꺽 삼킨 사회 교과서-세계지리》 등을 썼다. lollyjh@paran.com

| 오기세 |

지리를 통해 세상을 보기 위하여 이 작업을 시작하였고, 많은 시간이 흘렀다. 그 시간 동안의 노력이 지리의 소중함과
중요성을 주변으로 더욱 확대하는 데 도움이 되기를 바랄 뿐이다. 나아가 자라나는 청소년들이 우리가 처해 있는 지구환경의
미래를 예측하고, 예상되는 문제들을 해결하려고 노력하는 데 조금이나마 도움이 되기를 바란다.

서울대학교 지리교육과 및 고려대학교 교육대학원 지리교육과 졸업. 전 서울 구로고등학교 교사.
중·고등학교 세계지리 교과서를 함께 썼고 전국지리교사연합회 초대회장을 지냈다. os5252@paran.com

| 위상복 |

지난 3년간 이 책을 위해 노력하였던 힘든 시간들이 이제 아름답게 느껴진다. 지리를 알고 싶은 학생들에게 쉽고 재미있는
책으로 인식되기를 기대하며, 아울러 많은 도움이 되었으면 좋겠다. 이 작업을 함께한 모든 선생님께 감사드린다.

경북대학교 지리학과 및 동 대학원 졸업. 대구 경일여자고등학교 교사. 교육 부문 신지식인으로 선정되었고,
현재 전국지리교사연합회 회장을 맡고 있다. sangbokw@hanmail.net

| 유성종 |

거문도 등대 아래에 부서지던 하얀 파도가 그립다. 밀려드는 파도처럼 《살아있는 지리 교과서》를 엮어 보자고 다짐하였던
집필진 선생님들의 열정이 생생하다. 집필 기간 내내 선각자들의 "아는 만큼 보인다.", "천하에서 밝히지 않으면 안 되는 것도
지리보다 더한 것이 없다."라는 말씀을 실감하였다. 고생한 만큼 아이들의 웃음으로 보상받고 싶다.

전남대학교 지리교육과 및 동 대학원 졸업. 전남 순천고등학교 교사. 현행 한국지리 교과서를 함께 썼다. ysj983@hanmail.net

| 이우평 |

이 책이 세상에 나오기까지 정말 힘든 여정이었다. 모든 분 또한 그러하였을 것이다. '어떻게 하면 생명력을 지닌 좋은 책을
만들 수 있을까.' 하는 고민의 연속이었다. 그래도 그 힘든 과정 내내 매우 행복하였다. 지리에 푹 빠져 있었기에……. 이제
멀찌감치 떨어져 도대체 '지리'가 무엇이기에 우리를 이렇게 힘들게 했나 생각해 본다. "지리학만큼 인생의 참맛을 느끼게 해
주는 학문이 또 있을까. 천기와 지기를 헤아리고, 사람 사는 냄새를 가장 가까이서 맡을 수 있으니……."

공주대학교 지리교육과 및 서울대학교 사범대 대학원 지리교육과 졸업. 인천 신송고등학교 교사. 전국지리교사연합회 학술부장으로 활동하며
고등학교 교과서와 《한국 지형 산책 1, 2》, 《모자이크 세계지리》 등을 썼다. lwp0424@empal.com

| 자료 제공 및 출처 |

그림

김경진 34_피부 색깔로 표현한 세계지도 35_라틴아메리카의 인종 구성과 언어 36_유럽 주요국 무슬림 분포 38_세계의 주요 언어와 문화권 43_세계의 종교 분포 44_조로아스터교 발생지 47_불교와 힌두교의 분포 49_종교 성지 65_기후에 따른 주거 형태 67_중국 지역 구분 74_국가별 쌀 생산량과 소비량 78_커피 생산지 82_역대 동계올림픽 개최지 83_토고 88_철도 발달과 함께 성장한 미국의 스포츠 102_세계 국가별 인구 성장 109_아프리카의 유아사망률, 국가별 합계 출산율 111_2050년 60세 이상 인구 비율 전망치, 인구 증가와 연령별 구성 114_국가별 인구 규모 117_인구분포도, 지형도, 기후도 120_경제적 원인에 의한 이주 124_세계 난민의 분포, 지역별 난민 분포 비율 126_미국 내 히스패닉 인구 비율 131_국가별 도시 거주 인구 비중 132_세계 주요 도시 인구 규모 135_세계도시 간의 네트워크 137_싱가포르의 도시 내 지역 분화 138_베네치아 145_파운드베리 149_세계의 주요 슬럼 도시들 152_쿠리치바 157_세계 각국이 건설 중인 탄소 제로 도시 158_오르비에토 176_북극해 자원 분포 추정 178_나우루 183_아이슬란드의 열점과 지역 개발지의 분포 185_인도공과대학 200_아르헨티나 팜파스 205_세계의 상품 무역 211_산업구조 213_국민총생산에서 관광 수입이 차지하는 비중 224_캅카스 지역의 민족 분포와 분쟁 지역 232_코차밤바 238_국가별 1인당 국민총소득, 세계 각국의 국민총소득과 인간개발지수, 2010년 세계 인간개발지수 240_러시아와 서방의 송유관·가스관 전쟁 245_일본이 주장하는 배타적 경제수역 247_중국 영토 분쟁 현황 248~249_신생국과 마지막 식민지 251_북극 항로와 북극 자원 분쟁, 관타나모 수용소 255_이스라엘 256_인도의 종교 분포 257_유고연방의 분열로 탄생한 신생 독립국가들 259_쿠르드족이 가장 많이 거주하는 영역 261_출생지별 캐나다 이민자 비교 262_세계의 주요 물 분쟁 지역 264_시에라리온 265_카스피 해 분쟁 266_아마존의 경제개발과 도시화 269_아프리카의 국경과 종족 분포 비교 271_콩고민주공화국 272_기니 만 연안 국가들 275_다르푸르 **김윤경** 62_관두의, 로인클로스, 판초 **김창희** 30_공간 혁명 31_웹 3.0 시대의 지리 수업 46_문명의 충돌 56_과거 문명으로부터의 메시지 72~73_지리 장보기 104_세계의 인구문제 110_노년 부양비의 부담 증가 143_젠트리피케이션 150_슬럼 몰아내기 170_여러 자원의 사용 173_자원의 가치 변화 174_자원 배분의 불균형 175_자원전쟁 177_중국의 자원 독식 184_인적 자원 개발의 중요성 188_다국적 특허 전문 회사 190_캘리그래퍼, 사이버 기상캐스터, 브루마스터, 퍼스널쇼퍼 196_곡물 가격 상승과 애그플레이션 199_푸드 마일 206_공업의 변천사 213_여행객 233_신자유주의의 폐해 234_자유 무역의 원리 243_세계 곡물 시장을 움직이는 큰손들 244_일본의 영토 갈등 268_서구 열강에 의한 아프리카의 분할 **양순옥** 27_자연을 극복한 중앙아시아의 한인들 28_석굴 문화의 전파 33_인류의 발생과 이동 52_이스터 섬 115_이집트의 지역별 인구밀도 차이 118_인도와 인도네시아의 인구밀도 **AGI** 55_지구의 기온 그래프 86_축구 전파 지도 159_우리나라의 슬로시티 216~217_빌바오, 라스베이거스, 싱가포르 228_뭄바이 236_라다크 251_북극의 자원 매장량 비중 252_볼리비아 **유주현** 225_지역 간 경제블록 **이경국** 70~71_아파트의 변천 83_축구 응원단 84~85_스포츠의 세계화 86_축구 선수 191~192_21세기 산업 패러다임 222~223_21세기 초에 만난 세계의 빛과 그림자 **조규상** 29_문화 전파의 유형 43_종교인의 현황 59_기온에 따른 발열법의 변화 76_주요 국가별 비만 인구 비율 추이 100~101_세계의 인구 증가 추이 103_인류의 석유 시대 105_멕시코의 인구피라미드 변화 107_일본의 유아사망률·합계 출산율의 변화 112_급속한 한국의 인구 고령화 113_연도별 프랑스 출생자 수, 일본 고령 노동자 비율 증가 121_송금액 수령 지역 122_필리핀 해외 노동자들의 송금액 127_유럽 내 무슬림 인구 추이 131_세계 도시 거주 인구 비중 비교 156_에너지 독립형 주택 171_세계 주요 자원의 가채 연수 174_세계 주요 광물 자원의 생산, 세계의 주요 식량 자원의 생산 188_특허 전문 회사가 제기한 특허 소송 건수 추이 191_2008~2018년 일자리 증가율이 높은 10대 산업, 2008~2018년 일자리 증가율이 높은 10대 직업 195_주요 OECD 국가별 곡물 자급률 197_수송용 바이오 연료 생산 현황, 주요 국가의 바이오 연료 점유율 204_경제 발전 단계에 따른 산업구조의 변화 210_OECD 국가별 경제활동 부가가치 216~217_인물 241_지역별 개발도상국의 기아 인구 규모 242_국제 곡물 가격 추이 243_세계 5대 메이저 시장 점유율 267_북한 자원 개발 참여 외국 기업의 국적별 현황 279_절대 빈곤층의 지역 내 비중

사 진

김진수 26_타이의 각진 전봇대 172_인도네시아의 라텍스 채취 **박용남** 152_쿠리치바의 바리귀 공원 153_쿠리치바 어린이 사생 대회 154_쿠리치바의 버스 정류장 **박인철** 165_세타가야 마을 **셔터스톡** 16_은데빌레 집 17_은데빌레 인형, 두리안 18_안데스 산맥 위를 나는 콘도르 19_콘도르 24_티베트의 오체투지, 밀라노 두오모 성당, 네덜란드 축구 응원단 26_인도네시아의 전통 가옥 36_이슬람포비아 37_애버리지니의 성지 울룰루, 애버리지니 42_터키의 아야소피아 44_조로아스터교도의 조장지 45_유일신 사상을 수용하게 된 환경결정론적 배경 47_앙코르와트 48_프랑스의 루르드, 사우디아라비아의 메카 49_이스라엘의 예루살렘, 인도의 갠지스 강, 부다가야의 마하보디 대탑 52~53_모아이 55_건조화 시기, 소빙하기 57_진흙 쿠키, 아이티의 지진 59_코르셋 60_사막지대와 북극지방의 의복 61_열대지방의 의복 62_페루의 전통 의상 63_기성복 패션쇼 64~65_기후에 따른 주거 형태 66~67_중국의 다양한 전통 가옥 68_갓쇼 가옥 69_설상차, 이글루 74_벼농사와 쌀 75_캘리포니아의 벼농사 지대 77_인도의 각종 향신료 78_커피 플랜테이션, 수확한 커피콩 80_터키식 젤리 로쿰 87_크리켓 90_원주민의 전통 의상, 태양제 91_맥주 축제, 에스파냐의 산페르민 축제 92_하지 축제, 송크란 축제 93_리우 카니발 94_레몬 축제, 토마토 축제 96~97_미국 뉴욕의 맨해튼 98_노인의 뒷 모습, 일본의 도시 야경 111_고령 인구의 재교육 112_프랑스 연금 개혁 반대 시위 118_자와 섬의 브로모 화산, 힌두스탄의 농경지 119_1994년 지진으로 파괴된 로스앤젤레스의 건물, 로스앤젤레스의 영화 산업 126_히스패닉계 전용 대형 마트 127_독일의 케밥 가게 129_아직도 불타는 센트레일리아 마을 133_방글라데시의 다카, 인도네시아의 자카르타 134~135_뉴욕 맨해튼의 고층 빌딩 숲 138_물의 도시라는 별칭을 가진 베네치아 139_베네치아의 수로와 곤돌라, 베네치아의 도시 구조 142_빗장 도시 145_영국의 파운드베리 146_리우데자네이루의 파벨라 148_터키 이스탄불의 게체콘두, 아시아 최대의 슬럼 인도 다라비 149_이집트의 무덤 마을 155_독일 킬레스베르크 공원 157_바우반 마을의 태양광 연립주택, 무인 자전거 대여소 158_이탈리아의 오르비에토 전경 163_아미시 마을 164_프랑스의 생태 문화 도시 스트라스부르 166~167_타이 방콕의 수상 시장 168_농산물 수확, 달러, 주식시장, 석유 172_인도네시아의 고무 플랜테이션 179_메사 베르데의 절벽 궁전 180_두바이 181_프라이암트 182_2010년 4월 아이슬란드 에이야프얄라요쿨 화산 폭발 183_아이슬란드의 지열발전소 186_마오리족의 민속 공연, 파리의 하수도 박물관 187_지적 재산권 195_주요 OECD 국가별 곡물 자급률 198_캐나다 토론토 농산물 직거래 장터 200_아르헨티나 번영의 동력 팜파스 201_가우초의 모습 202~203_농업, 조선 산업, 자동차 산업, 반도체 산업, 서비스업 207_네덜란드의 로테르담 항구 208_택배 서비스, 의료 서비스, 금융 서비스, 교육 서비스 214_현지인에게 도움 주는 착한 여행 216~217_지역 경제를 회생시킨 빌바오 구게하임 미술관, 사막 한가운데에 자리 잡은 라스베이거스의 야경, 여러 문화가 혼재하는 싱가포르의 야경, 라스베이거스, 싱가포르 220_아프리카 아이들, 반전 시위, 웃는 사람들, 민주화 운동 225_유럽연합 국기 228~229_도비가트와 도비왈라, 뭄바이 거리, 뭄바이 무역항 213_상하이 푸둥 지역 236_라다크의 개발 237_라다크의 마을 풍경, 라다크 아이들 240_러시아와 서방의 송유관'가스관 전쟁 241_목장 242_국제 곡물 가격 추이 243_곡물 메이저 252_해발고도 3,810m에 있는 티티카카 호 253_죽음의 도로로 불리는 융가스 도로, 아타카마 사막, 우유니 소금 사막 254_시안 지구에 건설된 분리 장벽 256_인도로부터 독립을 요구하는 인도령 카슈미르의 이슬람교도 257_내전으로 목숨을 잃은 희생자들이 묻힌 사라예보의 묘지 258_코소보 독립을 기뻐하는 알바니아계 주민 259_크르드족의 시위 263_아타튀르크 댐 264_시에라리온의 피의 다이아몬드 266_훼손되는 아마존 열대우림 269_아프리카의 종족 271_내전으로 고통을 겪고 있는 콩고 난민들 273_코피아난 276_소외받은 흑인 빈민가에서 남아프리카공화국 민주화의 성지가 된 소웨토 277_남아프리카공화국 민주화의 상징인 넬슨 만델라의 생가 279_절대 빈곤층 280_넬슨 만델라, 넬슨 만델라 광장 281_미국 최초 아프리카계 흑인 출신의 대통령, 버락 오바마 **안희경** 159_청산도 돌담길 **연합뉴스** 108_범국민 출산 장려 운동 125_시리아의 이라크 난민들 227_비정부기구의 활동 235_세계화에 반대하는 사람들 218~219_2011년 노르웨이 테러 희생자 추모 행사 **유엔 환경 계획** 274~275_다르푸르 지역의 난민촌 **이영란** 212_편의점의 진화 **토픽** 22~23_이스탄불 **포이동 철거 대책 위원회** 140~141_도시의 양극화 **허유리** 137_주거 지역, 상업 지역, 중심 업무 지역 **헤이리 예술 마을** 160_헤이리 안내도 161_자연환경과 조화를 이룬 헤이리 마을

살아있는 지리 교과서 2권

인문지리—사람과 사람이 더불어 사는 세계

1판 1쇄 발행일 2011년 8월 29일
1판 9쇄 발행일 2022년 6월 13일

지은이 전국지리교사연합회

발행인 김학원
발행처 (주)휴머니스트출판그룹
출판등록 제313-2007-000007호(2007년 1월 5일)
주소 (03991) 서울시 마포구 동교로23길 76(연남동)
전화 02-335-4422 **팩스** 02-334-3427
저자·독자 서비스 humanist@humanistbooks.com
홈페이지 www.humanistbooks.com
유튜브 youtube.com/user/humanistma **포스트** post.naver.com/hmcv
페이스북 facebook.com/hmcv2001 **인스타그램** @humanist_insta

편집주간 황서현 **편집** 심재헌 이영란 최윤영 **교정** 최인수 **크리에이티브 디렉션** AGI 김영철
책임디자인 이인영 **디자인** 김태혁 최은정 **표지디자인** 김태형 **일러스트** 김윤경 김창희 양순옥 이경국 조규상
지도 김경진 **용지** 화인페이퍼 **인쇄** 청아디앤피 **제본** 정민문화사

ⓒ 전국지리교사연합회, 2011

ISBN 978-89-5862-412-7 03900